陈 默 著

ZHONGYIYAO CHUANTONG ZHISHI FANGYUXING

BAOHU DE FAZHI WENTI YANJIU

中医药传统知识防御性
保护的法治问题研究

中国政法大学出版社

2022·北京

图书在版编目（ＣＩＰ）数据

中医药传统知识防御性保护的法治问题研究/陈默著. —北京：中国政法大学出版社，2022.12

ISBN 978-7-5764-0800-3

Ⅰ.①中… Ⅱ.①陈… Ⅲ.①中国医药学—知识产权保护—研究—中国 Ⅳ.①D923.404

中国版本图书馆 CIP 数据核字 (2022) 第 258102 号

出 版 者	中国政法大学出版社
地 　 址	北京市海淀区西土城路 25 号
邮寄地址	北京 100088 信箱 8034 分箱　邮编 100088
网 　 址	http://www.cuplpress.com (网络实名：中国政法大学出版社)
电 　 话	010-58908586(编辑部) 58908334(邮购部)
编辑邮箱	zhengfadch@126.com
承 　 印	固安华明印业有限公司
开 　 本	720mm×960mm　1/16
印 　 张	20.75
字 　 数	340 千字
版 　 次	2022 年 12 月第 1 版
印 　 次	2022 年 12 月第 1 次印刷
定 　 价	79.00 元

序

PREFACE

　　陈默博士的这本著作，是其在学位论文及其主持的国家社会科学基金青年项目《中医药传统知识防御性保护问题研究》的基础上修改完成的，凝聚了她多年以来的学术思考。坦率地说，在传统知识领域开展学术创新并非一件易事，因为本领域充斥了大量关于"知识产权霸权论"的政治隐喻与学术批判。这些学说逐渐发展，成为现代知识产权制度在保护本源性知识上存在局限的叙述性表达。对此，我也曾在《中国知识产权制度现代化的实践与发展》一文中指出："在保护现代治理成果的同时，应对智力创造的源泉即传统知识予以庇护，这些涉及与生物多样性、文化多样性有关的'传统资源权'保护制度。"当然，传统知识保护制度的建立面临诸多实践与理论难题，包括传统知识不当使用的法律风险如何具化与规制，如何协调传统知识与知识产权制度的关系，采取何种方式构建传统知识专门保护制度等。

　　在此研究背景之下，本书选取对我国具有重大战略意义的中医药传统知识为研究对象，以"防御性保护"作为法治目标，试图勾连起防御性保护的具体路径、制度运用、制度构建等重大法治问题。这种研究范式将问题聚焦于法治领域，无疑摆脱了传统叙事方式中"盗用"传统知识的"泛道德化"批判。本书首先归纳了中医药传统知识不当使用引发的法律风险，其次从知识产权制度运用和专门制度构建两方面阐释了防范不当使用法律风险的具体路径，最后提出实现防御性保护法治目标的建议。所得结论势必为《中医药传统知识保护条例》的出台提供合理参考，并为 2024 年世界知识产权组织形成"知识产权、遗传资源以及相关传统知识"国际法律文书贡献中国方案与中国智慧。从推动学说发展的角度上看，在防御性理念下重构中医药传统知识保护的制度逻辑，有助于学界重新认识知识产权制度的工具属性、传统知识不当使用的内涵以及中医药传统知识私法保护与公法保护的协同。

本书的创新之处主要体现在以下两个方面：

一是本书的研究视角新。所谓防御性保护，指的是我国在推进中医药传统知识保护的法治化进程中，运用和构建法律制度时所应当坚持的目标。中医药传统知识保护以"传承创新"为战略导向，以促进中医药事业发展、弘扬中华民族优秀传统文化为己任，在法治目标的实现中内化了鼓励合理使用、防止不当使用、扩大对外交流等诸多现实需求。上述复杂多变的利益诉求如何在现代化的治理模式中得到平衡，取决于治理模型的科学性和有效性。防御性保护的治理模型是从国家安全战略、创新驱动发展战略中提炼总结出来的，它结合了国内国外的理论进展，在风险防控、权利保护、资源配置方面都能体现其合理性。

二是本书提出了新的观点。作者主张，防御性保护主要针对中医药传统知识的不当使用行为，目的在于防范不当使用产生的法律风险并对潜在的不当使用行为进行威慑与惩戒，以引导各方主体充分尊重中医药传统知识的财产与文化价值。既有的公法与私法路径均无法有效规制不当使用给传统知识权利人带来的精神和财产损害。通过知情同意权、利益分享权以及精神权利的创设，持有人与获取使用方的权利义务得以重新配置，从而保证中医药传统知识在有序、安全、稳定的秩序下传承创新发展。总而言之，防御性保护目标的实现，不但需要提升传统知识权利主体运用知识产权制度的能力，还需要通过权利义务的重新配置，促使市场机制形成并使之与行政保护、市场调控等治理方式进行有效的联动与协同。

总之，本书是作者多年思考的结晶。在本书的形成过程中，我与作者就书稿所关心的话题展开了多次对话。通过对话，我真切感受到作者提炼"中医药传统知识防御性保护"这一理论命题的艰辛与不易。从本书的内容来看，作者采用规范分析、案例分析、比较研究等多重方法对该理论命题进行了深入浅出的分析，其观点和逻辑都非常清晰。陈默博士现为我校知识产权研究中心研究员、法学院讲师，近年来在专业上不懈努力，多有建树。作为导师，希望陈默博士能够坚持初心，立志高远，为我国构建自主知识产权话语体系持续不断地贡献她的智慧和力量。

是为序。

中南财经政法大学学术委员会主任、文澜资深教授

2022 年 12 月

前 言

PREFACE

　　全面依法治国，推进法治中国建设是国家治理的一场深刻革命。中医药传统知识保护中社会秩序的重构和社会问题的解决也要坚持走法治的道路，其理由如下：首先，中医药传统知识保护应当顺应产业化、现代化的要求，以构建人类命运共同体为核心理念，而不能逆全球化而动。这就要求我们在面临风险和挑战时必须践行法律公平正义的理念，高效利用知识产权制度，在法律规范框架内解决现实问题。其次，中医药传统知识在我国分布广泛且种类繁多，只有以法治思维作为指导，全面梳理国家及地方保护工作的经验，构建动态的保护体系，才能保证法律实施的效果。

　　目前我国中医药传统知识保护格局已经形成以传承创新发展作为指导思想，以《中医药法》为上位法，其他各部门法发挥工具作用的法律保护体系。在实践中，中医药传统知识保护工作从国家到地方层面分层推进，以拯救、搜集、整理中医药传统知识为抓手，以保护名录和数据库为制度工具，形成了以中医药管理局为主管部门，包括知识产权局在内的其他行政管理部门协同配合的保护机制。在对外交流方面，通过"一带一路"平台对中医药传统知识的推广，实现了国内国外统筹发展，增进中医药传统文化交流，促使中医药传统知识在人类命运共同体的构建中发挥积极作用。下一阶段，中医药传统知识保护的重点任务是在党的二十大报告中所提出的"促进中医药传承创新发展"的决策部署下，迎接现代科技带来的挑战，统筹传承与创新的关系。

　　守正和创新、传承和发展是两对看似矛盾但实际内在统一的价值目标。

中医药传统知识防御性保护的法治逻辑深刻体现了这两组价值目标之间的辩证关系。所谓防御性保护指的是，中医药传统知识保护法治化的过程中，进行制度构建和制度运用应当坚持的目标。从国家权力的角度，制定公平正义的法律制度是法治的基本保障；从市场主体的角度，提升运用法律工具的能力是法治的根本要求。在防御性保护的目标之下，守正传承要求构建专门制度保护持有人的利益，防止中医药传统知识的不当利用。创新发展则要求合理利用现行的知识产权制度，巩固中医药传统知识的固有优势，抵御外来的竞争压力。在传承创新发展要求下构建的防御性保护体系，是中医药传统知识保护法治化的真实诠释，生动回答了为谁保护中医药传统知识，如何保护中医药传统知识的时代之问。

中医药传统知识防御性保护的法治问题大体可从以下三个层面进行研讨：一是以专利为代表的知识产权制度的运用；二是不当利用法律规范的构建；三是防御性保护目标的实现。具体而言，专利制度可以作为衡量中医药传统知识创新水平的法律工具。厘清专利制度与中医药传统知识保护的关系能够帮助传统知识持有人和企业提升创新能力，促进中医药传统知识发挥禀赋效应，从而在面对同行业的竞争和挤压时形成维护自身利益的防御性保护局面。法治层面上需要处理和应对的另一个问题是中医药传统知识的不当利用，其造就的法律和社会风险会导致市场机制退行以至于影响中医药传统知识的传承创新发展。为此需要在防御性保护的目标下，规范不当利用行为，落实知情同意与利益分享原则。除此之外，防御性保护法治目标的实现，还需要依靠政府在数字技术、司法保障上的投入和国际谈判的不断推进。

总之，防御性保护注重矛盾冲突的解决、法律风险的预防以及经济安全的维护。运用法治思维，全面总结中医药传统知识保护工作中的经验，厘清政府职能和市场运行机制，阐明法律制度框架下防御性保护目标的实现机理，能够为中医药传统知识传承创新发展提供理论增量并拓展本领域的研究范围。

CONTENTS

目 录

绪 论

第一节 选题的由来

一、选题背景

19 世纪初期，随着全球化进程加快，知识文化交流的地域界限被打破，过去处于相对封闭状态下的传统知识逐渐走向了历史舞台，其文化价值和经济价值开始引发人们的关注并不断被发掘。20 世纪以来，发达国家在多边体制内建立了强有力的知识产权国际保护规则，奉行知识产权强保护主义政策。遗传资源及传统知识在全球范围内的资源主要分布在发展中国家，为了在国际贸易谈判中寻求与发达国家抗衡的筹码，发展中国家在国际论坛中一直不遗余力地强调遗传资源与传统知识保护。在此背景之下，如何协调传统知识保护与知识产权之间的关系，如何保护传统知识持有人的知情同意及利益分享权利等议题迅速成为本领域研究的热议话题。中医药传统知识的保护也是在上述背景中依据惯常的研究思路展开的。当然，对我国而言，与其他类别的传统知识相比，中医药传统知识具有特别的战略地位。

中医药传统知识是世界医药传统知识的重要组成部分，中医药传统知识是中华民族的医学瑰宝，保护中医药传统知识是建设中医药事业的重要内容，是全面提升中医药卫生服务能力的前提。在抗击新冠肺炎疫情的活动中，中医药发挥了不可忽视的积极作用，凸显了中医药传统知识保护在构建人类卫生健康体系中的重要价值。党的十九大以来，以习近平同志为核心的党中央高度重视中华优秀传统文化的传承发展。习近平总书记在致中国中医科学院成立 60 周年的贺信中指出，中医药学是中国古代科学的瑰宝，也是打开中华文明宝库的钥匙。迄今为止，我国已经制定了完整的、目标明确的且具有前瞻性的中医药传统知识保护战略。2016 年《中医药法》[1]颁布实施后，建立中医药传统知识保护专门制度的呼声也越来越高。目前，国家知识产权局正加快推进《专利审查指南》的修订，积极配合有关方面推动出台《中医药传统知识保护条例》，以期为中医药传统知识提供更加完善全面的保护。中医药传统知识保护事关民族利益、事关国家利益，在国家战略层面上制定中医药传统知识保护政策，才能统筹全局、放开思路，更准确地把握中医药传统知识保护目标，制定有针对性的、符合我国国情的中医药传统知识保护措施。

从建立中医药传统知识保护的宏大愿景到具体保护制度的建立，中间还有一段漫长的路要走。中医药传统知识保护目标的实现，既需要切实可行的法律制度为其保驾护航，也需要成熟的管理监督机制予以配合。理论研究应当牢牢把握既有战略目标的政策导向，结合国内外传统知识保护的先进理论，全面审视我国当前面临的中医药传统知识保护难题，从法律制度的完善和管理措施的配套两个方面形成理论支持。下面从中医药传统知识保护战略与既有法律框架、既有成果的研究思路、既有成果的不足之处三个方面进行综述，并在政策的指导和前人的研究基础之上，提出"中医药传统知识防御性保护法治研究"的基本命题。

随着《国家知识产权战略纲要》《中医药发展战略规划纲要（2016—2030年）》的出台，中医药传统知识保护的战略目标和重点实施方向已基本拟定。在战略实施的过程中，中医药传统知识保护工作由国家知识产权局、国家中医药管理局、国家市场监督管理总局、国家卫生健康委员会等多个部门牵头实施、统筹安排。在立法和配套措施的完善方面，《中医药法》《人类遗传资源管理条例》《古代经典名方中药复方制剂简化注册审批管理规定》等一系列重要法律和行政法规相继出台。国务院各部门也在积极推动实施相应的配套措施。

党中央历来重视传统知识保护，多次在重大会议及重要论坛中谈到"要从决策上重视传统知识保护问题"。2008 年出台的《国家知识产权战略纲要》明确指出要加强传统知识保护。2013 年，国家中医药管理局中医药传统知识保护研究中心根据保护工作的需要，研制开发了"中医药传统知识保护工作

---

[1]《中医药法》，即《中华人民共和国中医药法》。为表述方便，本书中涉及我国法律文件直接使用简称，省去"中华人民共和国"字样，全书统一，后不赘述。

平台"系统，并多次主导中医药传统知识调查工作，摸查中医药传统知识传承和保护情况。2017 年，国家知识产权局启动传统知识知识产权保护示范、试点县工作。在国家中医药传统知识保护战略的指引下，地方政府也结合地方实际情况，出台与中医药传统知识保护相关的地方性法规和地方政府规章。2019 年，中央又先后印发《关于强化知识产权保护的意见》《关于促进中医药传承创新发展的意见》，要求研究制定传统文化、传统知识等领域保护办法，加强中医药知识产权保护等。目前，《中医药传统知识保护条例（草案）》已经完成向公众征求意见的工作。

从传统知识保护的战略目标来看，中医药传统知识保护制度的构建最终要通过专门保护制度来实现。而专门制度的构建，需要在厘清既有保护机制的前提下，查找既有保护机制的不足，再借助风险规制理论提出制度完善的建议，以保证制度与战略目标的衔接。在既有的法律框架下，虽然知识产权制度尚未将传统知识作为客体进行保护，但是知识产权法中的单行法均能为传统知识提供防御性保护，尤其是专利法与中医药传统知识的关系更为密切。《中医药法》的颁布实施使中医药传统知识的保护措施不断细化。在民间传承的中医药传统知识还受到风俗习惯以及宗教文化的约束，所以需要由中央及地方主导中医药传统知识保护摸底工作，排查中医药传统知识的传承及保护现状，调研中医药传统知识保护亟须解决的问题。在既有的法律框架内研讨中医药传统知识保护问题，发掘实践难题，目的是厘清当前中医药传统知识保护的边界和既有保护标准的不足。专门制度的建设应当整合既有的法律资源，吸取已有的实践经验，归纳总结已经成熟的法律适用规则，通过抽象化的立法技术纳入专门制度中。

二、研究综述

传统知识保护的兴起始于 20 世纪初期，随后迅速成为知识产权国际规则修订中的重要议题。由此引发如何保护传统知识持有人，如何协调传统知识与知识产权之关系等理论问题的探索。随后传统知识保护研究逐渐细化，学界开始针对特定类别的传统知识进行研究。传统知识的分类方式很多，基于表现形式和利用方式的差异，可以将传统知识分为"属于文学艺术表达范畴的传统文化知识"和"与遗传资源有关的传统知识"两大类别。传统知识的分类有助于立法者制定更有针对性的保护策略。

世界知识产权组织（WIPO）计划于 2024 年召开外交大会，旨在过去商讨的文本基础之上形成"知识产权、遗传资源以及相关传统知识"的国际法律文书，为遗传资源和传统知识设定最低保护标准，从而协调跨国使用产生的矛盾与冲突。[1]世界知识产权组织最新编制的国际法律文书（草案）[2]采纳了发达国家的主张，力主通过专利制度规制传统知识的不当使用。而根据知识产权与遗传资源、传统知识和民间文学艺术政府间委员会（IGC）第 44届会议形成的保护方案[3]，其他可行的路径还包括习惯法和专门制度。

传统知识的保护模式可分为国际保护、知识产权保护、专门保护三种。具体而言，国际保护的目标在于，通过《生物多样性公约》《〈生物多样性公约〉关于获取遗传资源和公平公正分享其利用所产生惠益的名古屋议定书》（以下简称《名古屋议定书》）等国际公法建立传统知识国际法律保护框架。鉴于国际公法中的传统知识保护原则能够形成全球性的习惯规范准则，上述法律框架可以作为国内法借鉴的来源。传统知识知识产权保护旨在协调知识产权与传统知识利用的矛盾，研讨知识产权为传统知识提供保护的可行性。传统知识专门保护则是以保护传统知识的财产及文化价值为导向，采取更加符合传统知识发展创新规律的做法，充分考虑传统知识传承和利用的需求，尝试构建更加符合传统知识特性的专门保护制度。

从学理的发展脉络来看，传统知识保护涉及的研究领域非常广泛。以人类学方法展开的研究通过揭示习惯法在传统社区中的运行方式加深我们对传统知识传承与创新行为的理解，并为传统知识的权利保护提供先验性的社会基础。上述研究的价值在于从理性的层面建立传统知识获得权利保护的伦理基础和社会基础。至于采用何种权利模型保护传统知识的问题，则需要在实在法的框架下，从规范法学的角度展开研讨。对于如何保护传统知识的问题，学界采取以下两种主张：一种主张采取知识产权的保护进路，将传统知识视为知识产权的新兴客体，探讨知识产权制度在保护传统知识上的工具价值。

---

〔1〕 WIPO/GRTKF/IC/42/5：《知识产权、遗传资源和遗传资源相关传统知识国际法律文书草案主席案文》，2022 年 2 月 28 日至 3 月 4 日知识产权与遗传资源、传统知识和民间文学艺术政府间委员会第 42 届会议在日内瓦通过。

〔2〕 世界知识产权组织《知识产权、遗传资源和遗传资源相关传统知识国际法律文书草案》（2019 年）。

〔3〕《保护传统知识：条款草案》，2022 年 9 月 12 日至 16 日知识产权与遗传资源、传统知识和民间文学艺术政府间委员会第 44 届会议通过。

协调知识产权与传统知识的关系起初是作为一种政治主张在知识产权国际保护多边体制下提出的，传统知识提供国将传统知识保护作为自身关切的议题和诉求，以此挑战发达国家主导制定的知识产权国际保护规则。[1]

传统知识的经济学本质是一种公共信息，需要通过市场交易和自由流通实现其经济价值。既有研究主要是采取经济学的视角，利用产权制度或赋权模式解决传统知识利用中的"公地悲剧"。[2]这种研究范式的局限在于，未将传统知识的文化价值考虑在内。再者，赋权模式是围绕保护对象和保护方式而形塑的制度模型，不以传统知识提供方与使用方的法律关系为核心，无法缓解两者之间的矛盾关系。在国际贸易的环境下，传统知识的提供方是传统知识丰富的发展中国家，使用方则是技术更为先进的发达国家。只要技术差异存在，传统知识始终存在被占据市场优势地位的技术先进方不当使用的风险，这也是提供方和使用方矛盾的根源。

中医药传统知识防御性保护的研究思路是在既有研究成果的启发下提出的。从防御性保护的角度探讨中医药传统知识保护的有益之处在于：（1）缓解知识产权制度与中医药传统知识的紧张关系，从更加客观的视角评价知识产权制度在中医药传统知识保护中的价值和作用，防止知识产权制度不恰当地承载应由专门制度承担的立法目标与功能。（2）有助于审视知识产权制度在中医药传统知识保护方面的不足，为知识产权制度与其他保护措施的协调

---

〔1〕 将知识产权侵权人视为海盗，是知识产权所有人争取道德话语权的重要措辞。参见梁志文："政治学理论中的隐喻在知识产权制度调适中的运用"，载《政治与法律》2010年第7期。有些学者认为，建立专门保护制度的目的是鼓励和加强中医药传统知识的国内使用，防止外国或国际组织的不当利用和海盗行为。参见马治国："中医药传统知识传承保护立法问题研究"，载《人民论坛》2019年第31期。

〔2〕 有学者从传统知识的权利主体即社区的角度切入探讨传统知识所有权（财产权）的问题。参见吕炳斌："社区作为传统知识权利主体的基本理论问题研究"，载《时代法学》2010年第2期。有学者认为，传统知识权是指在生产生活实践中创造、发展、保存、传承传统知识的传统社群就该种传统知识所享有的精神权利和财产权利的总称。参见周方："传统知识权的法律界定"，载《西安交通大学学报（社会科学版）》2011年第5期。在此基础之上，有学者沿着上述思路将研究进一步细化，提出基于不同的类型和不同的主体对传统知识进行相应的权利配置，虽然私权保护并非唯一的模式，但是确立我国传统知识的私权保护，首先是出于资源分配效率最大化的考虑，同时也是出于对公平价值的追求。参见张陈果："论我国传统知识专门权利制度的构建——兼论已文献化传统知识的主体界定"，载《政治与法律》2015年第1期。有学者针对中医药传统知识提出了"非专有产权"保护模式，这种主张虽然有别于财产权保护，但仍然是从赋权的思路出发展开的论述。参见梁艳："传统知识非专有产权保护模式研究——以中医药法为契机"，载《甘肃社会科学》2017年第6期。

提供明确的指引。（3）拓宽了中医药传统知识保护研究的视角与范围。

从积极保护的角度出发，中医药传统知识保护多采用赋权式的保护模式或严格的行政管理模式。而防御性保护的目的在于防止或禁止传统知识的不当使用行为。在此目标之下，知识产权制度的双重功能体现在：（1）知识产权制度应当保证不具有创新性的中医药传统知识留在公有领域或不被重复授权。（2）当知识产权制度为符合创新条件的中医药传统知识提供保护时，通过独占权的行使，可以建立技术壁垒等手段，成功地防御其他市场竞争主体对中医药传统知识的二次利用。以防御性保护为目标落实知情同意及利益分享原则时，制度构建的目标在于建立公平、公正、合理的传统知识获取及使用机制，并非绝对禁止第三方对传统知识的使用行为。

守正创新是习近平新时代中国特色社会主义思想的精髓。中医药事业的发展需要继承中医药传统知识的精华，需要中医药传统知识的理论指导，在守正的基础上持续创新，鼓励中西医结合，实现中药产业的创新驱动。习近平总书记在关于中医药事业发展系列重要论述中多次提到，坚持中西医并重，在传承中创新，在创新中传承，深入发掘中医药宝库中的精华，彰显中医药的独特优势，切实把中医药这一祖先留给我们的宝贵财富继承好、发展好、利用好。发展中医药事业与保护中医药传统知识是并行不悖的两条路径，中医药传统知识的保护必须以提升中医药领域的创新能力为抓手，以中医药传统知识作为市场要素参与竞争作为前提。在保护中医药传统知识文化完整性的前提下，最大限度地发挥其商品属性，以实现中医药传统知识的公平合理使用。

三、既有研究的不足之处

目前，学界对防御性保护的内涵、防御性保护与积极保护的关系、防御性保护的制度构建等理论问题的认识仍然存在一定的不足。

首先，中医药传统知识在获取利用中存在被不当利用的风险，因此需要对中医药传统知识进行防御性保护。既有研究认为，知识产权制度对源头性知识保护的忽视增加了传统知识被不当利用的风险。[1]但是究竟如何破除现实中的困境，规范中医药传统知识的不当利用行为，既有理论还未给出具体

---

[1] 吴汉东："中国知识产权制度现代化的实践与发展"，载《中国法学》2022年第5期。

的建议。

其次，既有研究成果在阐释知识产权制度与中医药传统知识的关系时仍存在一些偏见。中医药传统知识具有一套完整的理论体系，其创新成果的表现形式具有一定的技术特殊性。尽管知识产权制度中鲜有专门的条款为中医药传统知识提供保护，但是通过法律解释的方法，正确界定中医药传统知识创新成果获得保护的前提与范围，在目标上亦能实现保护创新与防御性保护传统知识的协调一致，使促进传统知识传承与利用的目标内化于知识产权制度激励创新的功能之中。当然，知识产权制度也不能超越立法目的，偏离基本逻辑，违背技术中立原则为中医药传统知识提供保护。故如何在知识产权制度框架内，通过法律解释和适用，回应中医药传统知识保护的特殊需求，还需深入的理论分析。

最后，学界对中医药传统知识防御性保护的认识存在一定局限性。西方学者通常主张防御性保护的目的在于防止专利授权导致的对传统知识的不当利用。[1]有些学者将防御性保护的范畴予以扩大，将其界定为防止第三方就传统知识非法获益的措施。[2]但是上述观点都没有对防御性保护的内涵以及不当利用的含义等重要概念展开论述，以至于对防御性保护的研究主要聚焦于构建传统知识数据库等实践操作的层面之上，而没有展开深入的理论研讨，导致中医药传统知识防御性保护的法律体系尚未得到系统构建，具体的实践经验也无法获得理论的指导。

为补当前理论之不足，本书拟从以下三个方面调整研究思路：（1）在研究视角上以防御性保护作为切入点，从制度运用的层面协调传统知识与知识产权保护的关系，厘清两者的内在关联。（2）从研究范畴上对中医药传统知识保护进行扩容，除了关注过往研究着重研讨的制度构建问题之外，增加对制度实施效果的考量，以确保防御性保护目标的实现。（3）在制度运用、制度构建、目标实现三层分析基础之上，尝试构建中医药传统知识防御性保护法治体系，以实现中医药传统知识防御性保护的法治目标。

---

〔1〕　Hilty R，PHD Batista，Carls S，*Traditional Knowledge，Databases and Prior Art - Options for an Effective Defensive Use of TK Against Undue Patent Granting*，Social Science Electronic Publishing.

〔2〕　Margo A. Bagley，"The Fallacy of Defensive Protection for Traditional Knowledge"，58 Washburn L. J.，323（2019）.

第二节　研究价值及创新之处

一、研究价值

（一）理论价值

第一，防御性保护的法治理念体现了中医药传承创新的政策需求。在防御性保护的治理理念之下重构知识产权保护中医药传统知识的制度逻辑，就会发现两者之间的关系并非不可协调而是内在一致的。当知识产权制度为我国中医药创新主体保驾护航，全面引领中医药事业的创新驱动发展之时，中医药传统知识的保护也就真正实现了传承创新发展的政策需求。

第二，防御性保护的法治理念体现了风险预防的底线思维，代表着国家治理水平在中医药传统知识保护领域的全面提升。中医药传统知识的不当利用一直作为政治主张在国际论坛被反复提及，但是不当利用的规制却是通过道德规范加以实现的。中医药传统知识专门保护制度的构建将不当利用纳入法律规范体系中，表明我国消除不当利用引发风险问题，维护中医药传统知识优势资源地位的决心。

第三，防御性保护的法治模式重构了中医药传统知识保护的制度逻辑。国家在本领域治理水平的提升不能仅依靠制度的完善和制度运用水平的提高，还需要转换中医药传统知识保护的制度逻辑，从动态的视角全面构建制度、组织机构、技术保障三位一体的保护体系以实现防御性保护的目标。

（二）实践价值

第一，防御性保护法治理念所坚持的国家利益本位，所提倡的风险防范意识可以帮助中医药管理部门、司法机关、相关行政机构厘清其职能定位，在其职责范围内，协同创新，更加公平有效地共同推进中医药传统知识传承创新的目标。

第二，防御性保护的法治理念统筹了中医药传统知识的传承发展创新与知识产权的创新驱动。专利、商标、商业秘密为中医药传统知识提供保护的机理正在逐步厘清，在此前提之下，中医药产业中的创新主体应当厘清相关制度的逻辑结构，在市场竞争中更加合理地制定创新策略。

第三，防御性保护的治理目标之一在于防范和遏制潜在的不当利用行为。

知识产权制度与专门保护制度共同为中医药传统知识的获取和利用制定了公平、有序、稳定的规范框架，以保证中医药传统知识持有人与使用方预期利益的实现。

（三）研究特色

本书的特色在于应用性强，中医药传统知识的保护事关国家和民族利益，中医药传统知识保护已上升至国家战略的高度。构建防御性保护制度旨在解决中医药传统知识被不当利用、保护不足、利益分配不均衡等现实问题，所提出的制度建议具有较强的操作性。本书的研究特色具体体现在以下三个方面：首先，在中医药传统知识防御性保护法治的制度运用中，以专利保护为视角，详细梳理了中医药专利有效性的判定标准，厘清中医药传统知识的创新路径，所得结论可以用于指导创新主体采取合理的产权策略保护其中医药创新成果，从而提高我国中医药传统知识下游产品的竞争能力，全面强化中医药传统知识进入市场交易环节所必需的产品属性。其次，在中医药传统知识防御性保护的制度构建中，全面分析了现实中存在的中医药传统知识交易主体权利不对等、信息不对称的实践问题，为构建中医药传统知识获取及使用的利益平衡机制，实现知情同意及利益分享原则提供了立法建议。最后，在结论部分提出，通过加强司法保护与行政保护、加快数字化建设，通过双边贸易谈判等方式推动中医药传统知识防御性保护法治目标的实现。

二、创新之处

（一）视角上的创新

中医药传统知识保护要实现守正创新、传承发展，助力中医药事业的前进，不但要从保护制度和保护体系上有所创新，其首要任务是对中医药传统知识治理理念进行创新。因为中医药传统知识的保护是一个涉及制度安排、体系建构、组织保障、技术辅助的综合性问题，只有在治理模式和治理理念上才能总体把握中医药传统知识保护中存在的现实问题并提出解决方案。防御性保护的治理模型是从国家安全战略、创新驱动发展战略中发展出来的，它结合了国内国外的理论进展，从防控风险、权利保护、资源配置方面都能体现其合理性。在防御性保护的理念下重构中医药传统知识保护的制度逻辑，是理解知识产权制度的工具属性、持有人与利用方的权利义务关系及政府行政管理职能的前提。

（二）思想上的创新

所谓防御性保护指的是，中医药传统知识保护的法治化进程中，进行制度运用和制度构建应当坚持的目标。中医药传统知识保护以传承创新发展作为价值目标，以推动人类命运共同体的构建为己任，其中内化了保护人民利益、鼓励发展创新、防止不当利用、扩大对外交流等诸多要求。上述复杂多变的利益诉求如何在现代化的治理模式中得到平衡，取决于治理模型的科学性和有效性。这就要求我们必须在法治的道路上，在法律的规范框架内，厘清制度运行的逻辑和组织机构的保障作用，在公平正义的理念下对中医药传统知识进行防御性保护。

（三）观点上的创新

第一，防御性保护是法治观念和法治经验的总结。防御性保护的主张自从在国际论坛上提出，就通过国内法赋予价值理念迥异的法律内涵。有些国家认为防御性保护可以防止不合法的专利授权，或者可以用来防止持有人之外的第三方获取传统知识。在中医药传统知识领域开展防御性保护的治理工作，构建防御性保护治理体系是我国治理经验的总结。近年来，我国一方面以《中医药法》为核心构建了层级分明的中医药传统知识专门保护制度，规范不当利用；一方面积极开展中医药传统知识搜集、整理工作，厘清中医药传统知识的创新机制，协调其与知识产权保护的关系，保障法律制度发挥其预期目的。在此过程中，我国应对不当利用风险、解决创新不足问题的能力在不断提升，也就形成了防御性保护治理的制度逻辑。

第二，防御性保护以防范不当利用风险为治理的目标。国家提出传承创新作为中医药传统知识发展的战略目标，目的是要突出中医药传统知识对象作为优势资源的地位，保证其作为市场要素发挥禀赋效应，从而助力中医药事业的发展。要保证上述目标的实现，不但需要提升相关主体运用知识产权制度保护其创新成果的能力，还需要通过权利义务的重新配置，消除市场中存在的信息茧房，防止谈判主体地位形成实际差异，以保证中医药传统知识在有序、安全、稳定的秩序下创新发展。

第三，防御性保护针对的是中医药传统知识的不当利用行为。规范中医药传统知识的不当利用旨在将禁止不当利用的权利从一项道德权利转化为法律权利。在中医药传统知识的对外合作、科研交流、开发利用中，明确的行为准则有助于打击"生物海盗"行为。除此之外，规制不当利用行为是消除

"公地悲剧"、信息茧房带来负外部性成本的直接方式。为解决中医药传统知识的传承危机与创新不足的问题，国家已经从政策层面上给予了必要的保障。在持有人与获取利用方之间重构的权利义务模式将促进自由交易市场的形成，从而与国家干预、调控的治理手段形成积极有效的联动。

第三节　研究对象与内容

一、研究对象

本书以中医药传统知识为研究对象，从防御性保护的视角切入，尝试全面探讨中医药传统知识的获取与使用规则，通过构建中医药传统知识利益平衡机制，以期通过更加合理的保护措施解决中医药传统知识传承与创新中的现实问题。

（一）传统知识

传统知识是一个内涵极为丰富的概念，其内容涵盖传统技艺、传统艺术、传统科学、传统符号、传统名称等多个门类。目前关于传统知识的概念，尚未有世界范围内公认的定义。[1] 相反，传统知识的定义是灵活的，除其他外，还根据特定的领土背景、所寻求的保护范围和所考虑的知识类型而有所不同。[2]

对传统知识的研究兴起于西方学者对西方殖民史给传统社会所造成的影响的反思，在这个过程中法律人类学开始将法学研究回溯到历史的维度，深入传统社区的空间内。一旦法学研究扩展其时空视阈，就会发现传统知识在生产和传承方式上与现代文明有着明显的差异，传统社区对传统知识保护的观念也与现代知识产权制度格格不入。在 20 世纪 90 年代，生物勘探活动的规模不断地扩大，无偿获取和使用原始自然资源及相关传统知识催生了国际社会对维持生物多样性的担忧，除此之外无序的使用也使得传统知识提供方与利用方的矛盾升级，利益的纠纷甚至上升到国家层面。有鉴于此，传统知

---

〔1〕　WIPO Intergovernmental Committee on Intellectual Property and Genetic Resources, Traditional Knowledge and Folklore, The Protection of Traditional Knowledge: Updated DraftGap Analysis, WIPO Doc. WIPO/GRTKF/IC/37/6, Annex at 1, 3 (July 20, 2018).

〔2〕　Bagley, M. A., "The fallacy of defensive protection for traditional knowledge", *Washburn Law Journal* 58, (2) (2019), 323~364.

识获取与使用的道德规范开始逐渐形成，在国际层面上也达成了相应的习惯性准则。

研究从传统知识的定义展开，主要目的并非重构现存的定义，而是为了分析传统知识的特征，并在该概念范畴中比较中医药传统知识与其他传统知识的差别。从定义的演进过程来看，传统知识具有以下三项重要特征：一是创新性。这反映了传统知识的本质是具有特定生活方式的本地居民对于当地客观世界的认知，他们通过对生活经验的总结，形成了对事物、现象的独特认知和看法，并运用相应的智慧对客观世界进行改造。二是活态传承。这是传统知识与一般意义的知识的区别，传统知识的传承不具有普遍性和自由流动性。由于传统的生活方式和当地的自然人文环境决定了传统知识的本质和内核，并且该知识的形成需要长期的实践和经验积累，所以传统知识通常是在当地由特定的群体代代相传的。三是传统知识是一个诠释性的概念。传统知识与格尔茨所提出的"地方性知识"并不具有相同的研究范畴和研究方法。格尔茨认为，地方性知识是一种"从本地人的视角出发思考生产的知识"。[1]研究的方法应当从本地人如何看待自己的生活世界出发，对其进行观察和再阐释，才能深度把握地方性知识的文化情境。而传统知识这一概念的界定则是定义者在理解传统社区生产和传承知识的方式基础上，由定义者根据特别的表达方式对其重新表达形成的概念。正如有学者在研究民族文学时所指出的，目前关于地方性知识的研究，"大多建立在外部学者的分类阐释之上，再造的地方性知识又从田野传递，乃至回流到民间研究者，变成了新的地方性知识"。[2]不论是国际论坛中通过磋商而形成的传统知识的共识，还是国内法对特定传统知识的界定，都是改造者对地方性知识或本土性知识的重新认知。通过打造"传统知识"这一概念，定义者并未着重凸显传统知识的文化内核，而是在定义中保留了其创造和传承方面的特征，为传统知识的赋权保护奠定了基础。

WIPO 对传统知识的定义经过了以下三个历史阶段的变化。1998 年至 2001 年之间，传统知识被定义为以传统为基础的，位于产业、科学、文学和艺术领域的，起源于智力活动的创新和创造。这个时期的定义区别了传统知识

---

〔1〕［美］克利福德·吉尔兹：《地方性知识》，王海龙、张家瑄译，中央编译出版社 2004 年版。
〔2〕郎雅娟："地方性知识的生产与阐释——以侗族歌谣分类研究为例"，载《民族文学研究》2020 年第 5 期。

与非物质文化遗产，强调传统知识源于智力活动的创新和创造。

2003 年至 2005 年，IGC 在其会议文件中对传统知识基本采用以下定义，只是通过历次修改，对文字进行了完善：传统知识起源于传统背景下智力活动的知识的内容或者实质，包括构成传统知识体系的一部分的诀窍、技能、创新、习惯性做法（practices）、学问，以及体现原住民社区和地方性社区传统生活方式的知识，或者包含在代代相传的书面化知识体系中的知识；它们不限于任何具体的技术领域，可以包括农业、环境、医药知识以及与生物资源有关的任何传统知识。[1]

自 2013 年，WIPO 开始在定义中引入包括传统社区（local community）[2]以及土著居民（indigenous people）等表明传统知识主体的概念。2013 年 7 月第 25 届会议文件 WIPO/GRTKF/IC/25/6 第 1 条把传统知识定义为土著人民和当地社区或一个或多个国家充满活力、不断发展、世代相传的或者一代代相传的，可能存在于经过整理的、口头的或其他形式的诀窍、技能、创新、做法、教导和学问。[3]定义上的变化表明，WIPO 对传统知识的认识伴随着知识产权国际规则的博弈与变革一直处于动态发展的过程中。随着传统知识的产权观念逐渐形成，传统知识的财产性价值得到认可，围绕传统知识的争议不仅仅限于其表现形式[4]，更多的在于传统知识利用与实践中的权益保护方式。[5]

对传统知识的定义进行梳理的目的主要是阐明传统知识所具有的共性，

---

〔1〕　WIPO/GRTKF/IC/8/5 ［C］. Annex，Ⅲ，ARTICLE 3：20. 参见严永和、于映波："世界知识产权组织对传统知识内涵界定的不足及其完善"，载《贵州师范大学学报（社会科学版）》2017 年第 2 期。

〔2〕　当地社区是一个地理性的名词，国内研究成果将传统知识的权利主体总结为群体与个人，个人以传承人的身份存在。如果进一步细分，还可以将利益主体分为国家、个人、群体等。

〔3〕　严永和、于映波："世界知识产权组织对传统知识内涵界定的不足及其完善"，载《贵州师范大学学报（社会科学版）》2017 年第 2 期。

〔4〕　在国际论坛中，狭义的"传统知识"指传统知识，尤其是因传统背景下的智力活动而产生的知识，其中包括诀窍、做法、技能和创新。传统知识所处的领域非常广泛，包括：农业知识；科学知识；技术知识；生态知识；药学知识，含相关药品和疗法；以及生物多样性相关等。

〔5〕　"传统知识"作为对客体的泛泛描述，一般包括传统社区（包括土著和当地社区）的智力和非物质文化遗产、做法和知识体系（广义的传统知识）。换言之，一般意义上的传统知识包括知识本身的内容以及传统文化表现形式，包括与传统知识有关的显著符号与象征。参见 2014 年 3 月 24 日至 4 月 4 日知识产权与遗传资源、传统知识和民间文学艺术政府间委员会第 27 届会议（秘书处编译的）文件《知识产权与遗传资源、传统知识和传统文化表现形式重要词语汇编》，WIPO/GRTKF/IC/27/INF/7.

以便帮助读者更加准确地把握传统知识的本质。不同法律框架下对传统知识的保护可能会偏向传统知识的某一层面，但总体而言，传统知识具有以下特点：首先，传统知识以代际相传的方式在传统社区内传承。其次，传统知识在传承的过程中始终以其特有的方式不断发展和创新。强调传统知识亦是一种创新能够打破传统知识是封闭的、与现代知识隔绝的认知壁垒，并为建立传统知识的保护框架提供合理性基础。有学者指出，传统社区在保持文化多样性和生物多样性方面作出了不可磨灭的贡献，这两者都是创新的前提条件，因此对它们进行智力投入上的奖励并不缺乏道德和经济的基础。[1]再次，传统知识不仅包括技艺和技术，还包括在传统社区内形成的与生活实践密切相关的知识内容。这些知识内容作为体现传统社区主体性的知识，需要在全球化的工业浪潮中保持其知识的独立性与完整性。最后，传统知识是一个非常宽泛的概念，在文学、艺术、科学与生活领域都存在对应的传统知识。不同类别的传统知识在传承、保护、创新和利用方式上还存在不小的差异。譬如，民间文学艺术与遗传资源有关的传统知识就被视为传统知识中两种不同的分类，两者分别适用不同的法律保护路径。

总而言之，传统知识是传统背景下知识活动产生的内容，包括技术秘密、技能、创新、实践都可以视为传统知识的组成部分。其体现在土著部落和当地社区的传统生活方式中，或者通过代际相传的方式出现在编纂的知识系统中。传统知识与现代文明的差异并非体现在其内容之上，因为无论是传统知识还是现代文明，都是人类对于物质世界及精神世界认知与探索的综合。传统知识与现代文明的差异主要在于知识的生产与传播方式。从生产方式上来看，"传统知识是生活的梳理，经验的汇集"。[2]传统知识主要是传统社区在生活实践中通过经验事实的累积和系统化形成的。从传播方式上看，"传统"一词应当用于限定知识的传播和保存方式，即知识是由传统社区通过代际相传的方式传承发展的。[3]

---

〔1〕 Sunder M，"The Invention of Traditional Knowledge"，*Law & Contemporary Problems*，2007，70（2）：97~124.

〔2〕 何俊："中国传统知识谱系中的知识观念"，载《中国社会科学》2016年第9期。

〔3〕 Antony Taubman & Matthias Leister，"Analysis of Different Areas of Indigenous Resources：Traditional Knowledge"，in Silke von Lewinski ed.，*Indigenous Heritage and Intellectual Property*，at 59~60，77（2008）.

　　WIPO 对传统知识定义的另一个贡献是通过分类包含了广泛的传统知识，但是有意识地将无形的传统知识与有形的知识载体区分开来。根据 WIPO 的定义，传统知识并不包括非物质文化遗产。鉴于 WIPO 的根本使命在于促进全球知识产权保护议题的协调，其对于传统知识的分类体系偏向于知识产权客体的分类体系。比如，WIPO 认为，传统知识不限于任何特定的技术领域，可能包括农业、环境和医学知识，以及与遗传资源相关的知识。[1]基于应用领域的不同，传统知识可以细化为两大类别：一类是与自然资源（如植物、动物或其组成部分）有关的传统知识；另一类是与文化习俗（包括仪式、叙事、诗歌、图像、设计、服装、织物、音乐或舞蹈）相关的传统知识和技艺。[2]其中与知识产权相关的传统知识包括：（1）和环境相关的传统知识；[3]（2）和农业相关的传统知识；[4]（3）和医药相关的传统知识；（4）技术。这些分类有意识地区分了应用类别的传统知识和文化类别的传统知识，从而使其与知识产权保护客体中的作品与发明能够进行更加贴合的对应。

　　（二）中医药传统知识

　　根据《中医药传统知识保护条例（草案征求意见稿）》第 2 条的规定，中医药传统知识是中华民族长期实践积累、世代传承发展、具有现实或者潜在价值的中医药理论、技术和标志符号。这一定义并未穷尽中医药传统知识的所有形式，但是通过概括式的方式列举了一些典型的中医药传统知识，如

---

〔1〕　WIPO Intergovernmental Committee on Intellectual Property and Genetic Resources, Traditional Knowledge and Folklore, The Protection of Traditional Knowledge: Revised Objectives and Principles, WIPO Doc. WIPO/GRTKF/IC/9/5, Annex at 3（Jan. 9, 2006）.

〔2〕　传统知识可分为：农业知识；科学知识；技术知识；生态知识；医疗知识，包括医药及治疗相关；和生物多样性有关的知识；音乐，舞蹈，歌曲，手工，设计，故事以及美术品形式的民间文学艺术表达；短语，比如名称、地理标记和符号；可移动的文化财产。不属于上述对传统知识的描述的项目包括那些不是从工业、科学、文学或艺术领域产生的智力活动，比如人类遗址、语言以及广义上的"遗产"。Intellectual Propery Needs and Expectations of Traditional Knowledge Holders: WIPO Fact Finding Mission on Intellecutal Property and Traditional Knowledge,（WIPO, Geneva, 2001）, p. 50.

〔3〕　传统环境知识指的是传统部族通过对地形、气象、生态系统及某一特定地区的生物多样性的联系进行观察所衍生形成的知识。这种知识也被称作传统生态知识，这种类型的传统知识主要用来为环境和资源提供保护，农业和医疗知识也可以被包括在传统生态知识的范围内。

〔4〕　传统农业知识，作为传统环境知识的分支，包括与植物和动物物种相关的知识以及繁殖技术。传统农业知识的范围还可以扩大到包括土壤学、成矿场地准备、病虫害控制、作物轮作、畜牧学、收割和储藏技术等。应用传统农业知识的农民通常遵循长年的农业和土地劳作实践，在维护这一地区的生物多样性的基础上合理规制自然资源的利用。

中医药古籍经典名方、单验方、诊疗技术、中药炮制技术、制剂方法、养生方法等。同时，该定义明确了中医药传统知识的构成要件：首先，传统知识的形成必须经过长时间的实践积累，这说明传统知识是在长期的经验中总结出的具有先验性的知识体系；其次，能够获得保护的中医药传统知识应当处于"活态传承"的状态，且依然具有持续发展和创新的能力；最后，中医药传统知识应当具有文化价值和财产价值。

《中医药传统知识保护条例（草案）》在中医药传统知识定义上的突破还体现在对其类型的扩充上。有学者认为，中医药传统知识的本质就是创新主体在中医药领域经过经验的累积和技术改进而形成的智力劳动成果。中药智力成果包括两大方面：一是经过长期发展、多代承继而形成的中药传统文化；二是基于现代化设备及先进的科研技术而形成的中药创新成果。[1]也有学者将中医药传统知识分为"实物类、智力成果类和民族中医药特有的行医规则及习俗等"。[2]而根据《中医药传统知识保护条例（草案）》的定义，中医药传统知识可以分为三种类型，即中医药理论、中医药技术和中医药传统知识的标志符号。前两类可以被界定为中医药智力成果，而标志符号应当被定义为中医药标记类成果。

（三）中医药传统知识的类型

第一，参照知识产权客体的分类，中医药传统知识可以分为以下三类：一是源头性的中医药传统知识，包括中药经典名方、民间验方、传统中药材等。源头性的中医药传统知识的传承方式主要为文献记载、口头流传、口传身授。二是以中药复方、中药单方、中药制备方法、剂型改良方法、新的医药用途等为具体表现形式的下游技术。这类中医药传统知识是中医药理论与现代科学技术相互融合、相互学习的产物，从本质上而言是一种可以应用的技术方案，在满足专利有效性的前提下可以成为专利法意义上的发明创造。三是标记类的中医药传统知识即中医药传统知识的符号标记，包括中医药传统知识的特有名称、中医药文化中的人名、药名和符号等。

第二，按照传承时间和重要性的不同，中医药传统知识可以分为以下三

---

[1] 李慧、宋晓亭："中药品种保护制度的价值解读"，载《中草药》2018年第18期。

[2] 邓明峰、王华、胡卿："我国民族中医药传统知识专利保护研究"，载《贵州民族研究》2018年第12期。

类：一是纳入非物质文化遗产名录的中医药传统知识。有学者对 WIPO 所明确的概念进行考证之后指出，文化遗产是传统知识的上位概念。文化遗产包括：有形的文化遗产，即世代流传的，具有独特意义的历史文化、艺术和科学价值的物质实体；也包括无形的文化遗产，即世代相传的，具有部族身份特征的智力活动成果，传统文化属于无形的文化遗产范畴。[1]传统知识与非物质文化遗产都是对世代相传的、具有部族身份特征的地方性知识的描述。两者的不同之处在于，非物质文化遗产更加强调对地方性知识的文化属性的保护。根据《非物质文化遗产法》第 4 条的规定，保护非物质文化遗产，应当注重其真实性、整体性和传承性，有利于增强中华民族的文化认同，有利于维护国家统一和民族团结，有利于促进社会和谐和可持续发展。

根据《非物质文化遗产法》第 3 条的规定，国家对非物质文化遗产采取认定、记录、建档等措施予以保存。国务院办公厅《关于加强我国非物质文化遗产保护工作的意见》第 3 条规定，建立名录体系，逐步形成有中国特色的非物质文化遗产保护制度。建立非物质文化遗产代表作名录体系。要通过制定评审标准并经过科学认定，建立国家级和省、市、县级非物质文化遗产代表作名录体系。在国际层面上，2003 年 10 月，联合国教育、科学及文化组织（UNESCO）通过了《保护非物质文化遗产公约》，该公约于 2006 年正式生效。UNESCO "名录制度" 为无层级结构的平行设计，分为 "人类非物质文化遗产代表作名录" "急需保护的非物质文化遗产名录" 和 "最佳实践项目名录" 三类，其分别对应非物质文化遗产对象的 "价值性" "紧迫性" 和遗产保护工作的 "效果性"，而对于不同非物质文化遗产对象的文化特性所属，没有作出分类。[2]非物质文化遗产中也可以包括传统医药类项目。截至目前，国家级非物质文化遗产代表性项目名录有传统医药类项目 23 项，涉及 182 个申报地区或单位，代表性传承人 131 人。"中医针灸" 和 "藏医药浴法" 先后列入 "人类非物质文化遗产代表作名录"。

中医药传统知识除了可能入选非物质文化遗产名录，也可能进入中医药传统知识保护名录。《中医药法》第 43 条第 1 款规定，国家建立中医药传统

---

〔1〕　吴汉东："论传统文化的法律保护——以非物质文化遗产和传统文化表现形式为对象"，载《中国法学》2010 年第 1 期。

〔2〕　孔庆夫、宋俊华："论中国非物质文化遗产保护的'名录制度'建设"，载《广西社会科学》2018 年第 7 期。

知识保护数据库、保护名录和保护制度。《中医药传统知识保护条例（草案）》详细规定了进入保护名录的中医药传统知识的条件，保护名录由国务院中医药主管部门建立，纳入保护名录的应当是具有代表性、独特性、有效性的中医药传统知识。国家对纳入保护名录内的中医药传统知识进行重点保护。这里的重点保护指的是，省级以上中医药主管部门对于保护名录中的中医药传统知识采取行政手段予以重点扶持，有条件的地方政府及相关部门对其提供硬件以及应用开发方面的保障支持，优先支持保护名录中的中医药传统知识科学研究、成果转化及推广应用等。

中医药传统知识保护名录的建立是以充分调查各辖区的中医药传统知识存续情况作为前提的。实践中，各市、县（区）负责对辖区内活态性的中医药传统知识进行面上调查、统计和上报。然后由省专家组将面上调查的线索进行评估，从中筛选出符合标准、可信度较高的线索。最后组织调查队赴现场进行调查，根据现场调查情况和评估结论，对符合项目要求者建立保护档案，形成保护名录。

名录是重要信息化的集合体，名录的重要作用和价值如下：一是名录对信息具有重要的公示价值，代表着官方对于名录中保护对象价值的认证。建立名录制度有助于突出保护重点。譬如，非物质文化遗产保护领域就建立了名录制度，重点保护体现中华民族优秀传统文化，具有历史、文学、艺术、科学价值的非物质文化遗产。在中医药传统知识领域建立保护名录也是为了更加有效地、科学地利用有限的行政、财力资源，推动具有代表性、独特性、有效性的中医药传统知识的传承和发展。二是名录旨在建立分级保护、项目类别齐全的分类体系。从中医药传统知识保护名录建设的实践经验来看，目前我国已经建设了金字塔式的国家、省、市县（区）三级名录保护制度，这种制度符合我国的行政管理模式，符合我国的实际国情。

中医药非物质文化遗产名录与中医药传统知识保护名录的差异主要体现在以下几个方面：一是两者的行政主管机关不同。非物质文化遗产工作由文化和旅游部主管，而中医药传统知识的调查、整理、保护工作则由国家中医药管理局主管。二是两者的入选标准不同。非物质文化遗产代表性项目的筛选采取逐级申报的方式，市级、区级非物质文化遗产项目可向上申报省级和国家级非物质文化遗产代表性项目。根据《广州市非物质文化遗产保护办法》的规定，市级、区级非物质文化遗产代表性项目筛选的条件是在本地传承100

年以上，活态存在的文化遗产。而中医药传统知识保护名录的筛选降低传承时间的要求，一般要求传承超过 3 代人或 50 年。[1] 从地方性法规关于名录的具体规定来看，地方政府对非物质文化遗产保护名录和中医药传统知识名录这两类名录的理解还存在不足之处。各省、直辖市所制定的《中医药条例》大多仅仅涉及两种名录中的一种。实际上在中医药传统知识的搜集和整理中，应当鼓励满足条件的中医药传统知识申报"非物质文化遗产名录"，而对流传时间达不到申报"非遗"条件的中医药传统知识，应结合地方情况，选择是否将其纳入中医药传统知识保护名录。

目前尚不清楚的是，保护名录是否能给各地方政府确定地方名录提供法律依据，地方名录在行政管理中的作用以及与中医药传统知识资源权之间的关系。由于《中医药传统知识保护条例》仍在制定过程中，从其草案来看，名录制度的建设尚存在以下缺陷：首先，草案没有明确为各地方政府确定地方名录提供法律依据，这一空白可能留待后续通过文件的形式加以补充。其次，草案仅仅提出对保护名录中的中医药传统知识给予财政、场地上的支持，并没有界定保护名录与私权保护之间的关系。但从进入保护名录的条件限制来看，进入保护名录的中医药传统知识须具有代表性、独特性、有效性，再加上保护名录具有公示效力。因此，保护名录中传统知识的保护程度应强于其他中医药传统知识。保护名录中传统知识的保护范围和保护标准可以留待司法实践通过法律适用的方式加以明确。

第三，按照是否仍在传承可以将中医药传统知识划分为固态的中医药传统知识和活态的中医药传统知识。国家中医药管理局将中医药传统知识分为固态和活态两类，固态类是指以古籍文献、文物等形式固化在一定载体里的中医药知识；活态类是指有一定传承年限并至今仍在应用的，具有一定历史和现实价值的中医药传统知识。[2] 由此可见，固态和活态的划分主要是以中医药传统知识是否已经通过载体的方式固定下来作为依据。典型的固态的中

---

[1] 华南片区以广东省中医药科学院为牵头单位，对广东、湖南、湖北、广西、海南等地区的中医药传统知识情况进行摸底。调查对象是在医疗机构、家族、师承群体、学派、老字号企业及特定地区（民族聚集地、村落等）中传承应用的活态性的中医药传统诊疗技术、经验方、中药炮制、制剂方法等中医药传统知识。调查入选标准须满足以下四个"硬指标"：植根于中华各民族文化传统；在特定地域应用与传承超过 3 代人或 50 年；至今仍在传承应用，具有活态性；不同于公知公用的中医药传统知识，具有独特性。

[2] 参见国家中医药管理局科技司《关于做好中医药传统知识收集整理工作的通知》。

医药传统知识如古籍和古方，其先验性已经得到证实并通过文献的方式记载下来。根据《中医药法》和《古代经典名方中药复方制剂简化注册审批管理规定》，至今仍在广泛应用、疗效确切、具有明显特色与优势的古代经典名方，在申请中药复方制剂的药品批准文号时，可以仅提供药学及非临床安全性研究资料，免报药效学研究及临床试验资料。也就是说，古代经典名方的研制、质量、应用、药理已经通过长期的实践得到验证，可以在满足后期监管和溯源的条件下，优先考虑其推广应用和发扬光大，以调动中医药企业的积极性。

而活态的中医药传统知识是持有人在中医药基础理论体系下进行的再创新，与固态的中医药传统知识相比具有独特性、稀缺性和地域性。截至2021年底，在国家中医药管理局的主持下，已经收集了省、市、自治区2522项活态的中医药传统知识。中医药传统知识的搜集、整理、分类与筛选评价目前在国际上是没有先例可循的，在技术上如何应对也需要通过"摸着石头过河"的方式慢慢从实践经验中加以总结。中医药传统知识的分类搜集、整理工作具有重要的价值。固态的中医药传统知识是认定活态的中医药传统知识传承和创新状态的重要参照。按照《中医药传统知识保护条例（草案）》的设计，中医药传统知识可以有国家持有、集体持有、个人持有三种方式。固态的中医药传统知识应当由国家持有，而活态的中医药传统知识可以由集体持有或个人持有。根据国家中医药管理局中医药传统知识保护研究中心主任刘剑锋的介绍，如果一项活态的中医药传统知识与固态的中医药传统知识从主方、主治到功效基本是一致的，则说明持有人的认定可能存在错误，此时需要重新进行认定。为了实现对固态的中医药传统知识与活态的中医药传统知识的技术鉴别工作，国家中医药管理局建立了基本的评价办法，选派国家级学会副主委以上的专家担任主任委员进行评价，以内行评内行的方式对中医药传统知识进行分类和评价。

第四，处于公有领域的中医药传统知识。公有领域在法学领域所指代的范畴并不清晰，但是自现代知识产权制度建立以来，公有领域这一概念在西方的法学论作中被反复提及。美国学者博伊尔强调公有领域的知识与知识财产具有同等重要的地位，公有领域的知识是知识创新的重要源泉。[1]为了实

---

[1] Ames Boyle, "The Second Enclosure, Movement and the Construction of the Public Domain", 66 *Law & CONTEMP, PROBS*, 33, 69 (2003).

现公有领域这一舶来概念的本土化，《中医药传统知识保护条例（草案）》进行了如下设计。该草案第 29 条规定，国务院中医药主管部门指定专门机构持有的中医药传统知识，指定机构应当加强传承使用，防止不当占有利用、歪曲篡改等，依法行使持有人权利。该条中的"公有领域"指的是没有产权保护的中医药传统知识，持有人对此类传统知识的使用、支配有一定特殊性。

首先，传承使用是一种独特的知识使用方式，《中医药传统知识保护条例（草案）》中对"传承"的含义没有专门界定。根据《中华人民共和国非物质文化遗产法释义》的解释，中医药学术传承人应当熟练掌握其传承的中医药理论和技术方法，传承人应对其传承的内容有着深刻的认识；积极开展传承活动，传承人应当担负起"存亡绝续"责任，主动选择和培养新的传人，使其具有重要学术价值的中医药理论和技术方法世代相传。[1]因此，持有人对公有领域传统知识使用的主要目的在于使其世代相传。

其次，歪曲篡改中医药传统知识是一种损害持有人精神权利的行为，从该条的文义中可直接解释出，支配公有领域传统知识的目的在于保证其精神内核和文化内涵不会遭到损害。而该条中持有人所享有的支配权是否包括知情同意和利益分享的内容则无法通过文义解释直接得出结论，还需借助体系解释和目的解释的方法厘清"防止不当占有利用"的内涵。根据《中医药传统知识保护条例（草案）》第 3 章"持有人的权利及保护"的规定，不当利用行为除包括侵害持有人精神权利的行为，还包括侵害知情同意权及利益分享权的情形。知情同意是意思自治原则在中医传统知识保护领域的直接体现，持有人通过知情同意权实现了对传统知识的占有和支配。由此表明，知情同意权亦具有人权属性，体现了人权领域"自决权"的本质。有鉴于此，获取、利用处于公有领域的中医药传统知识也需要履行应尽的告知义务，在获取同意并提供足够信息的情况下才能进行获取利用。将处于公有领域的中医药传统知识纳入数据库可以保证其不会被第三方不当占有利用。譬如，数据库的管理者可决定仅向特定的使用方如知识产权行政机关开放使用该数据库。

从中医药传统知识保护的指导思想来看，传承发展与创新发展的目标需要统筹进行。我们应当采取辩证的眼光看待防御性保护的目标，既要防止对

〔1〕 陈庆、袁兴隆："《中医药法》持有人传承使用权的若干问题探讨"，载《中国卫生事业管理》2022 年第 1 期。

传统知识的不当利用，也要在规范允许的范围内，鼓励中医药传统知识的开发利用。从公有领域的本意出发，所要保护的应当是没有产权保护或不存在获得产权保护可能性的传统知识。这类传统知识通常已经达到为公众可以获取的公开程度。因此，公有领域的中医药传统知识不应受到利益分享权的支配，在满足知情同意的条件后，利用方可以免费地进行使用。因此在实践中，也有一种说法将其称为"公知公用"的传统知识。考虑到"公用"一词的含义过于宽泛，可能指代不需要获取知情同意的使用行为，从而引起使用方和公众的误解。因此，《中医药传统知识保护条例（草案）》还是采用了"公有领域"的表述。

综上所述，《中医药传统知识保护条例（草案）》已经为获取与利用中医药传统知识的行为提供了明确、细致的规范指引。其第 29 条在表述中虽然采用了"公有领域"的概念，但其目的并不在于界定中医药传统知识作为财产时的所有权归属关系，而是指明了其作为生产资料的所有关系。当中医药传统知识作为生产资料时，其占有、支配和使用应当在国家的管理之下，由国家指定的持有人作出决定。在生产资料所有制的基础上界定围绕中医药传统知识所产生的分配与交换关系，有助于在法治框架下实现中医药传统知识"国家主权"与"支配利用"之间的调和。

（四）中医药传统知识的文化属性和财产价值

中医药传统知识兼具文化属性和财产属性。传统知识通常包含精神和文化元素，并兼具历史、伦理和宗教色彩，这主要涉及其形成主体即各自的土著群体或当地社区的身份。[1]中医药传统知识具有的文化属性具体可以从以下三个方面予以展开：首先，中医药传统知识与我国人民的生命健康息息相关。在哲学的范畴，人类发展的基本前提就是保证生命与健康。在我国民间，中医药传统知识传承人利用包括中医疗法、中医保健养生方法、中药验方等中医药传统知识在本地行医、造福当地百姓。中医药传统知识在这些地区的应用符合当地群众的生活习惯，多采用本地药材，在治疗一些疑难杂症方面具有特殊的疗效，深受群众信赖与认可，具有极强的社会价值。此外，以中医药传统知识为核心的医疗经验是在诊疗和实践过程中不断积累所形成的简

---

[1] Antony Taubman & Matthias Leister, "Analysis of Different Areas of Indigenous Resources: Traditional Knowledge", in Silke von Lewinski ed., *Indigenous Heritage and Intellectual Property*, 2008.

单易行、效果简单的方式方法，往往具有成本低、便于推广的特点，尤其是在缺医少药的边远地区，这些技术对于维护当地群众的身体健康起着至关重要的作用。其次，中医药传统知识在丰富精神文化生活、扩大对外文化交流方面也具有重要的价值。例如，在宁夏回族自治区，中医药传统知识保护名录中收录的黄氏清真养生功是阿拉伯医学文化与中国传统医学文化相结合的产物，对强身健体、维护人民健康、构建和谐社会都具有十分重要的意义。[1]最后，中医药传统知识保护需要体现国家主权与民族自治性。中医药传统知识植根于中华民族优秀文化传统，有着上千年悠久历史，并具有独立的知识体系和知识理念，其中绿色健康、天人合一、辨证施治和综合施治等理念体现了中华医学的特色。因此，在制定法律政策实现中医药传统知识保护和传承，推动我国中医药事业发展方面，我国拥有绝对的自主权，所选定的保护模式应当是符合我国国情的。对于中医药传统知识中的少数民族医药，我们还应坚持以民族区域自治为基本原则。中华人民共和国是统一的多民族国家。为促进少数民族政治、经济、文化等各项事业的全面发展，我国基本的民族政策包括：坚持民族平等团结和民族区域自治。少数民族医药传统知识起源于少数民族的文化知识体系，依赖当地珍稀的遗传资源，体现了少数民族特有的风俗习惯及固定的宗教信仰。少数民族医药传统知识的保护不但事关少数民族群众的生命健康，并且在增强民族团结、强化少数民族在公共卫生事业中的民族参与感，通过医药文化交流提升民族认同感中具有重要意义。中医药传统知识的繁荣发展既要考虑中医药传统知识发展和创新方面的同质性，也不能不考虑中医药传统知识文化属性带来的异质性。

鉴于中医药传统知识具有重要的文化价值，体现了中华民族群体身份的内核，除传统知识持有人外的外源性使用主体在利用中医药传统知识时就必须受到一定限制。首先，应当尽量采用符合中医药传统知识传承与发展的方式进行开发和利用，尊重中医药传统知识中蕴含的传统经验及发展规律；其次，中医药传统知识的利用以不违背当地的民族习惯、宗教信仰、文化理念为前提。少数民族医药、技艺方法的特有名称以及中药经典名方的名称不宜注册为商标，挖掘中医药传统知识的应用价值时应遵守当地政府出台的有关管理规定并征得持有人或传承人的同意；再次，中医药传统知识的利用过程

---

〔1〕　田杰、王艳平主编：《宁夏中医药传统知识调查保护名录》，阳光出版社 2017 年版。

中同时需要注意规范当地药用动植物资源的使用行为，应在绿色环保、可持续发展以及保护生物多样性的理念下进行适当的开采和使用，不得以破坏当地生态环境和文化理念的方式进行破坏式开发；最后，鼓励个人和组织捐献已经公开或个人没有能力开发的具有科学和临床应用价值的中医药秘方、经典文献、诊疗方法，借助中医药传统知识实现传承人身份认同感。

在历史发展过程中，起源于土著居民本地社区与殖民地国家的本土资源都遭受过资本主义的破坏和掠夺。遗传资源与传统知识的持有量在全球范围的地理分布极不均衡。历史悠久的发展中国家的遗传资源与传统知识储备量相对丰富，而发达国家特别强调利用现代知识产权制度来保护其技术创新。当双方在国际论坛中各自坚持自身利益时，形成了看似南北对立的格局。一位学者以幽默的语气描述了人们对传统知识保护形成的刻板和保守印象，传统知识保护中的经典场景如下：一位西方旅行者深入雨林，遇到在祖先的智慧引导下，和平地生活在这片原始栖息地数百年的土著部落。掠夺成性的闯入者得到土著部落的信任后，开始观察部落成员的传统习俗。外来者注意到村里的萨满法师采集一种特定的花来酿造草药。随后，外来者在未经部落同意的情况下，开始商业性地利用部落传统的传统知识。尽管，外来者的商品是"纯粹的土著制造"，但部落社区并未获得任何形式的经济回报，并且外来者的使用行为颠覆了传统秩序，给传统部落土著居民的精神文化生活造成了侮辱性的损害。[1]

当然，传统知识保护中政治偏见和价值观差异的形成既有历史上的原因又有地缘因素的影响。当前，科技革命带来了经济结构和产业模式的调整，全球化和数字传播打破了过去的地缘限制，文化交流处于空前繁荣的状态。任何一种文化形态都不可能在独立的、毫不接受外界干扰的条件下呈自我封闭的发展走向。如果过于强调本土文化的脆弱性，将来自外部世界的渗透、交流与融合都视为对传统知识的滥用与破坏，无疑是给予处在经济劣势地位和文化消亡风险的传统知识以"致命的打击"。实际上，在国际层面，尊重传统知识文化属性，将其视为人类知识库中重要的文化、生态、经济资源，强调其保护与传承的重要意义早已成为国际社会普遍接受的价值观念；国际条约的制定也明确了传统知识使用的知情同意和利益分享原则。相比之下，传

---

〔1〕 William Fisher, "The Puzzle of Traditional Knowledge", 67 Duke L. J., 1511 (2018).

统知识目前面临的保护困境主要是发展停滞、经济上的贫困导致传统知识丢失、失传等严峻问题。所以，当下传统知识保护的关键应当着眼于从政策层面采取必要的管理措施，并将传统知识适度引入商品交易环节，以从内部激发其创新活力，维持其文化完整性。

（五）中医药传统知识的创新价值

20 世纪 90 年代，通过人工方式合成药品的研发模式陷入瓶颈，科研人员转而从自然界存在的天然物质中寻找制药的线索和启示。据世界卫生组织估计，1/4 的现代医药来源于植物资源。某些从自然界中发现的特殊植物品种在治疗疾病的疗效上甚至远远超过合成的化学药品。制药巨头施贵宝公司的负责人也曾指出"即使是最有创新的科学研究也无法衡量和评估自然物质的复杂性和多样性"。天然物质有可能为医学提供新的结构来源，而这种结构无法从实验室中获得。自然植物材料和其独有的分子结构可以提供在实验室中无法完成的研发线索。就地球上的物种来说，只有部分药用特征为人类所了解，大量物种以自然状态存在，尚未得到开发利用。在合成药品副作用明显且药品耐受性不断增强的情况下，许多大型制药公司开始对自然物质进行搜寻以期将其作为药品的来源。学者自 1999 年展开的关于生物多样性和传统知识的商业使用的详细研究表明，自然资源衍生产品的整体年度市场额在 500 亿美元到 800 亿美元之间。[1]据估计，医药的全球年度市场价值可达到 300 亿美元，自然产品的贡献在 25%～50%之间，达到 75 亿美元到 150 亿美元。[2]

自然物质在科技方面的创新价值催生了生物勘探工程的发展。生物勘探工程也被称为化学勘探工程，指的是在医学及农业应用领域，通过收集多种生物和微生物样品，确定其中有效的化学成分，并进行分离提纯，使其更加适宜于产业化应用。近几十年来，大型制药公司通过生物勘探工程，探索并借助原住民的传统医药知识，追踪和定位对药物开发有药用价值的天然植物。[3]生物勘探指的是对具有商业利用价值的遗传资源进行生物多样性开发，包括

〔1〕 Ten Kate, Kerry, Sarah A. Laird, eds, *The commercial use of biodiversity: access to genetic resources and benefit-sharing*, Earthscan, 1999, p. 246.

〔2〕 Ten Kate, Kerry, Sarah A. Laird, eds, *The commercial use of biodiversity: access to genetic resources and benefit-sharing*, Earthscan, 1999, p. 246.

〔3〕 Asebey E J, Kempenaar J D, "Biodiversity prospecting: Fulfilling the mandate of the Biodiversity Convention", Vand. J. Transnat'l L., vol. 28, no. 3 (1995), p. 703.

对具有商业化价值的天然资源的密集搜索、收集及获取以及其中有效成分的提炼。生物勘探包括收集、提取和筛选具有商业潜力的化合物的生物标本样本，分析植物的遗传结构，并通过化学或生物学方法分离出植物材料的有效组分。为了鉴定有用的化合物，生物勘探者采取两种方式进行勘探：第一种方式类似于西方植物学家和其他科学家的系统测试方法，需要调查所有的生物多样性和可能有用的复合物[1]；第二种方式则是根据当地居民的传统知识探索本地自然物质的药用价值。[2] 最早，药用植物的搜索方式采取第一种勘探方式，不经过加工的原始方式开采方式造成生物多样性的破坏和植物材料的浪费。后者和前者的区别在于，后者仅限于复制遗传资源并在细胞层面上进行操作，并不包括遗传资源或生物材料的搜集和提取。借助生物技术，最后的利用过程只需要少量的植物样本，防止植物资源本身的过度消耗及生态环境遭到破坏。科学技术的改进使科学家能够有针对性地进行化学试验，从而有条不紊地提取必要的化合物来制造新药物，并在合理的限度内增本提效地利用生物多样性。紫杉酚是从紫衫中分离出的具有抗肿瘤活性的有效成分。为了生产2.5千克的紫杉酚要耗费27吨的紫杉树皮，需要砍伐12棵树。生物技术提取遗传信息并进行研究，加强或修饰遗传信息不需要使用原始来源材料，避免了物理材料的消耗。[3] 因此，当前研发的焦点集中在新形式的勘探方法，因为传统知识暗示了有商业价值的产品研发的潜在可能性。[4]

中医药传统知识是基于中华民族长期时间积累、世代传承发展、具有现实或者潜在价值的中医药理论、技术和标志符号，包括但不限于中医药古籍经典名方、单验方、诊疗技术、中药炮制技术、制剂方法、养生方法等。中医药传统知识的创新价值和医学价值在抗击新冠肺炎疫情中表现得非常充分。

面对突如其来的新冠肺炎疫情，国家卫生健康委员会等相关部门及时发布包括中医药在内的诊疗指导，并收到了良好的临床反馈。从一系列政策文件和临床数据来看，中医药传统知识的独特优势在本次新冠肺炎防治中尽显

---

〔1〕 Erik B. Bluemel, "Separating Instrumental from Intrinsic Rights: Toward an Understanding of Indigenous Participation in International Rule-Making", 30 AM. INDIAN L. REV., 55, 118-21 (2005)

〔2〕 Erik B. Bluemel, "Separating Instrumental from Intrinsic Rights: Toward an Understanding of Indigenous Participation in International Rule-Making", 30 AM. INDIAN L. REV., 55, 118-21 (2005).

〔3〕 Rates S M K, "Plants as source of drugs", *Toxicon*, vol. 39, no. 5 (2001), pp. 603~603.

〔4〕 Bratspies R M, "New Discovery Doctrine: Some Thoughts on Property Rights and Traditional Knowledge", The Am. Indian L. Rev., vol. 31 (2006), p. 315.

无遗。国务院《关于扶持和促进中医药事业发展的若干意见》和《中医药发展战略规划纲要（2016—2030年）》均提出"建立中医药参与突发公共事件应急网络和应急救治工作协调机制，提高中医药应急救治和重大传染病防治能力"。[1]在预见性的政策安排下，党和国家针对本次新冠肺炎疫情的防控工作及时发布相关通知，指导医疗活动高效、有序开展。其中，中医药诊疗发挥了重要作用，成为中国疫情防控的一大亮点。

中医药最早列入疫情防治的官方文件为国家卫生健康委员会办公厅《关于印发新型冠状病毒感染的肺炎诊疗方案（试行第二版）和全国各省（区、市）首例新型冠状病毒感染的肺炎病例确认程序的通知》[2]。该文件中的"一般治疗"方案简要提到了根据症候辨证施治的中医药疗法。随后发布的第三版诊疗方案细化了中医药辨证论治的方法，列出湿邪郁肺、邪热壅肺、邪毒闭肺和内闭外脱四证，并给出相应的治法、推荐处方和基本方药。[3]至2020年3月3日印发的《新型冠状病毒肺炎诊疗方案（试行第七版）》[4]，中医药辨证论治的方案更加详细具体，包括对新冠肺炎的性质认定，以及针对不同病程阶段和病重程度的辨证施治。不论是病证分类还是处方服法，蕴藏其内的中医药传统知识都发挥了不可替代的效用。

除此之外，2020年2月，国家卫生健康委员会和国家中医药管理局联合发布通知，推荐在中西医结合救治新冠病毒感染的肺炎中使用"清肺排毒汤"。[5]而该"清肺排毒汤"正来源于张仲景《伤寒杂病论》中的几个经典名方，蕴含丰富的中医药传统知识，在改善发热、咳嗽、乏力等症状方面效

〔1〕国务院《关于扶持和促进中医药事业发展的若干意见》（国发〔2009〕22号），2009年4月21日发布；国务院《关于印发中医药发展战略规划纲要（2016—2030年）的通知》（国发〔2016〕15号），2016年2月22日发布。

〔2〕国家卫生健康委员会办公厅《关于印发新型冠状病毒感染的肺炎诊疗方案（试行第二版）和全国各省（区、市）首例新型冠状病毒感染的肺炎病例确认程序的通知》（国卫办医函〔2020〕36号），2020年1月18日发布。

〔3〕国家卫生健康委员会办公厅、国家中医药管理局办公室《关于印发新型冠状病毒感染的肺炎诊疗方案（试行第三版）的通知》（国卫办医函〔2020〕66号），2020年1月22日发布。

〔4〕国家卫生健康委员会办公厅、国家中医药管理局办公室《关于印发新型冠状病毒肺炎诊疗方案（试行第七版）的通知》（国卫办医函〔2020〕184号），2020年3月3日发布。

〔5〕国家卫生健康委员会办公厅、国家中医药管理局办公室《关于推荐在中西医结合救治新型冠状病毒感染的肺炎中使用"清肺排毒汤"的通知》（国中医药办医政函〔2020〕22号），2020年2月6日发布。

果明显，能有效促进重症患者肺部影像学改善。[1]而且，在《新型冠状病毒肺炎恢复期中医康复指导建议（试行）》[2]和《新冠肺炎出院患者主要功能障碍康复治疗方案》[3]中，中医药方剂、技术、疗法和功法等被着重作为新冠肺炎恢复期的康复治疗方法，体现出中医药传统知识在疫情防治中的覆盖之广、效用之强。

中医药是一门系统科学，它善于从气候环境、地理环境和人的体质等综合要素全面认识和应对疾病。本次新冠肺炎突如其来，在特效西药和疫苗不能马上应对的情况下，中医药学家则能运用传承千年的中医药传统知识，根据武汉当地的气候环境和人体变化判断该疾病为"寒湿疫"[4]，且该初步判断的正确性在之后的临床治疗中被验证。除此之外，中医对新冠肺炎患者发病症状的解释也与西医等现代科学相吻合。据中国中医科学院广安门医院主任医师齐文升介绍，部分国外新冠肺炎患者早期的症状是嗅觉、味觉丧失。依据"肺开窍于鼻，脾开窍于口"的中医药传统知识，中医药学家即判断病变器官在肺和脾，并通过先验知识和经验总结，准确预测疾病在前、中、后期的发展趋势，以实现辨证施治的基本思路。[5]可以说，中医药传统知识是一座经由中华儿女一代代传承、发展而形成的宝库。其以系统的视野和精妙的原理，弥补了西医在新型疾病认识上的不足，在精准诊断方面体现出独有的优势。

在新冠肺炎预防方面，中医药学家运用中医药传统知识，及时研制推出"防疫包"，以形成包括内服、外用等方法的一整套预防措施。据中国工程院

---

〔1〕 张洋菲、吴勇："这些中医药方剂治疗新冠肺炎有效，'三药三方'书写中药抗疫方案"，载中国日报中文网：https://china. chinadaily. com. cn/a/202003/18/WS5e7178c5a3107bb6b57a7281. html，2020年5月23日访问。

〔2〕 国家卫生健康委员会办公厅、国家中医药管理局办公室《关于印发新型冠状病毒肺炎恢复期中医康复指导建议（试行）的通知》（肺炎机制医疗发〔2020〕108号），2020年2月22日发布。

〔3〕 国家卫生健康委员会办公厅、民政部、国家医疗保障局、国家中医药管理局《关于印发新冠肺炎出院患者主要功能障碍康复治疗方案的通知》（国卫医函〔2020〕207号），2020年5月13日发布。

〔4〕 "2020年4月17日国务院联防联控机制新闻发布会文字实录"，载国家卫生健康委员会官网：http://www. nhc. gov. cn/xcs/s3574/202004/05f7318e9fb84b419b35559bc02a42f4. shtml，2020年5月23日访问。

〔5〕 "2020年4月23日国务院联防联控机制新闻发布会文字实录"，载国家卫生健康委员会官网：http://www. nhc. gov. cn/xcs/s3574/202004/02864d7f0426480eb0a951a82a024534. shtml，2020年5月23日访问。

院士、国医大师、北京中医药大学中医体质与治未病研究院院长王琦介绍，"防疫包"内有内服的预防颗粒剂，外用的中医药配制香囊和口鼻喷剂三种药物，具有明显的抑制病毒感染引起炎症反应的作用，并且香囊中的挥发物质能够刺激血清 IgA、IgG 水平，提高免疫力。[1]虽然该预防措施主要是借助药物作用取得成效，但作为源头的中医药传统知识——邪正关系理论等是被隐含在该三种药物及其用法之中的。因此，中医药传统知识在新冠肺炎的预防领域举足轻重。

在新冠肺炎治疗方面，由中医药传统知识构成的中医药药物、疗法也及时参与，并取得了良好的临床效果。为了贯彻习近平总书记 2020 年 1 月 25 日在中央政治局常委会上的重要指示，国家中医药管理局于 1 月 27 日紧急启动中医药防治新冠肺炎项目。首先是在山西、河北、陕西、黑龙江四个省进行了临床的紧急观察，发现有效率在 90% 以上。后又将中医药治疗扩大到十个省市，66 个定点单位进行观察。截至 4 月 12 日零时，收治病人 1262 例，治愈出院 1253 例，治愈率达 99.28%。此外，收治的 1262 例病例中无一例出现病情加重的情况，表明中医药能够有效阻断患者病情向危重方向发展。另外，据国家中医药管理局科技司（中药创新与发展司）司长李昱介绍，为充分发挥中医药在疫情抗击中的重要作用，国务院应对新冠肺炎疫情联防联控机制科研攻关组下专门设立了由临床救治、机理研究、方药筛选和体系建设四个任务组组成的中医药专班。其中，临床救治组总结推出了以清肺排毒汤为代表的中医药有效方剂"三方三药"。[2]截至 2020 年 5 月 23 日，"三药三方"用于全国各地超 7.4 万名确诊患者，有效率达 90% 以上。[3]这些令人振奋的数字背后，是专家学者积极运用中医药传统知识，正确认识药物功效并贯彻辨证施治的结果。中医药在新冠肺炎诊疗中的重要作用不言而喻。与此同时，

---

〔1〕 "2020 年 4 月 17 日国务院联防联控机制新闻发布会文字实录"，载国家卫生健康委员会官网：http://www.nhc.gov.cn/xcs/s3574/202004/05f7318e9fb84b419b35559bc02a42f4.shtml，2020 年 5 月 23 日访问。

〔2〕 "2020 年 4 月 14 日国务院联防联控机制新闻发布会文字实录"，载国家卫生健康委员会官网：http://www.nhc.gov.cn/xcs/fkdt/202004/40e9f93032564ccbae41aca7ab621b70.shtml，2020 年 5 月 23 日访问。

〔3〕 胡喆、王琳琳、侯文坤："'始终把人民群众生命安全和身体健康放在第一位'——中国抗疫彰显'生命至上、人民至上'理念"，载新华网：http://www.xinhuanet.com/politics/2020-05/23/c_1126024169.htm，2020 年 5 月 23 日访问。

还应当清楚地认识到，中医药传统知识贯穿于中医药药物使用和疗法开展的全过程，从而间接地有效应对疫情防控。换句话说，中医药传统知识以中医药古籍为主要载体，通过整体布局的基本原则和辨证论治的基本思路，实现对新冠肺炎的正确认识、有效预防和精准治疗，展现了中华文化的勃勃生机，以及在与病毒斗争中的特有优势。

自"十三五"时期提出"中药现代化"目标以来，经过《"十四五"中医药发展规划》和党的二十大报告，中药创新与高质量发展成为中医药事业建设的重要主题。[1]在政策红利之下，中药创新面临前所未有的机遇。数据显示，近年来我国中药产业的创新能力正在逐年提升。从注册量来看，2021年中药注册量（以受理号计）共1371件，相对2020年呈井喷式增加，增长率高达190.5%，同时也创造了2012年以来注册量新高。[2]但是与西药相比，我国中药企业创新能力仍显不足，中药科技创新的短板依然存在。以2021年部分中药上市企业的研发投入为参照依据，可以发现，研发投入水平远低于国内生物制品和化药行业，更低于世界跨国药企的研发投入水平。[3]

习近平总书记指出，要遵循中医药发展规律，传承精华，守正创新，加快推进中医药现代化，产业化。中药具有不同于西药的创新规律，具体表现为以下三个方面：

首先，中药的创新路径比西药更加多元、更加复杂。中药的发展经历了几千年的历史，在丰富的理论指导下，累积了大量的验方和经典理论。中药的创新可以通过传承发展的方式，完全在中药传统理论的指导下形成，也可以通过现代化的技术筛选活性成分、改良剂型、寻找新的医药用途，从而形成新的创造性成果。

其次，中药与西药的创新模式存在差异。西药的研发必须依赖临床试验，才能揭示药物的疗效和安全性。而中药创新可以从实践出发，通过"人用经验"积累形成创新成果。因此，中药新药的创新主体除了具备现代化能力

---

〔1〕 中共中央、国务院《关于促进中医药传承创新发展的意见》第五部分"促进中医药传承与开放创新发展"第（十五）条是关于"加快推进中医药科研和创新"的专门规定。

〔2〕 周映红、张洋、邓宏勇："2021年度我国中药注册申请及审批情况分析"，载《中草药》2022年第20期。

〔3〕 秦怀金："关于加快推进新时代中医药科技创新的若干思考"，载《中医药管理杂志》2022年第22期。

的医药企业，还包括民间的师承群体、名老中医以及少数民族群体和地方社区。

最后，中药与西药的创新思想并不相同。中医是循证医学，强调辨病与辨证相结合，中药新药的创制也离不开中医学理论"辨证施治"的指导。中医药学理论与方法，具有显著的独特性和原创性，尤其是行之有效的辨证论治理论和中药复方治疗方法，具有不同于现代医药学的防病治病原理。[1]也就是说，中药创新必须坚持传承精华、守正创新。日本的汉方药创新以中国古代经典名方为基础，利用现代化的手段对其进行开发之后将其转化为适合现代消费习惯、符合当代西药评价体系的药物。这种创新方式曾经取得了巨大的成功，导致日本汉方药在市场占据份额。但是由于缺乏中药理论的指导，日本汉方药产业的竞争力在逐年下降。总之，无论是在医药创新的历史长河中，还是当代抗疫的特殊场域下，中医药传统知识总是在人类的医疗卫生事业中发挥着不可替代的作用。在法律规范体系内明确其市场价值与财产价值则体现了法律规范价值与中医药传统知识实用价值在规则意识上的深度融合。

二、总体框架

（一）主要内容

中医药传统知识防御性保护的法治问题大体可从以下三个层面进行研讨：一是以专利为代表的知识产权制度的运用；二是不当利用法律规范的构建，三是防御性保护目标的实现。具体而言，专利制度可以作为衡量中医药传统知识创新水平的政策工具。厘清专利制度与中医药传统知识保护的关系能够帮助传统知识持有人和企业提升创新能力，巩固中医药传统知识作为原创资源的固有优势，从而在面对同行业的竞争和挤压时形成维护自身利益的防御性保护局面。法治层面需要处理和应对的另一问题是中医药传统知识的不当利用，其造就的法律和社会风险会导致市场机制退行以至于影响中医药传统知识的传承创新发展。为此，需要在防御性保护的目标下，通过规范不当利用行为落实知情同意与利益分享原则。除此之外，防御性保护法治目标的实现，还需要依靠政府在数字技术、司法保障上的投入和国际谈判的不断推进。

---

〔1〕　陈凯先、张卫东："中药现代化与中药创新"，载《中国食品药品监管》2022年第8期。

（二）重点难点

我国是历史源远流长的四大文明古国之一，扎根于华夏文明中的传统知识在传承与创新中不断向前发展，在与现代科技的交融与碰撞中迸发出新的火花。传统知识的价值主要体现在两个方面：首先，传统知识是祖辈们在实践中获取、筛选后再传承给后代的智慧劳动成果，是经过先人检验的，具有重要利用价值的成功经验；其次，传统并不意味着古老、封闭和保密，而代表着积累、传承与创新。传统知识的发展与当代科技知识发展特征与进路虽然存在较大差异，但其共性在于，两者都通过知识的积累与创新处于动态的变革中，绝不会如一潭死水一般故步自封。所以，完整的理论体系是整个研究的基础，决定中医药传统知识防御性保护的边界，指导中医药传统知识防御性保护制度的运行，预测中医药传统知识防御性保护机制实施的效果是本书研究的重点。

本书研究的难点则是中医药传统知识防御性保护制度的运行机理与实施机制。（1）运行机理主要研究中医药传统知识防御性保护在专利法中的具体应用。中医药传统知识在何种条件下构成现有技术，中医药传统知识构成现有技术是否影响新颖性及创造性，如何通过授权及确权程序实现防御性保护功能，以上问题的研讨需要结合司法实践，通过案例分析、比较研究才能得出结论。（2）实施机制主要研究传统知识来源披露义务与专门立法是否存在联系，知情同意及利益分享规则如何实施，如何规制其法律后果。目前中医药传统知识专门立法经验不足，缺乏对中医药传统知识的分类与整理，难以预测立法实施效果。

三、研究方法

本书主要采取分析法学的研究方法，一是着重对本书所涉及的重要法律概念进行分析，譬如中医药传统知识、防御性保护、不当利用、知情同意、利益分享等。在厘清上述概念内涵和外延的基础上，才能阐明中医药传统知识防御性保护的价值目标和法律功能，并在防御性保护所统摄的范畴之下选择恰当的法律工具作为建构防御性保护制度的基础。二是在法律规范论的视角之下从规范分析和规范建构两个层面进行分析。规范分析主要以知识产权制度中的专利保护为研究对象，重点研究如何通过法律解释的方法，实现专利法对中医药传统知识的防御性保护。而规范建构则主要针对专门制度，通过分析专门制度中"不当利用"相关法律规范，厘清其逻辑结构，从而实现知情同意与利益分享的防御性保护功能。

　　本书在写作的过程中，还适当地用到了社会法学的研究方法，主要是考察防御性保护制度实现中的社会因素，譬如来源披露、知情同意、利益分享难以实现的影响因素。实证分析还用于提炼中医药传统知识防御性保护的实践难题，主要包括中医药传统知识存在被不当利用的风险，中医药传统知识创新能力不强，中医药传统知识持有人利益得不到维护等本土问题。

第一章

中医药传统知识防御性保护
法治问题的基本范畴

范畴是人的思维反映在现实世界的最一般、最本质的联系和关系的逻辑概念。[1]实际上，揭示法学基本范畴的内在规律、塑造法学基本范畴特性的"质"非法理莫属，范畴基于法理而确立，同时，法理又依存于法学范畴之中。[2]因此，基本范畴构成了中医药传统知识防御性保护法治问题的法理。在基本范畴中，防御性保护的含义是后文展开制度安排的分析工具。对国际层面提出防御性保护主张的历史过程进行分析，再结合防御性保护的含义以及中医药传统知识保护的本土化需求与法律风险，有助于证成防御性保护作为中医药传统知识法治目标的必要性，同时为防御性保护法治的制度运用和制度构建提供合理的分析框架。

第一节　中医药传统知识防御性保护法治目标的提出

一、国际论坛中防御性保护的主张

无论是在国际层面还是国内层面，传统知识保护法治体系的形成均以明确合理的保护路径或选择恰当的保护进路作为前提。目前，已经提出的传统知识保护包括但不限于产权保护模式、专门保护模式、行政管理模式以及习惯法模式。相应的保护模式与具体法律工具选择背后往往代表了具体的价值追求，因此不同法律框架下建构的利益平衡理论模型也会具有较大的差异。但是从功能上而言，这些不同的保护模式之间存在一些共性。WIPO 对不同的

---

〔1〕　丕之、汝信：《黑格尔范畴论批判》，上海人民出版社 1961 年版，第 1 页。
〔2〕　王国柱："知识产权法基本范畴中的特殊法理"，载《法制与社会发展》2020 年第 2 期。

保护模式进行整理，将上述制度的政策性目标归纳为防御性保护和积极保护。

防御性保护和积极保护的主张最早是在 WIPO 框架下提出的，但是对于防御性保护和积极保护所指代的对象、涵盖的范畴，目前还没有定论。鉴于上述主张是在国际论坛中提出的，显然从其性质上看，防御性保护和积极保护并非全新的法律制度，而应当是两项不同的政策目标。从传统知识保护议题的推进背景来看，由于迟迟未能从国际层面的协调上取得进展，WIPO 提出了防御性保护和积极保护的概念来调和各种法律手段之间的矛盾，为传统知识各项保护措施所发挥的作用设立明确的目标从而促进成员方之间的对话。作为调和和促进知识产权制度在国际层面协调的国际组织，WIPO 的主要任务是从政策层面上协调成员方各自立法的差异，而不是在创设新的实体性国际规则。

积极保护旨在赋予传统知识持有人采取积极手段保护其持有的传统知识的权利，而防御性保护被提出的目的则在于防止传统知识的滥用（misuse or misappropriation）与不当使用行为。鉴于目标选择的差异，在 WIPO 内的积极保护与防御性保护各有其对应的具体措施。积极保护通常包括赋权、构建知情同意和利益分享规则等。而防御性保护则被限于登记、数据库保护及科学伦理规范等。采取上述防御性保护措施有助于明确现有技术的边界，以防止专利授权中可能出现的传统知识滥用或盗用。这种政治层面的倡议很快引起了反对的声音，发展中国家的代表们认为，将传统知识视作现有技术，不过是变相将传统知识置于公有领域的做法，与传统知识应当获得权利保护的主张是相抵触的。用易于理解的极端表述，正义是在"全面保护"和"架空保护"两种立场下的博弈。[1]国际论坛中的主张从某种程度上代表了各国在博弈中所采取的立场，但是这些具有政治意味的主张并不能准确地反映出 WIPO 所提出的政策目标之本质。防御性保护与积极保护并不是作为对立的概念提出的，根据 WIPO 的主张，防御性保护与积极保护之间应当相互补充和相互促进。[2]

WIPO 对积极保护与防御性保护的区分从功能上厘清了不同保护措施所具有的共性，但是对防御性保护的理解不应当局限在国际论坛中所提出的具体

----

〔1〕 梁艳："传统知识非专有产权保护模式研究——以中医药法为契机"，载《甘肃社会科学》2017 年第 6 期。

〔2〕 Intellectual Property and Genetic Resources, "Traditional Knowledge and Traditional Culture Expressions-An Overview", *World Intellectual Property Organization*, 2012, p. 18.

措施。国际保护议题中共识的达成往往是相互妥协和渐进式协商的结果，最终通过的方案体现折中性的价值目标。发达国家持续反对就传统知识制定实质性规则，这迫使 IGC 持续地考虑将专利制度的防御性保护机制作为可行方案予以推进。通过 WIPO 的努力，国际专利分类不断拓展以增强传统知识作为现有技术检索的可能性。[1]

国际论坛中提出的防御性保护无法准确反映出防御性保护的具体内容。从功能上来说，防御性保护与积极保护的区别在于保护目标的不同。为了达成防御性保护的目标，所对应的法律手段应当是多元化的，并不仅仅限于国际论坛下所讨论的登记、数据库等方式。防御性保护规制传统知识的不当使用是为这一功能而提出的。实现积极保护的目标则需要更进一步地承认传统社区对传统知识所享有的专有权利。

国际论坛之中，积极保护指的是传统知识持有人就其持有的传统知识积极地获取并主张知识产权。持有人借助知识产权保护可以防止第三方损害其基于传统知识享有的精神权益与财产利益。相对地，利用知识产权保护亦可实现防御性保护，将不满足知识产权保护要件的传统知识排除在保护范围之外，防止传统知识被知识产权的权利人所独占被视为防御性保护。[2]由此可见，WIPO 对防御性保护与积极保护的划分是以传统知识权益主体采取法律手段的动机作为分类依据的。如果传统知识权益主体积极主动地实施相关行为，则其所采取的法律措施应当具有积极保护的目的性。相对而言，建立传统知识数据库、进行传统知识登记等通常是由国家和政府主导的，并非直接由传统知识权益主体直接采取的策略，从目的性上来说这些保护手段就是防御性的。如前文所述，WIPO 虽然最先提出了防御性保护的说法，但是就防御性保护概念的理解而言，WIPO 的观点代表了成员方之间相互博弈与利益平衡的结果。为了推动国际层面议题的进展，最后的认识通常是较为中立的，同时也具有一定的局限性。所以，国际层面对防御性保护形成的认识只是防御性保护的其中一层含义，并不能代表这一概念所能涵盖的全部范畴。

---

〔1〕 WIPO, Practical Mechanisms for the Defensive Protection of Traditional Knowledge and Genetic Resources Within the Patent System, WIPO DOC. WIPO/GRTKF/IC/5/6 (May 14, 2003).

〔2〕 See WIPO, Glossary, "Key Terms Related to Genetic Resources, Traditional Knowledge, and Traditional Cultural Expressions", http://www.wipo.int/tk/en/resources/glossary.html#40 〔https://perma.cc/CF32-D8KL〕, 2020 年 1 月 7 日访问。

二、防御性保护的内涵

从防御性的语义上看，防御性保护具有以下两重含义。防御的第一重含义指的是抗击敌人的进攻，其近义词包括防守和抵御。在传统知识保护的语境下，防御性指的是权益主体利用法律工具对自身利益进行防卫和防守，以抵御外部行为对自身利益造成的损害。此等语境下的防御性保护与积极保护的区分标准是行为人采取特定行为的动机。具言之，任何与传统知识保护相关的法律规范在其规范功能上并不存在防御性保护与积极保护的划分，但是就其工具价值而言，却可能基于传统知识持有人保护动机的不同而产生防御性保护与积极保护的分野。有鉴于此，本书在"防御性保护的制度运用"一章分析专利制度与中医药传统知识之间的关系时，尽量采用中立的态度分析中医药传统知识取得专利授权的各项要件。至于传统知识持有人取得专利授权的动机与其主观意识相关，可能表现为积极保护或防御性保护。

防御性保护的第二重含义指的是，传统知识持有人应采取手段措施阻止不法行为或不当行为的发生。此时，无论该手段是事前的预防手段还是事后的救济手段，只要能够阻止不法行为与不当行为的发生，从避免损害后果产生的效果上来说都是防御性的。防御性保护以消除不当行为带来的损害以及可能带来的损害为目标，旨在维护持有人对传统知识的圆满支配状态，而无需考虑相对人的使用意图。防止中医药传统知识不正当使用包括以下两个层面的内涵：一是防止他人以损害中医药传统知识文化完整性的方式进行使用；二是防止他人以损害中医药传统知识财产利益的方式进行使用。防御性保护的制度优势在于：（1）不禁止传统知识的获取和使用，而禁止不合理的使用行为；（2）调整使用方与提供方的责任和义务，加强传统知识提供方的协商地位，但并不赋予持有人独占权从而防止产生交易成本过高影响缔约的情形。

防御性保护与积极保护是传统知识保护中相互补充、相互配合的两项目标。积极保护目标的实现需要更加成熟的立法技术及理论支持，需要在厘清传统知识权利属性的前提下，协调习惯法中传统知识使用与获取规则的渊源。积极保护目标的实现需要尊重传统社区已经建立的秩序，保持对习惯规范的敏感性，以保护传统部族的文化完整性为前提，鼓励全体性的传统知识传承与创新过程。此外，积极保护并不禁止他人使用已经处于公有领域的传统知识。总之，防御性保护与积极保护的区别并不在于保护手段、保护措施的不同，而在于保护目的或法律后果的差异。

防御性保护着眼于不当使用法律风险的防范，避免发生潜在的损害传统知识利益的行为，可以说防止特定主体的不当使用行为体现了防御性保护的本质。前文对防御性保护内涵的辨析表明，立法者对防御性保护的理解不应局限于国际论坛中所提出的登记、数据库等有限策略，而应正确认识防御性保护的本质与功能。从防御性保护所具有的内涵来看，防御性保护旨在提升传统知识持有人运用既有法律规范对传统知识进行防御性保护的能力并防止传统知识的不当使用，最终目标是塑造尊重传统知识文化价值的利用环境并通过合理、公平的使用强化传统知识的经济价值以保证其作为市场要素在技术创新和交易中发挥禀赋效应。

三、防御性保护作为中医药传统知识法治目标的必要性

首先，坚持防御性保护法治目标的主要原因在于，现阶段中医药传统知识被不当使用的法律风险是客观存在的。并且知识产权对源头性传统知识保护的忽略会加剧其被不当利用的风险。知识产权与传统知识保护之间确实存在发展不协调的问题，由此产生的矛盾和冲突在国际层面上尤为凸显。其原因在于，发展中国家与发达国家相比，科技水平仍然存在一定的差距。国际知识产权保护制度奉行知识产权强保护主义，对技术的转让和转移却没有强制性的要求。目前，国际保护制度更是将传统知识、传统文化、遗传资源等源头性知识与原始材料排除在保护范围之外。在国际社会广泛关注国际贸易、跨国科学研究活动中存在的不当利用行为并形成习惯性国际规范之前，确实出现了遗传资源和传统知识被大量"盗用"的现象，学界将其形象地称为"生物海盗"。

"生物海盗"通常是对国际贸易中存在的对生物资源免费使用和无偿掠夺现象的描述。国际上将"生物海盗"定义为：个人或机构对本地区生物遗传资源及其知识的占有，并通过占有以寻求对这些资源和知识的排他性垄断控制，通常通过专利或者植物品种或种苗权的方式加以体现。[1]有学者则认为，生物的生命形式被认为不属于专利保护的对象，但医药行业和农业的从业者找到了获得专利保护的方法，他们提取这些植物的基因成分，对其有效成分进行专利保护。这被称为新形式的殖民主义，因为该种知识产权的保护在本

---

[1] 李保平、薛达元："《生物多样性公约》中'土著和地方社区'术语在中国的适用性和评价指标体系"，载《生物多样性》2021年第2期。

质上是确立对原住民思想领域的控制权，这是殖民主义对原住民经济掠夺的新形式。[1]

学界借用政治学的理论，使用尖锐的修辞来评价知识产权与传统知识之间的关系，虽然并不能说完全科学和准确界定了知识产权对传统知识的影响，但是在现阶段仍然是有必要的。因为，"圈地运动"或"生物海盗"的隐喻，通过将知识产权扩张运动及其背后的利益分配与人们所熟知的关乎人性和尊严的历史事件联系起来，并以此种方式建立双重存在或复杂的"经验模型"，向人们展现了被言说对象的具体而鲜明的特征：高强度的知识产权制度导致了健康悲剧等人权困境。[2]在日本汉方药产业崛起以及欧美制药公司开始占领中药市场的背景之下，这种学术语言的描述符合我们对现代中医药产业发展与中医药传统知识保护的隐忧和期盼，也能够引发我们对现行知识产权制度供给不足的反思。

国与国之间的冲突本质上是国际话语权、主导地位和利益的争夺。尽管利益冲突的根本原因在于国际知识产权制度不能为传统知识提供充分的保护，但利益冲突不等同于制度冲突。如果将国际层面的政治主张和立场运用在对法律制度的评价上，不但忽略了国内主体运用法律制度的主观能动性，也会导致绝对的价值判断取代法律规范的适用和理解。

知识产权制度对创新成果的保护是以实现创新激励的价值目标作为前提的，著作权法对作品独创性的要求和专利法对新颖性及创造性的要求都体现了激励创新的价值导向。传统的儒家文化遵循"窃书为雅罪"的传统文化观念，共享知识的思想长期植根于传统社会观念之中。到了近代，商品经济崛起，社会结构发生了变化，知识成为重要的生产资源与无形财产。但是创造行为又并非完全秉持按劳分配的经济思路，某些创造性劳动成果站在前人的研究基础上，实现了从量变到质变的过程，就可以获得全部的收益。

在专利制度的规范框架下，成文记载的传统知识被视为现有技术。对现有技术做出的改进可以取得专利授权。根据专利权归属的一般规则，只有对发明创造作出实质性贡献的自然人才有资格取得专利授权。由此可见，以发

---

〔1〕 梁志文："政治学理论中的隐喻在知识产权制度调适中的运用"，载《政治与法律》2010 年第 7 期。

〔2〕 梁志文："政治学理论中的隐喻在知识产权制度调适中的运用"，载《政治与法律》2010 年第 7 期。

明人为中心形成权益分配机制的专利制度无法为中医药传统知识的创新提供足够的激励。如果传统知识的贡献无法得到承认，对创新成果的利用还需要征得知识产权权利人的许可并支付对价，这显然是不公平的。譬如，以公知中药配方为基础获得的专利产品，国内公司、企业倘若进行生产、制造或销售，将引发专利侵权，巨额赔偿在所难免。除非得到专利权人的授权，并交纳足额的专利许可使用费。[1]

在专门保护制度之下，获取和使用处于公有领域的中医药传统知识并不受到利益分享义务的强制性约束。如果处于公有领域的传统知识没有受到技术保护，处于相关方可以获取的状态，则对获取与使用的约束只能依赖本领域能够形成的道德规范和交易习惯。由此可见，对政策制定者而言，仍然有必要对中医药传统知识利用的不正当行为保持警惕，毕竟中医药传统知识博大精深，其种类不限于持有人所持有的传统知识，也包括未能指定持有人的散落在民间的以及公有领域的传统知识。在国际论坛之上，我们在适时的情况下，也有必要站在"生物海盗"行为的对立面，依据国际公认的准则和道德标准来建立我们自己的话语权。

其次，以防御性保护为法治目标有助于加强中医药传统知识持有人的知识产权保护意识，提高知识产权保护的运用水平。中医药传统知识中具有现实或者潜在价值的技艺、符号都有获得知识产权保护的可能性。以防御性保护为目标正是希望借助知识产权制度促进中医药传统知识在自由市场中的利用，发挥其在产业链中的创新价值，通过厘清中医药传统知识与最终创新成果之间的关系，对其在产业发展中的创新价值给予合理评估和正确定位。

2021年，最高人民法院发布《关于加强新时代知识产权审判工作为知识产权强国建设提供有力司法服务和保障的意见》。该意见第9条涉及中医药传统知识，强调主要目标在于加强中医药传统知识保护，服务中医药传承创新发展。并同时指出，推动完善中医药领域发明专利审查规则，促进提升中医药领域专利质量。由此可见，中医药传统知识防御性保护的目标与加强知识产权保护、促进高质量发展等国家战略要求是协调一致的。

如果对防御性保护做狭义的解释，将赋权的方式排除在防御性保护的范

---

[1] 杨显滨："CBD与TRIPs协议冲突视野下公知中药配方的知识产权保护"，载《政法论丛》2017年第1期。

畴之外，忽略传统知识权益主体运用法律工具的能动性和灵活性，将会限制传统知识提供国在政策层面给予传统知识权益主体的支持。防御性保护与积极保护最大的区别不在于法律手段，而在于使用手段的目的性。

有些学者对防御性保护的认知采取此种宽泛的解释，认为通过赋权的方式，也可以产生防御性保护的效果。知识财产正是通过财产的使用分配、调整、自我防御、计划四大功能使竞争市场为经济人行为提供机会和自益性。[1]知识产权关系像物权关系一样，也包括对人关系和对物关系，为对世权，义务人承担"不加害"的消极义务。[2]当传统知识成为财产权或专有权利的保护对象时，财产权的消极权能够发挥防御功能，限制第三方对传统知识的获取和利用。因此，传统知识的防御性保护又称为传统知识的消极保护，它是指"以旨在防止传统意义上的管理者之外的人就传统知识获得知识产权为目的的保护方法"。[3]

无论是专门保护制度还是知识产权制度，均可发挥防御性保护和积极保护两种功能。有些学者认为，专门保护以及知识产权保护都能产生防御性的效果。在原住民的资源、知识和民间文学艺术上创设一种财产权或者类似的权利，并给予此种权利禁止使用（资源、知识和民间文学艺术），特别是原住民希望禁止给予传统知识进行发明或给予民间文学艺术进行衍生品创作的使用。[4]一种反对外来者以"衍生品"获得知识产权的防御性保护的可能方式是，原住民社区成员自身参与以传统知识为基础的发明并使其专利化，以及创作以民间文学艺术为基础的作品，包括改编作品，受民间文学艺术启发的作

---

〔1〕［德］尼古劳斯·皮珀：《故事中的经济史》，王泰智、沈惠珠译，经济日报出版社 2003 年版，第 29~30 页，转引自李杨："耦合与超越：传统知识保护的知识产权困境解读"，载《大连理工大学学报（社会科学版）》2009 年第 3 期。

〔2〕梁艳："传统知识非专有产权保护模式研究——以中医药法为契机"，载《甘肃社会科学》2017 年第 6 期。

〔3〕丁丽瑛：《传统知识保护的权利设计与制度构建——以知识产权为中心》，法律出版社 2009 年版，第 166 页。See WIPO, Defensive Protection Measures Relating to Intellectual Property, Genetic Resources and Traditional Knowledge: An Update, a Document Prepared by the Secretariat for sixth Session of the WIPO-IGC, December 15, 2003, WIPO/GRTKF/IC/6/8.

〔4〕［德］莱万斯基编著：《原住民遗产与知识产权：遗传资源、传统知识和民间文学艺术》，廖冰冰、刘硕、卢璐翻译，中国民主法制出版社 2011 年版，第 135 页。

品、图片、数据库、声音和影像制品以及表演等。[1]

由此可见，"积极"和"消极"描述的是权利的两面性，两者相辅相成，传统知识上存在的积极利益确保适格的主体有权决定传统知识的使用，消极利益则禁止外来者就传统知识获得利益，发挥"防御性保护"的功能。当中医药传统知识持有人获得知识产权保护后，亦可实现对自身权益的防御性保护。

最后，防御性保护的法治目标凸显了规制不当使用的立法价值。要全面、有效地防范不当使用带来的法律风险，应当采取多元的法律工具以针对不同的使用场景。具体而言，专利授权确权机制能够防止已经公开的中医药传统知识被申请为专利。商标法的禁用机制则可以避免中医药传统知识被注册为商标。上述两种途径均是借助授权的实质性要件排除申请人对中医药传统知识的私人控制。商标秘密保护与非物质文化遗产名录则通过排他性机制实现不当使用的规制。规制不当使用并非既有规范的本源性目标，而是间接的制度功能。现有法律规制体系不足以规制中医药传统知识不当使用的主要原因在于，无论是知识产权法还是非物质文化遗产保护，采取的都是事后规制的思路。事后规制采取的手段是责任规则，要求行为与损害后果之间存在因果关系，并实际产生了损害后果。在中医药传统知识保护领域，不当使用造成的并非确定的损害后果，而是反映为文化和财产价值遭到挪用的风险。

我国拟通过专门制度构建规制不当使用的规范框架。根据《中医药法》第 43 条的规定，中医药传统知识持有人对他人获取、利用其持有的中医药传统知识享有知情同意和利益分享的权利。在此原则性的规定之下，《中医药传统知识保护条例（草案）》针对不当利用行为建立了清晰的规范框架。从中医药传统知识持有人的角度，可以将不当利用行为分为以下两类：一是侵犯中医药传统知识持有人精神权益的不当利用行为；二是侵犯中医药传统知识持有人财产权益的不当利用行为。

中医药传统知识持有人的财产权益包括其就中医药传统知识二次利用所能够享有的利益，以及将与中医药传统知识有关的符号、名称、标志作为商业性标志使用可能产生的商业利益。为了进一步明确不当使用行为的边界，《中医药传统知识保护条例（草案）》还对合理使用的行为进行了界定。概括

---

[1] ［德］莱万斯基编著：《原住民遗产与知识产权：遗传资源、传统知识和民间文学艺术》，廖冰冰、刘硕、卢璐翻译，中国民主法制出版社 2011 年版，第 135 页。

地说，非商业性的利用和为国家利益和重大社会公共利益而使用中医药传统知识的行为构成合理使用。我们也可以从利用方的角度对不当利用行为进行界定。根据《中医药传统知识保护条例（草案）》的规定，利用方应当承担来源披露、规范使用、真实告知、利益分享等强制性义务，对上述义务的违反将导致其行为被界定为不当利用行为。利用方实施不当利用行为将会导致相应的法律后果，除民事侵权责任之外，利用方还要承担相应的行政责任。

在《中医药法》明确了中医药传统知识获取、利用应遵守知情同意和利益分享原则的前提下，《中医药传统知识保护条例（草案）》在此基础上更进一步，通过"权利—义务"的逻辑框架为中医药传统知识的获取和利用提供了明确的行动指南。当权利遭受到不当利用行为的侵害时，中医药传统知识持有人可以通过相应的法律规范作为其请求权基础维护自身权益，而获取利用方也可以在《中医药传统知识保护条例（草案）》的框架下寻找抗辩事由为自己的行为进行辩护。相较于《中医药法》中的原则性规定，不当利用行为的性质已经脱离了抽象的违反法律目的的层面。因为《中医药传统知识保护条例（草案）》已经明确了规范不当利用行为的法律框架、构成要件和法律效果。

第二节　中医药传统知识防御性保护的法治进展

一、中医药传统知识防御性保护的具体措施

党的十九大报告明确提出，坚持中西医并重，传承发展中医药事业。中医药传统知识作为高度契合我国健康保护领域基本国情的本土优秀传统文化，是中华民族的宝贵资源，是传承发展中医药事业的核心。2019 年 7 月 24 日，中央深改组会议审议通过了《关于强化知识产权保护的意见》《关于促进中医药传承创新发展的意见》，会议指出，要健全中医药传承和开放创新发展，改革完善中医药管理体制机制，发挥中医药在疾病治疗和预防中的特殊作用。这就将中医药的传承和发展上升至中央和国家战略。2021 年 1 月 22 日，国务院办公厅印发《加快中医药特色发展若干政策措施》，指出中医药仍然一定程度存在高质量供给不够、人才总量不足、创新体系不完善、发展特色不突出等问题。为此，国家从顶层设计的角度出台了一系列促进中医药事业传承创新的有力政策，从药物使用、支付系统、药物供给、医疗保障等多个方面相

继支持中医药行业的发展。

目前，中医药的传承创新发展被写入党的二十大报告中。党的二十大报告指出，推进健康中国建设。把保障人民健康放在优先发展的战略位置，建立生育支持政策体系，实施积极应对人口老龄化国家战略，促进中医药传承创新发展。健全公共卫生体系，加强重大疫情防控救治体系和应急能力建设，有效遏制重大传染性疾病传播。由此可见，传承创新发展中医药是新时代中国特色社会主义事业的重要内容，是中华民族伟大复兴的大事。

中医药传统知识保护在法治层面的进展可以从以下三个方面概括：首先，中医药传统知识专门保护制度的构建势在必行。相比知识产权制度与医药行政管理制度而言，专门保护制度针对中医药传统知识制定，在制度设计的过程中，充分考虑了中医药传统知识保护的现实需求和紧迫事项，更加符合中医药传统知识的特色与发展定位。因此，专门保护制度将成为中医药传统知识法律保护制度的重要组成部分，与其他相关法律制度的配合和协调有助于守正创新、传承发展的目标实现。

其次，中医药传统知识保护工作的实施已经建立了系统的组织机构。根据《中医药法》的规定，中医药传统知识保护是国家中医药管理局和中医药各级政府部门、中医药管理部门的重要职能之一。1982 年，国家中医药管理局就成立了中国中医科学院中国医史文献研究所，主要负责医学历史、中医文献（包括存世、亡佚、出土医药文献）、中医古籍数字化、民族医学、中医术语、医药文物、民间传统医药、中医药文化、中医药传统知识保护、传统医药非物质文化遗产等的研究工作，多年来形成了以医史文献研究为基础，以中医古籍数字化、中医名词术语规范化、中医药传统知识保护和传统医药非物质文化遗产研究引领前沿的局面。2013 年，国家中医药管理局设立了中医药传统知识保护研究中心，并成立了中医药传统知识保护工作专家委员会。该委员会由全国知名的中医界和法律界的专家组成，他们的任务是共同指导中医药传统知识保护研究中心的工作。

最后，中医药传统知识保护工作正在地方和基层积极展开。2017 年之后，为了推进《中医药法》的实施，各地方政府纷纷颁布了本行政辖区范围内的《中医药条例》，截至目前，处于有效状态的地方性法规共计 25 部，其中都无一例外地包含了中医药传统知识的保护工作。总结起来，地方政府在中医药传统知识保护和管理方面的职能主要体现为以下几点内容：（1）抢救、收集、整理、挖掘中医药传统知识；（2）建设中医药传统知识保护名录或推定中医药传统知识进入非物质文化遗产保护名录；（3）加强知识产权制度在保护中医药传统知识方面的运用；（4）支持以中医药传统知识为主的新药研发；（5）强化中医药传统知识的基础和应用研究，鼓励转化。以上是对中医药传统知识保护工作的总体概述，下文对中医药传统知识防御性保护相关具体措施予以详述。

2004 年 11 月，国家中医药管理局敏锐地抓住传统知识保护这一国际热点问题，立项对中医药传统知识保护进行研究。[1]2005 年 1 月，"中医药传统知识保护研究"课题正式启动，中国中医研究院（现为中国中医科学院）柳长华教授担任课题组组长。课题研究的内容包括：中医药传统知识资源的内容与分类，建立中医药传统知识专利数据库，中医药传统知识的权益归属，利用中医药传统知识获取知识产权后的利益分享，提出对中医药传统知识的保护方法与模式等。[2]同年 7 月，该课题在北京通过验收。柳长华等 8 位来自北京、上海和山东的专家，查阅了 400 余种参考文献，翻译了 11 万字的资料，最终完成了 55 万字的研究报告。报告明确了中医药传统知识及其保护的定义，对中医药传统知识的特征和内容分类进行了详细论述，并针对我国中医药传统知识保护领域存在的问题，提出建立中医药传统知识专门保护法、中医药传统知识保护名录和数据库等建议。[3]

2005 年国家中医药管理局"中医药传统知识保护研究"课题结束后，国务院及其管理部委高度重视中医药事业发展。2009 年 4 月 21 日，国务院发布《关于扶持和促进中医药事业发展的若干意见》。该意见指出，依托现有中医药机构设立一批当代名老中医药专家学术研究室，系统研究其学术思想、临证经验和技术专长；整理研究传统中药制药技术和经验，形成技术规范；开展中医药基础理论、诊疗技术、疗效评价等系统研究。[4]通过提出对名老中

---

〔1〕　参见柳长华："中医药传统知识及其保护的定义"，中华中医药学会第八届中医药文献学术研讨会论文，2005 年 8 月于黄山。

〔2〕　曾利明："国家中医药管理局启动中医药传统知识保护研究"，载中国新闻网：http://www. chinanews. com/news/2005/2005-01-08/26/525960. shtml，2020 年 3 月 11 日访问。

〔3〕　"中医药传统知识保护研究通过验收"，载中国科学院官网：http://www. cas. cn/xw/kjsm/gndt/200906/t20090608_ 644946. shtml，2020 年 3 月 11 日访问。

〔4〕　国务院《关于扶持和促进中医药事业发展的若干意见》（国发〔2009〕22 号），2009 年 4 月21 日发布。

医专家的学术、经验和专长的着重研究，以及对中医药基础理论的系统整理，间接实现对中医药传统知识保护理论研究的实质性推动。2011 年 1 月 19 日，国家中医药管理局、国家知识产权局发布《关于加强中医药知识产权工作的指导意见》，明确提出中医药知识产权工作措施之一即开展中医药知识产权保护理论、政策与法制研究，[1]为中医药知识产权保护的下一步工作指明方向。

国家对中医药传统知识理论研究的政策支持，进一步推动了国家中医药管理局和相关研究机构对中医药传统知识保护的深入探索。2013 年，国家中医药管理局决定在国家和省级两个层面成立中医药传统知识保护研究中心和分中心，[2]专门进行中医药传统知识保护研究，为中医药传统知识保护的实践提供理论基础。同年，国家中医药管理局通过中医药行业专项设立"中医药传统知识保护技术研究"项目，[3]在全国范围内开展中医药传统知识调查与收集工作，为保护工作进一步深入开展打下坚实基础。

中医药传统知识技术保护主要是指通过广泛调查，建立中医药传统知识档案，中医药传统知识保护名录和数据库，[4]从而划定中医药传统知识防御性保护的范围。国务院于 2009 年发布的《关于扶持和促进中医药事业发展的若干意见》指出，国家鼓励开展中医药继承工作，具体包括开展中医药古籍普查登记，建立综合信息数据库和珍贵古籍名录等。并在完善中医药事业发展保障措施中明确提出，研究制定中医药传统知识保护名录，[5]这为后期的中医药传统知识保护名录和数据库的建立奠定了政策基础。2011 年，国家中医药管理局和国家知识产权局再次提出，开展中医药传统知识保护技术研究，逐步建立中医药传统知识保护名录、中医药特有标志和符号名录。[6]

随后，国家知识产权战略实施工作部际联席会议办公室发布相关计划，

---

〔1〕 国家中医药管理局、国家知识产权局《关于加强中医药知识产权工作的指导意见》（国中医药科技发 [2011] 2 号），2011 年 1 月 19 日发布。

〔2〕 "中医药传统知识保护研究中心成立"，载《中医药临床杂志》2013 年第 5 期。

〔3〕 "《中医药发展战略规划纲要（2016—2030 年）》问答 31-40"，载国家中医药管理局官网：http://fjs.satcm.gov.cn/zhengcewenjian/2018-03-24/2475.html，2020 年 3 月 11 日访问。

〔4〕 《中国中医药年鉴》（行政卷）编委会编：《中国中医药年鉴（2014 行政卷）》，中国中医药出版社 2014 年版，第 57 页。

〔5〕 国务院《关于扶持和促进中医药事业发展的若干意见》（国发 [2009] 22 号），2009 年 4 月 21 日发布。

〔6〕 国家中医药管理局、国家知识产权局《关于加强中医药知识产权工作的指导意见》（国中医药科技发 [2011] 2 号），2011 年 1 月 19 日发布。

明确要求原卫生部、知识产权局等四部门共同负责组织实施 10 省（区、市）中药资源普查试点工作和中医药传统知识数据库构建方案与示范研究项目，建立中医药传统知识数据库，探索制定具有法律效力的医药传统知识保护名录。[1]2016 年，国务院连续印发多个文件，指出中医药发展的重点任务包括开展中医古籍文献资源普查，抢救濒临失传的珍稀与珍贵古籍文献，推动中医古籍数字化，编撰出版《中华医藏》，建立中医药传统知识保护数据库、保护名录和保护制度等。[2]可见，国家对中医药传统知识的技术性保护给予了高度重视。

如上所述，在 2009 年至 2012 年陆续出台的中医药传统知识技术保护政策的指导下，国家中医药管理局于 2013 年组织开展"中医药传统知识保护技术研究"项目，着手进行中医药传统知识保护名录、数据库建设。为保证该项目的顺利进行，国家中医药管理局科技司向各省级卫生管理部门发布通知，要求 31 个省（区、市）中医药管理部门负责本辖区调查工作的组织实施，对中医药传统知识的调查、挖掘和整理工作施以有效指导。[3]同时，为了给各类中医药传统知识项目的调查、登记、评审工作提供标准化流程，国家中医药管理局中医药传统知识保护研究中心研制开发了"中医药传统知识保护工作平台"系统，为县级、省级、分中心、国家中心、评审专家等各类用户提供了统一的网络办公平台，为中医药传统知识保护名录与数据库的编制奠定了基础。[4]

知识的无形性决定了其传播需要以有形物为载体，国家对中医药传统知识的技术保护即体现在《中华医藏》等中医药古籍的整理，以及从古籍中提炼、挖掘民间中医药传统知识以建立名录和数据库等实践中。2012 年 8 月 24 日，《中华医藏》编纂工作正式启动。[5]截至 2019 年 6 月 22 日，国家中医药

---

[1] 《2012 年国家知识产权战略实施推进计划》，2012 年 4 月 10 日发布实施。

[2] 国务院《关于印发中医药发展战略规划纲要（2016—2030 年）的通知》（国发［2016］15 号），2016 年 2 月 22 日发布；《"健康中国 2030"规划纲要》，2016 年 10 月 25 日印发实施；国务院《关于印发"十三五"卫生与健康规划的通知》（国发［2016］77 号），2016 年 12 月 27 日发布。

[3] 国家中医药管理局科技司《关于做好中医药传统知识调查工作的通知》（国中医药科技中药便函［2014］13 号），2014 年 2 月 27 日发布。

[4] "中医药传统知识保护工作平台正式运行"，载国家中医药管理局官网：http://www.satcm.gov.cn/kejisi/gongzuodongtai/2018-03-24/3283.html，2020 年 3 月 12 日访问。

[5] 于晓："《中华医藏》编纂工作开启 系建国以来规模最大"，载中国新闻网：http://www.chinanews.com/cul/2012/08-27/4136651.shtml，2020 年 3 月 12 日访问。

管理局科技司副调研员贺晓路表示，国家中医药管理局会同文化和旅游部仍在持续进行《中华医藏》的编纂出版工作，并且我国将用 6 年时间、重点编纂出版约 2300 种中医药古籍，进行书目提要编纂出版、数字资源库建设等工作。[1]除此之外，自从 2013 年中医药传统知识保护名录、数据库建立工作启动以来，各省级中医药管理部门积极响应政策号召。截至 2015 年 7 月 18 日，中医药传统知识保护名录、数据库已录入从 32 种隋唐前古籍中选取的 38 303 首方剂。[2]至 2017 年 7 月，已入库宋元之前方剂类古籍内容 4 万余首方剂。[3]中医药古籍的整理出版和中医药传统知识保护名录、数据库的建立，体现了国家职能部门对中医药传统知识技术保护政策的贯彻落实，在一定程度上解决了后续保护制度构建的前置性问题。

二、中医药传统知识防御性保护的法律框架

最早提出适时做好传统知识立法工作的政策性文件是《国家知识产权战略纲要》。[4]随后，国务院于 2009 年发布的《关于扶持和促进中医药事业发展的若干意见》也提到"积极推进中医药立法进程，完善法律法规"[5]的中医药事业发展的保障措施。2010 年、2011 年连续两年，国家保护知识产权工作组、国家知识产权战略实施工作部际联席会议办公室制定的年度国家知识产权相关计划均明确指出，要继续开展中医药传统知识保护的立法研究工作，尤其要加快《中医药法》的立法进程。[6]国家对《中医药法》的颁布实施予以高度重视，又在《中医药发展战略规划纲要（2016—2030年）》中再次强调推动颁布并实施《中医药法》，研究制定配套政策法规和部

---

〔1〕 王萌萌："我国将出版《中华医藏》推进中医药古籍文献研究"，载新华网：http://www.xinhuanet. com/politics/2019-06/22/c_ 1124658477. htm，2020 年 3 月 12 日访问。

〔2〕 赵维婷："隋唐前 38303 首方剂已录入中医药传统知识保护名录数据库"，载北京中医药大学官网：http://www. bucm. edu. cn/tbgz/xyzs/29301. htm，2020 年 3 月 12 日访问。

〔3〕 "中医药法释义（43）"，载国家中医药管理局官网：http://fjs. satcm. gov. cn/zhengcewenjian/ 2018-03-24/2453. html，2020 年 3 月 12 日访问。

〔4〕 国务院《关于印发国家知识产权战略纲要的通知》（国发〔2008〕18 号），2008 年 6 月 5 日发布。

〔5〕 国务院《关于扶持和促进中医药事业发展的若干意见》（国发〔2009〕22 号），2009 年 4 月 21 日发布。

〔6〕 《2010 年中国保护知识产权行动计划》，2010 年 4 月 12 日发布实施；《2011 年国家知识产权战略实施推进计划》，2011 年 4 月 7 日发布实施。

门规章。[1] 2020 年，为加强落实《中医药法》中关于中医药传统知识保护的规定，国家连续发布两项通知文件，以推动《中医药传统知识保护条例》的出台。[2]

我国最早有关中医药传统知识保护的立法是对其有形载体之一——中药品种的保护，即 1992 年颁布的《中药品种保护条例》。该条例对符合条件的中药品种进行分级保护，并设立了企业许可生产和保密制度，[3] 对较小范围的中医药传统知识给予了有限保护。2011 年，《非物质文化遗产法》颁布实施，[4] 其虽将"传统医药"作为非物质文化遗产进行保护，但"传统医药"的外延并不与"传统知识"完全重合，且该法是着眼于宏观的框架性规定，并不能在民事领域明确传统知识持有人等相关主体之间的权利义务关系。随后，《中医药法》于 2016 年 12 月 25 日颁布。《中医药法》第 43 条专门规定了中医药传统知识保护，包括建立中医药传统知识保护数据库、保护名录和保护制度，明确了中医药传统知识持有人的传承使用权、知情同意权和利益分享权等。[5]《中医药法》仅有一条涉及中医药传统知识，并不能给予其全面、充分的保护，因此，国家中医药管理局、国家知识产权局等相关部门正

---

〔1〕 国务院《关于印发中医药发展战略规划纲要（2016—2030 年）的通知》（国发〔2016〕15号），2016 年 2 月 22 日发布。

〔2〕《2020—2021 年贯彻落实〈关于强化知识产权保护的意见〉推进计划》，2020 年 4 月 20 日发布；《2020 年深入实施国家知识产权战略加快建设知识产权强国推进计划》（国知战联办〔2020〕5号），2020 年 5 月 13 日发布。

〔3〕 1992 年《中药品种保护条例》第 5 条第 2 款规定："受保护的中药品种分为一、二级。"第 13条规定："中药一级保护品种的处方组成、工艺制法，在保护期限内由获得《中药保护品种证书》的生产企业和有关的药品监督管理部门及有关单位和个人负责保密，不得公开。负有保密责任的有关部门、企业和单位应当按照国家有关规定，建立必要的保密制度。"第 17 条规定："被批准保护的中药品种，在保护期内限于由获得《中药保护品种证书》的企业生产；但是，本条例第十九条另有规定的除外。"

〔4〕《非物质文化遗产法》第 2 条第 1 款规定："本法所称非物质文化遗产，是指各族人民世代相传并视为其文化遗产组成部分的各种传统文化表现形式，以及与传统文化表现形式相关的实物和场所。包括：（一）传统口头文学以及作为其载体的语言；（二）传统美术、书法、音乐、舞蹈、戏剧、曲艺和杂技；（三）传统技艺、医药和历法；（四）传统礼仪、节庆等民俗；（五）传统体育和游艺；（六）其他非物质文化遗产。"第 3 条规定："国家对非物质文化遗产采取认定、记录、建档等措施予以保存，对体现中华民族优秀传统文化，具有历史、文学、艺术、科学价值的非物质文化遗产采取传承、传播等措施予以保护。"

〔5〕《中医药法》第 43 条规定："国家建立中医药传统知识保护数据库、保护名录和保护制度。中医药传统知识持有人对其持有的中医药传统知识享有传承使用的权利，对他人获取、利用其持有的中医药传统知识享有知情同意和利益分享等权利。国家对经依法认定属于国家秘密的传统中药处方组成和生产工艺实行特殊保护。"

在全力配合，积极推动《中医药传统知识保护条例》的出台。[1]学界也在积极讨论《中医药传统知识保护条例（草案）》的具体内容，从多角度为这一条例的改进提出建设性建议。[2]

2008 年，国务院印发《国家知识产权战略纲要》，指出国家知识产权专项任务之一即建立健全传统知识保护制度，完善传统医药知识产权管理、保护和利用协调机制。[3]2009 年，为扶持和促进中医药事业，国务院发布通知，明确指出要逐步建立中医药传统知识专门保护制度。[4]2011 年，国家中医药管理局和国家知识产权局联合发布有关加强中医药知识产权工作的指导意见，指明总体目标是逐步建立中医药传统知识和中药资源等专门保护制度；基本原则是实现现行知识产权制度与中医药传统知识专门保护制度的有效衔接。[5]2019 年，中共中央、国务院高度重视中医药事业发展，联合发布意见通知，指出要加强中医药产业知识产权保护和运用，建立知识产权和科技成果转化权益保障机制，从而加快推进中医药科研和创新。[6]

对中医药传统知识保护制度的构建研究始于 2016 年度国家社会科学基金重大项目"中医药传统知识保护专门制度研究"的启动。[7]在随后颁布实施的《中医药法》第 43 条中可以看到对中医药传统知识保护制度的概括性规定。[8]

---

〔1〕 李骏："中国正推动出台中医药传统知识保护条例"，载中国新闻网：http://www.china-news.com/gn/2020/04-23/9165698.shtml，2020 年 4 月 25 日访问。

〔2〕 占妮："《中医药传统知识保护条例（草案）》立法课题进展汇报会在北京召开"，载西安交通大学知识产权研究院官网：http://ip.xjtu.edu.cn/info/1018/3589.htm；赵世桥："《中医药传统知识保护条例（草案）》首次专家论证视频会议成功召开"，载西安交通大学知识产权研究院官网：http://ip.xjtu.edu.cn/info/1018/3729.htm，2020 年 6 月 29 日访问。

〔3〕 国务院《关于印发国家知识产权战略纲要的通知》（国发〔2008〕18 号），2008 年 6 月 5 日发布。

〔4〕 国务院《关于扶持和促进中医药事业发展的若干意见》（国发〔2009〕22 号），2009 年 4 月 21 日发布。

〔5〕 国家中医药管理局、国家知识产权局《关于加强中医药知识产权工作的指导意见》（国中医药科技发〔2011〕2 号），2011 年 1 月 19 日发布。

〔6〕 中共中央、国务院《关于促进中医药传承创新发展的意见》，2019 年 10 月 20 日发布。

〔7〕 星火："国家社科基金重大项目'中医药传统知识保护专门制度研究'开题"，载西安交通大学新闻网：http://news.xjtu.edu.cn/info/1033/71981.htm，2020 年 6 月 29 日访问。

〔8〕《中医药法》第 43 条规定："国家建立中医药传统知识保护数据库、保护名录和保护制度。中医药传统知识持有人对其持有的中医药传统知识享有传承使用的权利，对他人获取、利用其持有的中医药传统知识享有知情同意和利益分享等权利。国家对经依法认定属于国家秘密的传统中药处方组成和生产工艺实行特殊保护。"

从目前专家学者对《中医药传统知识保护条例（草案）》制定的讨论[1]中可以看到，该行政法规可能将明确中医药传统知识的定义，以确定保护范围；设置中医药传统知识管理委员会与行业协会进行专门管理；重点规定中医药传统知识的防御性保护；细化中医药传统知识保护名录和数据库制度，具体包括建立统一标准和分层分级管理模式、增加名录所列信息项、设置数据库身份准入、查看使用权限和密级制度等；细化《中医药法》第43条中知情同意和获益分享的相关规定；设置侵犯中医药传统知识权利人民事权益时的救济程序和民事责任等。

2013年，国家中医药管理局中医药传统知识保护研究中心根据保护工作的需要，研制开发了"中医药传统知识保护工作平台"，并多次主导中医药传统知识调查工作，摸查中医药传统知识传承和保护情况。2017年，国家知识产权局启动传统知识知识产权保护示范、试点县工作。在国家中医药传统知识保护战略的指引下，地方政府也结合地方实际情况，出台与中医药传统知识保护相关的地方性法规和地方政府规章。

除已实施的法律法规之外，2020年4月23日，国务院新闻办公室举行新闻发布会，介绍2019年中国知识产权发展状况。国家知识产权局局长申长雨表示，国家知识产权局正加快推进《专利法》修改，建立药品专利保护期限补偿制度，也在积极配合有关方面推动出台《中医药传统知识保护条例》，更好地保护传统中医药。2020年4月，国家知识产权局向社会公布了《中药领域发明专利申请审查指导意见（征求意见稿）》，以中药理论为核心的中药技术方案的特殊性将在专利审查过程中得以体现。

第三节　中医药传统知识防御性保护法治的现实困境

一、中医药传统知识的创新实力仍有待提升

中医药传统知识是中华民族的科学瑰宝，我国利用中医药传统知识的历

---

〔1〕　占妮："《中医药传统知识保护条例（草案）》立法课题进展汇报会在北京召开"，载西安交通大学知识产权研究院官网：http://ip.xjtu.edu.cn/info/1018/3589.htm；赵世桥："《中医药传统知识保护条例（草案）》首次专家论证视频会议成功召开"，载西安交通大学知识产权研究院官网：http://ip.xjtu.edu.cn/info/1018/3729.htm，2020年6月29日访问。

史十分悠久，因此形成了一套科学的理论体系用于指导中药的研发及中医治疗方案的应用。在全球化的进程下，知识交流之间的地域性障碍被打破，现代科学技术的发展也为中医药传统知识的创新提供了新鲜的动力。20世纪90年代初期，我国媒体广泛报道了一系列中医药传统知识流失国外的事件。牛黄清心丸是我国中药界知名的品牌药，目前我国天津达仁堂制药厂、北京同仁堂制药厂等24家制药企业生产该药品。[1] 1989年，韩国人申请的牛黄清心液及其制造方法（专利申请号：89103260）提出的权利要求保护内容主要为牛黄清心液与制造牛黄清心液的方法。从权利要求说明书的内容来看，其中牛黄上清液的配方已被《中华人民共和国药典》收藏为牛黄清心丸的药物组分所公布。最后，该专利申请在2000年9月6日由于不具备我国《专利法》规定的创造性而被驳回。[2] 随后，1993年韩国人提交的牛黄清心微型胶囊及其制造方法（专利申请号：93105742）则成功获得了专利授权。由于这一专利申请的优先权早于北京同仁堂制药厂提出的牛黄清心丸新制剂的制备工艺（专利申请号：92109662）的专利申请日，且在先专利申请中要求权利保护的技术特征覆盖了其提出的专利申请中的关键技术特征，因此北京同仁堂制药厂的申请因专利不具备新颖性被驳回。除了牛黄清心丸遭抢注事件外，引起广泛关注的还有以色列人向美国申请了"治疗消化性溃疡和痔疮的中药组方"专利，其于2002年获得授权，权利要求涉及口服给药、直肠给药的所有剂型；日本"无偿"商业化开发了《伤寒杂病论》《金匮要略》中的210个古方，并被批准为医疗用药。

随着中医药事业发展的战略地位逐步提升，中医药保护的法律框架逐步完善，我国中药产业的创新能力也在不断增强。虽然，我国中药专利申请量与外国申请量相比具有绝对优势，占中药专利申请总量的97%以上，但在专利技术创新方面仍存有劣势。从1985年至2020年的中药专利申请量和专利有效数量来看，自2009年起，中药专利申请量有大幅提升，但是中药专利有效件数占比仅有15.81%（参见附录2）。在过去的10年间，我国中药专利申请数量翻了3倍之多，但专利年授权量没有稳步提升，2004年至2013年间的

---

〔1〕 张冬：《中药国际化的专利法研究》，知识产权出版社2012年版，第323页。
〔2〕 张冬：《中药国际化的专利法研究》，知识产权出版社2012年版，第323页。

专利授权率呈下降趋势。[1]2003 年至 2013 年，我国中药专利有效量在 20%～45% 波动，相对于高申请量，有效量偏低。[2]目前，我国中药新药的研发还存在大量重复研究的现象。下面以我国和日本对于经典方剂的利用为例，从产业发展现状的视角说明两国的中药创新能力以及对中医药传统知识的利用程度。

从日本汉方药的发展过程来看，其研发中所利用的中医药传统知识大多是处于公有领域的传统知识，具有创新性的是以中医药传统知识为作用对象的制药过程。日本作为发达国家，经济和技术实力雄厚，在经济与技术的沃土中，日本汉方药得到了充分的发展；同时，日本对于中医药知识产权的保护也非常重视，这一助力也推动了日本汉方药开发的技术创新。[3]日本对于经典方剂的开发有十分清晰的创新路径，创新点明确，技术含量高。可以说，日本汉方药的迅速发展依赖于对经典方剂的二次开发和有效专利布局。其创新路径表现为组方的研发与剂型的改良，上述改进形成的技术方案是中医药领域的核心技术。而我国对经典方剂的研发方向虽然全面，但在创新的深化程度上还存在不足。从技术布局上看，组方的改进和深层药效的开发等核心技术尚未得到深层开发，这一定程度上反映了我国中医药产业发展过程中对中医药传统知识的经验总结和二次创新还有提升的空间。

从中药产业发展现状来看，近年来我国中药产业发展取得了长足的进步，中药技术领域多点开发，技术覆盖面广泛，但是从创新点的数量和核心技术的质量来看，我国中医药创新发展在深化程度上还有待加强。当前中医药产业的创新发展亟须通过制度保障和政策引导，刺激中药领域研发的活力，提升已经公开的技术方案的信息价值，促进本领域的知识积累，将创新引入良性循环的轨道上。

中医药产业创新能力不足在一定程度上反映出创新主体利用知识产权制度的能力与水平偏低，能否有效地利用知识产权制度为中医药传统知识提供防御性保护是实践领域的难题之一。为了将中医药传统知识的实用价值和市场竞争力真正地留在国人手中，必须以更加长远的眼光看待专利制度对传统

---

〔1〕　秦宇、董丽："我国中药专利申请现状分析及建议"，载《中国新药杂志》2016 年第 8 期。
〔2〕　秦宇、董丽："我国中药专利申请现状分析及建议"，载《中国新药杂志》2016 年第 8 期。
〔3〕　辛雪、黄大智："从专利分析角度比较中国和日本经典方剂的新药研究"，载《中国新药杂志》2020 年第 5 期。

知识防御性保护的功能。换句话说，专利制度不但应当防止对中药传统知识的不当利用，还应当以提高中医药企业创新研发能力为中心，借助专利制度将与中医药传统知识有关的创新成果固化于专利技术方案之中。

二、源头性的中医药传统知识处于封闭式的传承状态

中医药传统知识防御性保护面临的另一现实问题是，源头性的中医药传统知识大多处于封闭式的传承状态。中医药传统知识的储量巨大、种类繁多，表现形式与传承方式也不尽相同。2013 年，国家中医药管理局启动重大专项"中医药传统知识保护技术研究"，分地区调研中医药传统知识的存续状况。此次专项活动对调研范围进行了界定，入选调研的中医药传统知识须满足以下四个"硬指标"：植根于中华各民族文化传统；在特定地域应用与传承超过3 代人或 50 年；至今仍在传承应用，具有活态性；不同于公知公用的中医药传统知识，具有独特性。可见，中医药传统知识保护的目标设计可进一步区分、细化。那些与民族文化背景密切相关、在民间广泛使用的中医药传统知识，可以被视为不同于主流社会的独特文化知识。这类传统知识凝聚了祖先的宝贵经验与智慧，主要以口传身授的方式代代流传。为这类传统知识提供保护时，就需要考虑其特有的文化属性和既有的传承方式，认可并尊重传统知识持有人的文化自决权，通过赋权方式或行政管理手段禁止第三方未经许可使用其传统知识。从积极保护的角度看，法律运行的逻辑并不存在障碍。

同时，中医药传统知识传承方式的封闭性会影响中医药传统知识防御性保护目标的实现。中医药传统知识如果长期处于持有人的"看守"之下，依赖持有人的知识经验作为创新的来源，虽然可能极具市场价值，但是在市场的交易中，由于知情同意和利益分享原则尚未落实，在没有明确可以依循的传统知识利用获取规则时，其通常会被传统知识持有人变相隐藏，禁止进入市场环节进行交易。如一些名老中医在进入市场以后，对自身所拥有的知识经验价值产生了很多顾虑及自我保护的心态，因此在进行知识传承的过程中也会有所保留，或者是面对社会信息快速发展过程中商业机密时常泄露的情形，选择秘而不传的方式，这些都使得中医执业者在市场经济环境下出现了经济维系困难的问题。[1]

---

[1] 黄崇亚、唐笑、王明旭："中医药传统知识专门制度视域下的名老中医经验保护"，载《中国卫生事业管理》2018 年第 4 期。

除此之外，中医药传统知识的发展还面临发展停滞、经济上的贫困导致传统知识丢失、失传等严峻问题。实证研究的结果（参见附录 3）表明，由于传统社区的封闭性，传统医药知识并没有被外界开发和利用，由于不参与市场竞争机制，传统医药知识的经济价值并没有得以完全体现。民族医药的保护与传承存在重视程度不够、保护力度不足、传承和发展方向不明等多方面的问题，形势十分严峻。民族医药传统知识持有人对传统知识的利用多与自然资源相关，但是环境的破坏会造成药用植物的减少，中医药传统知识缺乏体系或者是语言上的障碍也阻碍其传承。无论苗、彝医药还是蒙、藏医药，传承人均以男性为主，极少数是女性甚至没有女性。目前除藏、维、蒙等民族医药取得了较为理想的成绩之外，其他的民族医药的保护与传承情况不容乐观，大多还处于较为滞后的状态，甚至处于濒危的状态。民族医药虽然拥有完整医学理论体系和独特的疗效，但是缺乏传统医药知识体系，语言上的障碍也阻碍其传承。他们的文化自成体系，有自己独特的语言文字，对于外界干扰具有一定的免疫力。民族医药传承人的数量逐年减少，超过半数无传承人，老龄化趋势明显。中医药传统知识持有人知识保护意识较强，传承较差，中医药传统知识遗失较多，很多家族传承的医药文化在传承的过程中会出现无人继承的现象，受传统思想影响不传外姓，导致很多家族医药文化严重断流。[1]持有人的医药学知识背景普遍薄弱，经验丰富的专家以及青年蒙医学骨干交流不够频繁，导致民族传统医药知识与现代医学没有紧密结合。上述问题的解决除了需要尽快落实知情同意及利益分享机制，还需要通过完善的配套措施，保证法律实施的效率。

三、中医药传统知识存在被不当利用的风险

中医药传统知识的不当使用可能出现于以下典型场景之中：

第一，涉外主体对中医药传统知识的不当使用。中药炮制技术是我国独有的一门核心技术。绝大多数的中药炮制技术处于活态传承的状态，在特定的门派和家族内进行传承。为了防止中药炮制技术被盗用，国家发展和改革委员会、商务部于 2021 年发布的《外商投资准入特别管理措施（负面清单）》明确指出，我国禁止外商投资中药饮片的蒸、炒、炙、煅等炮制技术

---

〔1〕　刘立等："甘肃省中医药传统知识调查研究"，载《中国现代中药》2019 年第 10 期。

的应用。但是仅仅依靠行政管制措施，仍不足以打击潜在的、隐蔽的盗用行为。并且《自由贸易试验区外商投资准入特别管理措施（负面清单）》（2021年版）并没有对外商投资中药炮制技术设置市场准入。这说明在市场经济的发展进程中，为了吸引足够的投资带动企业做大做强，对中医药传统知识的获取和利用也不宜一味地采取强管制的措施，因此，中医药传统知识被不当利用的风险仍然会伴随着鼓励自由贸易的政策而持续存在。

第二，中医药传统知识的文化价值被贬损。中医药传统知识在千百年来的历史发展中，早已形成了丰富的文化内核。少数民族的医药传统知识更是多与其宗教信仰和特定的文化习惯、民族风俗紧密联系在一起。目前，将中医药传统知识作为商业标识或外观设计附着于商品或服务之上或者以中医药传统知识作为元素宣传地方产业和服务业的商业模式已经相当普遍。将中医药传统知识与商品或服务结合，固然更加容易激发消费者对于文化身份和社会属性的认同感，从而对商品或服务产生共情，但是，在鼓励中医药传统知识产业化的同时，我们也应当警惕不当地商业开发、过度宣传给中医药传统知识带来的负面影响，需要采取必要的措施防止中医药传统知识的精神内核遭到侵蚀。

第三，隐性的中医药传统知识被不当使用。隐性知识指的是隐含在人们头脑中的知识，是人们头脑中掌握的经验、技能和想法。中医药传统知识不仅包含通过文字记载下来的显性知识，还存在大量不具备外在表达方式，却能够体现持有人实践经验的隐性知识。在实际的诊疗过程中，隐性的中医药传统知识可以被观察和模仿，因此不宜将其作为商业秘密进行保护。同时，它又难以满足专利授权的条件，无法获得专利保护。

名老中医的经验方与已经公开的经典名方、普通中医师开具的处方以及名老中医随机开具的处方均不相同，具有较高的商业价值和更高的创新程度。但是当前的专利审查标准并不利于名老中医的经验方获得专利保护。实证研究表明，名老中医申请的专利中21%的专利未在说明书中记载常规的临床或动物药效实验，仅以典型病例说明效果或是仅提供药物有效率、没有记载实验方法及过程等，以断言性结论对药物疗效进行描述。根据国家知识产权局发布的《中药领域发明专利申请审查指导意见（征求意见稿）》，通过实验数据证明药物的技术效果仍然是判断专利充分公开的基本准则。如果名老中医的经验方是以临床观察总结的经验而非实验数据证明药物的有益效果，则无法达到专利充分公开的要求。

除无法取得知识产权保护之外，隐性的中医药传统知识容易被最终成果所吸收，导致传统知识提供方的知识贡献难以被识别。在陈某娣等与柏桐堂（福建）生物药业有限公司、福建太平洋制药有限公司其他科技成果权纠纷案[1]中，最高人民法院认为，涉案药品技术的内涵不仅仅包含药物配方智力成果，还包括对该药品安全性、有效性和质量可控性有关的临床研究和生产该药品相对应的药品生产技术。根据《药品管理法》和《药品注册管理办法》的规定，药品批准文号的持有人只能是在中国境内合法登记的法人机构。即便中医药传统知识提供方对药品的研发作出了必要的贡献，由于其并不具备申请药品注册的主体资格，只能将药品配方和生产技术转让给药品生产企业。其实，在立法尚未作出改革之前，司法机关已经意识到在本领域加强隐性知识保护的必要性。天津市高级人民法院发布《关于加强中医药知识产权司法保护的纪要》，指出应合理确定名老中医学术经验、药材炮制方法、传统工艺等依附于传承人的传统知识是否构成商业秘密。2022 年底，最高人民法院发布《关于加强中医药知识产权司法保护的意见》，提出加强中医药创新主体合法权益保护，准确认定中医药研发人员的智力劳动对中医药技术成果形成所发挥的作用。从司法的政策导向来看，由于现行知识产权制度的局限性，隐性知识的贡献和价值得不到承认的法律风险是切实存在的。

中医药传统知识的保护不但要考虑权益主体之间的利益平衡，还需要在中医药传统知识融入的产业链中采取底线思维与风险防范意识，以维护中医药传统知识的安全和利益。在"一带一路"倡议的实施过程中，中医药国际化的进程也在加快。中医药传统知识可以被毫无障碍地提供给海外的医疗机构和医务人员，以促进中医药传统知识在医学与药物活动中的应用，对人类命运共同体的构建发挥积极作用。但是在国门敞开的过程中，我们对涉外主体获取和使用中医药传统知识的行为始终应当保持一定的警惕，而且需要加强中医药领域知识产权保护和利用的预警分析及战略布局，只有将中医药传统知识固定在知识产权中，借助我们既有的优势提高我国中医药产业的竞争实力，才能在国际贸易和对外谈判中，有理有据地践行防御性保护的理念，维护国家和中医药产业的利益。

---

[1]　最高人民法院民事裁定书［2018］最高法民申 4957 号。

本章小结

中医药传统知识是中华民族的科学瑰宝，是打开中华文明宝库的钥匙。2020 年，在抗击新冠肺炎疫情中，中药在抗击病毒、拯救人民生命健康方面发挥的作用是难以估量的。中医药理论在我国已有千年的发展历史，是全球医药知识体系中的重要组成部分。中医药传统知识在创新和传承中不断向前发展，构建完善的法律制度是保护其文化完整性、激发其市场活力、强化其国际竞争力的基本前提。目前，我国中医药传统知识保护的法治进程在前瞻性的战略指导下正有条不紊地向前推进。中医药传统知识保护的立法目标在于：制定切实可行的中医药传统知识获取及使用规则，实现中医药传统知识持有人、使用人及公众三方之间的利益平衡。在尊重中医药传统知识文化完整性的前提下，强化中医药传统知识的财产属性，提高中医药传统知识的市场竞争力，以推进中医药传统知识传承及创新事业的不断进步。现阶段我国中医药传统知识保护制度的构建可以将防御性保护作为价值目标，这一方面有助于解决实践中存在的中医药传统知识创新不足、传承发展遭遇瓶颈等现实问题，另一方面可以缓解传统知识保护、知识产权保护与行政保护之间的紧张关系，推动制度建设朝着落实中医药传统知识保护战略的方向前进。

第二章

中医药传统知识防御性
保护的法治路径

传承创新发展的战略要求是在中医药传统知识保护的现代化进程中提出的。为了兼顾传承和创新，统筹保护与共享之间的关系，中医药传统知识保护要坚定不移地走现代化的法治道路。从已经积累的中国实践和中国经验来看，中医药传统知识保护并未完全秉持法律多元主义的立场，以道德、习惯、传统形成的法律文化和纠纷解决机制应对实践难题，而是通过法律规范的修正、适用及完善，回应中医药传统知识保护特殊性为现行制度带来的挑战并通过制度的完善解决亟待调整的法律关系。对中医药传统知识的不同保护路径进行研究可以发现，尽管不同的法律工具各自具有独立的立法目的和价值导向，所调整的对象和法律关系也不尽相同，但是下文所详述的法律规范均能够发挥防御性保护的作用。不同部门之间的法律规范在作用上的协调一致，有助于理顺中医药传统知识保护中公权与私权的边界，以及专门保护与知识产权保护的衔接，从而实现中医药传统知识法治的现代化与体系化。

第一节　中医药传统知识防御性保护的私法路径

一、商标法

商标法可为传统知识提供防御性保护。在域外的法治经验中，通过集体商标或证明商标保护土著居民的传统知识已经成为惯常的做法。澳大利亚反对非土著居民以土著艺术社区为代价制作和销售土著工艺品的首选法律就是使用证明标志，其可以作为真实性的商标。这些商标适用于土著居民的商品或服务。[1]《美国印第安人艺术与手工艺品法》也规定可以由印第安人艺术与手工艺品协会颁发证明商标。[2]根据《美国 1946 年商标法》第 2（a）节的规定，美国专利与商标局（USPTO）对错误地暗示其与土著部落或土著部落信念之联系的商标将不予注册。

《新西兰商标法》包含了保护新西兰土著毛利人等来源于群落民间文学艺术表达的条款。该法第 17 条"不予注册商标的绝对理由–总则"第（1）（b）（ii）款规定：如果商标专员认为商标的使用或注册可能侵犯群落，包括毛利的重要部分，则不得对该商标的整体或部分进行注册。结合该法关于不予注册理由的具体规定及异议和撤销程序，如果包括毛利人在内的土著群落的文字、图形（text，image）等被未经相关群落授权的个人或实体注册为商标，则相关群落可以对注册申请提出异议或发起撤销注册商标的程序。[3]

在域外的法治经验中，禁止表征传统社区或土著群体身份的文字、图形等文化表达元素作为商标使用通常被规定在商标法中。但通过商标法为传统知识提供防御性保护的做法也遭到了一些学者的批判。

观点之一认为，由于是在现有商标法体系内对传统文化表现形式给予保护，授予一个特定群体上述商标权利与国际商标制度之间存在冲突，这种商标权保护是给予某些国民——如美国原住民和美国原住民部落——的优惠待遇，这些待遇违背了 TRIPS 的国民待遇原则。[4]国民待遇原则的实质是反对歧视，是否构成歧视并不是要考察法律条款本身是否对特定的利益群体进行了区别对待，而应从法律实施效果上评判是否会存在实质性的区别待遇。商标法赋予传统知识社区的撤销权和异议权并不会导致传统知识持有人获得实质性的优待。首先，在法律的适用中，撤销和异议仅仅针对将特殊文化表达元素作为商标注册使用的行为，其防御性保护的范围并不针对与传统知识相关的所有元素。再次，对注册商标的撤销、异议和无效是商标法中一般程序性的规定，并不是专门针对传统知识社区提供和设计的。最后，商标保护所享有的国民待遇原则也并不是绝对的，国际保护中仍然具有例外的情形。根

---

〔1〕 曹阳："知识产权制度下保护传统知识的局限性"，载《理论界》2007 年第 8 期。

〔2〕 曹阳："知识产权制度下保护传统知识的局限性"，载《理论界》2007 年第 8 期。

〔3〕 沈颖迪："民间文学艺术表达之商标保护"，载《中华商标》2004 年第 7 期。

〔4〕 Daphne Zografos, *Intellectual Property and Traditional Cultural Expression*, Edward Elgar Publishing, 2010, p.216, 转引自何隽："知识产权公约中国民待遇的'例外'"，载《清华法学》2013 年第 2 期。

据《保护工业产权巴黎公约》第 6 条之五的规定，国内法在拒绝给予商标注册和无效方面享有如下自由。国内法可以对具有下列情形的商标拒绝给予注册或无效：（1）商标具有侵犯第三人的既得权利的性质；（2）商标缺乏显著性，或者在要求给予保护的国家的现代语言中或在善意和公认的商务实践中已经成为惯用的；（3）商标违反道德或公共秩序，尤其是具有欺骗公众的性质。因此，在商标法中限制将传统知识的特定表达元素作为商标使用并不会违背国民待遇原则。

观点之二认为，商标法为传统知识提供的防御性保护很难突破其地域限制。"如果某一名称、设计或标志对保护国家的公众而言并不有名，或者并不像原产地的原住民社群那样对公众传达特殊的含义，即便使用该标志的人与原住民社群没有联系或者并没有获得原住民社群授权，仍然可能难以基于国际原则以及多数国家法律去敢于使此种标注被用作商品或服务的商标。"〔1〕比如，在中美知识产权谈判中，就中方提出的传统知识防御性保护问题，美方代表指出，"在中医药方面我们可以理解中方的要求，但是如果有人去美国注册'狗不理'的商标，我们的工作人员并不知道这是什么东西，如何避免这种情况的发生呢？"〔2〕诚然，在当前的国际保护规则之下，工业产权的地域性强于版权的地域性。倘若发生中医药传统知识的特有名称在国外被抢注的情形，国内的利益相关主体很难将其撤销或无效。克服海外抢注问题的办法在于通过"马德里体系"以更低的成本和更高的效率在海外注册商标，并通过多种渠道获取海外商标注册信息，建立预警机制。

在我国《商标法》的框架下，中医药传统知识持有人可以利用商标禁用机制防止中医药传统知识相关的文化符号或标志被不当使用。中医药传统知识不但包括中医药理论，还包括中医药技术和中医药标志符号。〔3〕中医药在几千年的发展中，逐渐形成了一些特有的名称，包括人名、药名、方名、疾病

---

〔1〕［德〕莱万斯基编著：《原住民遗产与知识产权：遗传资源、传统知识和民间文学艺术》，廖冰冰、刘硕、卢璐翻译，中国民主法制出版社 2011 年版，第 308~309 页。

〔2〕滕晓萌："中国要求美保护中华传统文化知识产权"，载新浪财经网：http://finance.sina.com.cn/g/20050928/14072006103.shtml，2019 年 12 月 10 日访问。

〔3〕《中医药传统知识保护条例（草案）》第 2 条规定："本条例所称中医药传统知识，是基于中华民族长期实践积累，世代传承发展、具有现实或者潜在价值的中医药理论、技术和标志符号，包括但不限于中医药古籍经典名方、单验方、诊疗技术、中药炮制技术、制剂方法、养生方法等。"

名、疗法名等。[1]根据商标保护的基本原理，中医药传统知识被商标申请人不当利用的前提是，与中医药传统知识有关的名称或表达使用在特定的商品或类别上具备显著性。否则，该标识无法作为商标获准注册，也就谈不上被不当使用。

在"汤瓶八诊"非物质文化遗产商标案中，第三方对涉案商标"汤瓶八诊"提出撤销申请，理由在于："汤瓶八诊"是回族流传至今的疗方名称，将其作为注册商标用于按摩、医疗诊所等服务上，具有描述服务内容、方式的功能，缺乏商标应有的显著性。一审法院和二审法院均认为，争议商标在《类似商品和服务区分表》第44类服务类别上直接表示了服务内容，不能起到区分和识别服务来源的作用。

最高人民法院则持相反观点，指出"汤瓶八诊"商标中虽然含有描述性因素，但是并不意味着一定缺乏显著性。实际上，"汤瓶八诊"的商标权人还是该疗法的非物质文化遗产传承人。长期以来，商标权人通过特许经营和许可等多种商业方式对该标识进行了广泛宣传，使其产生了一定的知名度。鉴于相关证据能够证明"汤瓶八诊"与商标权人存在不同程度的关联关系，说明该争议商标已经能够发挥指示服务来源的功能。随着中医药传统知识持有人的权利意识逐渐增强，如果长期地将中医药传统知识相关的特有名称或专属表达使用在特定商品或服务类别上，在有证据表明标识和商品或服务之间产生稳定联系的前提下，不应将该标识认定为描述特定文化或特定药物的通用名称，应当认定其具有识别性。

由此可见，描述性的中医药传统知识也可以通过使用获得显著性。既然中医药传统知识的特有名称或专属表达存在被注册为商标的可能性，也就存在被不当使用的风险。域外的立法模式一般会在商标法中规定禁止性条款，禁止将象征传统社区或土著群体身份的文字、图形等文化表达元素作为商标注册使用。我国《商标法》虽然没有直接将不当使用传统知识作为商标的"禁注与禁用"条款，但禁用机制中的"不良影响"条款可以作为规制不当使用的法律依据。

根据我国《商标法》第10条第1款第8项，有害于社会主义道德风尚或

---

[1] 宋晓亭、胡惠平、林洁："传统医药知识利益未获保护的国际国内背景"，载《法学》2006年第3期。

者有其他不良影响的标志不得作为商标使用。本条中的"其他不良影响"指的是商标的文字、图形或者其他构成要素对我国政治、经济、文化、宗教、民族等社会公共利益和公共秩序产生消极的、负面的影响。在"洗太夫人"商标行政纠纷案中,商标评审委员会、一审法院、二审法院均认为,洗太夫人系具有良好的历史声誉的真实历史人物,"洗太夫人"包含了丰富的历史内涵以及享誉中国的极高影响,洗太夫人精神是中华民族共同的文化遗产,商标申请人以商业使用为目的在《类似商品和服务区分表》第 30 类"米、面粉、酱油"等商品上注册"洗太夫人"商标,会对中华民族文化产生消极的、负面的影响。

目前《商标法(修订草案征求意见稿)》向社会公布,其将有害于中华优秀传统文化作为不良影响的一种情形进行了单独列举。这样做一则表明我国弘扬中华优秀传统文化的决心;二则对频发的对中华优秀传统文化产生不良影响的现象进行回应;三则树立商标选择和使用中的道德评价标准。从商标的功能来看,商标除了具有识别来源、承载商誉的功能,对消费者产生的心理影响也是多元化的。借由商业经营活动,商标可以作为形塑流行文化的工具,对消费者施加身份认同、个性表达等更深层次的心理影响。市场主体在参与商业竞争时,应当秉持商业道德,审慎地选择商业标识,避免将中医药传统知识的特有名称或专属表达注册为商标。《中医药传统知识保护条例(草案)》第 27 条第 2 款明确规定,未经持有人同意,任何单位和个人不得将与中医药传统知识有关的特有名称、标记、符号、描述词语等申请注册商标、外观设计专利、注册域名等。

除此之外,商标法对中医药传统知识的防御性保护还可以体现在对道地药材的保护方面。2019 年《药品管理法》进行了修订,并于同年 12 月 1 日起施行。该法第 4 条规定:"国家发展现代药和传统药,充分发挥其在预防、医疗和保健中的作用。国家保护野生药材资源和中药品种,鼓励培育道地中药材。"我国是中药材的培育、生产、出口大国,日本生产的汉方药的原材料有80% 来源于我国。[1]中药材的质量决定了中药和其创新药的质量,近年来中药的需求量日益增大可能会加重中药材培育方面的负担。道地药材,又称地

---

〔1〕 赵良等:"浅谈如何合理地扩大中药专利申请的保护范围",载《中国中药杂志》2013 年第 3 期。

道药材，是指经过中医临床长期应用优选出来的，在特定地域通过特定生产过程所产的药材。其较其他地区所产的同种药材品质佳、疗效好，具有较高知名度。为此，可以通过地理标志保护制度为道地药材提供防御性保护。从实践调研的情况（参见附录3）看，我国通过地理标志进行保护的道地药材数量虽逐年增加，但和我国中药材种植、培育大国的称号还不相称，有必要通过政策的宣传和法律知识的普及加强道地药材的产权保护意识。

二、商业秘密

对于中医药传统知识持有人或中医药领域的创新主体而言，其可以选择通过保密措施保护中医药传统知识。在中医药传统知识中，有一部分是有文献记载的、流传已久的传统知识，如中国古代经典名方，这部分传统知识已经处于公开的状态，进入公有领域。相对而言，另一部分传统知识则处于保密状态。保密的中医药传统知识可分为国家秘密保护的传统知识和商业秘密保护的传统知识。将中医药传统知识作为国家秘密保护主要是出于维护国家安全和民族利益的需要。除《保守国家秘密法》《中药品种保护条例》的公法规制之外，中医药传统知识也可以作为创新主体的商业秘密受《反不正当竞争法》保护。

2021年最高人民法院《关于加强新时代知识产权审判工作 为知识产权强国建设提供有力司法服务和保障的意见》明确，要加强中医药古方、中药商业秘密、道地药材标志、传统医药类非物质文化遗产司法保护。此外，中药保密品种也是通过保密机制为中医药传统知识提供保护的。中药保密品种是根据《保守国家秘密法》《科学技术保密规定》等有关规定，已列入国家秘密技术项目的中药品种。被科学技术部和国家保密局批准为国家中药保密品种后，公开技术方案的内容同样需要通过行政审批。即使该处方被收载入《中华人民共和国药典》之后，业界普遍的观点也认为不需要再公布药名、处方以及剂量。

《反不正当竞争法》第9条成为规范不当利益法律依据的前提是，中医药传统知识满足商业秘密的构成要件。首先，中医药传统知识应具备秘密性。实践中需要区分已经公开的中医药技术信息和经过整理、改进、加工后形成的不为公众所悉的新信息。这些信息可能是名老中医学术经验等隐性知识，也可能是依附于传承人进行传承的工艺或方法，其特点在于不为所属领域相关人员普遍知悉和容易取得。其次，中医药传统知识应具有保密性，指的是权利人为防止信息泄漏采取了与其商业价值等具体情况相适应的合理保护措施。综合考虑中医药传统知识载体的性质、医学价值、保密措施的可识别程度、保密措施与商业秘密的对应程度以及权利人的保密意愿等因素，可以准确地认定中医药商业秘密的保密性。

将中医药传统知识作为商业秘密保护需要较高的法律成本。首先，以保密的形式保护中医药传统知识实际上禁止了秘密持有人外的其他市场竞争主体以任何形式对中医药传统知识的使用。有学者指出，对于中医药传统知识中的民间验方而言，《反不正当竞争法》关于"商业秘密"的规定对某些需要保密的验方来说，能起到保护作用，但是采取"长期且有力度的保密措施"对持方人来说成本较高，一旦秘密泄露，维权难度较大。[1]再者，因为中药制剂的研发、生产、创新和改良都必须以厘清中药产品内在的活性物质和作用机理为前提，所以不论是商业秘密还是中药保密品种，在中药现代化的过程中都会遇到难以二次创新的实践问题。最后，无论是多么严密的保护措施，都有被公开的风险，不同于专利制度，通过保密措施保护的技术方案一旦公开，只能寻求权利救济，但技术方案本身已丧失了市场价值。

三、专利法

因此，如果要求专利法承载全部中医药传统知识的防御性保护的目标，解决实践中存在的所有不正当使用行为，必定是专利制度无法承受之重。从中药创新的方式以及专利法的发展趋势来看，我们至少可以肯定地说，借助专利制度，在一定程度上可以防止专利权人不当地利用中药传统知识。目前，中药产业化市场化是发挥中药传统知识商用价值的主要方式。2016 年 2 月国务院印发的《中医药发展战略规划纲要（2016—2030 年）》指出：（1）要运用现代科学技术，推进中西医资源整合、优势互补、协同创新。[2]（2）国家支持中医药相关科技创新工作，促进中医药科技创新能力提升，加快形成自主知识产权，促进创新成果的知识产权化、商品化和产业化。[3]（3）鼓励基

---

〔1〕 李发耀："传统知识的防御性保护机制及其评价"，载《徐州工程学院学报（社会科学版）》2011 年第 4 期。

〔2〕《中医药发展战略规划纲要（2016—2030 年）》第三部分"重点任务"第 3 点。

〔3〕《中医药发展战略规划纲要（2016—2030 年）》第三部分"重点任务"第 14 点。

于经典名方、医疗机构中药制剂等的中药新药研发。针对疾病新的药物靶标，在中药资源中寻找新的候选药物。[1]在大势所趋之下，中药传统知识的防御性保护实现必然离不开专利制度。当专利制度实现中药传统知识防御性保护的目标时，也能同时提高中药专利的质量。可以说，中药传统知识防御性保护的目标就内化在专利法的基本制度功能之中。

（一）专利信息披露机制

虽然理论上对披露应具体包括哪些方面的内容基本不存在争议，但是在立法中披露还存在尚未得以厘清的问题，学界之前对专利法中增加的披露义务的研究多以遗传资源的披露义务为对象，在论述时将传统知识作并列处理，或者不涉及传统知识。纵观各国立法例，有些国家没有对遗传资源和传统知识在披露义务上的差异进行特别的区分，有些国家则将两者分开进行单独规定；有些国家的立法只涉及遗传资源而没有规定传统知识。[2]那么，遗传资源和传统知识是否适用同样的披露义务，在立法中应当将两者作并列处理抑或区别对待，两者之间是否存在关联呢？

首先，遗传资源和传统知识不管是在学理讨论中还是在立法设计上经常作并列讨论有其客观原因，主要由于遗传资源和传统知识在实践应用中存在一定的关联。有些学者认为生物勘探活动由两部分组成：一部分为对有形物质的搜寻，另一部分为搜索无形的知识或信息资源，信息资源的实质部分与传统知识相关。[3]在寻找具有药用价值的物种时通常伴随着传统知识的获取与使用。遗传资源和传统知识在应用方面的相关性可以通过下列数据显示，据估计，从植物中衍生出的74%的现代医药制品与传统知识中该植物的药用价值是相同或近似的。[4]比如，在蝴蝶亚仙人掌案中，是土著居民对特定植物进行使用来达到抑制饥渴效果的传统知识吸引了研究人员的注意，一旦植物被辨明作为用来抑制饥饿或饥渴的来源，研究人员重新发现的不只是植物本身，还有与蝴蝶亚仙人掌相关的涉及其特征的传统知识。在大多数生物勘

---

〔1〕《中医药发展战略规划纲要（2016—2030年）》第三部分"重点任务"第15点。

〔2〕梁志文："TRIPS协议第29条与遗传资源来源披露义务"，载《世界贸易组织动态与研究》2012年第1期。

〔3〕 Suthersanen U, *Legal and Economic Considerations of Bioprospecting*, *Intellectual Property Aspects of Ethnobiology*, London: Sweet and Maxwell, 1999, pp. 46~81.

〔4〕 Farnsworth N R, Akerele O, Bingel A S, et al. "Medicinal plants in therapy", *Bulletin of the world health organization*, vol. 63, no. 3 (1985), pp. 965~967.

探成功的例子中，研究人员首先是被某种传统知识对植物的使用引发的具体现象所吸引，关于这些遗传资源的知识的"发现"经常伴随着对植物和自然物质本身的"发现"，这就是为什么传统知识的法律保护与遗传资源的法律保护密切相关的原因。对于土著居民来说，法律上的这种区分可能对于他们来说不具有意义，因为在传统知识的使用中，作为无形物的传统知识的使用是和环境、土地以及生长在环境中的生物紧密联系在一起的。因此，有些学者指出，由于"本地群体的知识和资源本身之间的联系是内在固有的"，控制遗传资源和传统知识的权利之间的差异在许多情况下并不重要。[1]

当然，遗传资源和传统知识涉及的法律问题并不完全一致，两者不能混为一谈。比如，就专利为遗传资源和传统知识提供的积极保护而言，对遗传资源和传统知识的可专利性的问题分别进行研究，可以发现两者存在较大的差异。对于遗传资源而言，限制其获得专利保护的最重要的规则是，基本的思想和自然现象是不能成为专利法保护的客体的。[2]在生物技术科学领域，针对遗传资源进行的研究活动需要达到一定的标准才能将实验成果转化为专利保护的客体，这个标准要求申请者能够证明从自然的发现已经被转变为适应社会需求的发明。[3]某些情况下，涉及遗传资源的发明还需要接受道德和公共秩序的审查，有些和遗传资源有关的技术是专利法明令禁止成为受保护的客体的，比如克隆人类的技术。而对于传统知识而言，其能够受到专利法的保护主要取决于传统知识的创新是否满足专利法的实质性要求，传统知识是否应当受到道德和公共秩序上的限制并不明确。

将遗传资源和传统知识涵盖在同样的披露义务之下是否具有合理性呢？立法者在进行具体的制度设计时，有时根据政策层面的需要并且考虑到对《生物多样性公约》的实施，不会将两者刻意地分开。许多国家给出的披露义务的建议都要求对遗传资源和传统知识的来源进行披露。比如，南非提议在TRIPS 第 29 条增加第 3 款："成员国应当要求专利申请者披露任何使用的或

---

〔1〕　Anuradha R V, "In search of knowledge and resources: who sows? Who reaps?", *Review of European Community & International Environmental Law*, vol. 6, no. 3 (1997), p. 263.

〔2〕　Burk D L, "Biotechnology and Patent Law: Fitting Innovation to the Proscrustean Bed", Rutgers Computer & Tech. IJ, vol. 17, no. 2 (1991), p. 1.

〔3〕　Sena, "Giuseppe. Directive on biotechnological inventions: Patentability of discoveries", IIC, 1999, pp. 731~732.

者包括在发明中的遗传资源和传统知识的国家地区起源，并且提供确实的证据证明获取方遵守了起源国的获取政策。"[1]以巴西和印度为首的一些发展中国家在向与贸易有关的知识产权理事会（以下简称"TRIPS 理事会"）提交的文件中指出，作为获得专利权的条件，与生物材料和传统知识有关的专利的申请人应当提供在发明中所使用的生物资源和传统知识的来源和原产国、根据相关国家立法从主管部门获得的事先知情同意的证据、根据原产国国家立法要求的公平与合理分享利益的证据。[2]从宏观层面来看，来源披露的目的是增加专利申请中信息的透明度，而遗传资源和传统知识都是申请中重要的信息，在这一维度就不存在刻意对两者进行区分的必要。但是考虑到披露义务的具体实施，遗传资源和传统知识在披露方面的差异就显现了出来。如果立法上将遗传资源和传统知识作并列处理或者规定两者可以相互适用，则容易造成混淆甚至导致法律的有效性受到影响。

在遗传资源和传统知识保护议题兴起的初期，确实出现过跨国医药公司未经同意获取土著居民的传统医药知识，再将其申请专利并获得授权的实例。因此，国际论坛中兴起了要求修改专利制度来防止传统知识不当使用的呼声。时至今日，美国、日本等发达国家仍在国际论坛中积极主张通过提高专利审查质量来防止传统知识的不当使用。规制不当使用并不是专利法预设的立法目标。只是在专利发展的历史进程中，遗传资源和传统知识在创新中的贡献被既得利益者和技术先进方长期忽视并导致了发明收益分配不公的问题，国际社会这才要求在专利法的框架下解决这一现实问题。然而，不当使用的法律规制不能超越专利法的基本功能和预设目标。尤其是对成文法系国家而言，为了维护法的安定性，规制不当使用的目标必然受到既定法律框架的约束。就此而言，以专利法作为主要的法律工具规制不当使用并不足以实现发展中国家保护传统知识的政治主张和政策目的。因此，2019 年世界知识产权组织发布的《知识产权、遗传资源和遗传资源相关传统知识国际法律文书草案》也就无法得到发展中国家的支持。

为规制专利申请人对遗传资源和传统知识的不当使用，立法者可以在专

---

[1] IP/C/W/404.

[2] See "The Relationship between the TRIPS Agreement and the Convention on Biological Diversity and the Protection of Traditional Knowledge", IP/C/W/356, 转引自张小勇："专利申请中遗传资源来源的披露研究（一）"，载《贵州师范大学学报（社会科学版）》2006 年第 6 期。

门保护制度或专利法中为专利申请人施加来源披露的义务，或者是将知情同意及惠益分享作为影响专利授权的条件。这种做法将传统知识获取和利用的合法性作为专利授权的前置条件，有利于保证专利制度发挥规制不当使用的作用。之所以需要通过制度设计为专利申请人设置专门的遗传资源和传统知识披露义务，原因可以从以下两个方面进行总结：

首先，在技术层面，中药的创新规律导致中医药传统知识的创新价值被最终产品所吸纳。某些中药的创新过程比如天然药用植物有效成分的提取，传统中药剂型、溶剂的改变及调整等，需要运用生物化学技术才能完成。在此过程中，现代科学技术的介入会使部分中药传统知识和中药之间的界限变得模糊，中药传统知识可能随着研发的深入内化为中药产品的附加值，这部分中药传统知识在药品创新中主要发挥线索作用，而不构成发明的核心部分，两者的联系也可能在创新过程中被药品研发的不确定性切断。

其次，在法律层面，从专利文件中无法读出足够的与中药传统知识相关的信息，这与专利申请文件的撰写方式有关。专利权的边界不是根据发明人实际完成的发明创造加以界定，而是根据专利权利要求中对技术方案的描述来圈定专利权的范围，专利权利要求的作用在理论上类似于不动产契约的"边界"。[1] 参考美国专利权利要求撰写方法的演变历史，我们可以看到，专利权利要求撰写方式从中心权利要求转为周边权利要求。根据中心权利要求理论，专利申请人对发明的核心提出权利要求。权利要求往往描述发明原理的最佳实施方式，或者只描述发明的关键构成要件。而根据周边权利要求理论，专利权人描述发明的所有情形或者发明物的所有变换。[2]

具体而言，中心权利要求又称为 Jepson 权利要求，Jepson 权利要求根据早期 USPTO 委员会判决 In re Jepson 案[3] 而命名，该案判决认可了这种形式。然而，Jepson 不是第一个使用这种权利要求形式的发明人，但他的申请与这种开创性的观点联系起来使他在专利界具有很大的名声。Jepson 权利要

〔1〕 Robert Patrick Merges & John Fitzgerald Duffy, Patent Law and Policy: Cases and Materials 26 (4th ed. 2007).

〔2〕 Robert C. Kahrl, *Patent Claim Construction*, New York: Aspen Publishers, 2003, pp. 2~42, 转引自闫文军：《专利权的保护范围》（第 2 版），法律出版社 2018 年版，第 41 页。

〔3〕 ［美］罗杰·谢科特、约翰·托马斯：《专利法原理》（第 2 版），余仲儒组织翻译，知识产权出版社 2016 年版，第 188 页。

求把发明限定为两个部分：描述认可的现有技术的前序部分，随后是"改进"分句，描述申请人认为是其发明的部分。Jepson 权利要求可通过过渡句"其中改进包括"或者类似用语来识别。[1] Jepson 权利要求标示了发明的改进特征，而不是专利权保护的外部边界。Jepson 权利要求给了权利人一个较为宽泛的保护范围。19 世纪 70 年代末，专利制度的价值目标开始强调权利要求的通知功能及在侵权判定中的作用，专利侵权判定规则中也引入等同原则。于是，权利要求书的撰写方式由中心限定转为周边限定方式，撰写者倾向于在权利要求书中通过准确、清楚的语言描述界定技术方案的关键技术特征，涵盖专利侵权判定中可能借助等同规则涵盖的所有等同物。专利实务界人士开始改变权利要求书的撰写方式。从只是说明其发明的中心原则或只描述一种实施方式而依靠法院自由解释其保护范围，改变为明确地列举体现其发明的等同物的范围。[2]

有学者指出，在奉行中心权利要求这一阶段，专利权人是对其发明的创新型部分和实施方式提出权利要求，法院据此进行宽泛的解释以确定专利保护范围，使专利权人得到较充分的保护。[3]实际上，周边权利要求亦将促使专利持有人产生足够的动机，将权利要求保护的范围尽可能扩展至边缘，以获得更宽泛的保护范围。[4]因此，从发明人的动机去分析中心权利要求与周边权利要求的特征并不能准确反映规则变化的规律和专利法价值目标的转变。

使用 Jepson 权利要求形式主要具有两个主要作用。第一个作用是，在 Jepson 权利要求中，前序部分无疑对权利要求范围起到限定作用。第二个也是最重要的作用是，在前序部分中描述的任何主题即使不是根据《美国专利法》第 102 条所认定的，也都假设构成现有技术。[5]中心权利要求的撰写方

---

〔1〕 ［美］罗杰·谢科特、约翰·托马斯：《专利法原理》（第 2 版），余仲儒组织翻译，知识产权出版社 2016 年版，第 187 页。

〔2〕 闫文军：《专利权的保护范围》（第 2 版），法律出版社 2018 年版，第 41~42 页。

〔3〕 Dan L. Burk & Mark A. Lemley, " Biotechnology's Uncertainty Principle", 54 Case W. Res. L. Rev. , 691 (2004).

〔4〕 Dan L. Burk & Mark A. Lemley, " Fence Posts or Sign Posts? Rethinking Patent Claim Construction", 157 U. PA. L. REV. , 1769 (2009).

〔5〕 In re Fout, 675 F. 2d 297, 213 USPQ 532 (CCPA 1982)；Reading & Bates Construction Co. v. Baker Energy Resources Corp. , 748 F. 2d 645, 223 USPQ 1168 (Fed. Cir. 1984)，转引自 ［美］罗杰·谢科特、约翰·托马斯：《专利法原理》（第 2 版），余仲儒组织翻译，知识产权出版社 2016 年版，第 188 页。

式表明，专利法对发明创造的法律定义是以"现有技术+改进特征"的方式进行描述的。当专利法的价值目标开始强调权利要求的通知功能，专利法在司法适用过程中便倾向于从整体上评估发明创造，而不仅仅是发明人对技术方案作出的改进。专利法要求对发明创造进行整体描述，对权利要求进行解释时，也不会将技术特征区分为必要的和非必要的特征，否则发明创造的定义将不包括所谓的"要点"或"发明点"。权利要求撰写的方式自然会从中心权利要求转向周边权利要求。[1] 如果中药的创新是在中药传统知识的基础上改进而形成的，那么当中药申请专利保护时，申请人将不会把权利要求书的重点放在其所改进的部分。如果没有强制公开的要求，将很难看出中药专利技术与中药传统知识之间的联系。

当然，从历史的演进过程看，周边权利要求有其现实意义。但是，周边权利要求与专利法中其他规则的逻辑并不一致，比如专利法上的发明人是对发明创造的实质性特点作出创造性贡献的人，这一定义突出了"发明点"对理解发明创造的意义。再如，在新颖性的判断中，即使发明创造的每一项技术特征都被现有技术所公开，如果发明创造与现有技术相比，其技术领域、技术效果及解决技术问题不同，现有技术也不会影响发明创造的新颖性。因此，如果从发明创造的本质来看，周边权利要求的方法并不能十分准确地反映创新的实质，任何创新都是在对现有技术的改进上作出的。对此，美国学者莱姆利对专利法适用中对"发明点"的忽视持批评态度。他认为，专利制度为实现促进创新的立法目的，更应当关注的是专利权人实际完成的发明创造以及该发明创造所作出的技术贡献，而不是专利申请文件中以获得较宽泛的权利保护范围为动机而撰写的技术方案。[2]

目前，从司法政策上来看，专利法对创新的引导正逐渐回归发明创造的本质。比如，在孙某贤与湖南景怡生态科技股份有限公司侵害发明专利权纠纷案[3]中，最高人民法院指出，如果权利要求主题名称记载的效果、功能是专利技术方案与现有技术方案的区别之所在，那么权利要求主题名称所记载的效果、功能对该权利要求的保护范围具有实质限定作用。北京市高级人民

---

〔1〕　Mark A. Lemley, "The Changing Meaning of Patent Claim Terms", 104 Mich. L. Rev. , 101（2005）.

〔2〕　Mark A. Lemley, "Point of Novelty", *Northwestern University Law Review 105*, no. 3（Summer 2011）: 1253～1280.

〔3〕　最高人民法院民事判决书［2019］最高法知民终 657 号。

法院知识产权审判庭编写的《专利侵权判定指南（2017）》将发明权利要求中的技术特征区分为发明点技术特征和非发明点技术特征。由此可见，发明点在判断发明创造中的作用逐渐回归，鼓励发明人以"发明点+非发明点"的方式撰写权利要求，实际上要求发明人在撰写申请文件前对本领域的技术背景和发明的创新之处有很清晰的认识，通过司法政策的引导也可以促使发明人在提出专利申请时，尽可能扩大现有技术的检索范围，以确保技术方案通过专利的资格审查。当上述权利要求撰写方式应用在中药专利申请文件撰写领域，将加紧中药传统知识与中药专利的联系，并促使中药专利文件成为获取中药传统知识信息的重要文献来源。

我国《专利法》第 26 条第 5 款规定了遗传资源的来源披露义务而并未涉及传统知识。遗传资源的来源披露义务属于程序性的义务，违反该义务不会影响专利的有效性。[1] 由此可见，我国设定了相对较弱的来源披露义务。理论上说，我们在物理空间中能够通过控制药用植物遗传资源来防止中医药传统知识的不当使用，但是从专利法的规定和现实中专利行政资源的配置来看，来源披露条款很难发挥规制传统知识不当使用的效力。[2] 从我国已经签署的双边贸易协定中的遗传资源和传统知识保护条款来看，目前我国并没有超越国内法的规定作出强化来源披露义务的承诺，只是承认会根据对方国内法的规定给予其相应的优惠。

（二）专利授权确权机制

除了来源披露义务，专利法还可以通过授权确权机制为中医药传统知识提供防御性保护。首先，授权确权机制可以防止公开的传统知识被不当地授予专利。只要传统知识满足构成现有技术的条件，在绝对新颖性的判定标准之下，域外的传统知识也可以作为现有技术影响专利的有效性。实践中，传统知识能否作为影响专利有效性的现有技术主要取决于传统知识的公开程度以及各国家和区域专利局的检索能力。过去的观点认为，在社区内部传承的

---

〔1〕 对于遗传资源的来源披露义务而言，只有申请人不披露直接来源才会导致专利申请被驳回，不披露原始来源并不会导致申请被驳回。

〔2〕 尽管遗传资源的跨境传播是很普遍的，但是根据法人类学者的考证，不同地区就同一遗传资源可能形成了相同或类似的传统知识。也就是说，遗传资源和传统知识的考察并不一定具有同源性。例如，长春花这种植物被认为是起源于马达加斯加地区，但事实证明其同样在加勒比地区生长了很长时间并足以被看作是那里的土生植物。

传统知识达不到现有技术公开的要求。但实际上，现有技术中的公开只要求技术方案有被公开的可能性，并不要求其已经处于公开的状态。只要传统知识的持有者表达了同意第三方获取或使用传统知识的意愿，该传统知识就满足现有技术公开的要求。[1]我国近年来一直致力于提高中药专利的审查质量。在行政资源有限的条件下，配合专利提质提效的目标，通过授权确权机制规制中医药传统知识的不当使用是相对可行的做法。其次，在中药专利的授权确权中采取符合中医药创新规律和技术特点的判断标准评价中医药的可专利性，可以提升中医药专利的数量和质量，通过建立技术壁垒的方式为中医药传统知识提供防御性保护。本书将在第三章中对如何运用专利制度实现防御性保护的目标进行详细分析。

第二节　中医药传统知识防御性保护的公法路径

一、遗传资源的行政管理

遗传资源与传统知识类似，也曾经存在因管理的漏洞导致宝贵资源大量流失境外的现象。发达国家拥有先进的生物技术，但生物物种及其基因资源往往匮乏，常常通过"生物海盗"方式从发展中国家掠夺生物资源，经生物技术的开发利用，形成产品，再通过所谓的知识产权保护，在发展中国家牟取更多暴利。[2]

从业已形成的法律框架来看，在遗传资源领域已经形成了以《生物安全法》为基础，《环境保护法》《种子法》《畜牧法》《进出境动植物检疫法》《人类遗传资源管理条例》《野生植物保护条例》自上而下，较为完备的包括法律、行政法规、部门规章、保护条例及其他一些规范性文件在内的法律体系。由此可见，遗传资源保护则沿着公法保护为主，通过行政管理调整利用行为的思路在演进。遗传资源的管理可以通过控制其有形生物材料来实现，为遗传资源的利用设置严密周详的前提条件既不缺乏现实的可能性，也具有

---

〔1〕　Hilty R , PHD Batista, Carls S, *Traditional Knowledge, Databases and Prior Art – Options for an Effective Defensive Use of TK Against Undue Patent Granting*, Social Science Electronic Publishing.

〔2〕　薛达元："新形势下应着重防范生物物种资源流失"，载《人民论坛·学术前沿》2020 年第 20 期。

法理层面的应当性。

首先，在《生物多样性公约》明确遗传资源国家主权原则的前提下，遗传资源的保护在国际论坛中已经广泛地与国家利益、国家安全、生物多样性保护等政治主张挂钩，逐渐成为全球性的道义标准。通过国内法建立一个强有力的遗传资源监管、获取和利用框架有国际习惯准则作为法源，并不缺乏道德上的正当性支持。

其次，生物遗传资源利用引发的风险与安全问题具有紧迫性和现实必要性。自基因技术引领的第三次工业革命以来，生物遗传资源在技术研发中的重要性日渐凸显。遗传资源上所携带的遗传信息，不但是破解生命奥秘的密码，更是人类干预和调整生命形态的工具。生物遗传资源在基因技术和生物技术的整个产业链条中的定位和价值非常清晰，上下游技术和产品的发展都需要依赖生物遗传资源。譬如在生物制药行业，就需要搜集致病基因作为研究的起始材料，通过靶向定位的方式寻找靶点以开发新型药物。在大数据时代，来自于特定地域、特定年龄阶段、特定性别、特定民族的遗传资源样本都可能通过数据集合形成大数据信息。实践表明，在利益驱动与诱惑面前，社会伦理、道德甚或法律底线都显得极其脆弱，人性极易被突破。[1]当下，我们在享受技术高速发展带来的红利的同时，也应当警醒地认识到，生物遗传资源利用导致的生物安全问题在人类探索求知的过程中以利益为诱因正成倍增加。由此观之，生物遗传资源利用规则的制定不仅涉及权益配置、产业发展的现实考量，还需要从国家治理的角度，全局性地规制遗传资源的获取与使用，以维护国家安全和保障人民的生命健康。有鉴于此，境外主体对生物遗传资源的利用就不能仅仅遵循意思自治原则对其中的一般民事关系进行调整，对其利用我国生物遗传资源的行为也不能仅仅给予"生物海盗"的道德谴责，对高风险成本的利用行为，必须通过公法的调整重新配置权益并施以严格的监管和管理框架。[2]

---

[1] 魏健馨、熊文钊："人类遗传资源的公法保护"，载《法学论坛》2020年第6期。

[2] 《生物安全法》第36条第1款规定，国家对生物技术研究、开发活动实行分类管理。根据对公众健康、工业农业、生态环境等造成危害的风险程度，将生物技术研究、开发活动分为高风险、中风险、低风险三类。对于从事高中风险生物技术研发活动的主体，第38条将其限定为在我国境内依法成立并依法取得批准或者备案的法人组织。对从事中高风险的研发活动，还要进行风险防控和风险预警。

最后，遗传资源获取和利用规范的建立遵循公法保护为主的思路，施以严格的行政规制和有效的行政管理机制来保证其实施。相对来说，在立法、行政规制与行业自律三层规范体系中，行政规制的独特作用表现为灵活性与直接干预。譬如，《人类遗传资源管理条例》第3章对利用和对外提供人类遗传资源的行为进行直接干预。虽然秉持着促进创新、提升研发水平的考虑，国家鼓励生物技术领域国际合作，并未对遗传资源的利用和对外提供作出禁止性规定；但是为了规范相关行为，《人类遗传资源管理条例》第21条至第28条还是对遗传资源的利用和对外提供设定了严格的限制条件与资格准入，并在多个环节明确政府的监管责任。其中第24条第2款明确了利用我国人类遗传资源开展国际合作科学研究后产生科技成果的权利归属，规定产生成果的专利权与专利申请权应当归合作双方共有。在《专利法》受到技术中立原则的限制难以为特定场景下的权利分配模式提供量身定制的特殊规则时，通过行政规制的方法来控制和调整特定民事主体的遗传资源利用行为无疑是更加行之有效的。

上述分析表明，采取公法手段规范生物遗传资源的获取和利用行为在价值选择和路径选择上都具有合理性、有效性。在《生物安全法》框架之下所建立的必然是为生物遗传资源获取和利用主体提供明确行动指南的行动规范。并且对于这一系列的行为规范而言，其体系性也非常完备。譬如，该法第60条第3款是关于外来物种使用的规定，这一法律条文规定，任何单位和个人未经批准，不得擅自引进、释放或者丢弃外来物种。且为了保证该项法律规范的实施效果，第60条第1款规定，外来入侵物种名录和管理办法由国务院农业农村主管部门会同国务院其他有关部门制定。这款规定能够作为辅助性法律规范保障禁止性法律规范的实施。第81条规定了违反第60条第3款规定的行政责任。上述三项法律条文结合在一起，就形成了符合逻辑和法律规范构成要素的关于外来物种使用的完整法律规范。再比如，根据该法第56条第1款第1项的规定，采集我国重要遗传家系、特定地区人类遗传资源，应当经国务院科学技术主管部门批准。第54条第2款作为辅助性规定，表明国务院科学技术主管部门对重要遗传家系、特定地区人类资源会进行调查，并要求进行申报登记。在申报登记信息范围内的遗传资源即是第56条第1款第1项规定规制的对象。第79条和第80条则规定了违反行为规范的法律后果。

总体而言，《生物安全法》着重保护的是国家在生物安全方面的公共利益，调整的是国家在预防和监管生物安全风险方面与公民之间形成的法律关系。可以说，《生物安全法》的出台和实施为国家、政府依法监管、依法治理、依法干预生物遗传资源的获取和利用提供了合理的理由和执法的依据，同时也为行为主体提供了明确的行动框架。生物技术活动中的创新与风险是并存的，在守住安全底线，以国家和人民利益为根本前提之下把握鼓励创新与吸引投资促进生物技术发展的尺度并非易事。但从生物遗传资源利用的法律体系建构来看，无论是立法还是采取行政管制的手段都明显倾向于为遗传资源的获取和利用行为划定清晰的边界，并以登记、审批等行政监管作为有效手段保证使用主体对行为规范的遵守。《生物安全法》的首要立法目的是维护国家安全，防范和应对生物风险，保障人民生命健康，保护生物资源和生态环境。维护安全与防范风险在《生物安全法》所确立的价值序列中居于首要位置，安全利益就是生物安全方面的最高利益和根本利益。一旦生物遗传资源的获取和利用行为触及国家安全的底线，就可能引发生物安全风险，而最为有效的方法就是通过公法为其设置严格的前提条件，以达到迅速规范市场行为的目的。鉴于《生物安全法》调整的生物安全利益是一种国家利益，已经超越了私人主体的具体利益和特殊利益，选择以公法的手段实现生物遗传资源获取和利用的有序性、公平性就显得很有必要。

二、中药品种保护

专利保护与中药品种保护在性质、保护条件、保护对象上存在差异。专利保护的本质是私权保护，以专利有效性作为授权的前提条件，保护对象是中医药领域满足授权要求的技术方案，技术方案可以是产品也可以是方法上的创新。而中药品种保护从属性上来看是一种行政特殊权。在"抗癌平丸"中药品种权纠纷案中，一审法院认定中药品种权属于知识产权法律保护范围，获得国家中药品种证书的权利人有权和知识侵权企业生产同类药品；二审法院则认为，《中药品种保护条例》只规定行政责任、刑事责任，未规定民事责任，当事人为生产、销售中药品种药品发生纠纷，不属于民事纠纷，应当请求国家有关行政部门处理，故驳回了诉讼请求。[1]中药品种保护仅在我国境内实施，其保护对象只能是产品和物质，包括对疾病具有特殊或显著疗效的

---

〔1〕 罗霞、岳利浩、潘才敏："中药品种保护立法须完善"，载《光明日报》2020年7月25日。

中药制品以及从天然物质中提取的有效物质及特殊制剂。中药品种保护制度与知识产权制度价值追求方向一致，都可以用于实现中医药传统知识中的分配正义及公平价值，都对提升中药质量、保障人民生命健康具有重要作用。

从法律的实施效果上看，知识产权制度与中药品种保护各有侧重，中药品种保护制度适于对中药的保护范围、保护阶段、中药质量改进等方面提供保护，除此之外的复方药及单方药提取物、药品的新用途、中药的炮制方法、药材栽培方法等则适于用专利制度提供保护。[1]由此可见，知识产权客体的范围比中药品种保护对象更加宽泛，所以在全面保护中药领域创新形式方面，知识产权制度具有天然的优势。而中药品种保护的门槛略低于知识产权制度对创新程度的要求，已经公开了产品发明、方法发明、用途发明等信息的中药产品，是无法申请专利保护的，不过可以通过申请中药品种保护获得一定的保护。

中药品种保护还可以解决现实中存在的中药材浪费现象，提高中药材的利用效率及中药产品质量，且可以通过同品种保护降低药品价格，提高药品可及性。可见，知识产权制度与中药品种保护能够协同发挥作用，共同构成我国中医药法治建设的有效组分。知识产权制度与中药品种保护都能发挥中医药传统知识防御性保护的功能，且在激励创新、防止不当使用方面具有相似的保护机制，在制度的完善上也需要借助知情同意及利益分享原则的落实，并辅以相应的配套措施。鉴于知识产权制度是国际贸易环境下的普遍准则，因此本书重点论述知识产权制度对中医药传统知识的防御性保护机制。

三、药品审批监管

中医药传统知识防御性保护需要专利制度与药品审批监管制度之间的协调。专利保护的对象与药品审批监管制度调整的对象有所重合，前者保护的是中医药领域的技术方案，后者调整的对象是中药。有些学者认为，应从宽泛的角度抽象地界定"中药"，即大中药概念，泛指中医所用的一切药物，包括生物或原料药材、加工品、饮片以及丸、散、膏、丹、酒、露等成药制剂。[2]而中药传统知识是指中药知识中基于传统的文学、艺术或科学著作；表演；发明；科学发现；设计；标志、名字和符号；保密信息；以及其他所

---

[1]　罗霞、岳利浩、潘才敏："中药品种保护立法须完善"，载《光明日报》2020年7月25日。
[2]　张冬：《中药国际化的专利法研究》，知识产权出版社2012年版，第79页。

有的基于传统知识的，由工业、科学和文学艺术领域中的智力活动所产生的改良和创造。〔1〕从定义涵盖的范围来看，中药是中医药传统知识的一种具体表现形式。中药领域发明创造最核心的应用价值在于形成新的中药产品，技术方案到药品的转变还需要经过漫长的临床试验阶段，经由药品监督管理机构审批才能作为药品上市。药品专利保护与新药注册管理虽然存有差异，但两者在确保公众用药需求上都发挥着举足轻重的作用。〔2〕药品审批及监管方面的行政法规、管理规定主要规制以上市药品形态出现的中医药传统知识。对于已经广泛应用、疗效确切、具有明显特色与优势的中医药传统知识而言，作为药品上市的行政审批过程被大大简化。《中医药法》第 30 条第 1 款规定，古代经典名方在申请药品批准文号时，可以仅提供非临床安全性研究资料。《中医药法》第 32 条第 1 款规定，仅应用传统工艺配制的中药制剂品种，向医疗机构所在地省、自治区、直辖市人民政府药品监督管理部门备案后即可配制，不需要取得制剂批准文号。〔3〕经典名方具有先验性，在历史的发展过程中已经积累的成功经验。因此我国药品审批制度简化了其药品审批过程，也无需进行临床试验，鼓励将古代经典名方直接制成可以造福人民生命健康的药品上市。虽然古代经典名方已经处于专利的公有领域，不能获得专利权保护，

专利制度与药品监管制度虽然在保护对象上有所重合，但是在保护条件、适用范围及保护功能上还存在显著差异。专利制度保护的是中药领域的创新成果，重点审查的是技术方案的创新性；而药品监管制度则重点评估药品的有效性和安全性。专利制度的根本目标在于激励创新，以发明构思的形成作为研发过程的终点。而药品监管的最终目的是将药品推向市场。因此，从本质上来说，药品领域的技术创新能否获得知识产权保护与其能否作为药品上市隶属两套不同的评价体系。因为药品监管的标准要比中医药传统知识获得知识产权保护的条件更加严格。

当然，药品的研发、审批、上市是综合技术创新和质量控制的复杂过程，

〔1〕 张冬：《中药国际化的专利法研究》，知识产权出版社 2012 年版，第 237 页。
〔2〕 李慧、宋晓亭："药品专利审查引入新药注册审查思路的可行性研究"，载《中国药学杂志》2017 年第 17 期。
〔3〕 张媛、王明旭、冯建安："民间验方生存发展现状与保护策略研究"，载《中国卫生事业管理》2018 年第 4 期。

如果保护创新的产权制度与实施监管的行政保护能够更好地配合，势必会给整个药品的产生、发展及生产施加积极的影响和效应。目前我国中医药传统知识的知识产权保护与行政保护总体处于协调的状态，药品专利保护的适用标准有向行政管理标准靠拢的趋势。比如，在化学药品领域，满足专利充分公开的要求以申请者提供必要的实验数据为前提。《专利审查指南》对化学领域的技术主题附加额外的公开要求体现了本领域的政策发展偏向。提供试验数据的要求有助于缩小药品专利审查标准与新药注册审查标准的距离。目前中医药产业也在向中药标准化、优质化、安全化的高质量方向发展，厘清药品审批制度与专利制度的衔接与协调关系，能够促进中医药领域的技术创新朝药品化方向发展，在专利质量提高、专利应用前景明确的背景下，中医药传统知识防御性保护功能也将得到进一步增强。从为中医药传统知识提供防御性保护这一目标来看，专利制度与行政管理保护制度可以相互协调，共同促进社会用药福祉，增进社会整体福利。

第三节　中医药传统知识防御性保护的专门立法

建立专门制度的意义在于为传统知识提供全面、深层的保护，进而从根本上为传统知识的理性传承和有序利用提供公平合理的法律保障。中医药传统知识是中华民族在发展繁衍过程中发展出的独特的医学知识体系，具有突出的地域性、民族性和文化性。中医药传统知识法治逻辑和保护体系的构建很难以西方国家的模式作为参照，而是应该坚定不移地走自身发展的道路。我们应当认识到，借助知识产权制度对中医药传统知识中符合保护要件的劳动成果进行保护以及以基层治理的方式在习惯法的框架下实现中医药传统知识的自理自治，都是保护体系形成的组成部分。为了突出中医药传统知识保护的特色，明确政府在管理中的职能定位以及政府与市场之间的关系，需要通过专门立法对中医药传统知识传承、利用中形成的法律关系加以界定。

《中医药法》在进行立法目的表述时，明显采取了一种较为平和的语言。《中医药法》是一部综合性立法，其根本目的在于继承和弘扬中医药，保障和促进中医药事业发展。《中医药传统知识保护条例（草案）》明确了中医药传统知识保护的两项任务：一是加强保护，二是规范获取和利用行为。通过专门制度规范中医药传统知识的获取和使用行为，目的是让中医药传统知识作为市场要素融入创新与贸易环节。制度设计的目标在于调整各私人主体之间的利益关系，只要能够安排好中医药传统知识持有人与持有人之外的私人主体之间的权利义务关系，就能够保证其利用的公平合理。根据《中医药传统知识保护条例（草案）》的规定，中医药传统知识的获取与使用规范采取典型的"权利－义务"逻辑，通过明确持有人的权利以及获取使用方的义务为各方提供明确的行动指南。

根据《中医药法》第 43 条的规定，获取、利用中医药传统知识持有人持有的中医药传统知识需要遵循知情同意和利益分享的基本原则。《中医药传统知识保护条例（草案）》第 3 章对持有人的权利及保护给予进一步明确。如果从本章法律规范的性质来分析，第 21 条（持有人的传承使用权）、第 22 条第 1 款（知情同意权）、第 23 条第 1 款（利益分享权）属于授权性条款。而第 22 条第 2 款规定了获取利用方事先获得知情同意的义务，第 23 条第 1 款后半句规定获取利用方公平、公正、诚实信用、共同商议地分享利益的义务。第 25 条（完整保护权）、第 26 条（要求说明来源权）则属于命令式条款，通过"应当"这一道义助动词，明确规定了行为人获取和利用中医药传统知识的行为规范。

从规范的逻辑结构来分析，第 3 章的法律条文主要界定了持有人所享有的财产性权利与精神性权利。其逻辑结构在于，传统知识持有人之外的当事方作为行为人获取和利用中医药传统知识时，应当依法承担不侵害持有人财产权和精神权的义务，否则就需要承担相应的民事责任及行政责任。这些法条与第 4 章法律责任的条文共同形成了中医药传统知识获取和利用的法律规则。

在上述法律规范中，界定利用方利用行为的构成要件并不是完全确定的，有些仍然具有抽象性。譬如，《中医药传统知识保护条例（草案）》第 23 条规定获取和利用方应当遵循公平、公正、诚实信用、共同商议的原则进行利益分享。这一条文是以交易中的基本法律原则作为行为规范的构成要件，并非绝对确定的命令规则。在这种情形下，上述法律规范作为裁判规范时，司法者有一定的自由裁量权。尽管中医药传统知识的获取利用规范的逻辑结构中仍然存在笼统的抽象形式，但是这只能说明其行为构成要件尚未被绝对确定，而不能说违反第 23 条规定的行为不能被确定为不法行为。从裁判规则的角度看，"行为构成要件"本身谈不上是"不法的"，或者是"合法的"，它只是与法律后果具有规范上的"归属"关系的条件。[1]

除通过权利与义务明确的行为规范外,《中医药传统知识保护条例(草案)》在第 3 章第 27 条又以"禁止"的句式对获取和利用方发布了"禁止不当利用"的命令要求。根据第 27 条的规定,未经持有人同意,任何单位和个人不得披露、不当获取或者利用其持有的中医药传统知识。未经持有人同意,任何单位和个人不得将与中医药传统知识有关的特有名称、标记、符号、描述词语等申请注册商标,外观设计专利、注册域名等。从禁止不当利用条文与前面授权条文的逻辑关系来看,在授权条文已经授予持有人知情同意权、利益分享权、禁止来源披露权的情形下,持有人之外的获取和利用方当然负有不侵害上述权利的义务。禁止不当利用条文的第 1 款规定只是在此基础之上,完善了获取和利用的行为规则的逻辑结构,增加了"假定"的情形。[2]假定任何单位或个人未经持有人同意,披露、获取利用中医药传统知识,就会导致相应的法律后果。而禁止命令条款的第 2 款规定则很有必要,因为注册商标、申请专利、注册域名属于使用中医药传统知识的范畴,是传承使用权的具体权利内容。

中医药传统知识持有人的使用权益具有可支配性和排他性。一方面,持有人能够在法律允许的范围内利用其中医药传统知识,比如将其持有的中医药传统知识的名称注册为商标或域名;另一方面,持有人享有的使用权益作为一种绝对权,可以排除他人的侵害和干涉。因此,对于具体的中医药传统知识的获取使用方式,《中医药传统知识保护条例(草案)》没有必要通过权利行为模式的方式进行专门规定。但是为了强调传统知识的利用方负有特定义务,不得未经同意,将中医药传统知识转化为相应的知识产权,有必要针对此种立法者希望特别予以禁止的行为模式设置专门的法律规则。上述分析表明,围绕中医药传统知识的获取利用,立法者通过"授权性条款+禁止性条文"的方式已经为当事方设定了清晰的行动框架,从而规范了各方的获取利用行为。

为明确使用中医药传统知识的行动边界,除了明确积极权能下的使用范围以及消极权能下的禁止使用范围,还应通过权利限制的方式,为公众合理使用中医药传统知识留下一定的规范空间。《中医药传统知识保护条例(草

---

[1] 舒国滢:"法律规范的逻辑结构:概念辨析与逻辑刻画",载《浙江社会科学》2022 年第 2 期。

[2] 按照法律规范的三要素说,法律规范的逻辑结构分为"假定-行为模式-法律后果"三项要素。

案）》第 28 条和第 30 条分别规定了合理使用和为保护公共利益强制使用的具体情形。既然是合理使用和强制使用，则上述使用行为显然不在禁止不当使用的范畴之内。

本章小结

中医药传统知识是基于中华民族传统的、世代相传并持续发展、具有现实或潜在商业价值的医药卫生知识，同时包括了由该领域中智力活动所产生的革新和创造。因此，中医药传统知识的保护范式应当建立在保护传承和鼓励创新两大基本理念之上。中医药传统知识兼具文化属性与财产价值，如何在尊重其文化完整性的基础上实现其财产价值，如何在可持续发展的基础上促进中医药传统知识的市场融合是当前中医药传统知识保护亟须解决的现实问题。防御性保护的作用与价值在于通过具体的法律措施防止对中医药传统知识的不当使用或不当占用。以防御性保护的理念构建中医药传统知识保护制度有助于缓解中医药传统知识利益主体之间的权益冲突，帮助中医药传统知识以更加有效、更加公平的方式融入市场交易环节。现阶段，我国已在中医药传统知识保护的战略中植入防御性保护的目标，知识产权制度中的单行法、中药品种保护、专门保护制度并行，再辅以必要的配套措施，能为中医药传统知识防御性保护制度的构建打下良好的法治基础。

第三章

中医药传统知识防御性保护
法治中的制度运用

　　在"中医药传统知识防御性保护的法治路径"一章中，我们已经从私法和公法两个层面详述了中医药传统知识防御性保护的制度工具。现代化的法治模型之下，中医药传统知识保护不仅涉及创新主体的个体法益，而且涉及公共利益。从制度模型及制度运行的逻辑中，可以提炼出中医药传统知识防御性保护要维护的两层利益。

　　一是国家利益与公共利益。中医药传统知识是中华民族传统医学的知识集合，是中华民族在几千年医学发展中提炼的智慧结晶。中医药传统知识的保护对赓续民族文明、传承医学实践具有重大意义。因此，中医药传统知识的保护应通过良好的法律治理手段，在合理的制度框架下体现出对国家利益以及公共利益的维护。具体而言，对涉及国家安全利益的中医药传统知识的获取和利用，应当采取严格的监管措施；在实践中，应当打击与遏制违背社会主义核心价值观，违反公序良俗的中医药传统知识利用行为，在比例原则的指导之下，体现对公共利益的维护。

　　二是私人利益与产业利益。在知识传承和生产的层面上，中医药传统知识是由包括医疗机构、家族、师承群体、学派、中医药企业、民族等不同形式的创新主体所形成的，这些创新主体在专门保护制度之下由传统知识持有人的主体概念进行统摄。中医药传统知识持有人应当享有的私权包括精神性权利和财产性权利。通过合理分配中医药传统知识获取与使用的权利义务，可以调整获取方与使用方的法律关系，防止中医药传统知识的不当利用。中医药传统知识享有的传承使用权属于绝对权利，其对世性体现在使用方对中医药传统知识的使用不得损害持有人的精神权益，规范对象亦包括对处于公有领域的中医药传统知识的使用。而中医药传统知识使用所产生的财产性利益则不具有对世性，表现为财产利益的分配主要通过责任规则进行调整，并且使用公有领域的中医药传统知识也不再需要支付费用。除中医药传统知识的传承使用权外，创新主体还可以通过知识产权保护中医药传统知识的创造性成果以及标记类成果。

本章主要通过专利制度与中医药传统知识保护的关系揭示制度运用的基本逻辑，主要研究对象为专利药品，不涉及中医药传统知识应用的其他领域，比如保健和食品领域。本章中所提及的中医药产品或中医药专利是中医药传统知识的具体创新形式。从中药领域的创新视角来看，我国当前中医药产业发展过程中，中药基础创新方向可以分为以下两个平行的层次：一是从药用动植物中提出具有活性的单体成分，所得产品可称为中药单方；二是以方剂学为基础理论，以中医经典方剂为基础，通过加减或自组的方式完成中药方剂的创新，所得产品可称为中药复方。在上述两类基础创新方向之中，又可进行拓展型的深入创新：比如，对中药单体（中药单方）而言，可以进一步开发其适应证，扩展其应用范围；对中药复方，可以通过升级剂型获得提升疗效，提升质量控制等方法获得便于携带，扩大产率等有益的技术效果。从我国、日本、韩国、意大利等中医药产业的发展规律来看，创新模式基本是以产品的研发作为核心技术，取得相关专利后，进一步扩展其创新方向，围绕核心技术逐渐形成控制产品及应用的完整产业链。

第一节　专利的创新激励与筛选理论

一、专利的创新激励理论

任何领域技术的发展都离不开专利制度的激励，而中医药传统知识的发展、创新与延续不仅需要依赖传统经验和传统的发展路径，也需要经过现代科学技术改造，才能拓展其创新的方向与路径，如此传统知识才能持续地发展下去。专利制度不但能作为激励创新的政策工具，还能作为政策工具影响发明人创新路径的选择。借助专利的引导作用，中药领域的发明创造首先形成核心技术方案，再通过组合专利的策略借助新用途、适应证的不断研发，形成稳固、完整的技术方案集群，而指导该技术方案形成的中医药传统知识也被固化在专利技术方案中，借助专利保护基于传统知识的创新形式。

1. 激励理论

激励理论认为，专利法的合理性表现为："对社会提供具有有益价值的发明，而不是损害道德，健康或者公共秩序的发明，或者那些不重要的技术。"[1]19 世纪，经济学家对专利制度的本质及功能进行了讨论[2]，将专利看作对发明人的激励，帮助发明者从其对发明的投资中获取回报。奖励使得发明的私人投资更接近于他的社会产品的价值。专利法旨在有效地将边际贸易、净生产额和边际社会净生产额之间的距离拉得更近。[3]

在激励的理论框架下，不管技术性的创新是何时被发现的，如果不马上寻求专利保护都是有风险的，即使技术的应用价值尚未明确。如果在先发明者未及时获得专利保护，他可能会发现技术遭到了"抢先"申请，而他无权使用自己的发明，以致激励理论的视角下，激烈的专利竞赛随时在上演，申请者很可能会就带有预测性质的发明申请专利。从激励的视角评价知识产权制度，能够体现私人权利的重要性及产权制度对个人积极性的鼓励。从激励的视角评价知识产权制度，说明知识产权制度也是在财产权的核心理论指导下建构的。财产权将财产分配给个人，财产代表个人的掌控。财产权具有"对世性"，需要借助法律的强制力执行。个人只能借助法律赋予的强制力对抗其他侵犯其权利的陌生人。因此，财产权人实际上利用了公民的集体权利保证财产权的执行。

对受到知识产权保护的成果来说，事实上存在集体的贡献。知识产权的侵权行为具有分散性、隐蔽性的特点，权利人在大多数情况下无法承担高昂的权利执行成本。社会通过强制执行的方式保护知识产权，并因此对智力劳动成果获得共享的权利。知识产权制度解码了个人创造者和整体社会之间的深层共生关系。激励理论受到质疑并非因为"激励"这一用语存在问题，而是从激励的视角评价专利的功能并不完整。

激励理论在解释专利制度合理性时最具价值的贡献在于将专利法保护的对象视为经济学上的公共物品，从而阐明专利保护的价值与作用。创新的理

〔1〕　Note on the Patent Laws, 16 U.S. (3 Wheat.) 302, 308. The Supreme Court decision in Brenner v. Manson, 383 U.S. 519 (1966), p. 710.

〔2〕　Machlup F, Penrose E, "The patent controversy in the nineteenth century", *The Journal of Economic History*, vol. 10, no. 1 (1950), pp. 1~29.

〔3〕　Pigou. Arthur Cecil, *The economics of welfare*, Transaction Publishers, 1960, pp. 183~185.

念如同海上的灯塔一般属于经济学上的公共物品。新的构思形成之后，其非排他性和非竞争性的特质可以激发同行业竞争者的搭便车行为，从而使最初的投资成本无法收回。而作为产品制度的专利可以为最先完成发明创造的人提供一定时期的独占保护，允许其获得超越成本的市场回报，并借此形成事前激励创新机制。专利制度减弱了发明的公共物品属性，假设发明人事先知道产权制度可以保障其通过发明创造获益，发明人将产生足够的动机投入研发创新。

不具有排他性和竞争性的物品被称作公共物品。公共物品的生产在市场上应该说是失败的，它们不具有排他性和竞争性的特质表明它们相对社会需求来说生产不足。这是因为公共物品的潜在生产者是靠不住的，他们无法从物品中获得足够利益来证明他们的劳动和方法。结果是人们会更多地去生产具有较大排他性和竞争性的物品，而不会去生产像街道景观等公共物品。[1]专利法旨在促进创新，但是不能为任意具有价值的创新技术提供足够的激励，非排他性的信息或知识虽然被社会学家或技术人员视为具有市场价值的财产。但是专利法的排他性机制导致其只能刺激排他型创新的产生。[2]根据激励理论，专利法激励创新者只需要开发新的技术，而不是已经存在的技术。因此，作为事前诱导机制的专利制度将会引导发明朝与现有技术不同的方向发展，而不是在现有技术的基础上深化创新以加深认识。

2. 披露理论

披露理论将专利视为对创新者与世界分享其发明的奖励。在披露理论的视角下，创新者会尽早公开其技术方案，而不是通过商业秘密将其隐藏起来。根据披露理论，社会只有为了获取新的信息才能接受由专利引发的垄断价格所带来的无谓损失。围绕产品专利而改进的方法包括制备方法和使用方法也可以获得专利授权。比如，已知药物的第二用途可以被授予新用途专利，并且新用途专利与产品专利都具有重要的社会价值。从理论上说，新用途专利的发明过程是沿着深化的方向下行的。但是专利法对方法专利的保护强度却不及产品专利。首先，专利法为产品专利提供的激励强于方法专利。以现有药物的新用途而言，一旦有关药物本身的专利到期，仿制药制造商就可以制

---

〔1〕 [美] 罗杰·谢科特、约翰·托马斯：《专利法原理》（第2版），余仲儒组织翻译，知识产权出版社2016年版，第9页。

〔2〕 Amy Kapczynski & Talha Syed, "The Continuum of Excludability and the Limits of Patents", 122 Yale L. J., 1900, 1903-06 (2013).

造廉价的仿制药。患者可以使用更加便宜的仿制药，并声明该药物的应用并非为其第二用途。由于并未再现专利保护的方法，新药品用途的专利权人在此情况下很难在侵权中获得胜诉。其次，在后发明人对产品的制备和使用进行改进时，仍然会受制于早期的产品专利保护。鉴于改进过程中不可避免要用到该产品，而非实验目的使用无法获得专利侵权的豁免，在后发明人的创新路径依然受到在先专利的限制，深化创新的动机因此被削弱。

3. 前景理论

前景理论将专利请求权与采矿请求权进行类比，用以解释专利制度为何需要在授权之初，授予尽可能宽泛的权利保护范围。20世纪在专利领域最具贡献的研究是由埃德蒙·基奇提出的前景理论。整体来说，在此提供的观察专利体系的视角是将科技创新的过程看作资源被赋予一系列前景的过程，每种资源都有其相应的成本和支出。这里前景指的是将资源发展为已知科技的可能性。每种前景都可能被很多公司同时追求。不仅是任何层次的资源都可以被发展为具有应用前景的技术，一个公司的行为也不需要披露给另外的公司。[1]为了保证资源的有效分配，应当由管理条件最优的公司掌握存在于同一体系中的信息应用前景。专利体系类似于公共土地的矿产索赔体系。在发明创造完成后，专利权人通过占有的方式掌握发明创造的应用前景。为了解释的方便，这种关于专利体系的观点被叫作预期理论（前景理论）。前景理论将专利体系和美国西部淘金热潮中的矿产权请求体系相比较。在淘金热潮中，那些发现表面矿化作用的人能够提出请求并且获得授权来开发所请求的地点。埃德蒙·基奇认为这种体系促进了有效的努力合作，单个的代理者能够决定开发的最佳水平并保证代理人之间的协调。通过将专利和矿产权请求体系进行比较，埃德蒙·基奇认为在专利体系中也需要单个的代理者协调发明的有效发展和商业化。专利体系在初始阶段需要授予宽泛的专利权来增强这协同作用。预期理论最重要的贡献是将知识产权整合进入财产权理论，受到的批评在于这种理论很难用来论证专利存在的合理性基础。[2]前景理论的出现弥补了激励理论作为专利体系基础理论并对其特征进行描述时存在的缺陷。

[1] Kitch E W, "Nature and Function of the Patent System", *Journal of Law and Economics*, 20 (1977), pp. 265~290.

[2] John F. Duffy, "Rethinking Prospect Theory of Patents", *Unicersity of Chicago Law Review*, vol. 71, no. 439 (2004), p. 510.

激励理论将专利看作社会对发明者的贡献，其理论上的缺陷体现在：大量的专利并未向专利权人提供经济上的回报。一些专利的商业价值并不大，社会无法使用或在专利过期之后，发明的价值才体现出来。[1]但是前景理论的缺陷在于假设专利的权利边界是清晰的，单个负责协调的发明者具有较大的动力对发明进行许可或者是与他人订立合同来制造后续产品，以充分发展这个领域的技术并谋取更可能多的利益。在现实的世界中，交易成本导致这种类型的协调不那么容易发生，控制整个领域的大公司不太可能有效地协调产品和后续创新的许可，赋予在先发明者过于宽泛的权利保护的制度设计很可能会阻碍技术的进步。[2]前景理论或奖励理论都为理解专利制度提供了有用的视角，但是上述理论都没有指明专利本身并不具有明确的边界，专利权利范围是通过议价所形成的。

前景理论认为专利将促使在先创新者以最初的发明思路为起点精心安排后续的创新。当然，各种理论学说从不同的角度对专利制度给予合理性的解释，是因为从任何单一的角度都无法窥探其全貌。社会可欲的技术创新既来源于作为事后机制的市场选择，也依赖于私人实体根据市场偏好通过事前选择机制所筛选的创新类型。

二、专利制度的创新筛选理论

创造（发明新的技术）和创新（将新技术投入商业化应用）是两个不同的概念。创造即所谓的"开拓型创新"，发明创造的目的在于追求与众不同的创新技术，致力拓展新的研究方向；创新即所谓的"发散型创新"，目的在于累积知识，强调在同一研究方向上通过细微的改进拓展研发的深度和广度。[3]

创新的三条路径可以表述为：加深现有技术的理解（"深化"），在现有技术的基础上追求微小变化（"差异化"），从现有技术出发逐渐偏离已有的研究方向，选择不同的研发道路（"探索"）。差异化和探索都是发散型的创新形式。专利法既可能阻碍累积创新，也有可能促进累积创新。有些学者也

---

〔1〕 Mark A. Lemley, "The Economics of Improvement of Intellecutal Property Law", *Texas Law Review*, 75 (1997), pp. 1045~1046.

〔2〕 Roger L. Beck, "The prospect theory of the patent system and unproductive competition", *Research in law and Economics*, 5 (1983), pp. 193~209.

〔3〕 Yale Brozen, "Invention, Innovation, and Imitation", 41 Am. Econ. Rev., 239, 239 (1951).

开始关注多样化的创新方式，将其分为以在先技术为基础的累积创新与围绕核心技术开展的改进型创新。[1]在此基础之上，以技术之间差异的程度作为标准可以将创新模式进行更加精确的划分，并在此基础之上讨论专利与创新之间的关系及作用机制。

深化创新指的是创新与现有技术之间不存在显著的差别，开拓型（探索）创新则产生了完全不同的产品，差异化创新介于两种创新类型之间。根据创新与现有技术的差异程度对创新进行分类有助于表现创新形式的多元化以及创新路径和动机的差异。当然，三种创新的边界并非泾渭分明。受到技术飞速发展的影响，三种创新也可能发生融合。在技术创新和进步的动态发展过程中，差异化创新有可能转化为开拓型创新，也有可能向纵深处发展转化为深化创新。探索或差异化创新中创新对现有技术的依赖程度更高，当研究人员试图大幅度改变一个产品时，需要深入了解现有技术中的工作原理。如果研发的目的在于实现细微的改变，研发的方向无需建立在对现有技术的深度理解上，可能仅仅体现为对产品制备方法的改进。因此，分类的意义在于通过区分创新后的技术与现有技术的差异，反过来推测发明人可能选择的创新思路，从而更好地理解创新机制对创新的促进作用。对三种类型的创新方式而言，发明人任何一种选择都可能是最有利于社会福利的。

从历史的发展来看，产业发展过去偏重开拓型创新。目前，鉴于当前人类技术发展已进入纳米分子阶段，技术上的创新摆脱前工业革命时期改头换面或开拓领域式的发明创造，而进入更加细微更加精密的微小改进阶段。在生物技术领域、医药化学领域，科学改进通常围绕核心技术展开，以发散的方式实现技术层面的累积与改进。

两种创新方式各有其优势，也会产生各自的成本。从投资获利的角度，开拓型创新如果获得商业上的成功，将为投资者带来巨大的利润。但开拓型创新的研发成本也较为昂贵。第一，新药开发者需要经历整个药品研发、临床试验和行政监督管理批准的过程，成本高达数百万元；第二，不同的创新会导致不兼容的技术，标准的缺失以及网络效应和规模经济的损失；第三，当创新之路刻意沿着与众不同的道路发展时，人类社会丧失了从现有的特定

---

〔1〕　Christopher Buccafusco, Stefan Bechtold & Christopher Jon Sprigman, "The Nature of Sequential Innovation", 59 Wm. & Mary L. Rev., 1, 57~58 (2017).

技术知识库中汲取知识的能力。沿着新的方向开展临床试验意味着无法增加人类对现有技术的了解。因此，即使开拓型创新有效地推动了技术进步，也应该权衡其创新的成本和收益，至少不能将其作为创新的唯一路径，更不是创新的终极价值目标。

长久以来，专利法的价值目标被设定为激励创新。具体而言，专利法的价值目标在于寻求与现有技术相比前所未有的且存在实质性差异的实用性技术。将新颖性、创造性设置为专利授权的实质性要件表明，专利制度所欲的发明创造是前所未有的，与现有技术相比有显著差别，并且比现有技术更具有价值的改进方案。

新颖性为差异化创新而不是深化创新创造了强大的动力。对初始发明人与在后发明人而言，专利法中新颖性的要求将促使他们采取不同的创新动机。新颖性的经济学本质是一种"赢家通吃"的规则，即市场竞争的最后胜利者获得所有的或绝大部分的市场份额，而失败者往往被淘汰出市场而无法生存。假设市场上的同类竞争者都在针对特定技术展开研发，一旦第一个发明者基于专利申请首先获得了进入专利竞赛的入场券，该在先发明人可基于独占权"抢占"市场先机。对在后发明人而言，新颖性的要求会促使他们沿着差异化的道路开展研发。而其他竞争者只能改变其原始策略，尽量避免落入在先权利的保护范围，以降低侵权的风险。对于在先的发明人而言，赢者通吃的规则将鼓励他们沿着初始的方向进一步开展研发，拓展本领域研究的深度，从而获得更加全面、范围更宽的保护。当竞争对手在全球范围内竞相发展有价值的技术时，他们常常在大致相同的时间开发类似的或相同的发明。[1] 在这种情况下，专利制度采用了"赢者通吃"的政策。

创造性要求发明人选择与众不同的创新路径。发明人取得专利授权，在技术创新路径的选择上不但要选取前人未走过的路，并且要沿着前人有所尝试但失败的方向去探索，沿着上述路径获得的发明创造更容易获得专利法的保护。从历史发展的角度来看，专利法的保护机制围绕对开拓型创新的激励而构建。

将授予专利权作为激励创新的手段时，根据专利法对权利保护范围的界

---

〔1〕 [美]罗杰·谢科特、约翰·托马斯：《专利法原理》（第2版），余仲儒组织翻译，知识产权出版社2016年版，第102页。

定，会诱导发明人以差异化或开拓型创新方式展开研发。原因在于，专利法对在先技术的保护扩大包括其技术特征的等同物，如果在后发明人选择沿着之前的研究方向继续开展研发，有可能会面临侵权诉讼；再者从专利授权条件看，在后发明与在先技术的关系越接近，相似程度越高，越难以越过专利授权的门槛。当代科学技术的发展与变革改变了创新的路径。在技术变革之下，专利法势必要拓展其适用空间，对不同路径的创新作出回应。如果专利法的功能仅限于对开拓型创新的激励，而无法激励改进型创新，其发展将无法适应当前多元化的创新模式。

专利充分公开制度可用于修正专利制度激励开拓型创新的偏向。充分公开的本意在于要求发明人在申请专利的过程中清楚、准确地阐述其技术方案，使本领域技术人员无需创造性劳动即可实现该技术。鉴于语言表达的局限性和发明人的"理性人思维"，专利权利要求对技术方案的描述是概括性的。如果提高充分公开的判断标准，开拓型创新可能会因为概括过于宽泛的权利要求而丧失专利权。相比之下，改进型创新因为更加依赖现有技术而不会要求过于宽泛的保护范围，也就更容易满足充分公开的要求。鉴于充分公开亦是专利授权的实体性要件，专利制度依然能够形成相对稳定平衡的、激励多元路径的创新激励机制。

专利法的作用只能激励创新，而不能筛选有价值的发明。市场选择机制将从众多的发明中筛选出最具有应用价值的部分。而市场竞争者将凭借他们在市场经营活动中的信息优势以及对消费者偏好的分析，预先筛选那些可能取得市场成功并适宜通过专利保护的技术。从技术研发之日起，其研发方向就会尽量向专利制度偏好的创新方向靠拢，以提高发明创造获得专利授权的概率。从微观上看，专利法并不要求获得专利保护的技术都具有优越的市场前景。但是在宏观层面上，借助市场选择机制和专利法激励创新的功能，技术会随着时间的推移不断向前进步。

借助市场选择机制，专利制度可以强制竞争者生产更优的产品。某一市场竞争主体对特定产品获得专利权保护，其他竞争者不得不为规避其专利技术改进自己的产品，通常情况下改进会给产品带来更佳的质量和效果。可以说，专利技术提升了产品的市场竞争力，并促进了更优质量的产品产生，但上述机制的实现以消费者能够分辨产品优劣为前提。在生物制药领域，消费者很难区分产品的优劣，一旦市场选择机制失灵，将影响专利法实现上述理想目标。[1]

影响消费者购买决策的因素是多元化的，尤其是在生物技术主导的药品市场中，消费者显然无法独立作出购买决策。即使在市场监管之下，消费者能够获取的药品信息也是十分有限的。在药品销售过程中，医生、保险业、消费者各自的动机不同，当这些主体为各自的利益采取策略影响药品的购买决策时，市场机制将无法保证在市场竞争中获得胜出的药品一定最具有创新价值。药物的临床试验及销售需要通过行政审批的手续，通过开拓性研发获得的新药获批上市的难度更大，由此带来的成本问题必然会影响发明人创新策略的制定和选择。

高新技术领域的创新尤其需要多元化的创新模式，否则产业的发展将无法承受开拓型创新带来的成本。在技术不断变革的背景下，专利法的适用也要适应特定领域的技术特点。专利制度可以作为政策杠杆满足特定技术领域的创新偏好，也就是专利保护机制可以形成对某种创新的选择性激励。中医药创新具有多元化发展的特点。在中药现代化的进程中，基于现代科学技术的修饰，中医药领域的开拓型创新数量正不断增多。但是，中医药领域的大部分创新成果仍然是在中医药传统理论的体系中以内部嬗变的方式形成的。比如，对中药验方而言，其指的是经过使用证明确有疗效的现成药方。这些现成药方往往是由祖辈流传下来的，通过传承人的民间行医活动，在当地群众中积累了良好的口碑。中药验方的传承方式在家族内以口传身授的方式流传，既然验方需要通过长期使用来证明其疗效，中药验方的活力及应用价值必然来源于传统。有鉴于此，合理地利用专利授权的实质性要件，建立符合多元创新需求的中药专利保护机制具有时代必要性。

激励学说、前景理论、对价理论及创新政策学说共同构建的理论框架表明，专利制度对创新的选择存在偏向性。中医药产业的发展与生物技术产业的发展趋势类似，都需要多元化的创新形态来反映本领域的技术变革路径。为适应产业特点，司法者应当通过法律的解释提供灵活的法律适用规则。政策制定者应当认清专利法在筛选创新时的政策偏向，借助其他领域

［1］ Atomic Energy Act of 1946: Hearings on S. 1717 Before the Spec. Comm. on Atomic Energy, 79th Cong. 61 (1946) (statement of William H. Davis, Former Director, Office of Economic Stabilization, and Former Chairman, War Labor Board).

的创新政策，重新调整市场对技术的选择。而创新主体则需要合理地利用专利制度，结合自身研发的特点，合理选择创新的路径并制定相应的保护策略。

专利对医药产业的重要价值显然是毋庸置疑的，中医药产业的发展当然不可避免地要依赖专利作为杠杆。从经济学的角度看，影响中医药创新的因素包括：投资巨大、成本风险高、审批程序复杂、容易遭到模仿。除此之外，中医药产业的发展还要克服以下难题：第一，我国目前正在经历从中医药大国向中医药强国的转型。我国在中医药领域具有天然的资源优势，有最完备的知识体系，但从现代产业发展的角度看，其创新力还不足。中医药要走出国门，扩大市场，就要适应现代化的日常消费习惯，应对激烈的市场竞争。中医药产业在发展中，不但要继承传统的智慧，更要借助现代科技知识，改良剂型、改善口感、提升药效，如此才能成为更具竞争力的民族产业。第二，中医药理论在治病机理、过程和方法运用上与产生于实验室的西医有较大的差别。中医药秉承的理念为"辨证施治""天人合一"，在治疗疾病的过程中获得诊疗方法和药物的先验性。民间的中药验方通常是经过多年的用药经验，不断加减组方获得的。这些验方虽然被证实具有药效和经济利用价值，但由于缺乏相关的实验室数据，在申请专利和推广上市方面仍然具有较大的困难。根据我国药品审批管理规定，上述验方在扩大应用之前，还需要经过严格的临床试验，获得审批后才能推广上市。当前我们所面临的关键问题在于我国专利制度是否能够适应中医药创新规律和技术特点，能否在创新过程中起到应有的调节和激励作用。无论是通过法律适用体现出灵活性与技术适应性，还是在中药专利审查实践中提炼出的具体规则，都体现了我国运用与建设中药专利保护制度的自信。中医药专利认定标准的具体化充分体现了我国中药专利创新机制适应技术发展、顺应时代变化的因应之道。

自1985年我国施行《专利法》以来，我国一直是中医药专利申请大国。从我国中医药产业发展现状来看：我国目前申请的中医药专利有90%以上是中药复方专利，也就是说，中医药的创新点主要集中在对配方的改良上。除此之外，中医药专利其他的发明点包括：制备方法的改进、产生新的适应证、剂型的改良、不同产业领域的应用等。药品专利保护以产品专利为核心，方法专利为辅助。所以，大部分中医药专利亦在专利申请书中，以产品权利保护要求作为主权利要求，在专利单一性原则之下，将制备方法及治疗特定疾病的方法作为方法权利要求合并在一份申请文件中提出。结合中医药专利审查及司法裁判中累积的经验，可以总结出我国中医药专利授权及侵权判定面临的主要难题，具体反映为以下四个方面的内容：第一，申请人对权利要求的描述是对自然规律的发现，被视为不被授予专利权的主题；第二，中药材名称使用不标准、缺乏相关的实验数据导致公开不充分；第三，中医药专利审查缺乏具体的审查标准，而基于技术的特殊性，中医药专利有效性的判断与化学药品专利有效性的判断有显著不同；第四，中医药专利侵权判定中等同侵权及其限制规则的适用问题。

第二节　中医药专利的权利要求解释方法

专利保护的范围（专利的有效性和侵权判定）并非以发明人实际完成的技术方案界定，而是由权利要求书中所描述的技术方案来判断。权利要求解释是界定专利权保护范围，厘清发明创造的实质性内容的核心。[1]在中药专利有效性的判定中，对中药权利要求保护范围进行准确、合理的解释是专利审查及司法裁判的前提。在发明构思完成之后，发明人应当按照专利法的要求，通过专利申请文件描述技术方案的创新点。技术方案是否能够获得授权，由专利申请文件中的技术贡献决定；技术方案获得授权后，专利申请文件转化为专利文件。因此，专利保护范围不但取决于技术方案的创新程度，很大程度上还要受到专利申请文件撰写质量的影响。也就是说，专利保护范围取决于专利申请文件对技术方案的描述。专利申请文件不同于技术交底书，其作用和价值在于：一方面，向公众传达技术方案的发明点；另一方面，专利申请文件撰写的基本原则是在专利法允许的限度内，给予专利申请人最大程度的保护，以实现专利法激励创新的立法目标。根据专利法的规定，专利权保护范围由专利申请文件/专利文件中的权利要求书来决定，权利要求书应当得到说明书的支持。对中药专利发明而言，权利要求的撰写方式可分为以下具体形式。

在医药化学领域，产品包括化合物、组合物，而方法包括普通意义上的

---

〔1〕　Robert Patrick Merges & John Fitzgerald Duffy, Patent Law and Policy: Cases and Materials 26 (4th ed. 2007).

制备方法以及产品的医药用途。[1]药物组合物（制备+治疗方法）中药领域的产品发明可分为：中药的药物组合物与中药的药物单体。在撰写权利要求时，以上两种类型的发明都可以通过制备方法及产品医药用途的方式进行限定。具体而言，中药组合物或中药提取物的产品权利要求，可以采取以下方式进行限定：（1）以组分和含量限定；（2）以制备方法限定的产品权利要求。对于中药提取物而言，如果提取物是单体，还可以以提取物的化学结构进行限定。除组合物和提取物外，中药领域的创新还体现在制备方法、提纯方法等方面的改进，对上述方法创新申请专利时，可以采取步骤、流程等限定方式撰写方法权利要求。

在以技术特征限定权利要求时，发明人通常会选择以上位概念或概括式限定的方式进行描述，以获得比实际实施的技术方案更宽泛的权利保护范围。因此，权利要求书中记载的技术方案一方面反映了发明创造的实质、核心及最具技术贡献的部分，解释权利要求要秉持技术贡献原则，保护发明人的利益、探求发明人的真意；另一方面，在解释权利要求时还应当兼顾权利要求的通知功能和划界作用，利益相关方需要借助权利要求的描述获得明确的法律预期。考虑到等价交换是授予专利的基础，解释权利要求时还应当充分考虑公众的信赖利益。

在我国司法实践中，对权利要求进行解释时应当基于《专利法》的规定，参照最高人民法院《关于审理侵犯专利权纠纷案件应用法律若干问题的解释》、最高人民法院《关于审理侵犯专利权纠纷案件应用法律若干问题的解释（二）》及《专利审查指南》制定的权利要求解释规则。权利要求并非在出现歧义或记载不清楚时才需要解释。虽然《专利法》为权利要求书及说明书的撰写限定了基本格式，但语言对具体事物尤其是新鲜事物的描述必然存在局限性。首先，解释权利要求不但要考察语言描述的技术方案的字面意思，还要从发明目的、技术效果等视角考虑语言描述中暗含的技术特征。其次，当权利要求中出现发明人自行创设的技术术语，亦需要借助内部证据和外部证据探寻发明人的真意。最后，权利要求撰写的方式，包括主题名称、前序部分、转折词的使用、限定技术特征的数量、技术特征的特殊限定方式，都

---

〔1〕 刘锋、王健："'给药方式'对制药用途权利要求的限定作用分析"，载《中国新药杂志》2016年第15期。

可能影响权利要求的解释。

权利要求解释中的基本原则包括：区别解释规则〔1〕、整体技术方案原则〔2〕、最大合理解释原则〔3〕等；通用的规则包括：基于利益相关方在专利授权和确权阶段的信赖利益不同，权利要求解释的方式也有所差异，确权阶段的解释应该窄于授权阶段所采用的最广义的合理解释方式；在解释权利要求术语的含义时，必须顾及专利法关于说明书应该公开发明的技术方案、权利要求应当得到说明书的支持、专利申请文件的修改不得超出原说明书和权利要求书记载的范围；〔4〕解释权利要求时，应当顾忌其法定性，首先基于说明书明确其相关含义，但不宜将其限缩为说明书具体实施方案的内容。

在对中医药专利的权利要求解释方法时，我们着重基于权利要求解释的一般方法并考虑不同限定方式对权利边界造成的影响。而对于权利要求解释中可能出现的表意不准确、不清楚的情形不作重点分析。

根据《专利审查指南》的规定，专利权利要求一般被二分为产品权利要求和方法权利要求。在中医药领域，大部分中医药专利是采用产品权利要求的方式撰写的，通常以原料药的选择及用量作为其限定特征。通过药物的配比或者是剂型的改良来体现药物的创新性。除产品专利外，新的中药制备方法或中药在治疗新的适应证上的应用可以通过方法权利要求的方式保护，方法权利要求一般是以步骤进行限定的。

除常规的产品与方法权利要求之外，中医药领域的专利权利要求还可以通过以下两种特殊方式进行限定：（1）制备方法；（2）使用方法。中医药领域药品的创新路径包括：（1）制备新的中药制剂（包括中成药、中药提取物、中药单体）；（2）开发已知药物的新用途（药物第二用途）。其中制备方法

---

〔1〕 在解释权利要求、确定权利要求书中记载权利要求的保护范围时，可以推定独立权利要求与其从属权利要求所限定的保护范围互不相同。独立权利要求的保护范围大于其从属权利要求的保护范围，在前从属权利要求的保护范围大于在后引用该在前从属权利要求的保护范围，但本领域普通技术人员根据专利说明书及附图、专利审查档案等内部证据、可以作出相反解释的除外。

〔2〕 一般应当将权利要求中记载的全部技术特征所表达的技术内容作为一个整体技术方案对待。独立权利要求的前序部分、特征部分以及从属权利要求的引用部分、限定部分记载的技术特征，对于保护范围具有限定作用。权利要求包含两个以上的并列技术方案的，应当将每个并列技术方案分别确定为一个整体技术方案。

〔3〕 在专利授权确权程序中，专利要求的解释采用最大合理解释原则，即基于权利要求的文字记载，结合说明书的理解，对权利要求作出最广义的合理解释。

〔4〕 最高人民法院行政判决书［2014］行提字第17号。

在药物的产品和方法领域均有重要的限定作用。对中成药而言，由于活性成分不明确，通常是通过药物组成、配比及制备方法进行限定的。当药物的制备方法和医药用途具有创新性时，均可以作为独立权利要求提出申请获得保护。

但这里需要明确的是，药品的制备方法与药品的药物用途是两个不同的概念。药品的制备过程可能涉及的技术环节包括原料的选择、制备步骤和条件的选择、药物产品的制备、药物产品功能主治的确定、给药途径以及用法用量的确定等。也就是说，药物的制备方法包括给药途径等药物使用方法。那么，两者在专利法中的关系如何认定？根据《专利审查指南》的规定，化学物品包括化学药物的制备方法属于方法发明。由于多数中药产品具有化学成分复杂、有效成分难以确定、不得不借助性能参数和/或制备方法来定义等特点，且中药也隶属于医药化学领域，其组合物的组成也为化学物质，其技术效果同样需要依赖客观的试验/实验结果；同时，组合物的组成为原料药，原料药为化学物质，化学物质的微观性决定了人类不可能通过直接观察就判断出两个未完全公开成分的组合物之间的异同，必须通过科学的实验数据，来说明其差异大小，以判断是否属于相同物质。[1] 所以，中药组合物、中药提取物、中药单体制备方法的审查应当适用化学领域中的方法发明判断标准。由制备物质的方法，其权利要求可以用涉及工艺、物质以及设备的方法特征来进行限定。比如，一种中药组合物的发明要求保护的技术方案是"一种由植物原料组合而成的治疗痛风病的中药组合物及其制备方法，包括丹参、鸡血藤、牛膝、木瓜、白芍，该药物组合物可以被制备成任何一种常用的内服剂型"。其独立权利要求可以通过原料的重量份配比、制备方法的工艺流程进行限定。其中制备方法包括原料药的反应步骤以及反应条件，反应条件包括反应控制的温度，所需原料药的配比，反应的时间以及加入的辅剂等。

而药品的药物用途属于用途发明，用途发明的本质不在于产品本身，而在于产品性能的应用，是药品的使用方法。用途发明的本质不在于产品本身，而在于产品性能的应用。因此，《专利审查指南》明确指出，用途发明是一种

---

〔1〕 黄大智、辛雪："基于药理实验数据探讨中药组合物发明的新颖性推定问题"，载《中国发明与专利》2019 年第 S2 期。

方法发明，其权利要求属于方法类型。所以，药品的药物用途与药品的制备方法是两种不同的方法。药品的制备方法专利旨在限制其他制药公司使用相同的制备方法制造药品，其发明点体现在药品的制备方法创新上。在中药领域，改变药品的制备方法，生产不同剂型的药品，可以解决不同的技术问题；而药品的药物用途发明点体现在药品治疗特定疾病的新用途上。

实践中，药物用途的方法专利需要通过药品的制备方法进行限定。由于"疾病的诊断和治疗方法"属于我国《专利法》第 25 条规定的"不授予专利权"的内容，因此如果在医药的研发中发现已知药品的新性能和新活性，就需要将其撰写成药品制备方法类型的权利要求来获得专利权，现在通用的说法为"制药用途型"权利要求。这种做法是 1984 年由瑞士专利局的一项行政裁决首先确立的，故也被称为"瑞士型"权利要求。制药用途型专利在权利要求中表述为"在制药中的应用"抑或"用于制备治疗疾病 X 的药物的应用"。比如，中医药领域的制药用途型专利可以写为："皂苷 A 在制备治疗 B 病的药物中的用途"。最高人民法院在卡比斯特制药公司与我国国家知识产权局专利复审委员会发明专利权无效行政纠纷案[1]中明确指出，当发明的实质及其对现有技术的改进在于物质的医药用途，申请人在申请专利权保护时，应当按照《专利审查指南》的相关规定，将权利要求撰写为制药方法类型权利要求，并以与制药相关的技术特征，对权利要求的保护范围进行限定。制药用途型权利要求与一般的制备方法权利要求相比，特殊之处在于，制药用途的创新点是在药物治疗疾病的新性能上，其制备方法有可能具有创新性，也有可能是现有技术中的常用制备方法。此时，可能需要通过药品的使用方法来描述其发明点，比如用药过程中的给药剂量、时间间隔、给药对象等。下文将对以上两种限定方式会对权利保护边界产生的影响进行详细分析。

1. 制备方法限定中药产品权利要求

《专利法》《专利法实施细则》《专利审查指南》并没有直接将方法限定的产品权利要求当作一种单独的类型，而是将其视为产品权利要求中的一种情

---

〔1〕 最高人民法院行政裁定书［2012］知行字第 75 号。

形。[1] 方法限定产品权利要求的特殊之处在于，从其主题名称上看，权利要求保护的是一种产品，但是在技术方案的构成上，却不是采用产品的机构或参数而是以制备方法对产品进行限定。在中医药专利领域，这种权利要求方式尤其常见。与化学药品相比，中药配方的创新性体现在基于"君臣佐使"理论指导下形成的原料药选择及配比，这些原料药的活性成分及活性成分之间的作用机理在申请时通常尚不确定，发明人只能采用制备方法来限定产品的方式表征该产品。早在东汉时期，张仲景在其著述的《金匮要略》中就披露了桂枝茯苓丸汤的组分（用于治疗妇科疾病），即"桂枝、茯苓、桃仁、白芍、牡丹皮"五味药是等量的。因此，只能采用如何提取这五味药的制备方法特征进行限定，这也是不得已而为之。[2]

根据《专利审查指南》的规定，当产品权利要求中的一个或多个技术特征无法用结构特征并且也不能用参数特征予以清楚地表征时，允许借助于方法特征表征。但是，方法特征表征的产品权利要求的保护主题仍然是产品，其实际的限定作用取决于对所要求保护的产品本身带来何种影响。从上述规定来看，方法限定权利要求是一种实践中可以接受的权利要求撰写形式。但《专利审查指南》并没有清楚地界定方法限定产品型权利要求的保护范围以及相关影响因素，只是笼统地指出限定作用取决于"方法对产品本身所带来的影响"。

从其理论发展来看，美国和日本的专利司法都承认实践中存在方法限定产品权利要求的情形，但是实践中认可的方法限定对专利权效力的影响程度不同。美国自 2009 年联邦巡回上诉法院就 Abbott Laboratories v. Sandoz, inc 案作出判决后，就肯定了方法对产品权利要求的限定作用，由此发展出了"方法限定说"。而日本最高法院采用的是"物同一说"，即使物的发明的权利要求中采用了制造方法界定的方式，该发明也应当解释为与采用该方法制造的物的构造、特性相同的物。[3] 这两种理论在实践中的应用可谓各有利弊，

---

〔1〕 北京市高级人民法院知识产权审判庭编：《北京市高级人民法院〈专利侵权判定指南（2017）〉理解与适用》，知识产权出版社 2020 年版，第 108 页。

〔2〕 北京市高级人民法院知识产权审判庭编：《北京市高级人民法院〈专利侵权判定指南（2017）〉理解与适用》，知识产权出版社 2020 年版，第 109 页。

〔3〕 闫文军："方法界定产品权利要求的保护范围——济南昌林气囊容器厂有限公司与乔昌林专利侵权纠纷案"，载《中国发明与专利》2018 年第 7 期。

"方法限定说"的优点在于强调权利人在方法上所作出的技术贡献，在衡量发明创造的创新性时，不再一味地执着于产品本身。对"拓展型"发明来说，其创新点在授权阶段更容易通过专利审查。但适用这种学说对权利人的不利之处在于，在侵权阶段，权利保护的范围也将严格以其发明所作出的技术贡献来衡量。削减相关步骤或采用公知技术中的方法步骤制备相同和类似的产品都可以达到规避专利保护的目的。而采用"物同一说"时，虽然方法可以对产品进行限定，但基于方法改进完成的发明点可能难以通过专利有效性的审查。假如现有技术中产品是已知的，除非发明人在申请文件中充分证明方法的改进带来产品结构或参数的改变，发明点将无法得到专利法的认可。从专利法的历史起源来看，近代专利制度诞生于工业革命时期，那时专利主要应用在机器领域，而机器的生产是以产品作为核心的。后来，随着第二次、第三次工业革命的爆发，新的技术领域诸如生物、化学、计算机软件不断崛起，技术方案逐渐摆脱对有形载体的依赖。随着技术的累积，创新的形式也从开拓新的研究方向逐渐向研究的深化和细化转变。此时，如果仍然坚持权利要求描述的二分法显得过于僵化，专利权利要求的描述将很难与实际的创新对接。"物同一说"只是在形式上承认了方法对产品权利要求的限定，但其本质上仍然是以产品本身是否改变作为衡量创新的根本标准。显然，"物同一说"并不适宜对药品领域中的"方法限定产品"的权利要求进行解释。我国法院一直以来适用的是"方法限定说"，从等价交换的基本原理来看，正确适用"方法限定说"并不会造成权利人在侵权阶段权利得不到有效保护的后果。因为专利权利保护范围的确定需要经过授权和确权两个阶段，权利边界的划定是否合理不能仅以侵权诉讼中权利人获得等同保护的范围来评价，还需要结合授权阶段权利人所作出的实际技术贡献来衡量。

在藏药独一味软胶囊制剂及其制备方法案[1]中，被诉侵权技术方案与专利技术方案的区别在于制备方法不同：权利要求的方法限定为加水煎煮 2 次、研磨成细粉后过 200 目筛。而被诉侵权技术方案在制备方法上为加水煎煮 3 次、研磨成细粉后过 80 目、120 目筛。最高人民法院在判决中指出，在解释权利要求，进而作出侵权对比时，不仅需要比较产品的组分与各组分含量上的相同与等同，还需要比较其中的方法特征是否相同或等同。

---

[1] 最高人民法院民事判决书 [2010] 民提字第 158 号。

　　尽管此案的判决容易给人留下"对制备方法进行稍许改变，就能规避专利侵权"的印象，但如果结合中医药的理论及权利要求解释的基本方法来分析本案，便可以克服上述偏见。首先，从涉案技术方案的发明点来看，煎煮2次的方式可以达到降低生产成本的技术效果；过200目筛可以使"制成的软胶囊内容物混悬体系最稳定"[1]。显然，上述特征的加入带来技术效果的改变，解决了相应的技术问题，构成该发明创造的创新点，应当作为限定特征用以界定专利权保护范围。其次，专利权人在授权和无效阶段均对上述意见作出陈述并强调上述特征与现有技术不同，根据禁止反悔原则，上述陈述构成对等同特征认定的限制。最后，鉴于我国在司法实践中已不再区分必要技术特征与非必要技术特征，根据全面覆盖原则，记载在权利要求中的每一项技术特征都会对权利要求产生限定作用。因此，缺少专利权利要求记载特征的被诉侵权产品应当被排除在专利侵权之外。

　　因此，本案的最终判决结果实际上反映了司法者"根据技术方案的实际技术贡献界定专利权利保护范围"的基本政策导向，这一价值理念符合专利等价交换的原理及专利激励创新的立法目的。鉴于涉案专利的技术方案实际上是在现有技术已经公开中药组分、配比及药物常规制备方法的基础上作出的，其发明点就在于对制备方法的改进。对专利权利要求进行解释时，不能脱离技术方案的实际贡献，只能将其保护范围限定为以权利要求所述的方法制备的药物，而不能将权利保护范围扩大到包括通过常规方法制备的药物以及省略相关步骤而不具备相应技术效果的药物。

　　在赵某生与贵州百祥制药有限责任公司专利权纠纷案[2]中，专利权保护的是"一种岩陀提取物及其制备方法"，其中产品权利要求是用制备方法进行限定的。从独立权利要求的记载来看，主要通过四个步骤组成相应的制备方法。通过司法鉴定，被诉侵权方制备岩陀提取物的过程也被分解为四个对应

―――――――――――

　　〔1〕　通过在涉案专利授权和无效宣告程序中作出的意见陈述强调"本发明所述独一味提取物的四种制备方法为发明人进行了大量的工艺筛选和验证试验后最终确定的工艺步骤，现有技术中并没有公开，由此得到的本发明中所述的独一味提取物与现有技术如《中华人民共和国药典》（2000年版，一部）中的独一味提取物并不等同"。优他公司还在涉案专利说明书第12页"最佳提取条件的确定"一节强调，煎煮2次与煎煮3次相比，可以降低生产成本，所以选择煎煮2次；在说明书第15~16页"实验例5浸膏粉细度的确定"一节强调，将独一味提取物粉碎成过200目筛的细粉，制成的软胶囊内容物混悬体系最稳定。

　　〔2〕　云南省高级人民法院民事判决书［2009］云高民三终字第36号。

的步骤。经过相应技术的特征的比对，其中三项技术特征构成相同或等同。最显著的区别体现在第二个步骤中，从被告的提供证据看，无直接证据表明被告在制备岩陀提取物之前有粉碎环节。但是，相关实验数据表明如果被告在提出岩陀的过程中不先进行粉碎，则达不到其药品生产资料中记载的转移率，并会影响最终的提取率。结合本领域的公知常识，"被提取药材的粒径是影响提取效果的因素"，法院认定被告的技术方案中包含粉碎的步骤，最终全部落入专利权人技术方案的保护范围之中。

从上述两则经典案例中可以看出，中医药专利权利保护范围认定时应当考虑到中医药领域技术方案的创新是以中医药理论为基础，与化学药品相比具有一定的特殊性。比如，不论是对于中药复方还是中药单方而言，其中的活性成分很难通过化学结构来表征，当原料药的配伍发生改变或者研发选取的原料药提取部位发生改变时，都会使得活性成分随之改变。中药产品的原料与中药产品的活性成分是不同的概念。中药原料虽相同，但用不同的制备方法处理后，最终产品中的活性成分千差万别。在对产品权利要求限定时，多数情况下只能通过产品的制备方法加以限定。且中医药领域的创新点多体现在其制备工艺（包括药材的炮制工艺）之上，比如通过改变剂型方式实现新的技术效果。因此，中医药领域的技术贡献一般通过特定的技术效果加以体现，而不以产品本身的改变作为判断依据。

从当前司法经验中总结的规律来看，司法实践认为"以制备方法界定产品的技术特征对于确定专利权的保护范围具有限定作用"。最高人民法院《关于审理专利权纠纷案件应用法律若干问题的解释（二）》第10条作出明确规定："对于权利要求中以制备方法界定产品的技术特征，被诉侵权产品的制备方法与其不相同也不等同的，人民法院应当认定被诉侵权技术方案未落入专利权的保护范围。"但需要明确的是，不论何种领域的技术方案，最终评估其权利保护范围都应以其技术贡献的大小作为最根本的依据。法院在解释权利要求的时候应当兼顾权利保护和公众的信赖利益。在权利撰写方式上允许发明人采用符合本领域技术特点的方式限定权利要求，深刻理解本领域技术方案的创新形式，在解释权利要求时，准确把握技术方案的发明点；但同时也要注意，专利法的基本原则为，权利人获得保护的范围应与其技术贡献相适应。中医药专利权利要求的解释一方面需要考虑其技术特性，另一方面不能违背专利法的基本原则。在侵权诉讼中，专利权人虽然能将保护范围扩大包括其等同物，但这种扩张仍要受到禁止反悔原则及全面技术特征原则的限制。最终的目标既要保证不低估权利人技术方案的创新性，也要保证其获得保护的范围没有超越技术方案本身所带来的技术贡献。因此，授权过程中专利权人陈述对权利保护范围产生实质性影响的技术特征，不再适用等同原则。

2. 药品使用方法限定中药产品型权利要求

在中药专利的权利要求解释中，还有一种特殊的标准方式需要特别说明，即药物使用方法对权利要求的限定作用。药物使用方法包括药物的给药剂量、时间间隔、给药对象、给药形式。药物使用方法对中药药效有一定影响。根据《方剂学》的说明，"方剂的煎服法是方剂运用过程中的重要环节，虽药物配伍合理，剂量精确，剂型适宜，倘若煎药法或服药法不当，也会影响疗效"。[1]在中医理论中，服药时间、服药方式都会对药效造成一定影响。在给药对象上，中药制剂也会对某些特定的服药对象比如妇女儿童区别对待。比如，中医药传统知识中的"经方十一家"中就包括针对特殊给药对象的《妇人婴儿方》。在中药的现代监管体系中，也体现出尊重中药用药规律，区别对待特殊给药对象的考量。《中药注册管理补充规定》（已失效）第7条第2项规定了可仅提供非临床安全性研究资料，就直接申报生产的中药复方制剂，但在其适用范围中明确排除危重症患者以及孕妇、婴幼儿等特殊用药人群。

《中药领域发明专利申请审查指导意见（征求意见稿）》将中药的用药禁忌作为中医药基本常识名列在内。用药禁忌中的妊娠禁忌和服药的饮食禁忌均表明给药对象和服药方式的改变会影响对药品本身和药效的认识。由此可见，在中药研发的技术领域，一定存在以药物使用方法作为突破点展开的创新活动。故而，我们有必要在此处说明，如果中药专利以药物使用特征作为限定条件，是否对权利要求产生限制。如果药物使用特征可以作为权利要求的限制特征，在判断新颖性及创造性时就应对其予以评价，反之则不应将其考虑在内。

实践中，药物使用特征较多地用来限定中医药专利领域内的下列技术主题：一是中药产品；二是产品的制药用途。根据《专利审查指南》的规定，

[1]　李冀、连建伟主编：《方剂学》（新世纪第4版），中国中医药出版社2016年版，第14页。

对于化学产品的医药用途发明，应当考虑给药对象、给药方式、途径、用量及时间间隔等与使用有关的特征是否对制药过程具有限定作用，仅仅体现在用药过程中的区别特征不能使该用途具有新颖性。[1]对于化学产品的医药用途发明，应当考虑药物使用方法是否对药物本身的结构、组成或制药过程产生影响，仅仅体现在用药过程中的区别特征不能作为限定特征。有学者认为，"给药特征是否对权利要求有限定作用，是否影响权利要求的专利性。对此，我国的司法审判结论和专利行政审判结论曾有相悖之处"。[2]但随着审查及实践的经验累积以及理论的深化，我们可以看到，药物使用方法对药品权利要求所起的限定作用在行政和司法的理念方面正趋于一致。

比如，在 2003 年最高人民法院再审的江苏正大天晴药业股份有限公司与国家知识产权局专利复审委员会专利行政纠纷案[3]中，最高人民法院认可的北京市高级人民法院作出的二审判决，否定了本案中药物使用对象对权利要求的限定作用，在创造性的判断中未将权利要求中药物适用对象"成人患者"这一特征考虑在内。理由在于，专利说明书中记载了"成人患者"的定义，艾替开韦药物组合物也适用于儿童患者或体质量低于 50 公斤的患者。从探求权利人本意的角度出发，权利要求中药物服用对象应解释为成人或可能为成人。既然专利技术方案应用中，药物服用对象并无严格限制，则可以反推该特征不影响药物的制备方法。因此，二审法院在创造性的判断中并未考虑这一限制特征。诚然，本领域的公知常识是，对不同的对象来说，药物中使用的辅料和成分的质量控制要求是不同的。但权利要求解释的基本原则是，对权利要求书中用语的理解还是应以探求发明人本意为主，如果说明书中对权利要求书中的技术术语进行了解释，就应当以说明书记载的内容为准。本案中，如果我们根据说明书记载的内容尝试重建、还原发明创造完成的过程，便可以发现，发明人在技术研发中心并没有将技术方案的用药对象限制为成人患者。权利人很可能是有意识地采取专利申请策略，在权利要求中通过这一限定特征限缩权利保护的范围，以期表明其技术方案与较为宽泛的现有技术之间的差异。基于化学药品（包括以组分构成的中药产品）的技术特征，

---

〔1〕《专利审查指南》第二部分第 10 章 "关于化学领域发明专利申请审查的若干规定"。

〔2〕 曲燕、陈欢、宗绮："给药特征限定的医药用途发明专利性探讨"，载《知识产权》2012 年第 10 期。

〔3〕 北京市高级人民法院行政判决决书 [2017] 京行终 1806 号。

我们应当承认药品使用方法对药品权利要求的限定作用，但是具体是否产生限制，还需要结合个案的具体案情来判断。对于其中涉及的给药途径、给药方案、给药后的效果等特征，应当从本领域技术人员的视角出发，客观考察发明的实质贡献，具体分析这些特征对产品结构和/或组成的实质限定作用。[1]

对于产品权利要求而言，其保护范围由该产品的结构和/或组成来确定。因此，对于标签、包装插页上的文字说明，其是否具有实际的限定作用，取决于这些文字说明对要求保护的产品本身带来何种影响。如果该文字说明能够体现出权利要求 1 的产品在结构、组成上的特征，则认为该文字说明对权利要求 1 具有实质上的限定作用，应当予以考虑；如果该文字说明不能给权利要求 1 的产品在结构、组成上带来任何影响，则不应予以考虑。[2]如果给药方案的限定，并未改变药物组成、含量、制剂和/或制备方法，仅涉及医生知道患者用药或对治疗方案的选择，则对权利要求不产生限定作用。[3]在化学领域发明专利申请中，若权利要求所要保护的技术方案仅为对给药剂量、时间间隔、给药对象、给药形式等与使用有关的技术特征时，则对该权利要求并无限定作用。[4]

3. 制药用途型权利要求

如前所述，已知药物的新用途如果想获得权利保护，实践中最常见的做法就是将其写为制药用途型权利要求，即以药品使用方法限定制备方法的权利要求。这种权利要求的本质仍是一种制备方法，但其技术方案的创新性体现在药物的新用途上。尹新天老师认为，这种权利要求所述的"制备方法"只不过是旨在避开"手术、诊断和治疗方法不能授予专利权"这一法律限制而精心炮制出来的一种权利要求"撰写技巧"而已，它真正想要保护的还是一种医疗用途。[5]制药用途型专利本质上是药物的制备方法，在权利要求的撰写上可以将其撰写为"某一类药物在治疗疾病上的应用"，也可以通过制备

---

〔1〕　史晶："给药特征限定的药物组合物权利要求保护范围的解读"，载《中国知识产权报》2015 年 8 月 26 日。

〔2〕　北京市高级人民法院行政判决书［2016］京行终字 1762 号。

〔3〕　北京市高级人民法院行政判决书［2014］高行终字第 1435 号。

〔4〕　北京市高级人民法院行政判决书［2019］京行终 3302 号。

〔5〕　尹新天：《中国专利法详解》，知识产权出版社 2011 年版，348 页。

方法的具体步骤将其限定为"通过特定的制备工艺制得的药物在治疗疾病上的应用"。究竟是否采取制备方法专利常见的工艺流程/步骤对其进行限定，取决于发明人实际作出的技术贡献。专利法要求专利申请人在将研发成果撰写为专利技术方案时，必须满足充分公开的要求。充分公开的要求其中一项具体内容是权利要求书应当得到说明书的支持，这就限制了申请人所撰写的权利要求书的保护范围。以中药提取物的专利申请为例，如果申请人不能明确中药提取物的成分，说明书中无法提供相关的试验数据证明药物的预期用途是基于特定的分离提取方法获得的提取物整体产生的，还是任意方法制得组成含量不同的提取物均有此效果，那么申请人在权利要求书中只能用特定的工艺流程来限定权利要求。反之，如果申请人在说明书中提供了大量的制备方法实施例，给出了多种提取分离方法获得的一类化合物都能达到药物预期用途的试验数据，那么申请人就无需将制备工艺作为限定条件写入权利要求中，而是可以尝试申请这一类化合物在制备治疗疾病药物中的方法专利。对制药用途型专利而言，除了可以采取制备方法的工艺和流程对其进行限定，还可以通过药物的使用方法即以药物的使用过程中的特征对其进行限定。

具体而言，给药途径、剂量和给药方案（包括时间和频次）实质上属于在实施制药方法获得药物后，将药物施用于人体的具体用药方法，其体现的是用药行为，通常不能对药物组合物的结构和/或组成产生影响，而给药后的效果通常是药物本身、给药途径、剂量以及给药方案等给药特征综合作用的结果。如前所述，从专利法的基本逻辑来看，疾病治疗方法属于不授予专利权的对象，因而明确地被排除在专利保护范围之外。如果药物使用方式与药品本身或制药方法之间并不存在直接、必然的关联，其实质上属于将药物施用于人体的具体用药方法，在其本质上仍然是疾病治疗方法。所以，药物使用方法在专利文件中只能作为限定条件而不能作为技术主题出现，而药物使用方法能够成功限定技术主题的前提在于，药物的使用方法（给药特征）对药物本身或制药方法等可以授予专利权的技术主题产生影响，造成上述技术方案改变的前提下，才能认定其对权利要求产生限定。对于新药品的新用途而言，可以将其描述为以使用方法限定的产品权利要求。但是对于已知药品的新用途，由于产品已经为现有技术所公开，丧失了新颖性，只能将其写为制药用途型权利要求。在卡比斯特制药公司与我国国家知识产权局专利复审委员会发明专利权无效行政纠纷案〔1〕中，权利要求 9 中的用药禁忌特征"包装插页上有避免使用蒽环类抗生素类化疗剂与所述组合物组合使用的说明"作为药品包装的撰写内容，其作用在于指导医生在用药过程中不能联合使用蒽环类抗生素类化疗剂，并未对制备药物的过程产生实质性影响。最高人民法院认定：由于用药行为中的特征未对制备药物的过程产生实质性影响，所以本案中体现于用药行为中的特征不是制药用途的技术特征，对制药用途权利要求不具有限定作用。

综上所述，药物使用方法可以作为限定特征写入中药产品或方法权利要求中，但是上述用药行为是否能用来解释产品或方法权利要求取决于其是否改变药物组成、含量、制剂和/或制备方法，仅涉及医生指导患者用药或对治疗方案的选择，对权利要求不产生实质影响。但是从司法实践的做法来看，目前尚无法对药品研发领域的"给药方法/治疗方案"给予全面的保护。因为不管是使用方法限定产品型权利要求还是制药用途型权利要求，保护的本质仍是药物本身或其制备过程，而并不是药物所针对的"疾病"特征。专利法将疾病的诊断和治疗方法排除在专利保护范围之外，一方面是出于公共利益的考虑，另一方面的原因在于将疾病治疗方法视作对自然规律的应用，基于其抽象性和不可再现性将其排除在专利保护范围之外。但是从技术的发展趋势上看，个体化医学（个体化用药）的发明有着重大的医学意义，而且蕴含了巨大的商业价值。在中医药领域，"随着医疗水平的提高，人们对药物治疗提出了更高的要求，服用中药的患者大多为慢性病患者，同样需要中药师为其提供个体化的用药咨询与指导"。〔2〕中药对服药时间（是否饭前服，是否能空腹服等）、服药方法、服药剂量、服药对象有着诸多禁忌，可以在给药方法上形成有针对化的新的治疗方案。不可否认，在医药领域新的治疗方法/给药方法具有重要的科研价值，对疾病的治疗具有重要的意义。不管是在化学药品还是中医药领域，已有的研究可以证明，改变给药方案可以给病人带来更加有效的治疗效果，但实践领域的创新并不一定都能获得专利的保护。如果药品使用方法的本质是医生指导患者用药或对治疗方案的选择，这种药品使用方法本质是疾病的治疗方法，是不能被授予专利权的；即使将其写入权利

〔1〕　最高人民法院行政裁定书［2012］知行字第 75 号。
〔2〕　胡金梅："浅谈中药个体化用药服务"，载《现代中医药》2019 年第 6 期。

要求之中，也不会对权利要求产生限定，在判断权利要求的新颖性、创造性时就不应予以考虑。但是如果药品的使用方法隐含了药物结构、药物组成成分、药物制备方法的改变，那么对应特定类型的权利要求，就能产生限定作用。当专利权人在使用的剂型和剂量等方面做出改进的情况下，不考虑这些所谓"给药特征"是不利于医药工业的发展及人民群众的健康需要的，也不符合专利法的立法宗旨。[1]

上述理论已经清晰地体现在相关案件的裁判思路中，所以对中药领域的发明人而言，如果在研发过程中发现药物使用方式对整体技术方案产生技术贡献，可以将其作为发明点的一部分写入权利要求书中。但要注意，药物使用方法是否会对权利要求产生限定，仍需以权利要求解释的基本原则为主要框架，结合个案中的事实进行具体分析。对于只体现于治疗过程的药物使用方法对权利要求不能起限定作用，而体现于制药过程的药物使用方法则可以用来解释药物的产品或方法权利要求。

4. 封闭式权利要求和开放式权利要求

权利要求中的转折词对权利要求保护范围有限定作用。根据《专利审查指南》的规定，封闭式权利要求的转折词为"组成为""由……组成"，排除了其他组分、结构或步骤；而开放式权利要求的转折词为"包括""具有""包含"等。但是对中药领域内的中药组合物权利要求进行解释时，需要考虑中药理论的特殊性。中药组合物的创新之处主要体现在原料药的选择和配比上，对中药组合物而言，如果采用开放式权利要求的写法，很难体现中药组合物的创新性，无法为专利持有人提供周密的保护。所以，中药组合物的专利申请人一般采用"由……组成"的转折词来表述其权利要求中的药物组分。在此情况下，不宜将其按常规思路理解为封闭式权利要求。首先，根据中药理论，中药药物组分根据在整个技术方案中的作用分为君臣佐使四种类型，各种药物组分含量以及其制备方法均非精确恒一，一般会存在一定范围的差异。对于本领域技术人员而言，其可以理解上述范围的差异，并可以通过常规实验手段调整中药组分的含量。其次，对于中药药物组合物而言，组成成分包括起关键作用的主要原料和起次要、辅助作用的原料，权利要求书中如

---

〔1〕 刘锋、王健："'给药方式'对制药用途权利要求的限定作用分析"，载《中国新药杂志》2016年第15期。

果只记载前者而省略了后者，省略的次要组分通常是本领域技术人员可以理解的。

比如，在浙江维康药业有限公司与国家知识产权局专利复审委员会专利行政纠纷案[1]中，权利人在独立权利要求中并未记载药物组成中还包括作为组分粘合剂的水[2]，但是二审法院指出："本专利权利要求 1 所采用的'由……制成'撰写方式对本领域技术人员而言是常见的。应当认为本专利权利要求采用的是开放式的权利要求。"2016 年最高人民法院召开新闻发布会，通报最高人民法院《关于审理侵犯专利权纠纷案件应用法律若干问题的解释（二）》时，明确指出，中药组合物权利要求的解释方法，原则上不适用《专利审查指南》和该解释第 7 条第 1 款的规定，而应当审查被诉侵权产品增加的技术特征对于技术问题的解决是否产生实质性影响。

第三节　中医药专利充分公开的判断

充分公开是专利授权的实质性要件之一，在实务中判断专利有效性时，审查人员通常先考察公开是否充分，然后进行专利"三性"的判断。这一做法的原因在于，"三性"的判断应以说明书中公开的内容为基础进行判断。充分公开是专利公示性公开性的最直接体现，将充分公开作为专利权利取得的前提之一表明，专利法预设了通过授予发明人一定时期的独占权换取其对技术方案公开的价值目标。如果发明人对技术方案的公开不充分，使所属领域技术人员阅读专利申请文件之后无法实现发明人要求保护的技术方案，或者是发明人要求保护的技术方案过于宽泛，要求保护在申请之日尚未掌握的技术方案，充分公开的要求将无法被满足，而专利法预设的交换机制也将丧失平衡。

一、中医药专利充分公开的基本法律框架

充分公开的要求体现在专利法的具体规则中，又可分为形式上的公开和实质上的公开要求。《专利法》第 26 条第 3 款和第 4 款的规定分别体现了实

---

[1]　北京市高级人民法院行政判决书［2015］高行（知）终字第 3375 号。
[2]　独立权利要求 1：一种药物微丸，其特征在于该药物微丸是由下述重量份的原料制成的：金刚藤干浸膏 45~150 重量份、微晶纤维素 50~90 重量份、交联聚维酮 5~15 重量份。

质性的公开要求，但侧重点有所不同。《专利法》第 26 条第 3 款规定，说明书应当对发明或者实用新型作出清楚、完整的说明，以所属技术领域的技术人员能够实现为准。这旨在要求专利申请人在说明书中清楚、完整地描述要求保护的技术方案和技术内容；并且描述的程度要达到所属领域技术人员能够实现的程度，即本领域技术人员结合说明书中的实施例可以解决相关的技术问题，实现预期技术效果。《专利法》第 26 条第 3 款旨在保证说明书的内容能够教导本领域技术人员实现、制造、操作发明。实践中对本款规定的适用主要采取以下三个标准来评价公开是否充分：（1）清楚；（2）完整；（3）预期技术效果。而《专利法》第 26 条第 4 款规定，权利要求书应当以说明书为依据，清楚、简要地限定要求专利保护的范围。审查中，权利要求书以说明书为依据指的都是权利要求应当得到说明书的支持。而"权利要求应当得到说明书的支持"，是指每一项权利要求所要求保护的技术方案都应当在说明书中充分公开。[1]发明人应当证明其在提出申请之日起，已经掌握了发明创造。书面描述与能够实现有时候是共进退的，在整个权利保护范围内详细描述如何制作和使用发明，通常足以证明发明者拥有发明的全部范围，反之亦然。[2]有权威实务界人士指出，"这两个条款好似一个硬币的两个面"。[3]

但书面描述作为充分公开中的独立要求具有以下功能：（1）在发展较为迅速的科技领域，书面描述对权利要求的限定提出了更高、更为严格的条件；（2）限制那些在申请之日前尚未完全掌握发明的发明人提出专利权利要求；（3）书面描述可以被视作一种认证机制，这种机制确保发明人向公众证明，其在申请之日时已经了解、掌握其发明创造，而不是就一种假设提出申请。在伊莱利利公司与我国国家知识产权局专利复审委员会专利权行政纠纷案[4]中，权利人通过概括性的权利要求定义了一大类化合物的边界，是否满足书面描述的要求需要考察该说明书（包括权利要求的语言）是否证明该申请人已经

---

[1] 罗霞："论《专利法》第 26 条第 4 款在权利要求存在撰写错误时的正确适用"，载《法律适用》2012 年第 9 期。

[2] Lizard Tech, Inc. v. Earth Res. Mapping, Inc., 424 F. 3d 1336, 1344 (Fed. Cit. 2005).

[3] 罗霞："论《专利法》第 26 条第 4 款在权利要求存在撰写错误时的正确适用"，载《法律适用》2012 年第 9 期。

[4] 北京市高级人民法院行政判决决书 [2008] 高行终字第 451 号。

实施足够多的具体方案以对支持该类属提出权利要求。对此，二审法院认为，《专利法》第 26 条第 4 款规定，权利要求书对技术方案的概括不得超过说明书的范围；如果权利要求书中包含申请人推测的内容，而其效果又难以预先确定和评价，则应当认为这种概括超出了说明书公开的范围。由于专利权人并未给出明确的、毫无疑义的指引，超出"合理预测"或者"常规试验容易确定"的范围，即需要大量反复试验或者过度劳动才能实现的技术方案时，技术效果难以预先合理判断，应当认为该权利要求没有得到说明书的支持。

中药专利领域的发明创造是否满足充分公开的要求，也应当从以下三个方面进行评价：（1）技术方案的描述应当是清楚、完整的；（2）虽然中药产品的创新并非起源于实验室技术，但是中药产品的技术效果通常需要通过药效学实验数据加以证实，以保证所属领域技术人员能够实现该技术方案；（3）技术方案的预期技术效果不需要过度实验就可以取得。结合上述标准及中药理论的特殊性，中药领域的发明创造在判断充分公开时，具体需要注意以下两个方面的问题。

二、中医药专利充分公开中的"能够实现"

为保障所属领域技术人员能够实现专利申请人要求保护的技术方案，说明书使用的技术术语应当含义清晰、指向明确，不会造成理解错误。对中药领域的发明创造而言，为满足清楚、完整地描述技术方案的要求，说明书应当清楚、完整地公开其中药材原料的信息，并且使用规范的中药材名称。中药材是中药发明专利申请技术方案的核心。中药材原料信息不清楚、不完整，会导致本领域技术人员无法确定中药材。通常，专利申请文件（主要是权利要求书和说明书）未规范使用中药材名称的行为包括：（1）使用现有技术中并未记载中药材名称，该中药材也不是所属技术人员公知的物质，使得该中药材原料无法获得[1]；（2）现有技术中记载了该中药材名称为多种中药材

---

[1]　在专利申请号 03156252.3 的申请文件中，独立权利要求中涉及两味中药原料"小叶石络莲"和"大叶石络莲"，这两味中药药材没有记载在《中药大辞典》和常见期刊中，不是所属领域技术人员公知的物质，并且在其他现有技术中也没有关于"小叶石络莲"和"大叶石络莲"是何种物质、如何得到的介绍和说明，从而使所属领域技术人员不能根据说明书的描述获得该中药药材，进而使得所属领域技术人员不能获得本发明所要保护的中药，按照说明书的记载无法实现本发明。国家知识产权局专利复审委员会编著：《以案说法——专利复审、无效典型案例指引》，知识产权出版社 2018 年版，第 237 页。

的异名，专利申请文件中使用该中药材名称导致指代不清，造成本领域技术人员无法确定出所述中药材。[1]上述两种不规范的中药材使用名称行为都会导致所属领域技术人员根据说明书记载的内容和现有技术无法实施发明时，则说明书公开不充分。《中药领域发明专利申请审查指导意见（征求意见稿）》涉及《专利法》第 26 条第 3 款的审查意见指出，考虑中药理论的特殊性，若依据现有技术和/或说明书记载的有关药材性味、归经、功效等的描述可以判断其必然是指某一种中药材，则不必指出说明书公开不充分。

对于申请文件中公开的技术内容是否达到"能够实现"的标准，《专利审查指南》规定，能够实现，是指所属领域技术人员按照说明书记载的内容，就能够实现发明或实用新型的技术方案，解决其技术问题，并且能产生预期的技术效果。其中，要解决的技术问题得到解决与达到预期的技术效果是一个问题的两个方面。实践中，既可以直接考察要解决的技术问题是否得到解决，也可以通过对比预期的技术效果与实际产生的技术效果反推要解决的技术问题是否得到解决。[2]如果中药组合物来自民间验方，申请人在技术效果的描述中，只给出结论性的统计数据，比如多少患相应病症的人服用此产品，其中多少比例的病人服用此产品后有效。由于产品的技术效果即产品医疗效果的临床或药效学资料没有得到公开实验的验证，审查员站在所属领域技术人员的立场，很可能对技术方案的能够实现提出合理怀疑。

此外，说明书公开是否充分，应当以所属技术领域人员作为拟制主体进行判断。在证明标准上，只要判断者站在本领域技术人员的立场上依据现有

---

[1] 在第 1164 号复审决定（01107369.1）中，涉案申请要求保护一种治疗胃病的中药组合物、其中含一味药是"藤子暗消"。经查中药领域工具书《中药大辞典》可知，"藤子暗消"是中药异名，它对应于两种正名的原料——"南木香"和"羊蹄暗消"。该复审决定认为，说明书没有具体说明"藤子暗消"的性状和功能，无法认定其为这两种药中的哪一种；而且，这两味药虽然均可在治疗胃病中使用，但性味不同，在使用中不能随意互换，因此无法认定"藤子暗消"可以同时指代这两种原料。另外，在审查过程中，申请人提交了一份植物鉴定证明，主张涉案申请中使用的"藤子暗消"是不同于"南木香"和"羊蹄暗消"的第三种中药，但该植物鉴定证明并不足以证明所属领域技术人员在阅读涉案申请说明书时能够获知其中使用的中药材"藤子暗消"是所述第三种中药。基于所属领域技术人员在阅读涉案申请说明书时不能获知"藤子暗消"这一重要异名指代的究竟为何种中药原料，因此无法实现该发明。涉案申请说明书不符合《专利法》第 26 条第 3 款的规定。国家知识产权局专利复审委员会编著：《以案说法——专利复审、无效典型案例指引》，知识产权出版社 2018 年版，237 页。

[2] 国家知识产权局专利复审委员会编著：《以案说法——专利复审、无效典型案例指引》，知识产权出版社 2018 年版，第 237 页。

技术有合理理由怀疑权利要求中的部分或全部技术方案不能实现，就应当认定说明书公开不充分或权利要求书得不到支持。[1]

中药领域专利的"能够实现"要求说明书中记载相关的实验数据证明其医药用途，并且申请文件中提供的证据证明力达到"本领域技术人员没有合理理由怀疑发明不能实现"的程度。对医药领域的发明创造而言，产品的技术效果通常需要通过药效学实验数据加以证实，中药也不例外。由于中药有效成分以及原料药在配伍过程中的相互作用关系比较复杂，中药产品的技术效果通常需要通过药效学实验数据加以证实。[2]如果中药组合物来自民间验方，申请人在技术效果的描述中，只给出结论性的统计数据，审查员站在所属领域技术人员的立场，很可能对技术方案的"能够实现"提出合理怀疑。但提供实验数据这一要求的适用并不是僵化的，审查标准的制定亦考虑到中药领域技术特殊性，将技术效果的充分公开分为两种情形：一是根据现有技术能够预测中药的发明用途，则无需提供实验数据；二是根据现有技术无法预测中药的医药用途，则必须提供实验数据。

提供"实验数据"在判断中药专利"能够实现"上是否必要，就这一问题，学界和实务界的观点产生了分歧。根据《专利审查指南》的规定，对于药物组合物来说，应当记载其具体医药用途或药理作用，同时应当记载其有效量和使用方法，如果本领域技术人员无法根据现有技术预测发明能够实现其医药用途或药理作用，则应当记载对于本领域技术人员来说足以证明发明的技术方案可以解决预期要解决的技术问题或者达到预期的技术效果的实验室试验或临床试验的定性或定量数据。[3]审查员的观点是，上述要求在审查实践中同样适用于中药专利申请。[4]而有些学者则认为："西药以科学统计方法及科技手段来明确各种有效成分及相应的试验数据，而中医药成分本身较

〔1〕 石必胜："说明书公开是否充分和权利要求书是否得到支持应如何证明（二）"，载《中国知识产权》2013年第8期。

〔2〕 详见国家知识产权局公布的《中药领域发明专利申请审查指导意见（征求意见稿）》涉及《专利法》第26条第3款的审查意见。

〔3〕 《专利审查指南》第二部分第10章"关于化学领域发明专利申请审查的若干规定"。

〔4〕 吕茂平："从说明书公开不充分谈中药专利申请撰写中应注意的问题"，载《中国医药指南》2012年第1期。

为复杂，其技术效果可否通过药物的临床疗效数据来证明，仍有待商榷。"[1]
为了厘清实践与理论上的分歧，我们需要从专利充分公开的制度历史与合
理性出发，从其理论基础上揭示充分公开的制度功能及其对专利保护范围
的影响。然后再结合特定领域的技术特点，明确充分公开在本领域的适用
标准。

充分公开概念是整个专利制度的核心，是决定专利有效性的最原始制度
之一[2]。特定技术领域专利充分公开标准设置的高低，将影响到专利保护范
围及本领域的创新模式。在不同的领域中，本领域技术人员填补范围的能力
是不同的：在应用性较强的领域，影响技术效果的因素是十分清楚的，在这
些领域中，本领域技术人员更容易预测发明创造。[3]历史上，专利法并未对
电气和机械工程等应用技术领域的发明施以严格的公开要求，理由在于该领
域的技术方案由明确的、可预测的技术要素构成。[4]例如，对机械工程领域
的发明而言，发明人只要公开光学元件的组成及组成方式，所属领域技术人
员就可以利用热力学来预测引擎产生的能量。在专利制度建立之初，发明创
造主要是从机械领域产生的，后来在光电领域有了长足的进步，本质还是以
机器为核心产品作为发明创造的主要形式。在 DNA 的双螺旋结构被发现之
后，生物化学领域的技术开始飞速发展，生物技术、化学应用领域的发明创
新异军突起，从而引领了第三次工业革命。生物和化学的本质都是实验科学，
其结果往往具有不确定性及不可预测性。与应用学科的发明创造相比，生化
产物的作用机制更为复杂，结构和制备方法的改变都会给化合物带来不同的
效用。要阐明生化产物的技术效果，必须通过实验数据加以验证。诚然专利
法在制定充分公开规则时采取中立态度，没有区分不同的发明领域，但是对
不同技术领域而言，"能够实现"的具体适用标准是不同的。在生物、化学等
高精尖技术领域，技术方案的"能够实现"通常需要试验数据加以证明。对

---

〔1〕 邓勇、李亦瑾："明确标准 细化要求——浅析《中药领域发明专利审查指导意见（征求意
见稿）》"，载《中国医药报》2020 年 5 月 15 日。

〔2〕 Craig Allen Nard & Andrew P. Morriss, "Constitutionalizing Patents: From Venice to Philadelphia",
2 REV. L. & ECON. , 223, 233~309 (2006).

〔3〕 In re Vaeck, 947 F. 2d 488, 496 (Fed. Cir. 1991).

〔4〕 Sean B. Seymore, "Heightened Enablement in the Unpredictable Arts", 56 UCLA L. Rev. , 127
(2008).

这一提高了生物化学领域专利公开要求的标准，美国实务界人士也不乏批评反对之声。司法者在相关判决中指出："专利法的根本目标在于激励创新而不是鼓励技术公开。专利制度的首要目标在于为企业开发新产品、吸引投资者及赚取利润提供充分的激励。鉴于发明者需要更多的时间进行研发以符合充分公开的要求，较高的标准将推迟技术方案进入专利系统的时间。"[1]

但是评价专利制度对创新是否产生激励作用需要结合其他创新政策和适当的经济学模型，专利对创新的激励是一个长期目标。在现实中，曾经为应用科学量体裁衣制定的专利规则已经不能适应生物化学领域的技术变革。即使专利制度的理论基础和基本原则不能轻易改变，但是从适用标准上看，专利法的发展必须考虑到不同技术领域的特性，否则产生于实验科学领域的技术方案将成为专利的"孤儿"[2]。在生物化学研究领域，没有实验结果支持的新成分是不具有说服力的，科学家必须用实际的实验细节和结果来支持他们的创新观点。判断所属领域技术人员能否实现申请文件中的技术方案时，要求申请人提供真实的测试和实验证据，解决了专利法和科学研究规范之间的显著差异。[3]

从实验科学领域充分公开标准的历史发展和变革原因来看，在充分公开的适用中，针对特定领域引入实验数据的公开要求，以无须"过度实验"作为衡量"能够实现"的标准具有合理性和必要性。那么，我们如何评价《中药领域发明专利申请审查指导意见（征求意见稿）》制定的"能够实现"标准？该标准是否能够合理界定中药专利的保护范围，是否会为中药领域的发明者获取专利保护设置不必要的障碍？对上述问题的回应我们可以沿着以下三层思路展开。

首先，专利制度对中药专利创新的激励不能仅仅以中药专利申请量作为指标衡量，中药保护战略的实现应当向提高中药专利质量和有效数量上倾斜。笔者统计了1985年至2020年的中药专利申请量和专利有效数量（参见附录2），发现自2009年起，中药专利申请量有大幅提升，但是中药专利有效件数

---

〔1〕 W. L. Gore & Assocs., Inc. v. Garlock, Inc., 721 F. 2d 1540, 1550 (Fed. Cir. 1983).

〔2〕 Paul H. Eggert, Uses, "New Uses and Chemical Patents－A Proposal", 51 J. PAT. OFF. SOC'Y, 768, 783 (1969).

〔3〕 Qin Shi, "Patent System Meets New Sciences: Is the Law Responsive to Changing Technologies and Industries", 61 N. Y. U. ANN. SURV. AM. L., 317, 347 (2005).

占比仅有 15.81%。对此，有学者指出，"2003～2013 年我国中药专利有效量在 20%～45%波动，相对于高申请量，有效量偏低。一是由于个人和企业申请量占多数，科研院校申请量较少。[1]二是很多申请人对专利的理解还不够透彻，只是盲目追从，把专利申请作为面子工程，为了提高专利申请量而申请专利，这样的专利质量就更低了"。[2]目前，我国中药新药的研发中还存在大量重复研究的现象。由此可见，当前我们亟须通过制度保障和政策引导，刺激中药领域研发的活力，提升已经公开的技术方案的信息价值，促进本领域的知识积累，将创新引到良性循环的轨道上。

对中药专利施以与化学药品同等条件的充分公开要求，正是肯定了中药研发领域创新途径的多样化。中药在创新过程中很大程度上需要与现代科学技术融合，从整个实验科学的技术特点来看，发明人都应当在申请文件中公开与技术效果有关的实验数据。当然，说明书对技术方案的描述与写作学术论文不同，前者不需要描述所属领域的公知常识，也不能要求发明人在申请文件中事无巨细、面面俱到地描述技术方案的所有细节。但是从教导功能的发挥上看，专利（申请）文件和其他科学文献一样，应当揭示技术方案所作出的创新，并教导同行实现复制本发明，从而激励该领域的技术创新。说明书的教导功能应当通过司法政策予以强化，因为说明书对技术方案清楚、完整的描述是保证所属领域技术人员准确再现发明的前提。充分公开应当成为弥补专利制度与实验科学的裂痕的桥梁，并作为一种有效的激励工具促进中药领域的研发朝着符合专利授权的方向发展，以减少大量的重复劳动，提高本领域的技术水平。如前所述，中医药领域的技术方案并非只能依赖专利制度获得保护，还有商业秘密保护、行政保护等多种手段可以选择。但是对于进入专利保护序列或者希望取得专利保护资格的技术方案，则必须保证其符合专利有效性的要求。专利制度必须为获得保护的技术方案设置一定的门槛，以保证专利制度功能的实现。所以，当前实践中适用的充分公开标准并不一定给中药专利申请带来阻力，更不至于影响中医药产业的创新发展。

---

〔1〕 个人申请的多数专利只是对家族传承下来的复方、秘方剂量和配药进行简单的加减和置换，本身授权量和技术含量就很低，有效量就更低。

〔2〕 秦宇、董丽："我国中药专利申请现状分析及建议"，载《中国新药杂志》2016 年第 8 期。

其次，中药产品除了需要具有创新性，还要考虑其作为药物的安全性和有效性。根据《药品管理法》《新药审批办法》等法律法规的相关规定，药品的研制活动，应当遵守药物临床研究及非临床研究的试验质量管理规范。开展药物非临床研究，也需要保障参与研究的人员和设备，需要保证有关数据和样品的真实性。[1] 新药的临床前研究就包括制备工艺、理化性质、检验方法、处方筛选等重要的实验室研究技术。开展新药的临床研究还需要经过国家药品监督管理局的批准。可以说，在现代药品监管和审批体系之下，根据国家药品管理法律法规中的有关规定，中药产品的研发和生产必须以开展科学的研究和实验作为依据。虽然专利制度对中药领域技术方案的公开要求达不到药品监管和审批中对药品安全性、有效性及质量控制方面的强度，但是在充分公开的要求中引入"试验数据"的标准一定能为中药专利获得授权后的技术转化和药品上市提供更便利的条件。

最后，《中药领域发明专利申请审查指导意见（征求意见稿）》中的"能够实现"判断标准已经将中药技术的特殊性作为考量因素。一方面，"提供试验数据"的要求是针对中药产品专利而言的。在中医药传统知识的技术研发领域，除了将传统知识转化为药品，还可以发展在保健品、化妆品等多个产业的应用。如前所述，药品对于人类的生命健康具有重要意义，在多个应用领域之中，药品的监管规定是最为严格的。根据《中药注册管理补充规定》（已失效），无论是中药还是化学药的研发都需要朝着标准化、科学化的方向发展。所以，对中药专利施以"提供试验数据"的充分公开标准，与药品领域法律保护及监管的基本规则中的法治理念是相互配合、相互协调的。另一方面，《中药领域发明专利申请审查指导意见（征求意见稿）》对涉及《专利法》第 26 条第 3 款的审查也考虑到中药领域现有技术的预测标准，规定"如果本领域技术人员依据现有技术可以预测在申请日之前该方案的技术效果能够实现，即使说明书没有记载实验数据，也可以认为其技术方案产生了预期的技术效果"。比如，辨证施治是中医诊疗疾病的手段，具体到药物治疗上，强调"法随证立，方从法出，方以药成"的理论实践。所以，本领域

---

〔1〕《药品管理法》第 17 条规定："从事药品研制活动，应当遵守药物非临床研究质量管理规范、药物临床试验质量管理规范，保证药品研制全过程持续符合法定要求。"第 18 条规定："开展药物非临床研究，应当符合国家有关规定，有与研究项目相适应的人员、场地、设备、仪器和管理制度，保证有关数据、资料和样品的真实性。"

存在一些公认的治法治则,中医典籍中关于治法的记载也相当丰富。既然"方从法出",从专利授权的视角进行评估,本领域的现有技术和公知常识中已经累积了大量关于疾病的治疗方法。如果现有技术中公开的中药产品中各原料药的功效相同或相近,该功效与所治疗的疾病有直接的关联,则本领域技术人员依据现有技术可以预测该中药产品具有治疗该疾病的作用,无须提供实验数据。如果中药研发创新中,使用现代科技手段,借助现代的生物科学技术改变了传统中药的制备方法、剂型和用量,则技术领域的不确定程度就大大提高了。也就是说,中药专利"能够实现"判断标准的设置也取决于中药技术的不确定性程度。如果技术方案的不确定程度高,所属领域技术人员就需要权利人提供更多的技术信息才能实现发明;如果技术方案的不确定程度低,则所属领域技术人员可以根据本领域的公知常识填补专利信息中的空白。

《中药领域发明专利申请审查指导意见(征求意见稿)》中的"能够实现"判定标准充分体现了中药专利高质量发展的需求。在专利申请是否充分公开其技术效果的判定中也设置了灵活弹性的标准,规定中药领域技术人员在专利申请日之前已经知晓的实验数据无需记载。但是这种标准仍然没有充分考虑中药技术特点,也就是说,未能体现中药传承发展的客观规律,导致"能够实现"的判定标准未能将无需公开试验数据的情形全部涵盖在内,下面将对上述情形进行分类讨论。

根据《中药领域发明专利申请审查指导意见(征求意见稿)》,本技术人员对在专利申请日之前已经知晓的实验数据无需记载。说明书公开是否充分,应当以所属技术领域人员作为拟制主体进行判断。创造性判断中的"所属技术领域人员"具有一定的创新能力,可以从现有技术或公知常识中寻找解决问题的技术启示。而判断充分公开的"所属领域技术人员"原则上不具有创新能力,他只能根据说明书描述的内容判断发明创造能否实现。当然,所属领域技术人员是本领域具有普通技能的人而不是一个机器人,在判断充分公开时,他还能利用现有技术和公知常识来填补发明者披露信息中的空白。[1]所属领域技术人员在阅读说明书的基础上理解权利要求保护范围时,不会单纯地受到权利要求的文字表述的限制,还会加入其掌握的公知常识和专业技

---

〔1〕 Burk D L, Lemley M A, "Is Patent Law Technology Specific?", *Berkeley Technology Law Journal*, 2002, 13 (4): 338.

术知识来解读权利要求的文字表述的限制。[1]

"能够实现"的要求体现了发明创造的本质是"发明构思"。具备完整的发明构思是发明创造获得授权的前提。[2]专利权保护的范围以发明点的技术贡献为衡量标准，相应地，权利人在专利文件中也只需公开与发明点有关的技术信息，而属于公知常识的技术内容则无需记载于专利文件之中。譬如，在一案中，权利人要求保护的技术方案是"一种治疗泌尿系统疾病的药物组合物及其制备方法、用途"，专利说明书记载了要求保护的药物组合物的配方和制备方法，以及技术效果和药效验证数据。由于该案的发明点在于药物辅料的选择，药物的临床试验结果、药效学研究数据、实验过程、诊断标准、疗效的判断标准等属于所属领域技术人员的公知常识，即使说明书中并未记载上述信息，也不会影响充分公开的判断。[3]

作为中医药领域的技术人员，应当具备中医药的基本知识，掌握中医基础、诊断、治疗等各种基本理论，熟悉组方配伍的常见规律和变化原则以及中医药现代研究的基本技能等。在中医药传统理论的指导下，如果所属领域技术人员已经知晓或者能够预测中药专利的技术效果，则专利申请无需提供实验数据。假设中药组合物的配方已经被现有技术公开，且该配方的药效根据公知常识是可以确定的，则所属领域技术人员可以预测该组合的药效。如果根据中医药理论的治法治则，无法预测该组合在配方中与其他组分的作用关系，则需要对技术效果加以说明。

尽管《中药领域发明专利申请审查指导意见（征求意见稿）》中证明技术效果能够实现的标准具有一定弹性，但仍然不足以体现重要传承发展的规律。在中药技术领域，有一类中药并非在实验室的条件下完成创新，其技术效果也难以通过实验数据加以证明。对基于"人用经验"形成的中药而言，亦不应僵化地要求其提供实验数据。中药的"人用经验"与"实验数据"具有同样重要的地位。人用经验指的是，中药在临床用药过程中积累的对其适用人群、用药剂量、疗效特点和临床获益的认识和总结。实践中，当临床医

---

[1]　北京市高级人民法院知识产权审判庭编：《北京市高级人民法院〈专利侵权判定指南（2017）〉理解与适用》，知识产权出版社 2020 年版，第 44 页。

[2]　Burroughs Wellcome Co. v. Barr Lab., Inc., 40F. 3d 1223, 1227-28（Fed. Cir. 1994）.

[3]　桂林三金药业股份有限公司、辽宁福源药业有限公司与国家知识产权局专利复审委员会行政纠纷案，北京市高级人民法院行政判决书［2017］京行终 2273 号。

生开具药方治病时，其药味组成通常会超越经典名方中方剂的药味。如果临床医生通过"人用经验"形成的方剂被证实是有效的，获得了广泛的应用，这种创新成果的效果就获得了先验性。

当然，在中药新药的研发中，临床试验一直作为中药疗效的主要评价指标。但是实践并没有否定将证候作为主要疗效指标的可能性。在中药新药参与新冠肺炎救治的医疗实践中，就有医疗团队采取乏力、纳差、倦怠等具有中医学特色的宏观反映机体整体功能的指标，较好地评价了中医药干预后机体的状态。[1]人用经验如果满足药品审评审批数据治理与评估的相关要求，就可以作为药品注册申请的证据。

中药审评审批体系对特定种类中药新药合理豁免实验数据的做法对中药专利审查也有借鉴价值。中药审评审批体系注重中药创新发展规律，在实验信息和实验证据的提供方面，一直采取分门别类的灵活评审标准。自 2008 年开始，国家药品监督管理局就对符合特定条件的中药复方制剂，采取提供非临床安全性研究材料的特殊规定。2016 年《中医药法》颁布实施后，国家药品监督管理局明确这类特殊规定适用于以经典名方制成的中药复方制剂申请上市。2020 年，中药申报资料合理豁免规定进一步扩大适用范围，包括符合条件的中药创新药、中药改良型新药、古代经典名方、同名同方药等。目前，国家药品监督部门旨在构建中医药理论、人用经验和临床试验相结合的中药注册审评证据体系。根据药品技术发展的基本规律，药品高价值专利之技术价值存在的前提条件在于其应与药政批准技术完全匹配。[2]对中药复方制剂和其他来源于古代经典名方的中药复方制剂而言，中药专利充分公开的判断标准也应当根据人用经验对药效的支持程度，适当地减免提供实验数据的要求。

中药专利"能够实现"的判断标准，是站在所属领域技术人员的立场上作出的。界定所属领域技术人员的技术水平及知识范围应当结合中药领域的技术特点加以判断。中药产品的技术效果（药效）原则上需要得到实验数据的支持，以保证所属技术领域人员能够实现发明创造。申请人根据现有技术和本领域公知常识，能够举证证明各组分药物能实现统一技术效果的除外。除此之

---

〔1〕 詹志来等："基于病例分析的中医药治疗新型冠状病毒肺炎疗效评价标准的探索研究"，载《中医杂志》2020 年第 12 期。

〔2〕 马治国、谢伟、张磊："技术、法律、市场三维视角下我国药品高价值专利评估体系构建研究"，载《西北大学学报（哲学社会科学版）》2022 年第 5 期。

外，中药领域的技术主题类型丰富，有些技术主题着重保护现代技术在中药领域的应用，而有些技术主题则着重保护在中药传统理论指导下形成的创新成果。以经典名方为基础形成的新方剂，这类技术成果可能没有经过现代技术的完全修饰，但依然是中药领域不可或缺的创新形式。充分公开的标准应当充分考虑中药各技术主题不同的创新规律，对其适用弹性灵活的充分公开标准。

三、中医药专利充分公开的"书面描述"

充分公开判断的第三个难题是权利要求保护的范围是否得到说明书的支持，即所谓的"书面描述"要求。书面描述作为充分公开的一项独立内容，意在防止发明人主张过于宽泛的保护范围，从而垄断发明人在专利申请之日尚未完全掌握的技术方案。如前所述，在专利法适用早期，专利保护的对象主要是应用科学领域的发明创造。与后来飞速发展的生物化学技术相比，两者的区别在于技术不可预测程度有高低之分。据此有学者将应用科学称为可预测技术，而将生物化学归入不可预测技术的范畴。[1]技术方案的可预测程度会影响充分公开的适用标准。对可预测技术而言，发明人可以在说明书中公开最少的实施例，而获得更加宽泛的权利保护范围。例如，我们可以假设，发明人要保护的发明是特定尺寸的筷子，那么他/她只需要在说明书中描述制备特定尺寸筷子的方法与该产品的实际用途，即可满足书面描述的要求。鉴于发明人公开的内容足以保证本领域技术人员再现"以特定尺寸作为限定特征"的筷子，该发明创造专利权保护的范围将涵盖尖头和圆头的筷子，以及其他未在权利要求中限定的特征组合。[2]由此可见，在可预测的技术领域，司法者认为所属技术领域人员可以依靠自身的技艺、知识及公知常识填补说明书中的空白，所以申请人基于有限的实施例公开能获得较为宽泛的权利保护范围。[3]而在不可预测的技术领域，司法者的观点恰恰相反，总是假设所属领域技术人员对本领域技术知之甚少。在生物化学领域，具有应用价值的技术方案通常需要反复的试验才能获得。如果发明人仅仅验证了有限技术方

---

[1] Seymore, S. B., "Heightened enablement in the unpredictable arts", *UCLA Law Review*, 56 (1), 127~168 (2008).

[2] Karen S. Canady, "The Wright Enabling Disclosure for Biotechnology Patents", 69 WASH. L. REV., 455, 457 (1994).

[3] Spectra-Physics, Inc. v. Coherent, Inc., 827 F. 2d 1524, 1533.

案的有效性，却要求保护上述技术方案的所有应用领域，则公开是不充分的。在不可预测因素较多的情况下，所属领域技术人员显然无法借助有限技术方案的说明，实现整个应用领域/类别的技术方案。为了判断权利要求书是否得到说明书的支持，充分公开的判断中又引入了"过度实验"标准。是否需要过度实验需要综合考虑以下三项因素：（1）所谓的现有技术参考是否包括权利要求中的具体实施例，还是仅仅对技术方案作概括性描述；（2）本领域技术人员在专利申请时的知识范围；（3）技术的性质。[1]

此次《中药领域发明专利申请审查指导意见（征求意见稿）》对《专利法》第26条第3款充分公开的审查只涉及"能够实现"的具体判断标准，并没有进一步明确书面描述的在中药专利审查中的适用标准。从专利法的基本逻辑来看，书面描述要求是充分公开的重要组成部分，具有独立的适用价值及判断标准；从中药专利申请中遇到的常见问题来看，尤其是对中药复方专利而言，影响专利有效性的突出问题之一就是权利要求书得不到说明书的支持。对中药复方而言，无论创新点是在方剂的配比还是剂型的选择上，无论技术主题是产品还是方法，都是以药物选择和配比作为技术方案的基础。在撰写申请文件时，原料药的剂量通常是由数值范围作为限定特征进行表述的。在专利申请环节，权利要求中限定的数值范围的大小需取决于说明书给出的实施例的多少。如果专利申请人仅做了较少的科学实验，提供了较少的实施例，则审查员一般不会同意其在权利要求中概括一个较宽的数值范围特征。[2]授权中，专利权利要求中数值范围的宽窄受到充分公开的限制；侵权判定中，专利权人则会诉诸等同原则防止竞争者故意避开专利权所保护的为数值范围所限定的技术方案。但是，从近年来的司法判决出发，最高人民法院对数值范围特征适用等同原则采取限制的立场是比较坚定的。原因在于，"数值范围特征实际上反映了专利权人对其发明方案的技术效果从量变到质变的临界点的认识，其权利边界是清晰、明确的，如果轻易使用等同原则进一步扩大其范围，将使原本清晰的权利边界模糊化，不利于他人在专利文件所公示的临

---

〔1〕 Timothy R. Holbrook, "The Written Description Gap", 45 Loy. U. Chi. L. J., 345 (2013).

〔2〕 北京市高级人民法院知识产权审判庭编：《北京市高级人民法院〈专利侵权判定指南（2017）〉理解与适用》，知识产权出版社2020年版，第233页。

界点之外继续进行技术探索和创新".[1] 目前，药品的研发成本高昂已经是公认的事实，在验证药效的过程中，企业能够展开有效实验的次数是受到生产成本的限制的。如果不能寄希望于通过等同原则在侵权诉讼中扩大权利保护范围，对包括中药在内的制药企业来说，势必希望在专利有效性的判断中，获得较为宽泛的权利保护范围。正如司法者在权利要求解释原则中指出的，为保证专利制度的激励功能，权利要求保护范围不应当被限制在说明书中记载的具体实施例上。根据最高人民法院《关于审理侵犯专利权纠纷案件应用法律若干问题的解释（二）》，说明书和附图只有在权利要求记载的内容不清楚时，才能用来澄清权利要求中模糊不清的地方，说明书和附图不能用来限制权利要求中已经明确无误记载的保护范围。同理，权利要求应当得到说明书的支持，指的也不是权利要求保护范围应当与说明书中记载的内容相对应。否则，模仿者很快就会找到避开专利保护的方法，围绕技术方案的周边开展研发，通过微小的改进，使在先专利权人的权利变得无法执行，从而丧失其基于专利而获得的竞争优势。[2]

当然，书面描述要求发明者对技术方案的掌握必须达到一定程度，发明者只能寻求与技术贡献相匹配的保护范围。如果允许发明者就自己未能掌握的技术方案获得保护，对后来的发明人而言是不公平的。因为获得专利授权的技术会成为现有技术，专利法允许发明人基于在先申请在专利竞赛中抢占先机的前提应当是发明人已经实际掌握了技术方案。最高人民法院认为，在解释权利要求术语的含义时，必须顾及专利法关于说明书应该充分公开发明的技术方案、权利要求应当得到说明书的支持、专利申请文件的修改不得超出原说明书和权利要求书记载的范围等法定要求。[3] 专利法的一项基本原则是，发明人不得在申请日之后在要求保护的范围内增加新的技术主题。专利法中关于优先权及专利申请文件的修改规则都符合这一逻辑，书面描述的要求同样具有上述功能。根据《专利法》第 26 条第 4 款的规定，权利要求书应当得到说明书的支持，这一规则也被称为书面描述的规则。专利法将满足书

---

〔1〕　北京市高级人民法院知识产权审判庭编：《北京市高级人民法院〈专利侵权判定指南（2017）〉理解与适用》，知识产权出版社 2020 年版，第 233 页。

〔2〕　Robert P. Merges & Richard R. Nelson, "On the Complex Economics of Patent Scope", 90 COLUM. L. REv., 839, 845 (1990).

〔3〕　最高人民法院行政判决书［2014］行提字第 17 号。

面描述的要求作为取得专利权的实质性条件，其目的之一在于，要求申请人证明自己在提出专利申请之时真正掌握了这项技术，从而防止申请人提出过于宽泛的权利保护范围；再者，将书面描述作为强制性要求还可以限制申请人在申请过程中对技术方案的修改，修改必须以原始提交的申请文件为依据，不得超过原始记载范围。[1]书面描述的要求也是为了维护先申请原则，当申请人基于一个较早的日期提出专利申请后，就不得在专利申请过程中改变发明的基本构思。虽然采取先申请原则的专利制度更有可能引发所谓的"专利竞赛"，但专利法假定只有已经完成发明构思的人才有资格进入到该竞赛中，角逐取得专利的资格，专利权人在申请日之后新增添的技术特征则不能享受先申请所带来的先机。这就像是在知识竞赛中，抢先按下抢答键的人必须给出问题的答案，即使这个答案是不成熟的，抢答人也不得反悔，否则抢答人将获得额外的好处从而造成不公平的竞争。对申请日尚不能实现，具有预言性质的发明授予专利会对下游技术的研发产生寒蝉效应，上游技术的超限专利范围不但会挫伤下游研发的积极性，也会因为技术方案公开不充分导致专利权的公示效力大打折扣。另外，专利法需要借助书面描述限制发明人要求过于宽泛的权利保护范围。书面描述的这一功能最先是从美国判例 Ariad Pharmaceuticals, Inc. v. Eli Lilly 案[2]中发展出来的。本案涉及生物技术领域的发明，美国联邦巡回上诉法院认为发明人在说明书中只公开了三种具有假设性质的抑制基因表达的化合物类别，尚不足以证明发明者确定了任何实际有效的特定分子。[3]这一简单的披露没有达到书面描述的要求。在公开的技术方案只是预期能够实现的情况下授予专利权破坏了专利制度所秉持的等价交换机制。[4]

---

〔1〕《专利法》第33条规定，申请人可以对其专利申请文件进行修改，但是，对发明和实用新型专利申请文件的修改不得超出原说明书和权利要求书记载的范围，对外观设计专利申请文件的修改不得超出原图片或者照片表示的范围。

〔2〕 598 F. 3d 1336 (Fed. Cir. 2010).

〔3〕 概括性的权利要求定义了一大类化合物的边界，但是该说明书（包括权利要求的语言）是否证明该申请人已经发明了足够多的具体方案以对支持该类属提出权利要求，依然是一个问题。在对类属要求适用功能性进行限定来主张其类属边界时，这一问题变得尤为尖锐。该类属成员所具有的共同特征不能只通过功能来表述，还应当包括使本领域技术人员能够直观感受到该类属成员范围的特征，比如结构、分子式、化学名称、物理特征或其他特征。

〔4〕 598 F. 3d 1336 (Fed. Cir. 2010) (en banc).

对书面描述的功能和适用标准的分析表明，书面描述比能够实现要求的公开程度更高，能够实现只要求说明书中记载的部分技术方案充分公开，而书面描述则是要求全部技术方案充分公开。最高人民法院在传感电子有限责任公司与国家知识产权局专利复审委员会、宁波讯强电子科技有限公司发明专利权无效行政纠纷案中指出，实施例一、三技术内容存在明显矛盾，使得本领域技术人员对该具体实施方式的真实性、客观性产生合理怀疑，无法合理确认该具体实施方式能够解决涉案专利所要解决的技术问题。[1]说明书中没有达到能够实现标准的内容不宜作为评价权利要求书是否以说明书为依据的基础。书面描述以技术方案的制造和使用无需"过度实验"作为具体适用标准。但实践中，影响"过度实验"的判断因素较多。美国联邦法院曾总结的影响因素包括但不限于如下几种：（1）发明的性质；（2）权利保护的范围；（3）技术领域的可预测性；（4）必要的实验数量；（5）工作实例的存在或缺失；（6）研究方向；（7）现有技术，以及（8）现有技术的相关技能。从书面描述和能够实现的关系来分析，实践中可以借助能够实现的判断标准来判断书面描述。比如，通过技术效果来证明技术方案是否可以实施，但要注意的是，书面描述的判断对象针对整体技术方案，所以必须以说明书公开的内容加上权利要求概括出的内容为范围判断能够实施。书面描述的证明标准也应采用排除合理怀疑标准。如果本领域技术人员对技术方案的全部实现提出合理怀疑，申请人就应当举证证明本领域技术人员无需过度实验就可以实现其要求保护的全部技术方案。尽管《中药领域发明专利申请审查指导意见（征求意见稿）》并没有给出针对中药专利的书面描述判断标准，但是中药专利中书面描述的适用标准一定会站位于所属领域技术人员的视角，结合本领域的技术特点、现有技术、公知常识的范围综合作出判断。而专利申请人在证明满足书面描述的要求时，同样要承担较高的举证责任。为此，实务界的权威人士从满足书面描述的角度，对中药专利的申请文件撰写提出下列建议：（1）包含原料药组成和用量范围的中药组合物，可在产品独立权利要求中限定原料药用量范围，再在多个从属权利要求中限定具体的用量；（2）如果最佳方案容易泄露或者容易找到，例如中药组合物的最佳用量配比，则应做到予以公开，并在从属权利要求中加以体现，以防止他人之后作出选择发明，反过来

[1] 最高人民法院行政判决书［2016］最高法行再19号。

对自己形成约束。

因此，对中药企业而言，在申请专利的过程中，也应当注意满足专利法对书面描述的要求。为满足中药专利充分公开的要求，专利申请人应当规范使用中药原料的名称。尽量使用权威手册、教科书，包括《中华人民共和国药典》《中药大辞典》《中药学》等中记载的重要正名。如果存在一个名称代表多个不同功效的情形，则应当在说明书中记载原料对应的不同功效，使所属领域技术人员能够根据说明书记载准确选择原料。如果存在同名异物或同物异名的现象，或在局部地区用药，不为其他地区的人员知晓，文献中也未有记载，则应注明其拉丁学名，以保证对原料来源清楚、完整的公开。此外，在中药专利的技术主题中，中药产品的保护力度最大，相应地充分公开的标准也最为严格。中药产品的技术效果（药效）原则上需要得到实验数据的支持，以保证所属领域技术人员能够实现发明创造。申请人根据现有技术和本领域公知常识，能够举证证明各组分药物能实现统一技术效果的除外。除了保证说明书中记载的技术方案充分公开，还需要注意的是中药产品的充分公开亦包含书面描述的要求。中药材活性成分复杂，不稳定性强，这些特征都提高了本领域技术的不可预测性。改变药物的用量、配比、给药方式可能都会产生新的技术效果。中药技术研发的过程中，创新主体应当结合自身研发能力，合理预设研发成本，在满足书面描述的要求范围内要求权利保护范围。专利申请人在权利要求书中通过数值范围的方式限制其中药产品的组分和用量时，要注意将权利要求撰写为"递进式"倒金字塔型权利要求，并避免使用"至少""不超过"等词语严格限定用料的数值范围。

将权利要求书得到说明书支持作为强制性要求，能够促进申请人为获得更加宽泛的保护范围而在说明书中公开更多的信息。"得到支持"的要求更加能够体现专利制度是社会与权利人之间的契约，其成立的基础在于权利人选择向社会公开足够的技术信息。"能够实现"的判断主体是本领域技术人员，只要公开的内容能够教导本领域技术人员制造或使用技术方案就满足"能够实现"的判断标准。而"得到支持"则强调权利保护的范围要获得说明书的支持，旨在凸显专利权利要求的划界功能，从而为公众提供合理的预期。换言之，相比于"能够实现"，"得到支持"的判断对专利申请人提出更高的公开要求。在公开技术信息之时，申请人不但需要站在所属领域技术人员的视角保证其技术方案能够实现，还需要以说明书公开的技术信息为依据对权利要求进行概括。在这种情况下，公众获益与权利保护范围是正相关的。

"能够实现"与"得到支持"两者是彼此独立又具有联系的充分公开判断标准。在"能够实现"的判断中，提供实验数据是为了证明中药的药效。在"得到支持"的判定中，提供实验数据是为了支持更为宽泛的权利保护范围。也就是说，在需要实验数据证明技术方案"能够实现"的情形下，为了合理扩大权利保护范围，申请人还应当在说明书中提供足够的实验数据证明权利要求"得到支持"。

《中药领域发明专利申请审查指导意见（征求意见稿）》对《专利法》第 26 条第 3 款充分公开的审查只涉及"能够实现"的具体判断，并没有进一步明确"得到支持"在中药专利审查中的适用标准。从专利法的基本逻辑来看，"得到支持"是充分公开的重要组成部分，具有独立的适用价值。在中药现代化的进程中，中药不断与前沿科技融合，科技含量不断提升。在此基础之上，重申"得到支持"的判断标准，可以同时满足专利高质量发展和中药创新发展的政策需求。建议在《中药领域发明专利申请审查指导意见（征求意见稿）》中增设"以说明书为依据"的判定标准并具体规定如下内容："中药组合物的专利权利要求解释一般不理解为封闭式权利要求。对开放式的权利要求，可以通过在两端及中间给出实验数据的方式证明权利要求得到说明书的支持。"

充分公开是决定专利有效性的前提之一。中药专利充分公开认定标准是在专利充分公开的制度框架下，结合司法实践与专利审查经验形成的专门认定标准。该标准的生成不但有助于中药创新激励机制的完善，还可以为中药专利申请人公开技术方案提供明确的行动指南，促使其采用清楚、完整、真实的方式对技术方案进行描述与概括。

从防御性保护的目标出发，以专利制度充分公开的要求为标尺衡量，可以将中医药领域的创新成果分为以下三类：（1）民间验方。如果民间验方采用极少在市场上流通的中药材配置而成或者验方的疗效并未通过实验室技术验证，客观上缺乏描述疾病诊断标准、疗效判定标准的实验数据。原料药材的稀有性也会导致所属领域技术人员无法根据原料药的功效预测药品的医药用途。如果民间验方不能满足专利充分公开要求，可以考虑通过其他途径比如商业秘密的保护方式来实现其经济利益和应用价值。（2）以经典名方制成的中药复方制剂。2008 年，原国家食品药品监督管理局就印发了《中药注册管理补充规定》，其第 7 条第 2 项规定符合特定条件的中药复方制剂，可仅提供非临床安全性研究材料，直接申报生产。[1] 2016 年《中医药法》颁布实施后，为了落实该法及国务院《关于改革药品医疗器械审评审批制度的意见》，国家药品监督管理局于 2018 年 6 月又发布了《古代经典名方中药复方制剂简化注册审批管理规定》，明确以经典名方制成的中药复方制剂申请上市，不需提供药效学研究及临床试验资料，仅需提供药学及非临床安全性研究资料。从政策角度来分析，根据古代经典名称配置的中药复方制剂具有丰富的人用历史和良好的疗效，对人民的生命健康权、药品获取权具有重大意义。因此，对此类药品的保护需要通过政策扶持，简化其审批流程，以加快其上市过程。此类中药产品由于缺乏临床试验数据作为验证其药效的手段，自然也很难满足专利充分公开的需求。但结合专利制度的功能和中药保护的其他行政法规，我们看到，此类药品的政策目标不宜通过产权保护的方式来实现，而更多的是强调药品获取的公共利益。（3）中药创新产品。而对那些原料药来源广泛、采用常规的标准药材进行配比的中药产品，如果在治病机理、发现新的适应证、改良产品制剂或制备方法方面具有创新点，并有望通过标准化的手段制造生产的中药发明创造，可以考虑通过申请专利的方式寻求保护。

第四节　中医药专利适格性的判断

发明创造的本质是技术方案，而技术方案是由一个或几个技术特征构成的。中医药传统知识的技术表现形式可以是：（1）产品专利：方剂（方剂的形式包括单方与复方，方剂中也包含改变剂型获得的新产品即中成药）、中药饮片[2]和中药提取物（包括单体化合物和有效部位）[3]；（2）方法专利：

---

〔1〕　符合以下条件的该类中药复方制剂，可仅提供非临床安全性研究资料，并直接申报生产：（1）处方中不含毒性药材或配伍禁忌；（2）处方中药味均有法定标准；（3）生产工艺与传统工艺基本一致；（4）给药途径与古代医籍记载一致，日用饮片量与古代医籍记载相当；（5）功能主治与古代医籍记载一致；（6）适用范围不包括危重症，不涉及孕妇、婴幼儿等特殊用药人群。

〔2〕　中药饮片指按中医药理论、中药炮制方法，经过加工炮制后的，可直接用于中医临床的中药。

〔3〕　中药提取物组合，是将单味中药或具有相似功效或有效成分的几味中药共同经过特定的提取、分离、纯化或干燥工艺后所得中间体，与经过不同工艺所得中间体相组合，可经过一定成型工艺加工得到具有明确功效和适应证的中药制剂。参见窦志良："有效部位配伍模式的现代中药疗效与安全性再评价"，载《北方药学》2013 年第 7 期。

药物在治疗疾病方面的应用，药物的制备与提取方法。[1]上述技术主题的技术特征包括：复方的组成、药物的来源、药物的剂量，或者是药品的形状、工艺、步骤、过程，以及所涉及的实践、温度、压力等。[2]当然，中医药领域的技术创新形式还包括中药成分的测定方法、中药材的质量控制方法、药材的栽培方法等。这些研发手段也可以作为技术特征限定产品或方法专利的权利范围，并形成药品与制药用途的外围专利。鉴于专利制度与下述技术主题连接的紧密程度，在本章中研讨的技术主题实际上是围绕中医药领域中药品及其制药用途的核心专利开展讨论，核心专利分为以下三类：（1）通过药物组分和配伍或制备方法限定的复方专利；（2）通过化学式结构、有效成分配比或制备方法的单方专利；（3）通过制药用途、使用方法限定的用途发明专利。具体到中药专利技术的二次开发，其涉及的技术主题非常广泛。现阶段可以做到的有以下几点：（1）在传统中药方剂的基础上，对组合物的各受体作用和药效学基础进行科学、合理的解释，提高质量，研发并制成可用成品，申请用途专利、制剂专利和适应证专利。（2）在核心物质专利基础上，申请取得制备方法专利。（3）力争发现核心物质新的临床药用价值，探索新使用方法，然后再依次申请一系列用途发明专利。[3]

一、中药提取物的技术特点

中药提取物主要指从中药植物、动物、矿物里提取功能性成分作为天然药物[4]的原料。虽然中药提取物的提纯、分离和合成需要借助现代科学技术，但是其疗效、治病机理等重要质量属性的研究仍然需要遵循中医药基本理论的发展规律。所以，从中药植物中分离、纯化活性成分和有效部分既是

---

〔1〕　中药的用途发明有：（1）新药材或其提取物的医疗用途；（2）已有中药材或其提取物的第二医疗用途；（3）已知中药材在制备药品中新发现的用途；（4）中药新的药用活性物质在制备药品中的用途；（5）中成药在制备新适应证药物中的用途；（6）中药制剂的新用途发明。温明、何英：《专利内生价值的评定：以中药专利组合为例》，江苏大学出版社2018年版，第8页。

〔2〕　温明、何英：《专利内生价值的评定：以中药专利组合为例》，江苏大学出版社2018年版，第7页。

〔3〕　袁红梅、王海南、杨舒杰：《专利视域下的中药创新》，上海科学技术出版社2019年版，第54页。

〔4〕　现代西医药研究者除了在化学合成领域进行积极的探索，也开始以现代药理模型为指标从天然物质中筛选活性成分，并运用现代制药技术从植物、动物、微生物和矿物等天然物质中提取、分离有效成分，这种药物往往具有明确可表达的结构，在科学界被称为天然药物。

适应中医药现代化生产的需求，又是在创新中寻求传承中医药传统知识的重要形式。比起作为原材料的中药材而言，中药提取物具有活性更高、毒副作用小、与药物的靶向关系更为明显等优点。近十多年来，在中药提取方面出现了许多新技术、新方法，比如中成药从传统的汤剂转化为各种改良剂型（包括颗粒剂、胶囊、片剂、口服液）等形式，以更加符合现代人消费药品的习惯的形式出现，具有方便服用、吸收更快、疗效增强等优点。以中药提取物为核心研发的技术方案在专利有效性判断中经常遭遇专利适格性的诘问。从技术上看，中药提取物源自天然物质，从药效和属性上可能与天然物质存在相似之处。中药提取物可以说是实验室条件下分离、提出的天然药物，中药提取物与田间地头自然成长的中药材之间存在何种差别，需要借助专利法对技术主题的区分加以评价。如果分离、提纯中药提取物的技术属于本领域的公知常识，经过普通技术加工的中药提取物是否发生实质性改变，从而摆脱天然物质的范畴？对这一问题的梳理，需要以中药提取物为具体的研究对象，结合专利适格性的立法目标，评价中药提取物专利适格性的判断标准。下文将以我国专利法的基本规定为主，辅以美国专利法的判例与原理，以对中医药专利中的适格性问题加以说明。

中药提取物又分为中药单体和中药有效部位。中药单体的物质成分清晰，可直接用结构式和化学药品性质表征；而中药有效部位是从单一或多种药材原料中获得的提取物，系多种成分组成的混合物，难以用结构式清楚表达。[1]中药提取物相比于中药单体在应用上的优势体现为以下两个方面：首先，中药单体虽然结构明确，成分单一，但是在很多情况下并不具有药效。比如，葛根提取物具有防癌的功效，其中主要有效成分是葛根异黄酮，而葛根素这种结构清楚的单体化合物只是有效成分葛根异黄酮中的一种成分，且葛根素是否具有防癌作用目前并不明确。其次，部位提取物更具有功效明显，制备成本低于获取单体，可以通过改变制备方法调整提取物中化学成分的种类和

---

〔1〕 由于科研水平和技术手段有限，目前还很难清楚探究并量化表征药效物质成分及具体数据。所以，在《国际专利分类表》（IPC）中，绝大多数中药专利的分类号在"A61K35/00"大组，即"含有其有不明结构的原材料或其反应物的医用配制品"大组中。"提取物"和"有效部位"通常都是混合物的概念范畴，可以包含多种甚至成百上千种化合物。传统草药的未确定结构的药物制剂也可以在"A61K36/00"，即含有来自藻类、苔藓、真菌或植物或其派生物中查询到。

比例而实现特定功效等优点。[1]当然，中药提取物对生产条件、生产技术要求较高，需要借助先进的技术设备和应用才能实现提取、分离和纯化等技术手段。结合中药领域的技术特点和我国当前的中药制备水平来看，大部分通过技术手段获得的中药提取物属于有效部位。此类物质在专利法上的地位在实践中一直难以判定，由于各国所持的专利政策不同，对天然物质可专利性的判断标准有所差异，中药提取物在不同国家面临的境地也不同。

二、中药提取物专利适格性判定的难题

并非科学领域的所有研发成果都可以获得专利权的保护，专利法保护的对象通常是特定形式的技术方案。比如，美国专利法规定可授予专利权的主题为四类：方法、机器、制造物和组合物。我国专利法将专利类型分为技术方案型专利（包括发明和实用新型）和设计方案型专利（外观设计），可以说技术方案是专利保护对象中重要的发明创造形式。根据《专利审查指南》，技术方案是对要解决的技术问题所采取的利用了自然规律的技术手段的集合。除了明确专利保护的对象和主题，为了确定发明创造的范围，以决定是否授予专利权，立法例还会明确规定不授予专利权的主题。我国《专利法》在第25条规定了不授予专利权的对象，该条第1款第1项为科学发现。科学发现是指对自然界中客观存在的物质、现象、变化过程及其特性和规律的揭示。《专利审查指南》明确指出存在于自然界中的天然物质属于科学发现，故其是不能获得专利权的。但是，如果是首次从自然界中分离或提取出来的物质，其结构、形态或者其他物理化学参数是现有技术中不曾认识的，并能被确切地表征，且在产业上有利用价值，则该物质本身以及取得该物质的方法均可依法被授予专利权。美国专利法中不可专利的主题虽然没有直接规定于立法文本中，但是通过其判例法累积了较多的可专利主题除外规则适用经验，对世界专利法的发展产生了重要影响。众所周知，客体适格性的问题是专利法中的疑难问题。除设计方案外，专利保护的对象主要是特定形式的技术方案。对于自然规律、自然现象、自然物质的发现和阐述，属于人类知识的源泉，不论具有多么宝贵的科学价值都不能成为专利权的客体，被个体独占。当然，人类技术方案的创新不能是天马行空的想象，又必须是在利用、体现、改造

---

[1]　岳雪莲："中药提取物专利新颖性的判断"，载《中国中药杂志》2012年第16期。

自然规律的基础上作出的。如果技术方案的发明构思违背了自然规律，也无法符合专利法对实用性的要求。

中药产业的发展不但需要本国政策的倾斜和支持，还需考虑其国际竞争力的提升。鉴于专利保护受到地域的限制，中药提取物在域外的专利适格性也是实务中较为关注的焦点问题之一。在我国具有重要地位的传统中药提取物如果想在美国获得专利权保护，首先要突破的防线就是专利适格性问题。学界多数观点认为，基于美国的专利政策以及中西医在知识领域的差异，中药提取物容易被排除在专利保护范围之外。近十几年来，美国频繁修订、补充《美国专利审查指南》中的《专利客体适格性审查指南》，美国联邦最高法院也通过判例的不断积累，总结出比较成熟的可专利主题除外规则。[1]天然物质究竟是否能够获得专利保护是生物化学领域的发明创造经常遭遇到的灵魂拷问。尽管专利法强调自然规律、自然现象和抽象思想是不可专利的主题，但是所有发明都在某种程度上实施、利用、反映、依据或者应用了自然规律、自然现象和抽象思想。尤其是在生物化学领域，大多数的发明创造都是基于人体或自然界存在的天然物质所作出的。自DNA的双螺旋结构被揭示以来，生物领域的研究进入分子级别，科研人员才开始借助基因表达阐释人体内的一系列生化反应的复杂机理。如果将不可授予专利对象这条规则解释得过于宽泛，专利法制度将无法为现代生物技术的创新和发展添上利益之火。

在 Parke-Davis v. Mulford 案中，汉德法官在判决中阐述了天然物质获得专利授权的前提：只有当天然物质在物理形态上发生改变，或者通过隔离或净化的方式为天然物质赋予了应用价值，才允许对其授予专利。本案中的肾上腺素不是自然物质，尽管它是从人类肾上腺组织中提取的，但权利要求是针对自然界中尚未被发现的物质的纯化和分离形式提出的，这种分离和提纯后的物质与人体内的天然物质相比显然更具有应用价值。同理，天然存在于自然界中的DNA分子不能获得专利授权，但是从自然状态分离纯化的DNA分子被视为人类干预的物质，如果能实现自然存在的DNA无法实现的目的，比如表达特定的大量蛋白质，则该DNA分子不再属于不受专利保护的对象。在生物医药领域的 Mayo 案与 Myriad 案判决之后，国内的实务界人士认为美国司

---

〔1〕 张韬略："美国《专利客体适格性审查指南》的最新修订及评述"，载《知识产权》2020年第4期。

法政策中体现出严格判定天然物质专利适格性的倾向，表达了对天然药物在美国获得专利授权的担心。有学者认为，总体说来，由于《美国专利法》第101条款的规定以及美国近年来的专利案例，加上美国对于天然物质（以及中药）不易接受的态度，天然物质和中药在美国获取专利保护的难度正在显著变大。[1]专利适格性判断规则的改变，将对中药的研发思路与专利申请带来影响：隶属于天然物质的中药可能因为被判定不具有专利适格性而无法获得专利。

　　从技术领域的应用上来看，上述担心不无道理，因为这两起案件中争议的技术方案都隶属于最热门的生物医药领域。Mayo案涉及的技术主题是"病人血液中含硫嘌呤药物的某些代谢物的浓度与药物制剂量"之间的关系；Myriad案涉及与人类乳腺癌相关的两种基因BRCA1和BRCA2。从20世纪的查克拉巴蒂案起，生物技术的飞速发展就一直为专利适格性的判断带来极大挑战。其中最尖锐的问题就在于，当包括DNA、氨基酸等具有生物学活性的大分子从人体内分离出来，其是否具有可专利性。这类技术主题实际上属于本领域研究内的上游技术和基础性研究。所以，上述两起案件引发极大关注的原因也在于涉案技术主题的特殊性，特别是Myriad案中的两种基因在治疗人类乳腺癌方面有重要的应用价值，案件的裁判结果不但会影响技术创新模式，还事关人类疾病治疗上的重大公共利益，因此引发了广泛的社会效应。

　　实际上，美国联邦最高法院在上述两件案件中的裁判逻辑还是秉承了先例中所发展出的可专利主题除外的基本法理。在Mayo案中，司法者认为权利要求中包含了对人体生理代谢规律的描述，所以需要进一步判断，权利要求在阐述这种关系时是否加入足够多的内容，使权利要求描述的方法成为利用自然规律的可专利性的方法。[2]鉴于权利要求中新增的内容属于惯常做法，且新增内容过于宽泛，最后，司法者认为增添的步骤对自然规律本身并没有增加任何重要的内容。在Myriad案中，司法者明确指出"我们只是认为，不能仅仅因为基因从周围的遗传物质中分离出来，基因及其编码信息就具备了《美国专利法》第101条规定的可专利性"。通过这两起案件的裁判，司法者

　　〔1〕　韩宏星："浅谈天然产物的美国专利法第101条专利适格性问题及其应对策略"，载《中国发明与专利》2017年第10期。

　　〔2〕　罗东川主编：《专利法重点问题专题研究》，法律出版社2015年版，第802~803页。

结合涉案的技术主题，非常明确地划分了可专利的主题与不可专利的主题。Mayo 案将涉案技术主题与设计新药或者涉及已有药物新用途的专利区分开来；Myriad 案将 DNA 分子与核苷酸顺序已经改变的 DNA 分子及运用 DNA 分子的应用技术区分开来。因此，正如先例中所要求的，可专利主题除外规则的重要功能在于防止专利起草人利用技巧，将自然规律的应用描述为表面上看起来符合专利要求的技术方案；此外，专利法也不支持保护范围过宽的权利要求以至于现行占尽某一自然规律的应用。由于生物化学领域的技术方案正在向高精尖的方向不断细化发展，理解技术主题的难度不断增加，专利起草人有充分的动机修饰其发明构思，将其描述为专利法可欲的技术方案，并尽可能要求较宽的保护范围。因此，可专利主题除外规则在专利有效性的判断中必然要发挥重要的、不可替代的作用。但是，可专利主题除外规则的立法目标与功能绝不是尽可能地将科技领域的创新阻挡在专利法的保护门槛之外，结合当前技术发展的速度与趋势，可专利主题除外规则所设置的标准也不可能过于严苛，否则专利法则会因低估技术领域的创新价值而无法实现原本的立法目的。

21 世纪以来技术飞速发展，新的技术领域不断拓展，技术对于专利客体的冲击很大。人类的哪些创新成果属于科技领域的基础研发，不具有可专利性；哪些创新成果是在自然规律的基础上经过人工改造的技术方案，具有专利资格，这两者的界限在新兴的生物、化学、计算机、医药技术领域变得模糊。再者，专利保护的对象以专利申请文件中的记载和描述为准，希望获得专利保护的一方总有足够的动机将其发明创造过程精心修饰为符合专利法的主题。专利行政机关和司法机关在专利有效性的判断上需要更加准确的标准才能从专利文件记载的语言文字中辨明描述的对象是否具有可专利性。所以，一方面，可专利主题除外规则是判断客体适格性中不可缺少的规则；另一方面，司法者对其解释和适用又必须保持谨慎、严格态度，防止该除外规则"吞噬整个专利法"。与不可授予专利的自然现象和天然物质相比，具有专利保护资格的发明创造的本质是一种技术方案，是利用了自然规律的技术手段的总和，区别两者的方法首先要看发明人是否在自然现象、自然规律、自然物质的基础上加入人工改造的成分；其次要看人工改造的技术手段是否使被改造的对象与改造前的对象产生实质性差异。

三、中药提取物专利适格性判断标准

可专利主题除外规则的立法目的是要排除作为基础工具的自然现象、自然规律和抽象思维，当权利要求保护的内容中加入了对自然规律的实质性改造或者是将自然规律的应用限定在特定的领域时，专利起草人应当可以越过专利有效性判断的这道最低门槛。对涉及自然规则、天然物质、自然现象的专利适格性进行评估时，判断的关键点在于这一潜在专利客体是否属于天然物质，能否表现出与其相关联的天然物质的"显著不同"，是否体现了创造性的人类智慧及整体性的逻辑结构，而不仅仅是对天然物质的简单描述与呈现。

中药提取物源自天然物质，与天然物质有着类似的属性、特征及用途，但是中药提取物又不同于自然植物，是经过人工改造的产物。当中药提取物是结构明确的单体化合物或者是复方提取物时，一般与天然物质具有显著的不同；如果是单味药提取物，在权利要求中通过制药用途、提取方法、理化参数及指纹图谱等方式进行限定，也可以使本领域技术人员从技术效果中反推提取物与天然物质相比，具有"显著的不同"。所以，从美国当前的司法政策来看，中药提取物获得专利保护的阻碍并不在于可专利主题除外规则的限制。"中药提取物属于天然物质"是一种以偏概全的片面结论，这种观点没有科学理解中药技术创新点的偏见，从认知上低估了中药提取物的创新价值。我们也不应当认为在 Mayo 案及 Myriad 案之后，美国收紧了可专利主题除外规则的适用标准。纵然中西医的科学体系存在差异，司法者适用专利法时也会考虑技术领域的特殊性，我国中药企业还是应当走出"中药提取物难以在美国获得专利保护"的误区。实际上与其说"中药在国外难以获得专利，不如说中药在国外难以批准上市"。

从可专利的技术方案转变为可上市的药物，还需要通过严格的临床试验和行政审批。除通过专利制度为中药产业提供创新动力外，中药在国外竞争力的增强还依赖中药质量标准的提升，以符合国外对药品质量安全保障的严格要求。过去，我国中药产业发展无法有效解决从药材到成药质量控制中的共性问题，对中药药效物质和中医药基本属性认识存在不足。目前，在中医药保护战略的推动和中医药行政管理制度的完善下，我国中药产业正迈向现代化的发展路径。我们在中医药传统知识的指导下概括出中药的药效，再进一步利用现代科学技术建立中药质量标准物，并以此为基础发掘中药功效标

志物（包括存在于中药材的次生代谢物和特有化学物质），辨明其化学结构和生物活性，进行定性和定量测定。可以说，以中药提取物作为产品的创新路径清晰，在每一步技术实施的过程中，都可能出现具有技术贡献的发明点，获得专利保护的可能性是比较大的。中药企业也应当增强信心，充分认识到专利制度对医药保护的重要作用，从提高专利撰写质量及增强中药提取物研发的创新程度这两项影响因素上制定中药提取物专利保护的策略。

由于中医药领域的技术研发是以具有药用价值的植物、动物、矿物作为原材料开展的，中医药领域技术问题的解决和技术效果的产生必然依赖上述天然物质的固有属性，因此专利适格性是中医药专利有效性判断的实践难题之一。从天然物质中提纯、分离有效部位和单体是中医药创新的主要方式之一，中药提取物要成为可授予专利权的主题，前提之一是要利用自然规律对天然物质进行人工的改造并形成可以通过技术特征表征的技术方案；另外，技术方案与自然规律之间的差异是否达到显著区别的程度取决于限定性技术特征的选取是否恰当。如果中药提取物与天然物质的药效相同，就不应当采取功能限定的方式表达技术方案。当然在专利适格性的判断上，我们不可能轻易否定中药提取物的专利适格性或简单地将其视作天然物质。因为中药专利保护的政策导向应当与中医药保护战略的指导思想保持一致，即维护我国中医药产业发展的民族利益、国家利益。所以，不论是结构清楚的中药单体还是成分复杂的有效部位，如果其是从自然界中首次提炼出来的，最好通过制备方法、提炼方法、组分等方式进行表征，使其脱离天然物质的范畴，成为受到专利保护的技术方案。反之，如果对天然物质的改造、对自然规律的应用只是利用了其本身固有的属性，并未产生附加的技术效果，语言上的修饰也不能使其获得专利授权的资格。对中医药传统知识中无法满足专利适格性的劳动成果，专利的防御性保护机制无法发挥作用，就需要考虑结合其他的法律措施加以管理和保护。

第五节　中医药专利新颖性的判断

近年来，随着全球化进程打破地理的限制，不同地域间知识交流活动变得十分频繁，医药传统知识对现代药物的研发给予启示的例子比比皆是。以专利适格性评价中医药传统知识，是为了将不可授予专利的自然现象、自然物质、自然规律（比如中药材的药性）与可授予专利权的技术方案（比如中药提取物的制药用途）区分开来。但是符合专利适格性的要求即构成专利法保护的技术主题是专利有效性判断中的最低门槛。中医药传统知识要获得专利保护还需要满足新颖性和创造性两个条件。无论是新颖性还是创造性，其立法的宗旨都是防止申请人将公知的技术据为己有。新颖性和创造性分别体现了其中的两个方面，对于新颖性而言，避免将与现有技术完全相同的技术据为己有；对于创造性而言，避免将一些相对于现有技术只有微小改动不足以构成创新的技术据为己有。

鉴于中医药领域的创新形式以差异化创新为主，且知识点之间具有传承关系，要区分现有技术与创新之间的差异客观上存在一定的难度，再加上新颖性的规则适用中还存在包括隐含公开在内的实践和理论难点，这就需要我们对中医药传统知识新颖性判定问题展开专业的解读。本节选取的研究对象主要为中药提取物及其制药用途，主要通过上述技术主题新颖性的判断难题，研讨中医药传统知识新颖性的判定标准和理论依据。

一、中医药专利新颖性的判定难题

（一）判定难的主要原因

中医药传统知识的先验性与传承性是导致中医药传统知识新颖性难以判定的主要原因。从理论上来说，新颖性的要求在中医药传统知识的防御性保护中可以发挥重要作用。专利法规定新颖性的立法目的在于避免将与现有技术相同的技术据为己有。技术的研发和创新是在前人的基础上不断改进和完成的，正如美国学者莱姆利所言，任何发明创造都不可能凭空产生，从这个意义上而言，也许没有发明创造是"全新"的。因此，尽管专利法对新颖性的定义十分简单，但在具体适用的过程中新颖性的判定至少需要以下步骤才能辨别现有技术与专利技术之间的异同。首先，新颖性判定的前提是厘清现有技术的范围，现有技术的认定需要关注其时间和内容两个方面的属性。从时间上看，只有在申请日（优先权日）之前公开的技术方案才能构成现有技术；从内容上看，公开的技术方案需要达到"能够实现"的程度才能构成现有技术并作为评价新颖性的对比文件。其次，新颖性判定的主体应当辨明对比文件中记载的技术内容及专利文件中记载的技术内容，并比较两者是否为相同的内容。无论是作为对比文件还是专利文件，其内容不仅仅包括明确记载或公开的内容，同时还包括对于所属领域技术人员而言，隐含的且可直接地、毫无疑义地确定的技术内容。隐含公开内容的确定是新颖性判定中的难题。最后，技术特征的逐一对应只是判定新颖性成立的充分条件而非必要条件，现有技术是否影响专利技术的新颖性还需要结合两者所属技术领域，拟解决的技术问题和预期的技术效果这三项要素综合进行判断。

中医药传统知识是基于传统中医药理论形成的应用性科学知识，其中包含了大量具有先验性的疾病预防、诊断、治疗方面的知识。中医药传统知识的应用既要尊重历史演变的规律，确保技术应用的安全性和有效性；又要开拓创新，以现代科技淬炼传统知识中的精髓，适应中药现代化生产的需求。中医药产业发展的客观规律决定了在本领域内实施的技术创新方式大多数是以深化型创新而非开拓型创新的方式完成的。从这一点上看，专利法追求创新的价值目标与中医药创新的目标及理念并不完全一致。因为，中医药创新的方式不能完全背离"传统"，创新只能在继承的基础上产生。而发明人如果以获得专利授权为目标，就应当尽量另辟蹊径，避免在创新路径上选择一条前人已经走过的道路。

显然，在中医药传统知识的有效性判定中，新颖性也是难点之一。这就要求新颖性判断的主体必须合理区分中医药领域现有技术与专利技术的异同，准确认定在后技术方案的发明点，正确评价其技术贡献。从技术发展的客观规律上来看，本领域的技术创新又离不开对传统知识的继承和运用，这就增加了中医药传统知识新颖性判定的难度。例如，中药的组方需要遵循传统的中医理论，对已知组方进行药味的删减能否形成新的技术方案？中药提取物或有效成分的药效如果已被传统知识公开，那么对提炼自中药化合物的中药单体是否还具有专利授权的可能性？中医药传统知识中疾病诊疗的知识博大精深，是否会影响现代科学中的制药用途专利的新颖性？很遗憾的是，上述实践问题实务界关注的较多，并已经提出中医药专利新颖性判定上的疑惑，但理论界尚未给予回应。国外也出现了中医药传统知识影响医药专利新颖性的具体实例，因此需要对本领域的理论发展和已经形成的适用规则进行统合、归纳总结出可以用于解决中医药传统知识新颖性判定的基本标准。

（二）判定难的次要原因

技术方案的不可预测性及不具有可比性是中医药传统知识新颖性判定难的次要原因。专利技术与对比文件相比是否属于"同样的发明创造"是新颖性判定的实质。实践中，构成"同样的发明创造"采取整体分析方法：首先，审查单一对比文件是否完全覆盖了专利技术方案中的每一项技术特征；其次，考察两者属于相同的技术领域，解决相同的技术问题，实现预期相同的技术效果。[1] 上述两项构成要件在认定"同样的发明创造"上缺一不可。新颖性判断的司法实践中有非常经典的例子能够证明技术特征的全面覆盖和一一对应并不足以保证技术内容的相同，还需要结合技术领域、技术问题、技术效果的异同加以判断。在 In re Runion（Fed. Cir. 1993）案中，专利申请文件中的技术方案是"一种鸟喂食器，由一个表面涂有一种耐磨物质的盘子组成"。该喂食器的粗糙表面可以自动修正从盘中吃食的小鸟的鸟嘴。修整好的鸟嘴降低了伤害，从而提高了家禽业的产量。1915 年的专利公开了一种可食用的粗砂涂覆的盘子，形成了具有"粗糙或鹅卵石特征的"涂层。其技术效果在于防止面团粘连到盘子上。美国专利局认为两者的解决方案相似，即技术特征可以一一对应，因此 Runion 的专利申请不具有新颖性。美国联邦巡回上诉法院最终推翻了美国专利局的决定，其理由是对比文件中所描述的"可食用粗砂"表面耐磨性不够，不能修剪鸟嘴。其用意在于表明，两项技术方案属于不同的应用领域，实现的技术效果完全不同，不构成同样的发明创造。

　　如果技术方案的特征与对比文件公开的相应技术特征不具有可比性，则只能从技术领域、解决的技术问题、预期的技术效果三个方面判定技术内容的相似程度。在传统的机器制造领域，产品的发明创造限定方式有限，通常就是通过产品结构或制备方法作为限定特征将其描述为产品专利，因此技术特征的可比性较强。此外，由于技术效果的可预测程度也较高，当产品结构或制备方法改变时，本领域技术人员在自身的知识范围比较容易结合限定特征的变化判断产品的功能和性质是否发生改变，从而更加准确地判定"相同的内容"。所以说，本领域技术人员更容易辨明限定技术特征与技术效果和技术问题之间的关系，更能准确地解读对比文件和专利文件中的技术内容的差异，新颖性判定受主观因素影响更小。

――――――――――

〔1〕 在进行新颖性判断时，审查员首先应当判断被审查专利申请的技术方案与对比文件的技术方案是否实质上相同，如果专利申请与对比文件公开的内容相比，其权利要求所限定的技术方案与对比文件公开的技术方案实质上相同，所属领域技术人员根据两者的技术方案可以确定两者能够适用于相同的技术领域，解决相同的技术问题，并具有相同的预期效果，则认为两者为同样的发明或者实用新型。

相比之下，中医药领域的技术方案的可比性较弱。原因在于，中医药专利的限定因素是多元化的，除中药单体外，中药产品通常没有明确的结构，因此可以通过制备方法、理化参数、治病机理等多种方法进行描述和限定。比如，中药组合物可以通过组分进行限定，也可以用制备方法进行限定。当技术特征不可比时，本领域技术人员需要整体比较技术领域、技术问题、技术效果的相似程度。在不同的技术领域中，本领域技术人员填补范围的能力是不同的：在技术效果难以预测的领域，比如生物领域，同一类氨基酸分子的功能可能是相同或近似的，如果以功能命名，这类氨基酸分子看起来是同样的分子，其来源和序列上的差异也比较小，但是如果仔细比较，就会发现这些氨基酸分子的序列并不是完全一致的。[1] 而在某些应用性较强的领域，影响技术方案效果的因素是十分清楚的，在这些领域中，本领域技术人员更容易预测发明创造。

在中医药领域，技术研发的结果具有较强的不可预测性。改变中药药物的组成成分、制备方法、理化参数有可能产生新的药物或新的使用方法，也有可能无法产生新的技术方案。具体案例中，新颖性的判定应当在准确解决对比文件的内容与专利申请的内容后，综合判断其技术领域、技术问题、技术效果是否相同。如果专利申请文件没有详细记录技术方案的技术效果或能够解决的技术问题或权利要求保护范围界定不明确，新颖性判定主体可能会受事后诸葛的心态影响低估发明创造的技术贡献。且新颖性的判定以新颖性推定为原则，当判断主体站位于本领域技术人员的角度有理由怀疑现有技术与专利技术构成"同样的内容"时，专利持有人就必须通过优势证据证明专利技术的新颖性，否则判断主体会推定专利技术不具有新颖性。中药提取物是从基原中药中提取出来的活性成分，我国中药品种数量繁多。我国的科研机构和制药企业对常见中药活性成分和提取方法也进行过大量的研究和改进，存在大量的专利和非专利的现有技术文献。[2] 中药提取物经过现代科学技术改造后药物是否具有新颖性应当是这类技术主题专利有效性判定的关键问题。

---

〔1〕 赵锴、苑伟康："推定方法在参数限定化学产品权利要求新颖性判断中的适用——评析'冷轧钢板及其制造方法、电池及其制造方法'发明专利无效案"，载《中国知识产权报》2016 年 11 月 16 日。

〔2〕 王芳菲、马彦东、傅晶："浅析中药提取物专利申请文件的撰写"，载《中国发明与专利》2016 年第 5 期。

下面以中药提取物的相关技术方案为主题来说明中医药传统知识新颖性判定的难题。

（三）中药提取物的新颖性判断

中药提取物的新颖性审查可以适用化学药品的专利审查办法。从中药提取物的技术含量上来看，通过组分、含量限定的中药提取物一般活性成分较为明确，其技术贡献体现在通过技术研发厘清了特定成分的药物化合物及其配比。如果上述中药提取物被现有技术公开，其能够获得的保护范围也比较宽泛。首先，药物产品专利保护范围可以辐射包括以不同制备方法制得的同一产品以及具有不同使用方法的同一产品。其次，现有技术公开了中药提取物的化合物组成及配比，实际上涵盖了特定比例范围内的一类化合物。例如，如果说明书中公开每种黄酮含量和总黄酮的含量，比较了不同含量的总黄酮提取物对心血管疾病的治疗效果，由此证明总黄酮的种类和含量是实现发明技术效果的必要技术特征，那么发明人在权利要求中就可以要求保护含有上述具体成分的提取物或者单体化合物。[1] 后续技术方案除非改变提取物中的单元化合物种类或其配比，并能证明产生新的技术效果，否则无法从制备方法和制药用途上获得新颖性。

如果现有技术中的中药提取物是以制备方法进行限定，没有对提取物的具体活性成分进行分离和鉴定，实际上得到的是一种活性成分不明的中药提取物，那么这类现有技术只能保护以特定制备方法获得的中药提取物。根据《专利审查指南》的规定，对于用物理化学参数表征、制备方法表征的化学产品权利要求，如果参数限定或制备方法的改进不能改变产品，产品实质上与对比文件产品不具有区别，则推定产品权利要求不具备新颖性。所以，当现有技术中的中药提取物是以制备方法或理化参数限定时，新颖性的判定规则如下：（1）用相同的原料、相同的提取方法得到的提取物肯定是相同的。无论是中药还是西药，制药基本常识是如果化合物的原料、制备方法相同，制得的化合物肯定也是相同的。在一案中，判决指出"如果药理、活性成分、质量控制方面的改进不能证明对化合物结构、组成发生变化，则没有产生新的技术方案"。（2）用相同的原料，改变制备方法，不一定能获得具有新颖性

的提取物。特别是中药单体为具有单一成分、化学结构清楚的化学物质，但可能具有与中药提取物相反的药效，或者可能不具备药效。例如，比如"对比文件公开的提取物制备方法是乙醇提取法，专利申请中用到的是水煎煮方法提取，用两种方法都可以得到黄酮类物质的粗提取物，都能够将粗提物中的黄酮类物质与其他杂质初步分离。〔1〕再比如，"对水芹黄铜的提取，使用不同体积分数均可提出一定量的水芹黄酮。此时本领域技术人员应结合中药化学知识，判定对比文件所记载的提取方法是否能够得到专利申请所记载的同样的化合物"。〔2〕传统中药三七集活血和止血两种"相反"的作用于一身，三七提取物中以 Rg1 为代表的三醇型皂苷具有活血作用，三七氨酸则具有止血作用。〔3〕但是上述两种活性成分都可以用同样的制备方法从皂苷类化合物中提取出来。所以，当对比文件对相同原料采取了与请求保护的提取物不同的提取方法时，不能当然地认为其所公开的是不同的提取物，而应结合植物化学知识进行分析，判断通过对比文件记载的提取方法是否能够得到同样的提取物。

以新颖性为标准评价中药提取物的创新程度可以发现，在本领域研究中，技术含量最高的技术成果是明确活性成分的中药提取物。如果现有技术中的中药提取物是以制备方法进行限定的，则说明具体的活性成分还不明确。如果攻关这一技术创新点确有难度，发明人可以考虑改进中药提取物的制备方法。此时，制备方法的改进带来的技术贡献体现为技术方案具有提高产率、安全系数等优势。在撰写专利申请文件的时候最好将技术方案撰写为方法权利要求，如果发明人不能在专利申请文件中提供足够的实验数据证明改变制备方法能够获得不同的提取物，以制备方法限定的产品权利要求可能被推定不具有新颖性。

---

〔1〕 岳雪莲："中药提取物专利新颖性的判断"，载《中国中药杂志》2012 年第 16 期。

〔2〕 程江雪："中药提取物组合物的专利信息分析及专利保护研究"，北京中医药大学 2016 年博士学位论文，第 106 页。

〔3〕 马旭等："关于医药用途发明新颖性审查的思考和建议"，载《中国发明与专利》2019 年第 8 期。

	对比文件	专利申请
产品结构、组成成分	保护范围宽	保护范围宽
制备方法	保护范围窄	保护范围窄
使用方法	保护范围窄	保护范围窄

(四) 中药提取物/单体的制药用途新颖性判断

中医药研发中一条主要的创新路径在于对活性成分的分离、提纯，通过不断地进行纯化，开发出治疗效果更好的中医药。所以，从技术创新的思路来分析，如果现有技术已经对中药提取物作出一定程度的成分分析，研制出具有特定药效的中药提取物，那么后续研发还可以在此基础上进一步分离、提纯出具有治疗活性的具体成分或物质。但是分离纯化出的物质在使用方法上是否还具有新颖性却是一个需要谨慎对待的问题。判断难点在于"虽然中药单体具有如西药般的结构确定性从而作为化药进行管理和分类，但对涉及中药单体的制药用途专利申请进行审查时，仍不可避免地需要考虑中药单体所涉及的来源于中药这个复杂混合物的特殊属性所带来的问题"。[1]实务界人士普遍认为，新颖性是判断这类技术主题专利有效性的难点。

如前所述，制药用途型权利要求是一类特殊的权利要求类型。采用这种权利要求撰写方式的目的在于避免技术主题成为"治疗疾病的方法"而被排除在专利保护范围之外，所以应将其表述为"制备治疗疾病药物的应用"。从权利要求的类型归属上看，制药用途型权利要求归属于制备方法；从技术方案的本质上看，它是要禁止其他市场主体制造具有同样治疗效果的药物。

如果现有技术中公开了以一定活性成分组成和配比的已知提取物 C（其中包含单一组分 A）具有治疗特定疾病 B 的作用，后续研发确认其中单一组分 A 也可用于治疗 B 疾病，则 A 的制药用途专利"单一组分 A 在制备治疗 B 疾病的药物中的应用"不具备新颖性，除非 A 的制药用途专利申请文件中记载并能够证明 A 是唯一有效的成分。从权利要求解释的角度，现有技术中公

---

[1] 马旭等："关于医药用途发明新颖性审查的思考和建议"，载《中国发明与专利》2019 年第 8 期。

开技术方案实际上是 A 成分和其他化学成分联用制备治疗 B 疾病的药物，如果在后技术方案不能表明 A 成分可以作为唯一有效的成分制备药物或者是可以和其他不同种类的成分联用制备药物，那么在后技术方案实际上指的是，A 成分可以作为制备治疗 B 疾病的药物的成分。显然从新颖性的角度来看，该技术方案与现有技术并未产生实质性的差异，应当被认定构成相同的内容。如果现有技术公开的是一类药物在制备治疗某种疾病的药物方面的应用，那么在其药物组成和配比范围内分离、纯化出的提取物的制药用途亦会丧失新颖性；如果现有技术公开的制药用途是以制备工艺进行限定的，那么后续研发如果在制药的工艺流程上有所改进，仍然不会丧失新颖性。上述分析表明，对中药提取物的制药用途而言，确实会因为现有技术中已经公开基原中药的制药用途，使在后分离、纯化的中药提取物或者是必然存在于基原药物中的单体成分的制药用途丧失新颖性。

二、中医药传统知识影响专利新颖性的典型案例

中药产品和制药用途是中医药传统知识领域的核心技术，由于中药的研发要遵循历史的经验，继承中医药理论中的用药规律，所以中药产品和制药用途的研发不可避免地要利用天然物质的固有属性与中医药传统知识的已有知识。而新颖性的本质是指技术发明是新的，前所未有的。从反面而言，现有技术中没有的，就是新的。对于中医药领域的发明创造而言，传统知识的储量巨大，这就意味着可以用作对比文件的现有技术范围非常宽泛，能获得专利保护的技术方案与现有技术相比一定是前所未有的。所以，中医药传统知识新颖性的判定不光是实践上的难题，从理论上也有必要追问：本领域的技术方案应当通过何种方式的改进，应以何种方式进行描述才能被认定为是现有技术中所没有的。美国药品专利保护的经典案例中，存在药物制备方法专利被中医药传统知识用途"预测"而无法获得专利保护的情形，也存在基于天然物质的自身属性影响方法专利新颖性的典型案例。上述案例中的裁判思路可为中医药专利新颖性的判定标准提供有力的分析框架。

医学上，药物治疗疾病的功效即医药用途是药物最直接、最重要的技术效果。因此对药品的研发而言，核心药物及其医药用途往往被视为最具价值的技术方案，是研发过程中首要的创新方向。例如，以中国专利 CN01136155.7 号

"一种预防和治疗冠心病心绞痛的药物及其制备方法和其他用途"的专利申请（2004 年 4 月 9 日授权）为起点，天津天士力制药集团股份有限公司于 2001 年开始对复方丹参组合物实施专利组合战略。该专利涉及复方丹参滴丸的组方、制备方法和应用方案，从今天看来，依然是天津天士力制药集团股份有限公司最为核心的创新技术，具有极强的竞争优势，处于整个专利组合的核心地位。在专利组合战略中后期，则是外围技术专利申请和取得授权的过程，围绕 CN01136155.7 号专利陆续产生了大量的诸如制备方法、用途、制剂、质控方法等专利。[1]在人类的医学发展史上，能够青史留名的药品必然是由于其克服了某种顽疾，对人类生命健康作出了巨大的贡献的。尽管从事医药的研发是出了名的高投资、高风险的危险活动，但医药产业的投资从来都是巨大的。可以说，通过药物的研发寻找治疗疾病的方案，决定人类共同的福祉，也是整个人类必须承担的责任和义务。不管对中医还是西医而言，对药物的功效及其作用机理进行探究，以寻求药物的药用方向都是药物研发的最基本路径。不同之处在于，如果仅在中医药传统知识的框架内考虑中药创新，最具特色的中药（方剂）的药效主要是在中药"治法"的指导下，按照组方原则配伍形成的。"原始社会时期，我们的祖先就在生活实践中逐渐发现了药物。最初只是用单味药治病，经过长期的经验积累，认识到对多数病症而言，几味药配合应用的疗效优于单味药，于是便逐渐形成了方剂。"[2]方剂是由药物组成的，药物通过配伍，增强或改变其自身功用，调其偏胜，制其毒性，消除或减缓其对人体的不良反应，发挥药物间相辅相成或相反相成等综合作用，使各具特性的药物组合成为一个整体，从而发挥更好的预防与治疗疾病的作用。[3]而西医的药效研究则需要在实验室内进行，通常是针对治病机理开发靶向药物的过程。

　　针对药效而展开的药物研发活动可以通过限定性的技术特征、技术手段进行表征，并按照专利法的要求将其描述为具体的技术方案，成为制药用途的方法专利。可以说，基于现代社会对于药品严格的管理和控制要求，大多数药物（包括天然药物）的研发活动都不可能被定性为对于药物本身"属

---

　　[1]　袁红梅、王海南、杨舒杰：《专利视域下的中药创新》，上海科学技术出版社 2019 年版，第67 页。

　　[2]　李冀、连建伟主编：《方剂学》（新世纪第 4 版），中国中医药出版社 2016 年版，第 3 页。

　　[3]　李冀、连建伟主编：《方剂学》（新世纪第 4 版），中国中医药出版社 2016 年版，第 16 页。

性"的发现，而是利用自然规律的技术手段的结合。所以，从制药用途的专利适格性而言，大多数情况下它不属于不应授予专利权的主题。但是制药用途专利的特殊性体现为，从专利保护的范围和强度来看，它不及医药产品专利。产品专利的保护范围辐射包括具有相同或不同药效的药物产品，只要药物本身的结构或重要的物理、化学参数未发生改变，都会落入产品专利的保护范围。而制药用途专利只能保护以特定技术特征限定的药物用途，如果第三方研究人员改变技术手段，取得了同样的技术效果即产生了同样的药效，就能成功绕开方法专利的保护范围。相对地，制药用途专利也容易受到现有技术的影响，实践中，制药用途专利如果因权利要求保护范围过宽，缺少技术特征的限定，很容易被现有技术中具有已知药效的技术方案"预测"（公开相同的内容）而丧失新颖性。

中医药传统知识"预测"制药用途专利最典型的例子是美国辉瑞公司的"万艾可"医药用途专利受到"淫羊藿"参考文献的影响丧失新颖性的案例。2010年2月，美国专利上诉委员会及专利商标局干预委员会针对"万艾可"医药用途发明专利案的上诉作出判决，否定了其中权利要求保护范围最宽泛的第24项专利权利要求。[1]众所周知，"万艾可"（学名：西地那非）是辉瑞公司最具商业价值的代表性药物之一。辉瑞公司在研发已知化学物质西地那非治疗心血管疾病方面的医疗用途时，意外地发现该化合物具有治疗男性勃起功能障碍的药用价值。尽管西地那非在治疗心血管疾病的效用上不佳，但新的药用价值研发成功后立刻使得"万艾可"成为市场上的重磅炸弹药物。[2]作为最早开发"万艾可"新的医疗用途的发明人和投资者，辉瑞公司选择从保护的宽度和时间上尽量扩大"明星"药物的专利保护范围。其权利要求中的第24项独立权利要求被表述为"一种治疗人类男性勃起功能障碍的方法，包括给需要这种治疗的人类男性口服一种有效剂量的选择性的 Cgmp/PDE5 终止子，或者医药学上可接受的作为 PDE5 抑制剂的任意实体的盐，或者医药学上可接受的包括的任意一种实体"。从专利保护策略上，辉瑞公司理所当然会将 PDE5 抑制剂与治疗男性勃起功能障碍的医疗用途联系起来，将其

---

〔1〕 US 6, 469, 012 B1. (filed Mar 4 1996, issued Oct 22 2002).

〔2〕 辉瑞公司在研发中证明，西地那非作为 PDE5 抑制剂可以通过放松勃起组织中的某些肌肉使血液流入阴茎，并因此成为市场上第一个治疗勃起功能障碍的药物。

作为限定特征修饰其技术方案。但是第24项专利权利要求的问题在于其宣称的保护范围过于宽泛，为了阻止后续的竞争对手进入市场，该项权利要求试图通过药物用途方法专利保护一类医学上可以成为PDE5抑制剂的化合物。这种类型的权利要求在专利法上通常被称为类属型权利要求。事实上，辉瑞公司在完成"万艾可"专利布局之后，很快发起了对礼来公司和拜耳公司的专利诉讼，后者生产上市的西力士（cialis）和艾力达（levitra）作为PDE5抑制剂使用时落入了第24项专利权利要求的保护范围中。[1] 礼来公司和拜耳公司为了应对专利侵权的指控，提交了多份参考文献用于否定该权利要求的有效性。

专利上诉委员会最终采用四份参考文献否定了该权利要求的新颖性。该四篇参考文献记载了中医药传统知识中淫羊藿作为春药给病人服用，其剂量是否能够有效治疗勃起功能障碍。其中主参考文献公开的治疗方法为"口服淫羊藿和菟丝子的草药混合物，并辅以其他辅助治疗手段"。淫羊藿是淫羊藿属的一种药用植物，其中的有效成分为淫羊藿苷。目前已知的淫羊藿有52种，大部分为中国特有，也有少数生长在亚洲甚至欧洲的其他地方。其中少数为淫羊藿苷的良好来源，淫羊藿苷是具有PDE5抑制作用的化学物质。因此，淫羊藿可以被视为一种含有PDE5抑制剂的天然药用植物。辉瑞公司的代理方辩称，参考文献虽然公开了淫羊藿的药物用途，但是主参考文献并未公开发挥药效的有效成分是淫羊藿苷，因此不能确定淫羊藿在治疗所述疾病方面是否发挥作用。此外，淫羊藿中的有效成分淫羊藿苷和万艾可中的有效成分西地那非通过分子生物技术监测出的3D结构并不相似。[2] 除此之外，西地那非相比淫羊藿苷更加有效，后者只有在高度浓缩的情况下才能达到前者十分之一的效果。[3]

但是上述理由都不妨碍"淫羊藿"参考文献作为对比文件去评判第24项

---

〔1〕　方法专利的权利人可以禁止他人未经许可，以营利为目的使用其专利方法以及使用、许诺销售、销售、进口依照该专利方法直接获得的产品。

〔2〕　David Kroll, "Icariin from horny goat weed is structurally unrelated to sildenafil", http://blogs. plos. org/takeasdirected/2010/02/19/icariin-from-horny-goat-weed-is-structurally-unrelated-to-sildenafil-viagra/，2020年3月15日访问。

〔3〕　David Kroll（also Known as Abel Pharmboy）, "Horny Goat Weed（Epimedium Spp.）is a limp excuse for Viagra", http://scienceblogs. com/terrasig/2010/02/18/viagra-horny-goat-weed/，2020年3月15日访问。

专利权利要求的新颖性，并且从参考文献公开的技术内容和第24项专利权利
要求要保护的技术内容来看，对比文件成功地"预测"了第24项专利权利要
求的内容，使其丧失了新颖性。专利上诉委员会认为"根据《美国专利法》
第102条（b）款的规定，当满足以下的条件时，发明为现有技术"预测"：
（1）权利要求保护的每个及全部技术特征，实质上被对比文件所公开；（2）作
为对比文件公开的内容应达到本领域技术人员能够再现技术方案的程度。本
案中，从权利要求的描述中我们可以看到，辉瑞公司并没有将权利要求保护
的范围限定在西地那非一种化合物上，而是以治病机理作为药物用途方法的
限定特征，试图涵盖能够发挥PDE抑制功能的一大类化合物在治疗该疾病上
的方法应用。所以，第24项专利权利要求保护的技术方案的本质就是"一种
利用特定药物治疗男性勃起功能障碍的方法"。与作为现有技术的"淫羊藿"
参考文献对比，该对比文件已经公开了该技术方案的全部技术内容。尽管参
考文献没有公开药物用途的实现是通过生化方法生产出的酶抑制剂成分实现，
更不可能表明化学有效成分的药效更强，但显然权利要求保护的技术方案也
未包含在权利要求的发明点中。所以，"淫羊藿"参考文献已经覆盖了要求权
利保护的所有技术特征，使得通过口服治疗男性勃起功能障碍的方法丧失了
新颖性。

三、中医药专利新颖性判定的标准

专利法中最核心的问题即为申请人要求权利保护的技术方案到底是什么，
我们如何站在专利法的视角去评价技术方案相比于现有技术的改进。在立法
者的眼中，能够进入专利保护殿堂的技术都是在前人的基础上改进完成的，
但是发明人必须证明要求保护的技术方案与现有技术相比具有足够的创新性，
才能越过专利保护的门槛。当然我们知道，在合理的技术评价体系中，专利
并不是唯一判定技术方案价值的试金石。但是由于专利法所认可的技术贡献
是在与现有技术比较的基础上作出的，我们可以认为，专利制度所具有的这
种比较创新、过滤技术的功能可以帮助我们更好地厘清特定领域技术知识发
展的线索和脉络，阐明技术累积中创新的方式和路径。

在中医药专利中，与中药提取物相关的技术主题容易触及新颖性的问题。
而不论是中药提取物还是中药单体，都是从基原药物中提炼出的化合物组合
或化合物单体，因此中药提取物的新颖性判断标准基本上适用化学领域的发

明创造的判断标准。《中药领域发明专利申请审查指导意见（征求意见稿）》并未对中医药专利的新颖性审查作出专门说明。也就是说，中药提取物的新颖性审查中虽然要顾忌技术领域的特殊性，但基本的判断规则是遵循化学领域发明创造新颖性的审查标准。中药提取物的新颖性判断既要结合中药领域的基本常识，更重要的还是遵循新颖性判断的基本原则和化学领域化合物的特殊规则。

（一）对比文件应当达到"能够实现"的标准

新颖性的判断是在与现有技术对比的基础上作出的，现有技术的范围由时间属性和内容属性进行界定。时间属性要求现有技术的范围以专利申请日之前公开作为时间节点，内容属性要求作为对比文件的现有技术达到能够实现的程度。除新颖性判断要求作为对比文件的现有技术达到"能够实现"的程度，专利法对充分公开的要求也以"能够实现"为判断标准。专利法对说明书公开的内容必须达到"能够实现"的程度，指的是在说明书的教导下，本领域技术人员能够根据说明书公开的内容，实现专利技术方案；而新颖性中对比文件的"能够实现"指的是，本领域技术人员可以根据现有知识，预测专利技术方案。对比文件"能够实现"并不要求对比文件中公开的内容具有实用性，也不要求对比文件中的所有内容"能够实现"，只要对比文件中包含权利要求的那部分内容达到"能够实现"的程度即可。以产品专利为例，为满足充分公开的要求，说明书中不但应当公开产品的制备方法还要公开至少一种实际用途，以保证发明重复实施后能够产生预期技术效果。如果技术效果发生改变，比如产品的利用率提升，效果增强通常预示着技术手段也产生了相应改变。

在进行新颖性评判时，最重要的是判断被审查专利申请的技术方案与对比文件的技术方案是否实质上相同。现有技术对技术方案的描述要达到"能够实现"的程度才能被作为对比文件。鉴于专利法对现有技术的定义较为宽泛，且新颖性的判断与创造性的判断不同，并不要求找到最接近的现有技术，理论上而言，只要是申请日前公开的任何形式的技术都可以用来评价专利新颖性。实践中存在申请日前公开的现有技术对技术方案的描述达不到"能够实现"标准的情形。在大庆市智胜文具办公设备有限公司与国家知识产权局专利复审委员会等发明专利权无效行政纠纷案中，涉案技术方案是一种防近视的书簿。[1]二审法院认为，其裁判思路中隐含了要求对比文件达到能够实现的程度。影响新颖性的对比文件达到能够实现的程度，意味着现有技术的对比文件不仅仅应公开技术革新的结果，还必须提供如何实现该结果的信息。[2]虽然对比文件涵盖了申请中的每一项技术方案，但是对比文件并没有披露其所采用的技术方案及目的，因此并不构成现有技术，不能用于评价发明的新颖性。只有当在先者的努力确实已经丰富了技术领域，这种所谓的"能够实现"要求才会导致公开，才能否定发明的专利性。在将现有技术作为对比文件评价新颖性时，美国专利法与欧洲专利法都要求该现有技术达到能够实现的程度。专利法除了规定影响新颖性的现有技术应该达到"能够实现"的程度外，专利充分公开的判断同样是以本领域技术人员"能够实现"作为标准的。

充分公开中的"能够实现"判断标准要比对比文件中的"能够实现"标准更高，因为前者的能够实现旨在保证本领域技术人员无需过度实验即可实现专利文件中的技术方案；而对比文件不一定是专利文件，非专利文件对技术方案的描述通常采用常规性的、本领域内的一般描述方法。也就是说，充分公开要求中的判断对象为专利技术方案，公开的程度必须达到本领域技术人员能以技术方案既定目的再现技术方案的程度，而新颖性判断中的对比文件不一定为专利文件，还包括其他种类的公开文献，要求能够实现只是为了证明在现有技术公开时，本领域技术人员已经确实掌握了该技术手段。比如，对化合物而言，对比文件只需要公开其制备方法而无需公开其使用方法；如果该技术手段的使用目的未在对比文件中公开，可被视为该技术手段的固有特征，仍然会阻碍后续申请对同样的技术手段获得重复专利授权。

以化合物权利要求为例，要达到充分公开中"能够实现"的程度，专利

---

[1] 根据说明书记载的内容："本发明的目的在于提供一种防近视的书簿，通过该案视觉环境来防治近视。"发明的权利要求保护：一种防近视的书簿；其特征在于：书簿的制作采用黄色纸张印刷，该黄色纸张的反射光波频谱为波长 550 纳米~610 纳米的色光。专利确权过程中，专利复审委员会以江苏文艺出版社出版的《细说巩俐》一书作为对比文件，否定了权利要求的新颖性，因为有证据证明，该书印刷所采用的黄色纸张，其反射光谱平均主波长位于 550 纳米~610 纳米范围之内。但是二审法院认为，专利技术方案的功能、用途及发明目的是提供一种防近视的书簿，通过改善视觉环境来防治近视，而对比文件未披露相关技术内容，因此综合考虑本专利与对比文件的功能、效果、技术方案等，本院认为本专利相对于对比文件具备新颖性。
[2] 崔国斌：《专利法：原理与案例》，北京大学出版社 2012 年版，第 237~238 页。

持有人必须在说明书中公开化合物的制备方法及使用方法，使本领域技术人员可以借助公开的信息，再现该化合物并以公开的目的使用该化合物；而如果该专利文件被用作判断新颖性的对比文件，公开其制备方法，就达到了"能够实现"的程度，并可预测相同内容的在后申请。美国联邦巡回上诉法院认为，对比文件中不必包括实际的实验结果，对比文件是否达到能够实现的标准还需要将对比文件中的技术与本领域技术人员的公知常识结合在一起考虑。也就是说，参考文献"不需要……解释每一个细节"，因为本领域技术人员可以依靠公知常识来填补对比文件中遗漏的空白。如果对比文件中公开的技术方案是能够实现的，公众将不能从与之相同的专利申请中获得额外的好处，因此在后的专利申请不应当获得授权；如果对同样内容的发明创造重复授权，将会造成在先技术构成侵权而无法实施。

在化学药品领域的新颖性判断中，尤其需要注意对比文件是否达到"能够实现"的标准，该标准适用的高低会影响对比文件对专利申请的预测程度。假设一个发明家提交了一份专利申请，对化合物 x 要求权利，而在先的第三方专利公开了 x 的结构或者将其包含在一个非常小的化合物属中。由于在现有技术中公开的结构和在专利申请中 x 的结构是相同的，那么新颖性分析中的关键问题不是相同的内容，而是第三方专利能否实现的问题：现有技术的教导结合当时本领域技术人员的公知常识，是否足以让公众拥有 x。

虽然专利行政机关和法院在化学技术发展的早期就开始处理这个问题，但今天的发明家们却在激烈地争论这个问题。在不可预知的技术领域内，现有技术中化学名称或结构的出现是否以及在何种情况下预期了后来发明者对该化合物的权利要求是典型的新颖性问题。美国联邦关税及专利上诉法院（CCPA）过去认为只要提及化合物 x 的名称或结构，即使提及没有披露制造该化合物的操作过程，也足以预测在后的有关该化合物的专利申请。法院在判决中援引了 19 世纪最高法院的一个专利案例来支持它的观点，但是本案中法院并未关注对比文件的能够实现，也没有明确地讨论为什么现有技术预测了在后发明。上述判决中的意见和标准迅速演变成"冯·布拉默原则"：对化学领域的发明创造而言，对于化学名称和结构的公开足以预测在后针对该化合物提出的专利申请。尽管本案法官后来承认，现有技术的能够实现是在判断新颖性时应当考虑的问题，但随后冯·布拉默原则为后续的判决所援引，并且其适用范围还在不断扩大。比如，CCPA 在 1956 年的一份判决中指出："如果现有技术公开了化合物名称或其结构，依然构成对该化合物的预测，即使现有技术并未公开化合物的制备方法或者公开的制备方法达不到能够实现的程度。"美国专利局对此持同样的看法：是否在对比文件中记载制造化合物的操作方法，即本领域的技术人员依赖现有技术能否制造化合物对新颖性判断无足轻重。[1]

直到20年后，CCPA才试图废除冯·布拉默原则。上述改变在很大程度上要归功于贾尔斯·S.里奇（Giles s. Rich）法官（1952年《美国专利法案》的共同起草人）的智慧，他在In re Papesch案[2]中写道，化学结构不能完整地描述一种化合物：从专利法的角度来看，一种化合物及其所有性质是不可分割的，包括化合物的结构、化学命名及分类系统的公开仅仅证明该化合物可以为人所识别，成为具有分类和比较意义的符号。但是化学结构不能代表化合物本身，虽然它可以用来作为权利要求中限制特征描述权利要求保护的化合物。在上述观点的引导下，仅仅在现有技术中公开化合物的名称不足以预测该化合物，上述公开"只能代表在先发明人对该化合物潜在或理论存在的推测"。倘若将上述现有技术作为对比文件否认在后发明的新颖性，会不恰当地赋予在先专利过于宽泛的保护范围，对在当前的技术领域能够制备的化合物而言，如果允许在先专利权人因为公开其中一项化合物的名称禁止成千上万潜在的化合物获得专利保护，将会造成对专利法目标的抵触。

尽管冯·布拉默原则已经为法律实践所废弃，但该原则仍然对法律适用产生影响，该原则对专利法适用产生的影响无法完全被抹去。对化学领域的发明而言，该原则传递的观念为：本领域技术人员只要了解化合物的结构，就能够制造该化合物。仿佛潘多拉的魔盒被打开一般，在该原则适用的历史时期，申请人会在专利文献中增加大量的药物清单，而并不主张权利要求，为在后发明人就这些化合物主张权利保护设置新颖性障碍。

目前要求作为对比文件的现有技术达到能够实现的标准取代了冯·布拉默原则，尽管如此，化学领域发明新颖性的判断中仍存在两类实践难题。（1）在In re Wiggins案[3]中，法院指出，如果没有清楚的证据能够证明本领

---

〔1〕 崔国斌：《专利法：原理与案例》，北京大学出版社2012年版，第237~238页。Ex Parte Nagy, 106 U. S. P. Q. 424, 425 (P. T. O. Bd. App. 1955)

〔2〕 315 F. 2d 381, 137 USPQ 43 (CCPA 1963).

〔3〕 488 F. 2d 538, 179 USPQ 421 (CCPA 1973).

域技术人员当时能够制造化合物，该现有技术中对化合物的描述并未达到能够实现的要求，描述失败实验的参考文献不能作为对比文件；（2）在"预测"在后发明的主要参考文献中，并未对化合物的合成方式进行具体描述，原因在于：主要参考文献不打算公开化合物的制备方法或者指出化合物可以通过传统的方法合成。在 In re Samour [1] 及随后的案例中，法院认为审查新颖性的过程中，审查员可以参考一个主要文献加多个次要文献，来评价在后发明的新颖性。当然，新颖性审查秉持单一文件对比原则，上述做法并不意味着突破了单一对比原则而采用了创造性判断的结合对比。主要参考文献的价值在于证明严格的同一性，次要参考文献的作用并非给出技术启示，只是用来证明主要参考文献中的技术是能够实现的。单一的对比文件中必须包含权利要求中的每一个元素，审查者可以依靠额外的参考来表明本领域技术人员有足够的知识制造该化合物。

在 In re Donahue 案 [2] 中，审查员在新颖性判断中引用的主要参考文献是一篇发表于 1970 年的论文，论文对化合物的结构进行描述但没有解释该化合物的用途。审查员随后检索到了一份 1975 年颁发的专利作为次要参考文献，基于新颖性驳回了专利申请。审查员认为结合次要参考文献，在主要参考文献公开时，本领域技术人员已经掌握了足够的知识制备化合物 X。CCPA 亦支持了行政决定，指出在新颖性审查中参考次要参考文献并未违背单一对比原则。

新颖性判断中能够实现的标准仍存在适用上的模糊并会引发下列社会问题：首先，按当前能够实现的判断标准来看，对技术实验方而言，只要尚未成功地合成化合物 X，那无论是选择公开失败的实验数据，还是完全隐藏失败的实验数据，法律后果都是一样的。也就是说，只要在先公开不足以证明化合物已经能够成功地被合成出来，那么已经公开的在先技术将不能成为影响新颖性的参考文献，因此无法发挥在先技术的先占效应。当前的机制无异于为发明人提供了一种促使他们隐藏失败实验数据的动机。然而，一方面，从公众获益的角度出发，鼓励先人将实验过程中的失败经验向后人公开可以避免重复试验，为技术进步节省时间和金钱；另一方面，专利法激励创新功能的实现，也依赖于在先技术的充分公开，公开的细节越清楚越明确，越能启

---

〔1〕　964 F. 2d 1122, 22 USPQ2d 1671 (Fed. Cir. 1992).

〔2〕　632 F. 2d 123, 207 USPQ 196 (CCPA 1980).

发后续发明通过新的道路和途径来解决技术问题。

其次，某些观点认为，在判断新颖性时除了参考主要文献和次要文献，还需要考虑当时本领域技术人员的知识范围。当专利权人辩称根据第三方专利技术中公开的内容，无法成功地制备化合物 X，因此该专利不能作为参考文献用来判断在后申请的新颖性时，法院会要求专利权人承担举证责任，证明本领域技术人员结合公知常识无法制备化合物 X。导致实验失败的原因是多重的，有限的技术方案尚未成功地合成化合物并不代表该化合物在当时的技术背景下无法合成。如果本领域技术人员结合公知常识可以制备化合物，即使第三方专利技术公开的制备方法是失败的，也足以构成对在后申请的预测。

冯·布拉默原则仍然对化学领域的新颖性判断产生持续影响。当主要参考文献公开了化合物 X，就足以预测在后发明人对该化合物主张的权利要求；如果主要参考文献没有达到能够实现的标准，审查员还可以参考次要文献，并以本领域技术人员的眼光结合公知常识判断，在当前技术背景下，制造化合物的方法是能够实现的。而对在后申请人而言，如果他要证明在先技术的公开没有达到能够实现的标准，就需要证明无论是在公开的技术方案中还是结合本领域技术人员的常识，都无法制备化合物 X。显然在化学领域，在后申请人在新颖性的争议中，承担的举证责任更重。上述做法会造成以下后果：即使在先公开的技术尚不足以制造化合物 X，在先公开依然会影响到在后技术的新颖性，即使在后技术已经实现了对化合物 X 的制备方法的改进。不过在医药领域，涉及某种药物使用的特定治疗方法的专利价值较低，鉴于方法专利的专利权人只能阻止他人以该方法制造或使用化合物，方法专利在对抗药品仿制上的效果微乎其微。如果化合物本身未获得专利授权，方法专利的权利人无权禁止仿制药的生产商合法出售用于非专利用途的化合物。[1]

现有技术对化合物名称和结构的公开虽然达不到能够实现的要求，但是该现有技术足以"预测"在后对化合物本身的专利申请。当次要参考文献披露了化合物的制备方法或者结合本领域技术人员的知识范围，该化合物在公开时能够制备，在先权利人可以很容易证明现有技术影响了在后申请的新颖性。因此，只要在现有技术中公开化合物，无论该化合物当时是否真的为发

---

〔1〕 Rebecca S. Eisenberg, "The problem of New Uses", 5 YALE J. HEALTH POL'Y L. & ETHICS, 717, 720（2005）.

明人所掌握，也无需提供成功制造化合物的实验数据，就能使在先发明人获得有利的地位。

影响新颖性的对比文件必须提供具体细节，这一原则源于英国专利法。公开的现有技术对发明至关重要。如果公开的细节足以使该项技术付诸实践，将会影响后续的发明；如果公开是一般性内容或并非完全准确的内容，这种公开在影响后续创新的作用上是很有限的。在英国的一个主要案例中，霍夫曼勋爵描述了第三方专利作为对比文件必须要满足的披露水平：为了预期在后发明人的权利主张，在先公开的技术方案必须包含明确和无误的指示。研究的方向和可能发展的领域就像路标，不管它的指向多么明确，仍不足以保证发明人开辟了研发道路并到达了终点。先前的发明者必须对后来的发明清楚地表明他确实曾经沿着同样的道路前行并在确切的目的地插上了他的旗帜。[1]

通常在专利授权标准的适用中，事后诸葛的心态往往出现在创造性的判断和评价上。在化学领域适用新颖性推定原则也会导致评价在后发明技术贡献时，低估其创新程度。因为新颖性推定原则假设已经公开了化合物名称和结构的对比文件是能够实现的，如果在后申请人希望越过新颖性的门槛，就必须提供证据证明其在申请日之前无法获得该化合物。新颖性推定原则的适用背后就暗含着事后诸葛的偏见，这一假定成立的逻辑前提为：只要公开了化合物的名称和结构，就推定该化合物已经被公开，围绕该化合物本身已经不存在在后发明人更新改造技术的空间，除非在后发明人能够证明该化合物无法被合成出来。实际上，我们都知道要证明一项事物不可能存在比证明该事物可能存在的难度要大得多。而事实上，包括专利文献在内的大部分现有技术对化合物名称和结构的公开无法达到先占该化合物的程度，如果以此为由，阻碍了后续发明获得专利的可能性，对创新的激励和技术的积累都是不利的。

现有技术的范围是以申请日之前公开的技术作为时间节点进行判断的，如果评价新颖性时需要引入次要参考文献来证明主要参考文献中公开的技术是否能够实现，那么本领域技术人员的技术能力和知识范围应以主要参考文献公布时的技术水准来衡量而不是在后申请时的技术水平来衡量。因此，次要参考文献的引用范围应当受到限制以避免新颖性审查中的后见之明。如果

---

〔1〕　Gen. Tire & Rubber Co. v. Firestone Tyre & Rubber Co., 〔1972〕R. P. C. 457, 486 (U. K.)

在后申请的新颖性遭到否定，审查员应当证明在主要参考文献中的技术公开时，本领域技术人员能够制造化合物。

专利文件也可以被视为一种技术文献，专利展示了技术背景，总结现有技术中的成就，并提供本专利技术在现有技术基础上完成了创新，以避免后来的发明者采取同样的路径或方法重复研发。专利法中充分公开的要求也以能够实现作为判断标准，即专利公开的内容能够教导本领域技术人员无需过度实验即能实施技术方案，即达到能够实现的标准。实证研究表明，专利文件包含了全世界积累的 70% 的技术知识，而且专利文件中的大部分信息要么从未在其他地方公布，要么是通过公布专利申请首次披露的。[1]

尽管专利在许多方面与其他技术信息来源非常相似，但它们并不经常被视为信息流动的重要渠道。首先，从技术应用的角度，仅靠专利信息中披露的信息在工业应用中即能再现专利技术的情形越来越少，多数情况下需要研究人员投入额外的研发精力。专利法的规则设置体现了如下逻辑：专利法保护的客体即发明创造的实质为发明构思，而发明构思的完成既不要求技术方案完成以投入生产为准，也不要求实现技术效果解决技术问题的所有方案在发明构思完成时被发明人所穷尽。其次，充分公开也并不要求专利文件对技术方案的每一个细节都加以描述，特别是本领域技术人员结合公知常识和其知识范围能够填补的内容并不需要体现在专利文件中，尽管专利法要求说明书应当清楚、准确地界定发明，以达到教导本领域技术人员实现发明的程度。因此在撰写专利申请文件时，专利持有人必须提供一份满足法律强制性规定的书面说明，但从其动机上而言，他们仍然倾向于用自造的术语、充满形式主义和不精确的语言，获得尽可能宽泛的权利保护范围。尽管考虑到发明的不可预测性和语言对新事物描述的不精确性，专利法允许申请人获得较说明书公开内容更宽泛的权利保护范围；但不排除实践中，有些申请人是从策略上有意地阻碍后续发明者的创新活动。尽管专利申请人应该对其要求保护的发明创造提供"完整、清晰、简明"的书面描述，以便业内同行能够轻松阅读和理解，但如今很少有专利能够达到这一标准。实践证明，专利持有人有动机在撰写申请文件时要求较为宽泛的权利保护范围，因而在法律容许的限

---

[1] Esteban Burrone & Guriqbal Singh Jaiya, Intellectual Property (IP) Rights and Innovation in Small and Medium-Sized Enterprises 3 (n. d.).

度内用模糊或自造的词语描述技术方案。

专利法赋予发明人提出专利申请的权利，其背后的逻辑为立法者假定发明人是发明构思和技术创新的发明者和实施者，对该技术的特征、手段及其能解决的技术问题和所能达到的有益效果最为熟悉和了解。因此，应当由发明人将技术方案撰写为符合专利法形式要求的专利申请文件，并由专利行政机关进行审查以决定其是否能够获得专利授权。可以说，技术方案最终获得权利保护的范围是由发明人自己界定的，专利行政机关发挥的作用只是帮助发明人修改专利申请文件使其更加符合专利法的要求。鉴于专利法允许发明人成为自己的"辞典编纂者"，界定其权利保护范围，专利权的保护范围是由发明人与立法者一道划定的。在知识产权法的其他领域，如著作权的主体——作者和商标权的主体——商业活动经营者并不享有发明人类似的"特权"。

专利申请文件中的语言表达与一般事物描述的普通表达方式不同，是在专利法的要求下以法律语言方式来描述事实性技术方案的特殊表达模式。尽管语言在描述新事物上存在固有缺陷，某些情况下可能无法表达新事物的本质及特征，但是发明人的发明构思完成之后，并不能如作品一般立即享有独占权，而是以发明人通过申请文件重述其技术方案界定其保护范围为获得专利授权的原始条件。也就是说，发明人完成发明构思并不能保证公众从其技术创新中获得利益，发明构思的完成还不足以作为技术独占实施权的对价。只有发明人以专利法要求的方式将技术创新的准确信息固定在申请文件中并向社会公开，技术方案才能加入人类的知识储备并加以累积从而实现技术进步。所以，专利保护的范围以专利申请文件为主也是实现专利法以独占权换取技术公开的具体机制之一。

一方面，从专利制度的政策层面看，其本质目的在于鼓励创新。技术方案是否能够得到专利制度的奖励，当然取决于其对在先技术的改进程度及其是否具备技术贡献。另一方面，从具体的操作层面看，就技术创新而言，在技术发展高精尖化的当今时代，大多数领域中技术的进步是通过细微的改进取得的，而非跨越式的进步。通过语言描述，其权利要求保护的初始范围是由发明人自己界定，最终获得授权的。

在撰写化学领域的专利申请文件时，申请人应当在说明书中明确指出申请人视为其发明的标的物。当然，语言描述存在不确定性，在描述新事物方面的固有局限是难以避免的，再加上权利人为使保护范围扩大，会有意识地利用语言描述创新技术上所具有的天然缺陷以增加表述的模糊性，以使权利要求的范围最大化。[1]在新的理论范式下，在申请文件中"先占"本领域无人认领的主题将不再给专利权人带来战略优势。上述理论的使用旨在促使专利申请人起草更精简、更准确的专利文件，并促使专利信息转化为真正有用的技术知识，与其他信息来源形成公平竞争。

仅仅在第三方专利中公开化合物的结构和名称会阻碍在后发明人取得基于化合物本身的专利权。在第三方专利公开之时，化合物尚无法被制造和使用，当后来的发明者通过技术创新增强了人类对化合物的应用时，该技术贡献反而无法获得专利保护。

理论改进之后，新颖性审查中对比文件的认定标准将被进一步细化：首先，仅仅公开化合物结构和名称的现有技术不再作为预测新颖性的对比文件；其次，如果现有技术公开了化合物的结构和少量的与合成有关的实验数据，可以推定该对比文件达不到能够实现的标准，如果审查员认为该对比文件达到能够实现的程度，需要承担责任证明本领域技术人员结合公知常识在其知识范围内无需过度实验即可制备化合物。由于审查人员只能获得有限的次要参考文献，新颖性审查的天平现在倾向于实际制造化合物的发明者。

另外，判断现有技术是否达到能够实现的标准是从本领域技术人员的角度出发的，现有技术中的描述内容是否足以清楚使本领域技术人员实现该技术方案，取决于本领域技术人员的知识范围以及他能否填补参考文献中的空白。可以说，"判断在后申请与现有技术相比是否构成相同的内容是新颖性判断的关键，判断这一事实问题时可以将相同技术领域中的技术水平比作棱镜或透镜，本领域技术人员借助其观察现有技术与在后发明的相似程度。由于对本领域技术人员这一法律概念的认知仍存在理论不足，审查员如果未进行足够的事实调查，容易高估本领域技术人员的知识和技能水平。因为专利授权决定是追溯性的，审查在对已经完成的发明创造是否具有新颖性进行评估时，需要回溯至专利提交申请之日的技术水平，并以本领域技术人员的眼光来评

---

〔1〕 Clarisa Long, "Information Costs in Patent and Copyright", 90 VA. L. REV., 465, 542 & n. 187 (2004); see also R. Carl Moy, "Subjecting Rembrandt to the Rule of Law: Rule-Based Solutions for Determining the Patentability of Business Methods", 28 WM. MITCHELL L. REV., 1047, 1082 (2002).

价在后发明的新颖性。如果本领域技术人员结合现有技术公开的内容无需过度实验即可再现发明创造，则其不具备新颖性。

从美国化学药品新颖性的适用判断标准发展历程来看，专利新颖性的判断正在通过提高对比文件的"能够实现"标准逐渐摆脱化学药品"结构依赖性"的教条主义。从化学领域的技术发展趋势来看，越来越多的证据表明，化学结构上的细小变化可能导致化学药品的功能产生改变。而化学药品结构分子的特征表现为功能等价的化学分子与侧链，即化学药品的结构通常是以"马库什"方式进行描述的，代表结构类似的一类化合物。现有技术对化合物结构与名称的公开并不必然表明现有技术已经真正掌握了该化合物。如果在后申请的说明书中记录了特定化合物的制备方法以及与在先化合物不同的性能，那么新颖性判断主体应当谨慎评估现有技术对化合物的描述是否达到能够实现的程度，以避免新颖性审查的事后诸葛。新颖性判断的上述发展趋势适用于中医药专利新颖性审查领域，也能够更准确地贴近中药提取物技术方案的新颖性判断。根据《专利审查指南》的规定，专利申请要求保护一种化合物的，如果在一份对比文件里已经提到该化合物，即推定该化合物不具备新颖性，但申请人能提供证据证明在申请日之前无法获得该化合物的除外。这里所谓"提到"的含义是：明确定义或者说明了该化合物的化学名称、分子式（或结构式）、理化参数或制备方法（包括原料）。中药提取物的技术创新路径就是在现有技术的基础上不断分离、纯化，但需要注意的是，对中药提取物本身进行技术改进，其真正的技术贡献并不在分离、纯化手段，而在于通过现代化的技术获得功能得到改进的中药单体或中药有效成分。一般来说，如果基原药物本身已获得专利保护，现有技术对基原药物化学名称、分子式、理化参数或制备方法（包括原料）的公开都会影响中药提取物本身的新颖性。但是中医药专利的审查中，由于中医药专利常常采用性能、参数的方式进行权利要求的限定，也普遍存在现有技术中的技术方案与专利申请文件中的技术方案不能一一对应的情况。根据新颖性推定原则，应当由申请人承担根据申请文件证明对比文件与专利申请存在不同的责任。新颖性推定是判断主体基于本领域技术人员的知识范围以及对比文件公开的信息所作的综合判断，为了避免事后诸葛的心态，新颖性判断主体仍然应当谨慎评价现有技术是否能够作为对比文件预测在后的专利申请。即使现有技术公开了化合物的名称与分子结构，如果专利申请人公开的内容足以表明中药提取物产生了不同的性能，则不宜借助新颖性推定原则轻易否认中药提取物的新颖性。

（二）中医药专利应克服现有技术的隐含公开

另外一项影响中医药专利新颖性的判断标准是现有技术的隐含公开。专利的本质并不是技术方案本身，而是在法定形式要求及实质要求下修饰的对于技术方案的描述。包括新颖性、创造性和实用性在内的专利授权实质性条件即是在限定条件下欲获得专利保护的发明创造的描述方法。欲获得专利保护的技术方案应当通过符合形式要求的描述证明本发明创造区别于现有技术中描述的先前技术，并且在品质特性上优于现有技术中描述的方案。侵权判定中，被控侵权人的技术是否落入专利权人的保护范围，也取决于权利要求书对技术方案的描述。因此，当某一技术特征并未准确地在权利要求中表述出来时，其是否应作为限定特征被读入权利保护范围，限定权利保护边界就成为实践中难以解决的未竟难题。

专利法将那些基于技术的特征或特质实际存在但未在权利要求中表述出来的特征称为隐含特征，隐含特征对发明的贡献是未知的。隐含特征是技术手段作用对象所固有的特征，比如天然物质的某种属性、操作方法的工作原理。隐含特征与经过技术手段改造过的技术特征相比，共同之处在于两者都能提高技术方案的价值；区别在于，技术特征通常明确记载于专利文件中，一个或多个技术特征结合可解决相应的技术问题或反映出具体的技术效果；而隐含特征并未明确记载于专利文件中，或并未通过明示的方式展现给世人，但其依然为解决技术问题作出了贡献。当在先技术方案和改进后的技术方案相比，技术贡献相差不大的情况下，一般就需要考虑在先技术方案中是否包含隐含特征，是否已经隐含公开了在后技术方案。

在专利侵权诉讼中，被诉侵权的一方如果能够证明专利权人的全部或部分发明是现有技术中某些技术特征固有的，即使现有技术没有披露专利权人的发明，专利权也应当被认定无效。专利权人公开的信息除了其在专利文件中明确表示出的内容，还包括固有的隐含特征。而新颖性判断是将权利要求书中描述的技术方案与现有技术中的技术方案进行对比，并以技术特征为基准作为相同内容或"预测"的判断。如果现有技术或专利申请中的描述包含隐含特征，就会使得本来看似清晰和简单的标准变得复杂化。可见，如果考虑隐含特征的存在，会引发权利要求解释上的困难并进一步影响新颖性判断。相比之下，充分公开并不涉及所谓的隐含公开，充分公开的判断对象为专利申请文件中明确公开的内容，并以此为基础判断公开是否达到专利法要求的"充分"程度。

《专利审查指南》规定，如果本领域技术人员结合权利要求书和说明书可以明确地、毫无疑义地确定权利要求书隐含了某项技术特征，则在解释权利要求时应当考虑该项隐含的限定特征，相反地，如果本领域技术人员不能毫无疑义地确定权利要求中是否包含某项技术特征，则在权利要求解释时就不能考虑该限定特征。[1]考虑隐含特征不仅能够避免将确实有技术贡献的发明创造排除在专利保护范围之外，同时也能够避免不恰当地限定专利权保护范围。[2]在阅读对比文件和专利申请书时，专利有效性判断主体需要站在本领域技术人员立场考虑公开或申请的技术方案中是否有某一隐含特征。如果本领域技术人员结合权利要求书和说明书可以直接地、毫无疑义地确定权利要求书中隐含某项技术特征，那么该隐含特征亦属于权利要求限定的内容。相反，如果本领域技术人员不能直接地、毫无疑义地确定权利要求中有某一隐含特征，则即使说明书对该特征有所阐述，也不应将该特征理解为权利要求限定的内容。本领域技术人员不是机器人，其在阅读说明书的基础上理解权利要求的保护范围时，不会单纯地受到权利要求书的文字表述的限制，还会加入其掌握的公知常识和其他专业技术知识来解读权利要求书文字表述所要传递的技术信息。[3]在专利审查中，隐含公开常用于下面这种情形：若某一技术特征没有明确记载在对比文件中，但只有包含该技术特征时，才能实现对比文件中的技术方案，并且本领域技术人员知晓，对比文件中的技术方案不能通过除了该特征以外的其他方式实现，则该特征属于对比文件隐含公开的内容。[4]

欧洲专利局在制定专利申请文件和专利文件的修改规则时认为，在确定专利申请文件公开的技术信息时，应当考虑对本领域技术人员而言隐含公开的技术特征。[5]《欧洲专利局审查指南》C 部分第 4 章第 9.2 节为隐含公开的

---

〔1〕《专利审查指南》第二部分第 3 章第 2.3 节。

〔2〕石必胜：《专利权有效性司法判断》，知识产权出版社 2016 年版，第 22~23 页。

〔3〕石必胜：《专利权有效性司法判断》，知识产权出版社 2016 年版，第 23 页

〔4〕杨霜雪等："浅谈专利审查实践中对'隐含公开'的认识"，载《中国发明与专利》2018 年第 S1 期。

〔5〕《欧洲专利局审查指南》H 部分第 4 章第 2.3 节。

内容，本领域技术人员阅读对比文件后，会得出特定的隐含假定，这应当予以考虑。例如，如果从已有技术背景下的橡胶使用可以清楚地知道这是利用了橡胶的弹性，当权利要求针对一种弹性材料的用途时，该对比文件可以破坏其新颖性，尽管对比文件没有明确提到"弹性材料"。[1]如果发明是对比文件指导技术人员采取特定技术手段的必然结果，则即便对比文件没有对其进行描述，该发明也隐含性地被公开了。例如，一种化合物在一个专利说明书中未曾命名，也未曾指认，但可能是说明书所述反映的产物。只要该产品是说明书中反映的必然产物，则保护该产品的权利要求就没有新颖性（G1/92 Availability to the public 案）。[2]在新颖性的判定中，隐含公开一直是实践中的难题，在进行中医药专利的新颖性判定时，也会出现对比文件隐含公开的问题。对于什么是技术方案的隐含特征以及隐含特征被读入对比文件内容的前提条件是决定隐含公开是否成立的关键问题，下文结合美国、英国的司法经验，总结其中具有解释力的理论，尝试对中医药专利新颖性判断中的隐含公开作出说明。

首先，隐含公开不以本领域技术人员承认为前提。假设本领域技术人员知晓现有技术公开使用了在后申请中的每一项技术特征，也就是说，在后申请中的每一项技术特征都能在现有技术中找到明确的对应特征，那么现有技术毫无疑问地"预测"了专利申请，也就不需要再考虑隐含特征。然而，当现有技术与在后申请的技术特征无法精确匹配时，权利要求解释中是否包含隐含特征的问题就出现了。再加上本领域技术人员为拟制主体，其知识范围和公知常识应以现有技术公开时的技术水平加以界定，从理论上讲，本领域技术人员在特定时期的认知水平是客观的。但实践中，本领域技术人员难免存在"后见之明"的主观认识。即使以本领域技术人员的技术水平为参照，特定的知识特征如果没有明确地在现有技术中表述出来，在进行权利要求解释时也很难确定其是否隐含但确定地存在于现有技术中。"知晓存在"与"理解掌握"之间还存在认知上的差别，在判定隐含特征的存在时，本领域技术人员的认知水平是以"知晓存在"还是"理解掌握"为标准，在实践中也产生过争议。

---

〔1〕《欧洲专利局审查指南》C 部分第 4 章第 9.2 节，参见 ［英］理查德·哈康、［德］约亨·帕根贝格编：《简明欧洲专利法》，何怀文、刘国伟译，商务印书馆 2015 年版，第 57 页。

〔2〕《欧洲专利局审查指南》C 部分第 4 章第 9.2 节，参见 ［英］理查德·哈康、［德］约亨·帕根贝格编：《简明欧洲专利法》，何怀文、刘国伟译，商务印书馆 2015 年版，第 57 页。

在美国早期的司法实践中，隐含特征的存在是否以本领域技术人员承认其实际存在并了解该特征为前提并不明朗。比如，在 Continental Can Co. USA v. Monsanto Co. 案[1]中，法院认为隐含特征必须为"本领域技术人员承认实际存在并且了解的特征"。但本案与先例中的事实问题均在于，该隐含特征是否实际存在及该隐含特征究竟是什么，而不在于本领域技术人员是否了解该特征。再如，在 Continental Can 案中，由于涉案双方对现有技术公开的支撑结构究竟是空心的还是实心的存在争议，案件最后被美国联邦巡回上诉法院发回重审。Continental Can 案涉及塑料瓶子的中空凸纹。至于现有技术中塑料瓶子的凸纹是否为实心的，记录中有相互矛盾的专家证词。被控侵权者的专家作证说，现有技术中的瓶子是通过吹塑法制作的，这一方法必然会产生中空的凸纹。专利权人的专家则作证说，现有技术的塑料瓶子有实心的凸纹。专利权人对吹塑法是否必然产生中空凸纹提出异议。由于双方对实质性的事实存在争议，法院撤销了该不当的即决判决。Continental Can 公司并没有明确在诉争专利的关键日期前后，现有技术的隐含特征即中空的凸纹是否已被该领域技术人员察觉。[2]因此，本案涉及的主要问题仍是对现有技术保护客体的解释，即其中是否包含隐含特征的问题。又如，在 Rosco, Inc. v. Mirror Lite Co. 案[3]中，现有技术中的隐含特征未得到认可不是因为本领域技术人员无法了解该特征，而是因为没有足够的证据证明现有技术中的工艺必然会产生该固有特征。

在 Elan Pharmaceuticals, Inc. v. Mayo Foundation for Medical Education and Research 案（以下简称"Elan 案"）中，涉案专利技术方案为"一只含有对阿尔茨海默症敏感的人类基因的转基因小鼠"。影响该专利技术有效性的对比方案为一项第三方专利，该专利对"将人工修饰后的具有阿兹海默症敏感型的突变人类基因嵌入老鼠体内"这一技术方案进行了一般性描述，但该发明人并没有真正地制造出转基因老鼠。两项技术方案的区别在于，在后技术方案"限制了修饰过的阿兹海默症敏感型基因表达的多肽数量"，使该技术方案增加了相应的技术效果即"可通过基因检测明确其数量"。地区法院最初将在后技术方案中的区别技术特征视为在先技术方案固有的隐含特征，此后陪审

---

[1]　948 F. 2d 1264, 1268, 20 USPQ2d 1746, 1749-50 (Fed. Cir. 1991).

[2]　崔国斌：《专利法：原理与案例》，北京大学出版社 2012 年版，第 235 页。

[3]　304 E3d 1373 (Fed. Cir. 2002).

团认为该技术特征出现在对比文件中时，尚不为第三方专利权人知晓。联邦巡回上诉法院推翻了地区法院的判决，采取的立场表明本领域技术人员是否足以预期该技术不作为判断"隐含特征"的前提条件。也就是说，隐含特征是否可以用来解释权利要求，不以本领域技术人员能够实现该技术特征为前提。

美国专利法上关于"隐含公开"（或"隐含预期"）最为经典的案件是Schering Corp. v. Geneva Pharmaceuticals[1]案（以下简称"Schering案"），本案的特殊之处在于，在法院先前的"隐含状态"案件中，单独的一份现有技术文献通常都对所要预见的客体有不完全的描述，即缺少某些特征的部分描述。"隐含状态"弥补了该描述所缺少的部分。在证明缺失的描述实际上内化于现有技术之后，该单独的现有技术文献就将所要保护的客体放入了公有领域。本案并没有提出现有技术中缺少所要保护的发明的某一技术特征的问题。相反，本案中新的化学结构DCL在在先的233号专利中并没有被披露。在先前的案例中，"隐含状态"仅仅用来补充现有技术中没有明确披露因而缺失的单个的限制性特征。如前所述，本案则要求法院在所要保护的客体的整个结构内化于（隐含于）现有技术的情况下，确认存在"预见"。[2]"隐含状态"所预见的可以是整个发明，也可以是发明中的单个的限制特征。

本案中，Schering公司首先申请了氯雷他定的专利，氯雷他定是抗过敏药物开瑞坦的有效成分，在后专利覆盖了氯雷他定的代谢物，这种代谢物是一种新的化合物，但在人体摄入氯雷他定后会自然产生。在后技术方案与在先技术方案的区别仅在于在后技术方案的化学结构发生了细微的改变。尽管在化学领域，细微的结构足以带来化合物功能的显著改变，但在考虑本案中的在先专利是否隐含预见在后专利时，有两项因素需要被重点关注：首先，该代谢物是在人体摄入氯雷他定后会自然产生的；其次，在后申请仍然是基于新的化合物要求权利保护，并未进行其他限定特征的描述。如果基于权利要求描述的技术方案来理解两项专利覆盖的内容，在后专利除了覆盖代谢物外，并无其他限定特征。而公众在服用氯雷他定后，必然获得其代谢物。本案中，专利权人显然是期望获得尽可能宽泛的权利保护范围，在后专利要求保护的内容既不是获得该化合物的方法（提纯或纯化），也未引入其他限定特征改变

---

〔1〕 339 F. 3d 1373（CAFC 2003）.

〔2〕 崔国斌：《专利法：原理与案例》，北京大学出版社2012年版，第236页。

该化合物为在先技术方案代谢物的事实。专利权人为了收回药品的投资研发成本，采取专利保护策略拖慢仿制药的模仿进程是一种惯常的市场竞争选择。

新颖性判断是通过划定现有技术与专利技术的范围，明确专利权对技术独占的界限。Schering 公司在在先专利到期的情况下，又对在先专利中的化合物的代谢物提出专利申请。在先专利并没有记载代谢物的制造方式，在后申请除了表明其结构和名称外没有对代谢物进行其他任何方式的限定。从权利要求的解释上来看，在后申请并未作出任何方面的技术改进，而是现有技术（在先专利）自然运行的结果，是服用在先专利保护的化合物后在人体内必然代谢出的产物。但专利法在适用过程中，必须注重权利保护与公益的平衡。就本案而言，当在先专利过期后，如果仍然对其代谢物给予专利保护，并不能使公众获得新的有益技术。从专利权人在后专利覆盖的内容看，其显然已经超过了专利法应当给予保护的范围，此时利益衡量后的结果必然偏重对公众利益的维护。

法院指出，一个熟练的专利文件撰写者可以使得权利要求覆盖代谢物，并且避免"预见"问题。比如，对该代谢物的提纯和分离状态提出权利要求，或者将之作为一种药物组分进行保护（如和药学上可以接受的载体一道）。专利文件撰写者也可以对一种服用该代谢物或相应药物的方法提出权利要求。但是在先专利要求保护的是一类化学机构相似的化合物，并未包含上述限定，所以在先专利权利要求中实际上覆盖了它的自然代谢物。尽管 Schering 公司认为，公众并不理解化学领域药物运行的科学原理，但是如果发明的某个限制性特征或整个发明本身是明确披露的现有技术的自然结果，则该特征或该发明处在公有领域。[1]因此，从 Elan 案到 Schering 案的发展表明，美国司法实践已经明确，"隐含的预见并不要求该领域的普通技术人员当时已经察觉该隐含的披露内容"。说明书中公开的实施例中的一项必要特征或结果可以被视为现有技术中的"隐含特征"，尽管该特征并未在权利要求中描述或为本领域技术人员所承认。

其次，隐含公开可以是公开技术方案固有的属性或是必然发生的结果。在现有技术的保护范围中加入隐含特征的限定在有些情况下是毫无疑问的，例如某种化合物被用作炸药时，一定是处于通风的环境下，尽管现有技术并没有明确记载这一特征，但显然该限定特征应被读入现有技术保护范围。在

---

[1] 崔国斌：《专利法：原理与案例》，北京大学出版社 2012 年版，第 236 页。

后申请即使在权利要求中加入该限定特征，也无法避免被现有技术"预测"。现有技术中的隐含特征有时候是物质本身的固有属性。比如，在 Titanium Metals Corp. of Am. v. Banner 案[1]中，现有技术公开了一种金属合金，该金属合金落入在后专利要求保护的金属合金范围中，尽管在后专利权利要求中对金属合金属性——"在高温盐水环境中具有良好的耐腐蚀性"进行了限定，由于该限制特征为合金的固有属性，因此现有技术仍然隐含预测了在后申请。美国联邦最高法院认为，如果发明人 A 基于具有特别坚固特征的灯泡申请了专利，即使 A 在申请中并未将硬度作为灯泡的限定特征，A 的申请也会影响 B 在后基于灯泡的硬度而提出的申请的新颖性，即使 A 并非第一个认识该限定特征的主体。当某一产品或方法已被现有技术公开，在后发明无法再基于该产品或方法所固有的特征/特性获得专利权。也就是说，产品或方法所固有的特征/特性已被产品或方法本身隐含公开，因为对产品或方法的使用的结果必然附带利用其固有的特征/特性。

对方法专利而言，无论是机器领域的方法专利还是生物化学领域的方法专利，如果现有技术已经公开了方法的基本步骤，即使本领域技术人员在现有技术公开时并不了解该方法的工作原理，但其已经被现有技术隐含公开。在 W.L. Gore & Associates, Inc. v. Garlock, Inc. 案[2]中，以步骤限定的方法专利可为机器的使用和操作过程所预测，前提是机器在实际操作过程中运行了稳定的、持续的操作流程，即使用户并未意识到机器在操作过程中执行了该方法的步骤。同理，以方法限定的产品专利可以预测在后的具有相同功能的方法，即使在先产品专利中尚未公开该功能。在 In re Cruciferous Sprout Litigation 案中，发明人声称发现了食用西蓝花和花椰菜具有抗癌作用，并针对食用西蓝花和花椰菜的步骤提出权利保护的要求。但即使公众在专利申请之前并不知晓西蓝花及花椰菜具有抗癌作用，申请人仍然不能就食用方法获得专利保护，因为公众早在专利申请之前就已经开始食用西蓝花和花椰菜并通过食用获得了其对人体带来的益处。在 In re Woodruff 案[3]中，现有技术披露一种防止蔬菜变质的方法，但并未揭示实现该技术手段的内在机理为该方法能

---

[1]　778 F. 2d 775, 776 (Fed. Cir. 1985).

[2]　721 F. 2d 1540, 1548 (Fed. Cir. 1983).

[3]　919 F. 2d 1575 (Fed. Cir. 1990).

抑制真菌生长。尽管本领域技术人员在现有技术公开该方法时并不清楚其解决问题的具体机制，但抑制真菌生长是利用方法所产生的必然结果，因此公众已经从公开的技术手段中获得了相应的好处。本领域技术人员在现有技术公开时尚未认识到现有技术的某种特性或特质并不影响上述特征作为隐含特征而发挥"隐含预期"的作用。在 Eli Lilly & Co. v. Barr Laboratories 案[1]中，Eli Lilly 公司在先获得的百忧解治疗抑郁症的方法专利，本质上预见了其后来试图申请的"阻止血清素吸收"的方法专利，因为百忧解是通过抑制血清素吸收这一特性发挥作用的。

再次，偶然的公开不构成隐含公开。《欧洲专利公约》（EPC）规定了偶然公开，并明确指出其构成隐含公开的特例。有时，发明可能不幸地碰巧为已有技术所公开。当要求保护的发明所针对的技术问题与已有技术问题所解决的技术问题不同时，应当仔细比对权利要求和已有技术（T161/82 AMP案）。然而，如果经过比较发现已有技术已经充分公开了发明，则认定该发明缺乏新颖性，尽管经过适当的修改专利申请可能免于被驳回（参见 EPC 第123 条第 12 点评注）。[2]

1880 年，美国联邦最高法院在 Tilghman v. Proctor 案[3]中详述了偶然公开与隐含公开的区别。发明人申请专利的技术方案为"将动物脂肪分解成甘油和游离脂肪酸的方法"，此方法的应用价值体现在甘油和脂肪酸可以用来制造蜡烛、肥皂等各类日用品。该方法基本的步骤是将动物脂肪与水混合后在一定的温度和压力下进行分解。对该专利技术可能产生影响的现有技术为"蒸汽机使用动物脂肪润滑剂时，会附带再现将动物脂肪与水混合并在一定温度和压力下分解的过程"。从技术特征的比对来看，现有技术再现了专利技术方案中的所有步骤。但美国联邦最高法院最终认定，现有技术中的"偶然再现"在后技术方案，不能预测在后申请，因此其新颖性不受影响。法院在判决中详述其理由：对本领域技术人员而言，从来没有从本案所涉及的偶然现象中获得任何可行的制造脂肪酸工艺的暗示。也就是说，现有技术中的动物脂肪的分解是一种偶然现象，是在动物脂肪被作为润滑剂时偶然产生的，现

---

〔1〕　55 USPQ 2d 1609（Fed. Circ. 2000）.

〔2〕　［英］理查德·哈康、［德］约亨·帕根贝格编：《简明欧洲专利法》，何怀文、刘国伟译，商务印书馆 2015 年版，第 57~58 页。

〔3〕　125 U. S. 136, 8 S. Ct. 894, 31 L. Ed. 664（1888）.

有技术使用动物脂肪是为了起润滑作用，而不是为了将其分解。因此，本领域技术人员尚未掌握分解动物脂肪的步骤方法，如果说申请人的技术方案被现有技术中偶然再现的过程"预测"显然是荒谬的。通过本案，美国联邦最高法院奠定了评判权利要求中是否包括隐含特征的基本标准：偶然的公开不会影响在后申请的新颖性。权利要求中没有表述出的特征构成隐含特征的前提是：（1）本领域技术人员清楚地了解该项技术特征存在于技术方案中；（2）公众从该技术方案的使用中获得好处。如果满足这两项条件，该技术特征为技术方案所固有。但美国联邦最高法院在本案及今后涉及隐含特征的同类案件中，并没有明确上述构成要件的逻辑关系，以至于造成后续案件裁判中结果的不稳定性。本案的记录并没有确凿地表明该方法在现有技术中出现过，在审查现有技术时，美国联邦最高法院只是假定它可能披露了所要保护的方法。[1]

在 In re Seaborg 案中，在先专利 Fermi 反应堆中必然会产生锔，但该元素的产生是偶然的，该元素的含量微小且状态极不稳定，虽然本领域研究人员都承认该元素确实存在于核反应过程中，但是这一事实并不能阻止在后发明人就该元素的分离获得专利权的保护，因为公众通过在后技术方案才实际掌握了该元素并使用它。考虑到专利申请人要求权利保护的是在 Fermi 反应堆中已经存在的锔，案件的判决结果是否正确存在一定的争议。在其他案件中，法院已经明确指出，如果化合物在自然界中存在，首次发现该化合物用途的人不得基于该化合物获得专利。本案中，现有技术已经公开 Fermi 反应堆在反应过程中会产生少量的锔，并且本领域的科学家也都认可上述反应过程必然会产生锔。既然该元素是已知的并非新发现的元素，就不应当因为其用途尚未被披露，就将该元素的独占权置于发明人的手中。也就是说，如果专利申请人对该元素进行了改造，分离和纯化了锔，则其理应获得权利保护。但是专利申请人的发明构思采取的是与现有技术基本一致的方向，其中的细微区别不足以使其技术方案成为新的技术方案，而基于此将锔元素的独占权授予发明人，发明人所获得权利保护范围就超越其所作出的技术贡献，不恰当的权利保护范围会限制今后创新的路径，例如后续研发中对锔元素的分离和纯化，而公众也很难享受到技术改进带来的真正好处。在 Edison Electric Light Co. v. Novelty Incandescent Lamp Co. 案中，涉案专利为灯泡的改进技术，通过

---

〔1〕 崔国斌：《专利法：原理与案例》，北京大学出版社 2012 年版，第 235 页。

改进电线的位置而实现。现有技术中失败的灯泡制造实验偶然地"预见"了该专利技术。但是法院认为现有技术不构成专利技术的"隐含预期"，除专利申请人外的其他制造商并没有想到利用限定特征改进技术方案，而是将其作为失败的实验看待，在先使用没有为公众带来利益，公众并未获得改进该专利技术的知识。

最后，隐含公开的判断以公众享有技术方案的益处作为判断标准。在现有技术的判定中，需要判断专利申请日前公开的技术内容的范围。公开的方式一般包括出版物公开、使用公开和其他方式公开。隐含特征除了出现在对比文件之中，还可以通过公开的使用公开。将使用公开与其他方式的公开进行区分的规则来自于英国 Merrell Dow Pharmaceuticals Inc. and Anr. Ltd. v. H. N. Norton & Co. ［1996］R. P. C. 案（以下简称"Merrell 案"），本案中霍夫曼大法官在判决书中系统地阐释了英国专利法中新颖性的判定标准以及《欧洲专利公约》的适用，提出的现有技术达到"能够实现"、秘密使用不构成使用公开等标准深刻地影响了现代专利法新颖性判定标准的构建。

在英国高等法院审理的 Merrell 案中，霍夫曼大法官详细阐述了英国专利法中新颖性判定的基本原则。Merrell Dow 制药公司是一种抗组胺药"特非那定"（teifenadine）的专利权人。这种药适用于治疗花粉热和类似过敏症，优点在于它不会产生昏昏欲睡的副作用。特非那定的药物原理在于，它通过胃被小肠吸收，然后 99.5% 在肝脏进行代谢，这也是其副作用较小的原因。通过研发弄清了特非那定通过胃部消化吸收代谢的酸性代谢物的化学成分及化学结构后，Merrell Dow 制药公司又申请了第二项专利。专利药到期之后，其他制药公司随后开始生产和销售特非那定。为了保证其市场独占地位，Merrell Dow 制药公司基于其所拥有的特非那定代谢物的专利提起诉讼，试图阻止仿制药的上市。

显然专利权人认为，如果一项物质要成为现有技术的一部分，它的化学组成方式必须被已知或者能够被知道，其他的描述将无法做到这一点。霍夫曼大法官认为，不能给予新颖性的概念太过于狭窄的解释，如果认为只有以同样的用语进行的描述才能破坏新颖性的理解有损于对其的判断，还有许多方式可以用来描述物质。印第安人知道金鸡纳树皮中含有的特殊物质（奎因）具有治疗发热的用途，这是奎因的一种特性，因此即使当时传统社区内没有人了解奎因的化学名称及其分子结构，但传统知识仍然使利用奎因治疗发热的用途进入现有技术之中。[1]

从技术发展的趋势来看，对化学产品通过多种要素进行限定已经是专利实践领域通常的做法。化学产品可以通过与化学物质密切相关的性质来限定权利要求，包括化学过程、物理参数等。描述化学产品的方法并非只有通过精确的科学名称这一种方式。如果通过某项限定特征表征的化学物质获得了专利，那么它就已经进入现有技术的领域，并必然会"预测"同样的化学物质并使其丧失新颖性，不管在后申请是否通过其他的方式对该化学物质进行描述。因此，新颖性判断不能采用过于狭隘的解释方法，认为只有用同样的术语描述的技术内容才会影响新颖性。

现有技术对专利申请的预测方式有两种：一是通过公开预测，二是通过使用预测。本案中，在先专利权人只在专利文件中公开了"人体摄入特非那定而产生部分化学反应，具有抗组胺作用"，因此，在先专利申请中公开的内容达不到使本领域技术人员制备酸性代谢物的程度。但是服用特非那定后，必然产生该酸性代谢物，服用者通过服药的过程实际上已经使用了在后申请要保护的技术方案，因此在后申请被在先专利所"预测"。使用预测的成立是基于专利法中两项基本的原则：第一，专利权不能被授予用以阻止他人已经从事的商业活动；第二，新颖性的判定与专利侵权判定存在互为镜像的对称关系。在专利申请日前公开的技术构成影响新颖性的现有技术，在专利授权之日后实施则会构成专利侵权。专利侵权的成立并不以侵权意图的存在作为要件，因此在专利申请日前现有技术方案的使用也不以了解其工作原理作为"使用预测"的前提。

本案中，不管是现有技术的使用还是现有技术的公开都没有达到使酸性代谢物可以被制造的程度，但是通过使用预期的情况下，不需要传递任何信息，就能使公众使用在后申请要保护的技术方案（该代谢物）。假设在后申请获得授权，那么在先使用特非那定的行为因为必然会产生该代谢物，从而构成专利侵权。

通过本案总结出的新颖性判定规则在中医药专利中的适用价值表现为，中医药提取物尽管源自天然物质，但并不因为天然物质的存在而丧失新颖性，

---

[1] Lionel, Bently, and Sherman Brad, *Intellectual property law*, London: Oxford University Press, 2001, p. 351.

因为天然物质并不构成能够实现的技术方案。在公众对发明一无所知的情况下，专利制度将专利权授予最先愿意将技术方案向公众披露的发明人而不是最先完成发明构思的人，此时的等价交换物为新的技术方案；而当公众已经从在先技术方案中获得好处并基于此授予在先发明人专利权，在后发明人不能再就该发明是如何产生以及为什么产生的描述而获得专利授权，发明的工作原理以及发明的改进动机已经被隐含在对发明本身提供保护的专利权范围内，上述特征限定的技术方案不能被视为垄断权的等价交换物。

　　公开使用对在后申请的预测不包括秘密使用及隐藏使用，秘密及隐藏使用导致技术内容没有公开无法为公众获知，因此不能用来预测在后申请的技术方案。我国《专利审查指南》中被广泛引用的判断标准是"有关技术内容处于公众想得知就能够得知的状态，就构成使用公开，而不取决于是否有公众得知"。[1]《欧洲专利公约》中有关于秘密使用的规定。《美国专利法》第102条第（g）款规定，秘密使用指的是，发明人压制、隐藏不让公众获得其技术方案，即刻意隐藏技术方案使其处于公众无法获得的状态。只要使用行为本身是公开的，物质本身具有隐含属性并不构成秘密或隐藏使用，公众也无需承认该隐含属性的存在，只要公众通过使用实际享有该隐含属性带来的好处即构成隐含公开。在 Dunlop Holdings Ltd. v. Ram Golf Corp. 案中，某种特制的高尔夫球专利申请由于在先出售丧失了新颖性，虽然发明人辩称该高尔夫球的制造方法并未被公开，因此在先出售构成所谓的"秘密使用"。但法院否定了这一观点，法院认为即使该高尔夫球的某种特质是隐藏的，但公众对此高尔夫球本身的使用是公开的，公众已经通过高尔夫球的使用获得了好处，无论公众是否了解其特质，都不影响该高尔夫球已经被公开的事实。在 Abbott Laboratories v. Geneva Pharmaceuticals, Inc. 案[2]中，联邦巡回上诉法院认为，涉案专利技术为 iv 型药物化合物的特殊配方。在诉讼过程中，被诉侵权一方发现一家澳大利亚公司向美国出售了这种药物化合物，而无论是买方或卖方都不知道所售出的某些产品实际上是 iv 型药物化合物。法院认为，该种使用已经构成了影响新颖性的公开使用，即使技术使用方并不知道其使用的技术是什么，公众已经可以通过公开使用获得该化合物。在诉讼前，实际上没人

---

〔1〕　崔国斌：《专利法：原理与案例》，北京大学出版社2012年版，第179页。
〔2〕　182 F. 3d. Fed. Cir. 1999.

知道 Byron Chemical 公司已经销售后来在第 5504207 号专利中要求保护的特殊晶型的特拉砷嗪盐酸盐。该销售活动只是笼统地说是无水特拉砷嗪盐酸盐，而没有具体地说出售第 IV 种结晶无水物。只是在多年以后，为了第 5504207号专利诉讼而对这些样品进行试验，才发现授予专利的化合物在申请专利之前已经销售了好几年。[1] 但是地方法院及联邦巡回上诉法院均认为，许诺销售无需确定一项发明的全部特征才能引起销售禁止。销售交易的当事人不需要知道所有这些特征的意义。如果许诺销售的产品本身具备了权利要求中的所有限定，则销售禁止就能适用。[2] 在 Lockwood v. American Airlines, Inc.案[3]中，现有技术中公开了一种航班预订系统——SABRE 系统，虽然现有技术公开时 SABRE 系统的算法并未公开，因此本领域技术人员并不了解SABRE 系统的运行方式也无法构建该系统，但法院认为即使在后申请对系统进行了改进，由于相同的系统已经通过使用被公开，因此在后申请不具有新颖性。此外，尽管本领域技术人员无法构建系统，但现有技术对 SABRE 系统的公开已经达到能够实现的程度。由此可知，在先使用中如果包含固有的但未被本领域技术人员知晓的隐含特征，且公众通过在先使用能够获得隐含特征带来的好处，则在先使用将隐含公开在后申请，在先使用的技术方案可以是专利技术也可以是非专利技术。如果在先技术为非专利技术，只需达到本领域技术人员能够实施的程度。

如果在后申请要求保护的是现有技术实施所必然产生的结果，则在后申请因为被预测而丧失新颖性。在后技术方案的改进并未增加额外的更好的技术效果，公众所获得的好处还是由在先技术方案带来的，也就是说，当在后改进不存在实质性技术贡献的情况下，不能产生值得授予专利权的"新的发明创造"。隐含公开中隐含的对象可以是对比文件中的隐含特征，也可以是整个对比文件本身。隐含特征可以是：（1）《专利审查指南》中规定的隐含特征。本领域技术人员在阅读对比文件之后可以直接地、毫无疑问地确定的技术特征，即为实现发明目的和解决技术问题所必须具有的技术特征。如果对

---

〔1〕 [美] 罗杰·谢科特、约翰·托马斯：《专利法原理》（第 2 版），余仲儒组织翻译，知识产权出版社 2016 年版，第 80 页。

〔2〕 [美] 罗杰·谢科特、约翰·托马斯：《专利法原理》（第 2 版），余仲儒组织翻译，知识产权出版社 2016 年版，第 80~81 页。

〔3〕 107 F. 3d 1565, 1570 (Fed. Cir. 1997).

比文件中没有明确记载某一步骤，但根据对比文件的整体内容，所属领域技术人员可以确定，在实施所述方法时，除对比文件已明确记载的步骤外，还必然包括所述未明确记载的步骤，则所述未明确记载的步骤属于对比文件隐含公开的内容。在第 17388 号无效决定（200410026037.8）所涉案件中，权利要求 2 保护由 15 味中药组成的治疗急、慢性肾炎的中药制剂，用生产工艺流程限定生产工艺流程中包括将其中的 11 味中药原料"混合加水煎煮 2 次，"未明确记载"混合"步骤。决定认为，中药领域中，除非特别强调应单独煎煮操作，否则所属领域技术人员不会考虑将上述 11 味药单独分开——煎煮再合并，证据 1 中虽未明确记载，但其实质上已隐含公开了"混合"煎煮的特征。[1]（2）可以是物质的固有属性。（3）必然产生的结果。对比文件中缺乏隐含特征，包括两大方面的原因：一是专利申请人在撰写申请文件时遗漏了相关的技术特征或者是没有认识到技术特征对于技术方案的贡献；二是专利申请人为获得更大的权利保护范围，采取了较为宽泛的撰写方式。

新颖性判断中如果存在隐含公开的情形，会增加专利有效性判断的难度。

首先，隐含公开是否存在不应以本领域技术人员在技术公开之时是否意识到隐含特征的存在或对比文件中方法的工作原理为前提，而应以技术方案与在先技术对比是否具有技术贡献作为主要考量因素。如果某技术特征为技术方案所固有，并且为实现技术效果，解决技术问题作出技术贡献，该特征在未明确记载的情况下构成权利要求的隐含特征。在判断专利有效性时，应将该特征读入权利保护的范围；而在理解专利文献外的其他现有技术时，也将隐含特征作为技术方案的一部分。

其次，隐含公开的程度应当与其作出的技术贡献相适应，因此判断隐含公开时应当结合技术方案的具体类型及权利要求保护的范围综合考虑。对比文件中的技术方案涉及新的产品时，该产品的制备方法为实现技术效果的必要技术手段，使用对产品的公开需要以公众可以通过使用了解掌握产品的内部结构为前提，而其使用方法可视为固有特征；当对比文件中的技术方案为方法、步骤时，对于该方法步骤的公开使用就满足能够实现的要求，方法的工作原理可以视为其实现过程中的固有特征。对产品而言，现有技术公开其

---

〔1〕　国家知识产权局专利复审委员会编著：《以案说法——专利复审、无效典型案例指引》，知识产权出版社 2018 年版，第 90 页。

制备方法或使用方法即满足能够实现的要求，因为不管是公开制备方法还是使用方法都能使公众通过使用获得该发明带来的好处。在这种情况下，该产品的固有特征也被现有技术隐含公开。如果在后申请对同样的产品提出权利要求，虽然以现有技术没有公开的方法特征对其进行限定，但只要该产品的结构没有发生实质改变，其已经被现有技术隐含公开，丧失了新颖性。诚如所言，针对某一限定内容进行创新属性上的判断，其目标是确定所要保护的方案是否基于该限定内容的存在而具备改进，而不是确定该限定内容的有无进而结合该有无结果来重新确定权利要求的保护范围。[1]如果对比文件公开的是化合物的已知用途，并不能隐含公开在后发明的该物质的新用途。在Rapoport v. Dement 案[2]中，将丁螺环酮用于治疗焦虑和用于治疗睡眠呼吸暂停是两种不同的目的，前者不能预测后者。即使化合物的结构是已知的，实践中仍然需要通过一系列复杂的技术手段包括反复的实验才能"发现"该物质不同于现有用途的新用途。换言之，该化合物特定用途的产生并不是该化合物与生俱来固有的，而是通过发明人的人工改造后天获得的，因此发明人值得获得专利保护。该案与 In re Cruciferous Sprout Litigation 案的关键区别就在于此，In re Cruciferous Sprout Litigation 案中的十字花椰科植物本身即具有抗癌的效果，而对花椰科植物的食用并非一项具有创新性的技术手段，因此可以说花椰科植物的抗癌效果为其固有属性，公众在专利申请日以前就已经通过食用花椰菜获得了其固有特性所带来的好处，而在本案中，药物新用途并非化合物的固有属性，不通过发明人的改造，公众无法获得额外的好处。

最后，隐含公开在专利有效性的不同具体判断标准中要求达到的程度存在差异。比如，现有技术中的隐含公开只需要达到技术方案可以实施的程度；而充分公开中的隐含公开必须表明本领域技术人员已经掌握了专利技术。如果发明人在提出专利申请之时，尚未完全完成发明构思，对技术方案公开的程度达不到书面描述的要求。即使公众在无意识的情况下制造或使用了该技术方案，因为公开是不充分的，公众并没有真正获得技术方案带来的好处。根据公开换取垄断的对价原则，专利制度更应当将专利授予给在后真正完成发明构思，从而使公众更直接、更准确地获得技术贡献的发明者。因此，在

---

〔1〕 王宝筠："浅议方法限定产品权利要求的保护范围"，载《中国发明与专利》2019 年第 1 期。

〔2〕 254 F. 3d 1053, 1060-61 (Fed. Cir. 2001).

判断公开是否充分时，一般是不考虑隐含公开的，除非发明人能够证明技术方案的固有特征是自申请之日起就具有的。不论技术方案处在授权前还是授权后的状态，评估技术方案公开是否充分时，发明者的利益只是预期利益，公开的程度和内容将决定发明者是否应当获得专利授权以及权利保护的范围。而当某一技术方案因公开成为现有技术时，现有技术带给公众的是既得利益。也就是说，成为现有技术的技术方案已经处于公众想获得就可以获得的状态，可以推定公众已经从现有技术中获得了好处。这时，就必须考虑现有技术中是否包含未明示的隐含特征，如果现有技术隐含公开了在后申请，专利制度就应当否定在后申请的新颖性。

　　新颖性是发明创造获得专利授权需要满足的实质性条件之一，专利申请人只有在证明专利申请与现有技术构成不同内容的情形下，才能获得新颖性。基于"实质同一性"的限制，中药专利的申请人需要克服新颖性判定中"隐含公开"的限制，证明专利申请的新颖性并非由技术方案的固有属性产生。2020 年新的《药品注册管理办法》公布之后，中药新药开始施行新的分类标准，中药改良型新药、古代经典名方中药复方制剂明确被纳入中药新药的范畴。当创新主体就一类新药取得专利权并公开技术方案后，对改良型新药专利的申请就需要采取更加审慎的策略。改良型新药就是在已知活性成分上，对结构、剂型、给药途径、适应症进行优化形成的新药。改良型新药之所以是新药在于其产生了新的药用效果。但是从取得专利的角度看，如果在专利申请中没有通过合理的方式概括技术贡献，使其与在先技术区别开来，改良型新药也会因为不具备新颖性而无法获得专利授权。为破解上述难题，中药新药的专利申请人首先应当合理界定专利申请中的技术主题，以避开现有技术隐含公开的内容。其次，在以理化参数、效果参数限定专利申请时，应尽量在说明书中对限定特征加以解释，以阐明限定特征带来的实际技术贡献。

第六节　中医药专利创造性的判断

一、创造性判断的比较研究

（一）美国专利制度中非显而易见性的判定

在 1952 年《美国专利法案》之前，非显而易见性的评估并不属于成文法的内容。专利局和法院将非显而易见性作为对审查技术是否满足权利保护要求实质性要件的一部分。在第一例和非显而易见性相关的重要案件中，美国联邦最高法院认为可专利性不只要求新颖性，还要求发明比普通的技艺展现出更具有创造性的技巧。[1]法院接下来使用相对严格的标准判断哪些技术与现有技术相比具有实质的不同，认为专利法并不是设计用来"对每一项微不足道的发明，每种想法，每一项技术的改进都授予垄断权的，如果这些（发明、想法、技术）在正常的生产过程中对技术人员或操作者来说能够自然自发地产生"。[2]后来法院甚至要求发明"必须揭示创造性的天才闪光"。[3]同时期的其他案子所发展出的判案原则还有"明显可试"原则，即如果能够证明专利申请人的技术与现有技术相比所具有的不同是"明显可试的"，申请的技术因为缺乏创造性可以被认定无效。[4]司法实践中发展出的上述标准过于抽象并导致专利的实质性要求过高，后1952年《美国专利法案》将非显而易见性的要求正式引入了成文法中。

非显而易见性的标准随后在一系列案件中被建立。[5]这些案件表明需要通过事实厘清多项法律问题才能最终决定发明是否具有非显而易见性：首先，现有技术的内容和范围必须被考虑清楚；其次，现有技术和申请专利的发明之间的差异必须被比较；最后，需要借助现有技术评估本领域技术人员是否很容易或能够合理地联想到要求保护的技术所作出的改变。[6]评估过程中考虑的次要因素包括技术是否具有商业成功的潜在可能，是否解决了长期以来面临的技术问题，研究结果是否具有不可预测性，以及他人从事同一研究的程度。比如，当不同的人在同一时间分别独立地研发出类似的方法时，可能表

---

〔1〕 Hotchkiss v Greenwood, 52 U. S. 248（1850）, 11 How. 248, 13 L. Ed. 683；Lange/LaFrance/Myers, Intellectual Property, Cases and Materials, 474.

〔2〕 Atlantic Works v. Brady, 107 US 192；2 S. Ct. 225, 27 L. Ed. 438（1883）.

〔3〕 Cuno Engineering Corp., 314 US 84, 51 U. S. P. Q. 1（1941）.

〔4〕 Trask A V, "'Obvious to Try': A Proper Patentability Standard in the Pharmaceutical Arts", Fordham L. Rev., vol. 76, no. 2（2007）, p. 2625.

〔5〕 Graham v John Deere Co. Graham v John Deere Company Kansas City, Calmar, Inc., v Cool Chemical Company, ColgatePalmolive Company v Cool Chemical Company, 383 U. S. 1, 86 S. Ct. 684, 15 L. Ed. 2d 545, 148 U. S. P. Q. 459（1966）.

〔6〕 Davis M D, "Patenting of Products of Nature", 21 Rutgers Computer & Tech. LJ, vol. 21（1995）, 1995, p. 304.

明了这种方法是显而易见的。[1]

和相关现有技术对新颖性的影响不同，判断创造性的参考文件不需要公开整个发明，显而易见性都是在结合两项或更多的现有技术作为参考然后判断出来的。[2]美国联邦巡回上诉法院为了使创造性判断更加协调一致，采用了"教导-启示-动机"检验法。[3]由于"发明的天才之处往往是已知的元素的组合，在事后看来似乎是注定的"。采取这一标准是为了防止对现有技术的事后眼光分析。发明的每一项要素都在现有技术中已知不足以表明显而易见性，只有在"结合现有技术的动机或指导"能在本领域技术人员的尝试中体现出来时才能表明这种结合是显而易见的。[4]借助"教导-启示-动机"判断发明是否显而易见的方法引发了另外一个问题，即在后来具体的案例中所表明的"组合参考的标准是否必须严格地适用"。[5]这种测试方法使得创造性的判断标准降低了，这导致那些和现有技术组合对比后没有明确包含组合的建议或动机的技术也获得了专利，美国联邦最高法院在此后的 KSR 案中放弃采纳了这一降低的判断创造性的标准。

在本案中，法院结合了两项现有技术作为参考要素来判断发明是否"非显而易见"。美国联邦最高法院并没有采取"教导-启示-动机"的标准，而是适用了"明显可试"的标准，在这个标准下，不仅是专利权人直接试图解决的问题，该领域的任何问题以及所有现有技术中披露的超出了申请技术主要目的用途的问题都会被纳入考虑范围。[6]如果本领域技术人员从有限数量的、明确的、可预测的解决方案中选择一项解决方案，而成功是可以预料的，以明显值得尝试为理由认定发明申请不具备创造性。[7]此案中，美国联邦最高法院拒绝适用美国联邦巡回上诉法院在 TSM 案中采取的测试方法。美国联

---

〔1〕 LaFrance M, Lange D L, Myers G, *Intellectual Property Cases and Materials*, Thomson West, 2007, p. 480.

〔2〕 Re Vaeck, 947 F. 2d 488（1991）；Lemley M, Menell P, Merges R, *Intellectual Property in the New Technological Age*, New York：Aspen Law & Business, 2003, p. 226.

〔3〕 石必胜：《专利创造性判断研究》，知识产权出版社 2012 年版，第 74 页。

〔4〕 Al-Site Corp. v. VSI Int'l, Inc., 174 F. 3d 1308, 1323-1324（1999）；McGingley v Franklin Sports, Inc., 262 F. 3d 1339, 1351（2001）.

〔5〕 See McGinley v. Franklin Sports, Inc., 45 F. Supp. 2d 1141（D. Kan. 1999）.

〔6〕 KSR International Co. v Teleflex Inc., 127 S. Ct. 1727（2007）.

〔7〕 石必胜：《专利创造性判断研究》，知识产权出版社 2012 年版，第 85 页。

邦最高法院倾向于认为，应当采取更为严格的标准评价发明是否具有非显而易见性，否则与追求现代技术的多样性和创新的目标不相符合，因此本案相对 TSM 测试法而言提升了创造性高度的门槛。

美国联邦最高法院再次回到 Graham 案的因素中而不是适用严格的 TSM 标准。虽然现有的证据尚无法说明美国联邦最高法院对 KSR 案的判决是否拉高了非显而易见性的门槛，但是 KSR 案对非显而易见性的判断确实产生了影响。[1]

学术界存在抵制在生物技术案件中适用"明显可试"标准的观点。首先，专利法规制的客体是多面的，并且针对相应的工业和市场需求，专利法因此是具有技术特定性的，对非显而易见性的评估应当将这一点考虑在内。[2] KSR 案是针对机械专利进行的判决，因此并不应当作为对生物技术和医药领域的专利案件有约束力的先例。在 KSR 案之前，美国联邦巡回上诉法院的判决采取较为宽松的标准判断生物技术案件中的非显而易见性。[3]在生物技术专利案件中不适用"明显可试"的标准在后续的案件中也被认可。[4]但是 KSR 案的判决对生物技术专利产生的影响还需要进一步的观察，在后续的案件中生物技术专利的判断性标准还在改变，比如美国联邦法院认为即使现有技术已经表明了应当选取哪种（某种）成分进行药品研究，如果技术的改进能够被预测，那么这种改进是显而易见的。[5]

学术界和司法界抵制在生物技术案件中适用"明显可试"标准主要是因为在高度复杂的系统如生命系统中使用的化学物质的性质基本上是很难预测的，化学结构很细微的改变可能导致治疗效果产生很大的改变。[6]这种理由同样应当在包括复杂的产品制备过程并具有同等不确定性的其他生物技术领

---

〔1〕 Wegner H C, "Chemical and Biotechnology Obviousness in a State of Flux", *Biotechnology Law Report*, vol. 26, no. 5（2007），p. 439.

〔2〕 Burk D L, Lemley M A, "Is patent law technology-specific", Berkeley Tech. LJ, vol. 17（2002），p. 1155.

〔3〕 Pfizer v. z Apotex 480 F. 3d 1348（2007）.

〔4〕 O' Farrell 853 F. 2d 894（1988）; Deuel 52 F. 3d 1552（1995）.

〔5〕 Takeda Chemical Industries, Ltd. V Alphapharm Pty. 492 F. 3d 1350（2007）; Trask A V, "Obvious to Try: A Proper Patentability Standard in the Pharmaceutical Arts", Fordham L. Rev., vol. 76, no. 4（2007），pp. 2625~2657.

〔6〕 Wegner H C, "Chemical and Biotechnology Obviousness in a State of Flux", *Biotechnology Law Report*, vol. 26, no. 5（2007），pp. 437~440.

域适用。[1] 生物技术专利中最重要的判断标准是非显而易见性或创造性。大多数研究活动是在在先发明的基础上完成的，目的在于作出技术进步或者找寻与在先技术不同的新的应用。但是对于生物技术方法的使用而言，存在较大的不确定性，即使最小的改变也会产生意想不到的效果并增加工程失败的概率。[2] 因此，在医药和生物技术试验中，重大的创新是不常见的。[3]

（二）欧盟的创造性判断标准

欧洲专利局评估创造性的标准是客观的，称为"问题和解决方法"，主要由三个阶段组成：（1）确定最接近的现有技术；（2）确定要解决的技术问题；（3）从最接近的现有技术和客观的技术问题出发，考虑要求保护的发明对本领域技术人员是否明显。[4] 为了决定什么是最接近的现有技术，假设发明者完成发明依赖于那些最接近要求保护的技术文件，最接近的现有技术记载的技术与要求保护的技术解决同一技术问题并且构成要求保护的技术进步的最可能起点。[5] 在本领域技术人员看来，现有技术解决的技术问题在优先权日或申请日之间是可以鉴别的，显而易见性的判断是通过本领域技术人员的视角，与最接近的现有技术进行对比，判断要求保护的技术是否解决同一技术问题。[6] 本领域技术人员在进行判断时，假设其为相关领域具有专业知识的普通实践者，本领域技术人员具有相关领域的技术知识，并且能通过常规工作和常规实验获取和掌握知识和技艺中的常见一般知识，但是他并不具有创造能力。[7]

欧洲专利局（EPO）认为创造性的评估应避免事后的分析。[8] EPO 上诉

---

〔1〕　Ducor P G, *Patenting the recombinant products of biotechnology*, Kluwer Law International, 1998, p. 22.

〔2〕　Gallini N, Scotchmer S, *Intellectual Property: when is it the best incentive system?*, *Innovation Policy and the Economy*, MIT Press, 2002, p. 51.

〔3〕　Lanjouw J O, "The Introduction of Pharmaceutical Product Patents in India: Heartless Exploitation of the Poor and Suffering?", *National Bureau of Economic Research*, 1998, pp. 135~136.

〔4〕　T 1/80-Bayer/Carbonless copying paper, 〔1979-85〕E. P. O. R. B250; T 24/81- BASF/Metal refining, 〔1979-85〕E. P. O. R. B354; Guidelines for Examination in the European Patent Office Part C, Chapter IV, 11. 5.

〔5〕　Hacon/Pagenberg, Concise European Patent Law, EPC 2000, Article 56, note 10.

〔6〕　Hacon/Pagenberg, Concise European Patent Law, EPC 2000, Article 56, note 12; Guidelines for Examination in the European Patent Office Part C, Chapter IV, 11. 5. 3.

〔7〕　T 39/93-Allied Colloids, 〔1997〕O. J. EPO 134; Tritton, Intellectual Property in Europe, 2-074; Hacon/Pagenberg, Concise European Patent Law, EPC 2000, Article 56, note 3.

〔8〕　T 465/93 A B1 96, 32; Tritton, Intellectual Property in Europe, 2-076.

委员会主要考察本领域技术人员的动机而不是以客观标准衡量发明创造能否形成。问题并不在于发明在客观上能否产生，如果本领域技术人员受常识和自身知识的限制无法"想到"该发明，则该发明具有创造性。这一标准指出，为了否定创造性步骤，要求本领域技术人员主观上能够采用要求保护的技术，客观程度上对技术成功合理预期是不足以否定创造性的。[1] 如果发明与现有技术相比具有预料不到的技术效果，则不必再怀疑其技术方案是否具有突出的实质性特点，可以确定发明具备创造性。

有时在实践中难以判断本领域技术人员是否能够以发明同样的方式解决技术问题，EPO形成了附加的标准为此提供指导。结合不同来源的现有技术可能导致发明具有显而易见性，只有在本领域技术人员将这些来源不用的现有技术放在一起考虑时才会出现上述这种情况。来源越多地被组合在一起，组合的非显而易见性就越显著。[2] 另外的启示包括与常规的背离，如发明解决了人们一直渴望解决但始终未能获得成功的技术难题，或发明取得了商业上的成功，克服了技术偏见等。[3]

EPO负责与传统知识有关的专利审查人员指出，在判断创造性时，如果传统知识被纳入考量范围，专利审查人员将利用传统知识一步一步地限缩权利要求，通过与最接近的现有技术进行比对，才能判断权利要求保护的技术是否具有创造性。也就是说，在实践中，相比于其他类型的现有技术，传统知识不会被区别对待。

二、中医药专利创造性判断难题与司法适用

(一) 中医药专利创造性判断难题

我国中药专利创造性判断标准存在历史演变的过程。在初期阶段由于中药专利申请量不大，实践中主要参照化学药的审查标准判断创造性，具体而言就是借鉴欧洲专利局发展的三步检验法。与新颖性的单独比对原则不同，在创造性的判断中，审查员可以参考多份对比文件来评价专利申请的创造性。三步检验法的应用首先要寻找最接近的现有技术；其次将专利申请的技术方

---

〔1〕 T 2/83 – Rider, 〔1984〕 O. J. EPO 265.

〔2〕 Hacon/Pagenberg, Concise European Patent Law, EPC 2000, Article 56, note 14.

〔3〕 Hacon/Pagenberg, Concise European Patent Law, EPC 2000, Article 56, notes 20–23；Tritton, Intellectual Property in Europe, 2–078ff.

案与最接近的现有技术进行对比，找到区别技术特征；最后通过区别技术特征在请求保护的技术方案中的作用、功能或技术效果，确定发明实际解决的技术问题。如果发明实际解决的技术问题对本领域技术人员而言是显而易见的，那么专利申请就不具有创造性。判断发明或实用新型对本领域技术人员来说是否显而易见，要确定的是现有技术整体上是否存在某种技术启示，即现有技术中是否给出将该发明创造的区别技术特征应用到最接近的现有技术以解决其存在的技术问题的启示，这种启示会使本领域技术人员在面对相应的技术问题时，有动机改进最接近的现有技术并获得该发明或者实用新型专利技术。

从中医药领域的创新路径来看，实务工作人员结合与专利有效性相关的技术主题将中药创新总体上分为两大类：活性成分改进和制剂改进，而在活性成分改进中又按照创新等级分为有效单体、有效部位、复方，制剂改进中按照创新等级分为新剂型、辅料改进和制剂工艺改进。[1] 在实践中，比较容易从创造性上遭遇专利有效性挑战的技术主题为中药组合物（中药复方）。我国中药复方的研究大都基于古方经典方，但古方经典方通常会被大量文献书籍公开，因此，简单的重复模仿和等效替换很难被认可创造性。[2]

具体而言，中药组合物的判断难题表现为以下三个方面：第一，难以找到最接近的现有技术。实践中，中医药专利创造性判定的难题在于找不到最接近的现有技术。某些现有技术虽然从药物的组分上来看与专利申请非常接近，但不一定构成最接近的现有技术。在中药领域最接近的现有技术不应当以技术方案的对应作为标准，而应该比较现有技术与专利申请在疗效上的区别，如果两者的实质效果没有实质区别，才构成最接近的现有技术。《中药领域发明专利申请审查指导意见（征求意见稿）》规定的创造性判断标准也体现了这一审查思路。最接近的现有技术，是指现有技术中与要求保护的发明最密切相关的一个技术方案。它既可以是与要求保护的发明技术领域相同，所要解决的技术问题、技术效果或者用途最接近和/或公开了发明的技术特征最多的现有技术，也可以是与要求保护的发明技术领域不同，但能够实现发

---

〔1〕　张朝磊等："我国中药专利涉及创造性法条的司法判例分析"，载《中国新药杂志》2018 年第 2 期。

〔2〕　张朝磊等："我国中药专利涉及创造性法条的司法判例分析"，载《中国新药杂志》2018 年第 2 期。

明的功能，并且公开发明的技术特征最多的现有技术。在中药组合物加减方的判断中，最接近的现有技术通常比较难以选取。因为申请人为了保证中药组合物的创新性，通常在药物组合中添加了几十位药物甚至上百味药物。从审查实践的裁判原则来看，对最接近现有技术的寻找首先要考虑药效是否接近，其次再进行技术方案的比对。在莫某向与国家知识产权局专利复审委员会行政纠纷案[1]中，法院认为，最接近的现有技术选取首先应从发明实现的功能及所声称要解决的技术问题上看，对中药组合物而言，主要是比较其功效的相似性；其次再评价具体的技术方案，本案中申请和对比文件药效相似，技术方案在选取材料及用量方面也有诸多相同或相似，因此构成最接近的现有技术。

第二，实际达到的技术效果难以确定。中药的研发过程与西药不同，西药的研发注重药效的实验数据，而中药是从经验事实出发的。如果说明书中没有给出足够的实验数据，发明人声称发明所能达到的技术效果与发明实际能达到的技术效果就会出现偏差。在李某与国家知识产权局专利复审委员会行政纠纷案[2]中，权利要求请求保护的技术方案与对比文件相比，差别在于原料组成以及原料用量。申请人在说明书中只记载了原料及其剂量的筛选过程，并未记载原料及剂量筛选过程的实验数据。可见，说明书公开的内容仅仅是对选材的原因和结论进行描述，而不是对具体的筛选实验过程的记录。鉴于说明书中没有记载任何所述保健酒的有益效果实验资料，也没有记载有关原料及其剂量的筛选过程的实验资料，即可以认为上述原料及剂量的选择属于本领域技术人员基于公知常识中关于疾病治则和中药功效的知识进行的常规选择。

第三，是否存在技术启示难以确定。技术启示可以从现有技术中寻找，也可以结合公知常识进行判断。从中药组合物的创新途径来看，有99%以上都是通过合方化裁形式而形成的加减方，即"A+B"型的自组方，判断组合物创造性的关键在于组合物是否通过组合产生了协同增效的技术效果。如果存在对比文件1和对比文件2结合在一起就构成专利申请文件，需要找对比文件3来提示两者的结合。

---

[1] 北京知识产权法院行政判决书［2017］京73行初820号。
[2] 北京知识产权法院行政判决书［2015］京知行初字第5813号。

针对上述实践难题，下文结合中药组合物中的两种常见类型即自组方和加减方予以说明。（1）自组方。从《中药领域发明专利申请审查指导意见（征求意见稿）》中的审查原则来看，由于自组方与现有技术中的已有药方存在显著区别，因此自组方在审查实践中比较容易被认定具有创造性。不管是改变药味的自组方还是依据中医药理论和成方运用的经验直接遣药组方而形成的自组方，如果该技术方案的获得无法从现有技术中得到技术启示或教导，那么只要通过实验数据证明发明取得了有益的技术效果，则该发明具备创造性。（2）加减方。对于加减方发明，由于现有技术已经公开了与其功效主治、组方结构相似的基础方，其发明是在已知基础方的基础上通过药味加减或合方化裁等方法形成的，所以其创造性不易得到认定，需要进行谨慎的判断。

与典型的西药组合物相比，中药组合物的技术特征主要体现在药味和药量上。如果药味及药量的变化仅是遵循中药方剂的一般组方规律以及所属领域的其他通常依据进行的，例如遵循随症加减、数方加减、相互代用、药对配伍等组方规律，以及按照药味的性质性能、用药方法确定药量等，同时这样的变化并未使最终形成的中药组合物在功能、疗效、针对疾病的治法治则等方面产生实质性的变化，则可认为该中药组合物不具备创造性。[1]也就是说，如果申请人无法证明药味和药量的变化带来了药效的改变，很难在审查实践中说服审查员认定中药组合物专利具备创造性。

（二）中医药专利创造性司法适用

《中药领域发明专利申请审查指导意见（征求意见稿）》公布的中药组合物专利创造性判断标准既遵循了专利创造性判断的一般规律，也充分考虑了中医药技术的特点。创造性要求发明创造在现有技术的基础上具有突出的实质性特点和显著的技术进步。发明创造实际产生的技术贡献需要结合说明书公开的内容，在现有技术的基础上进行评判。技术贡献的衡量主要以技术问题的解决和技术效果的产生作为依据，改变技术手段并不一定能够产生具有创造性的发明。从中药组合物的创新路径来看，如果技术手段的改进体现为药味和药量的改变，就应当通过相应的试验数据证明药效方面产生了意料不到的技术效果。药物的组成和药物的剂量是中医组方的两个实质精髓，在

---

[1]　宋江秀、周红涛："试论中药组合物发明创造性的审查思路和方法"，载《专利代理》2019年第3期。

某些情况下，即使是相同药物组成的药方，因为各药物组成的用量不同，其药物治疗效果也不同。在原天津天士力制药股份有限公司与东莞万成制药有限公司等侵犯专利权纠纷上诉案[1]中，二审中专利权人申请了专家证人并出具了药效学的试验证据，证明了发明专利通过调整药物用量、药效和药物功用产生显著区别，用量的改变导致了新处方的产生，最终为二审法院所接受。有时，药味的替换也能改变药物的治疗效果，比如在辽宁福源药业有限公司与国家知识产权局专利复审委员会行政纠纷案[2]中，专利权人在原料药的选取中用干品代替鲜品，并调整用量。中药原料的鲜品与干品的物理特性与理化特性都存在较大的差别，药品的获取、制备与使用方式也存在差别，并不能确定鲜品制备成干品的过程中，药材中的有效成分是否发生变化。即使两处方的用药配比相同，鲜品与干品都是常用的技术手段，但原料的鲜品与干品在上述方面存在差异，二者的替换并不属于本领域惯用手段的直接替换，也不属于技术特征的等同。

但是，某些情况下，药味和药量的改变并不能产生药物治疗效果的不同。因为中医具有辨证施治的循证治疗理念，对不同的症候可以采用同样的治法，称为异病同治。如果请求保护的技术方案结合公知常识及已经公开的治则治法，在符合治则治法的情况下添加药物，是本领域技术人员基于其所具备的中医技能常识，根据现有技术公开的治则治法，进行药物组分的删减替换，形成的药物组合不具有创造性。[3]

如果技术手段的改进体现在中药组合物剂型的改变上，对技术效果的评价就不应当仅仅局限在药效的改进上，还需要结合说明书公开的内容，评价技术方案是否具有降低毒副作用或增强疗效等技术效果。在陕西东泰制药有限公司与国家知识产权局专利复审委员会行政纠纷案[4]中，二审法院认为，根据本专利说明书第0005段记载，本发明具有降低毒副作用，增加适应证及疗效显著增强等技术效果。被诉决定仅针对本专利防潮、稳定性好及具有更好的药效等技术效果进行评述，而未提及本专利降低毒副作用及增加适应证的技术效果。

---

〔1〕 北京市高级人民法院民事判决书［2006］高民终字第1221号。
〔2〕 北京知识产权法院行政判决书［2016］京73行初888号。
〔3〕 北京知识产权法院行政判决书［2015］京73行初7777号。
〔4〕 北京知识产权法院行政判决书［2015］京知行初字第4395号。

从中医药专利的审查实践和司法适用上来看，中医药专利的创造性判断规则正在朝着贴近中医药技术特点的方向发展。对中医药领域的创新主体而言，应当结合实践中的创造性判断标准，合理研判其技术创新的方向与路径。提出专利申请时，应当通过权利要求书合理界定权利要求的保护范围，突出其发明创造的创新点和技术贡献，不能盲目扩大保护范围。在说明书的撰写中，应当通过实验数据证明发明创造能够实际达到的技术效果，保证权利要求得到说明书的支持。

本章小结

专利制度在中医药传统知识防御性保护上发挥着重要作用，原因在于：专利制度蕴含了医药领域普遍认同的创新保护法则，中医药传统知识借助专利制度可以被区分为属于公有领域的传统知识、属于现有技术的传统知识以及包含在创新成果中的传统知识。专利制度通过有效性的判定机制筛选中医药传统知识中具有创新性的有益成果，合理制定专利保护策略，可以提高中医药产业的创新实力，通过建立技术壁垒的方式实现中医药传统知识防御性保护。本书认为，中医药专利有效性判定的难题在于，专利制度中的基本原则及运行法则具有技术中立的特点，但中医药专利的有效性判断又必须体现中医药的技术特点与特殊创新规律。为此，应当在专利审查及司法实践中，灵活地适用专利有效性判断标准，使之更加贴合产业的发展特点及专利制度的基本内涵。中医药专利有效性的判断中，合理地解释权利要求是判断的起点，充分公开、专利适格性、新颖性及创造性标准的适用都能发挥中医药传统知识防御性保护功能。对政策制定者与司法实践者而言，应当把握专利制度的基本价值目标，结合中医药领域的技术特点，合理制定并适用中医药专利有效性判定规则。对中医药领域的创新主体而言，必须准确理解专利有效性判断的运行机制，提高创新能力、拓宽创新思路，提升专利申请文件撰写质量，以更加有效地利用专利制度保护中医药创新成果。

第四章

中医药传统知识防御性保护
法治中的制度构建

    事先知情同意（Prior Informed Consent，PIC）和利益分享（Benefit Sharing，BS）是《生物多样性公约》（Convention on Biological Diversity，CBD）为遗传资源以及与生物多样性有关的传统知识的获取和利用所确立的两项主要原则。PIC 原则和 BS 原则起源于国际环境保护论坛之后，在国际环境保护的国际公法框架下逐渐形成习惯性规范，并且为其他的国际保护论坛如知识产权国际保护论坛、人权国际保护论坛所接受。目前，遵守 PIC 原则和 BS 原则已经成为广义的遗传资源与传统知识获取和利用的基本要求。在我国的法律保护框架下，《生物安全法》《种子法》中都有获取和利用生物资源需要遵循知情同意和利益分享的具体法律条款。中医药传统知识的获取和利用亦要遵循上述两项基本原则，且已经通过《中医药法》以及《中医药传统知识保护条例（草案）》的具体规定加以体现。

    PIC 原则和 BS 原则在国内的落地实施需要具体的法律制度作为基本保障，也需要通过合理的机制保障制度的实现达到其预期的法律效果和社会效果。为了论证我国的 PIC 和 BS 制度是如何构建以及保护机制是如何形成的，可以从国际发展和本土实践经验两层视角出发进行论证。传统知识保护的问题首先是一个国际保护问题，尤其是在全球面对公共健康危机的后疫情时代，合理制定医药传统知识跨国流动、跨国利用的法律规则体现了国家将医药传统知识作为市场要素进行管理和保护的治理能力。只有及时关注国际论坛中传统知识保护的进展以及各方争议的论点，才能在传统知识保护的国际关系中明确我国遵守 PIC 和 BS 原则应当秉持的立场与相应的策略。其次，本章内容将在我国本土法律语境下，尝试厘清现行法律制度中 PIC 和 BS 规范的法律位阶、法律秩序和价值目标，以期揭示 PIC 和 BS 规范是如何发挥中医药传统知识防御性保护的具体机制进行深入分析。

第一节　知情同意与利益分享原则的建立

由于传统知识的获取和利用是跨境的、全球性的，对传统知识防御性保护问题的讨论需要具备国际视野。对传统资源保护的制度选择，既涉及一国自身利益的考量，又事关国际协调机制的运作。在国际领域，它不仅反映了一种新的利益格局的形成，同时也昭示着后 TRIPS 时代知识产权制度的发展走向。[1] 在国际层面，围绕传统知识保护进行的博弈不仅仅发生在国际环境法领域内，还引发了以 CBD 为核心的国际环境法公约与知识产权国际保护公约之间的冲突。在新一轮的知识产权国际公约修订浪潮中，发展中国家致力于将对传统知识保护的考量引入国际公约的修改中，并要求协调知识产权与传统知识保护之间的关系。知情同意与利益分享原则最初在以 CBD 为主的国际环境公约框架下确立，并在成为国际习惯性规范后，通过国内法的移植在本土环境内产生特定的法律效力。梳理上述两项原则的历史进展、内容性质、具体进路有助于我国在中医药传统知识保护专门制度中引入知情同意及利益分享原则。

一、CBD 框架

事先知情同意（PIC）并非 CBD 中最先提出的新概念，在医疗实践中 PIC 意指患者有权被提供足够的信息并就重要的个人健康作出知情决策。[2] CBD 也并非第一个对 PIC 进行规定的国际环境公约，[3] 但之前的环境法公约中 PIC 的功能主要在于风险控制，PIC 原则和国家主权原则、BS 原则一起构成 CBD 的三大支柱。CBD 框架下推动的 PIC 原则是一种实现国家主权和公平利

---

〔1〕 吴汉东："后 TRIPs 时代知识产权制度的变革与中国的应对方略"，载《法商研究》2005 年第 5 期。

〔2〕 Discussion paper on "Facilitating Prior Informed Consent", CIEL, 19 May 2004, in Sofia R. Hirakuri and Brendan Tobin, "Prior Informed Consent and Access to Genetic Resources and Benefit-Sharing: Paralysis or Prudence?", *Work in Progress*, vol. 17, no. 2（2005），p. 13.

〔3〕 PIC 的概念最显著地出现在国际环境法中，在跨境的危害和危险物质移动的背景下，第一个对 PIC 进行规定的法律强制公约是《鹿特丹公约》，其规定了对某些危险化学品和农药的事先知情同意程序。

益分享目标的途径，实施 PIC 原则的目的不仅在于促进对遗传资源和传统知识的控制与管理，同时也鼓励合同机制在遗传资源和传统知识的交易中发挥作用。CBD 并没有为 PIC 的实施设定明确的步骤，而是在《关于获取遗传资源并公正和公平分享通过其利用所产生的惠益的波恩准则》（以下简称《波恩准则》）中概述获取与利益分享的实践程序并建立了 PIC 体系的基本原则和要素。建立 PIC 体系的基本原则包括：保证法律确定性和准确性；促进遗传资源和传统知识获取的成本最小化；获取遗传资源的限制必须透明，不能与 CBD 的原则背道而驰；在国内法的框架下明确获取 PIC 的方式和路径。《波恩准则》涵盖以下问题：主管当局的建立，实践和期限，规范使用，与相关利益者磋商的机制，获得 PIC 的程序，允许或许可的程序。另外，《波恩准则》还明确了，共同商定条件可以作为认定遵守 PIC 的合同条款。

CBD 除了承认遗传资源的获取和使用应当作为 PIC 原则的适用对象，也将传统知识的获取和使用涵盖其中。CBD 的成员方应当承认在传统知识上的集体所有权并建立相关的政策完善事先知情同意原则。遗传资源与传统知识在法律逻辑上的联系是否固有，传统知识在 CBD 框架中是否处于和遗传资源同样的地位？对此，有些学者认为："资源的使用是附随知识的使用的，因此资源的获取不能在不考虑 CBD8（j）涉及的土著知识的情况下进行。"[1]

但是有学者认为，在 CBD 的背景中最具有争议的内容就是传统部落关于药用植物和特殊植物品种培育的传统知识。[2] 在 CBD 缔结之前，有国际条约将遗传资源看作"人类共同遗产"，因此遗传资源属于可自由交换的对象。[3] 在 CBD 缔结的协商过程中，发展中国家的成员方认为遗传资源属于"人类共同财产"的观念是一种殖民主义形式，这种观念将促使发达国家持续地掠夺发展中国家的遗传资源。在发展中国家的坚持下，CBD 的序言中重新确认了对于遗传资源的国家主权。CBD 虽然不断地强调将传统社区包含在其中的需

〔1〕 Coombe, Rosemary J, Intellectual Property, Human Rights & (and) Sovereignty, "New Dilemmas in International Law Posed by Recognition of Indigenous Knowledge and the Conservation of Biodiversity", Ind. J. Global Legal Stud., vol. 6 (1998), p. 59.

〔2〕 Moran, Katy, "Bioprospecting: lessons from benefit-sharing experiences", *International Journal of Biotechnology*, vol. 2, no. 1 (2000), p. 132.

〔3〕 参见 1983 年联合国粮农组织《植物遗传资源国际承诺》的目标和 1982 年《联合国海洋公约法》的序言。

要，但相比遗传资源的国家主权原则，CBD 只是模糊地承认了本地和土著社群的权利。[1] CBD 第 8（j）款要求成员方促进传统知识更广泛地使用，且是"在传统知识，创新和实现的提供方的赞同和参与下"。"赞同和参与"并不完全与 PIC 相同，"赞同"虽然与"同意"是近义词，但是并没有清楚地指明赞同必须是基于对相关信息的事先完全披露。自从 CBD 签署后，PIC 原则已经成为一种国际规范性准则，国内法也在积极地尝试通过法律措施移植这项原则。

PIC 概念的出现是和"生物海盗"现象的出现紧密联系在一起的。[2] 如果没有对"生物海盗"的关切，便不会激发以 PIC 作为传统知识的获取和使用规则的提议。"生物海盗"的出现是用来形容发达国家的公司针对遗传资源和传统知识的搭便车行为。"知识产权海盗"一词可以用来类比，帮助理解"生物海盗"的含义。"知识产权海盗"具有强烈的政治意味，隐藏在其后的是对药品、音乐唱片、电影在全球范围内的复制和售卖的一种谴责，不管这些产品是否受到国内专利法或版权法的保护。如果在某些国家或区域的市场，药品是不受到专利保护的，那么这种行为很难被称为一种海盗行为。同样的，"生物海盗"被用来形容个人或公司未经授权对具有商业化效用的遗传资源或传统知识的收集使用的行为。[3]

二、WTO 内部机构

TRIPS 与 CBD 之间的关系除了在 CBD 框架下进行讨论之外，还在 WTO 内部机构中展开。部长级会议是 WTO 最高的决策机构，至少两年举行一次，对 WTO 管理下的条约涉及的事项进行决议，部长级会议可能引发多边贸易谈判。在 2001 年 11 月举行的部长级会议上，WTO 成员部长开启了"多哈回合"多边贸易谈判，由于谈判工作主要围绕与发展相关的议题展开而被称为

---

〔1〕 Firestone, Laurel A, "You say yes, I say no: defining community prior informed consent under the convention on biological diversity", Geo. Int'l Envtl. L. Rev., vol. 16（2003）, p. 171.

〔2〕 Graham Dutfield, "Protecting the Rights of Indigenous Peoples: Can Prior Informed Consent Help?", in R. Wynberg et al.（eds.,）, *Indigenous Peoples, Consent and Benefit Sharing: Lessons from the San-Hoodia Case*, Springer Science+Business Media B. V., 2009, pp. 56~57.

〔3〕 Graham Dutfield, "Protecting the Rights of Indigenous Peoples: Can Prior Informed Consent Help?", in R. Wynberg et al.（eds.,）, *Indigenous Peoples, Consent and Benefit Sharing: Lessons from the San-Hoodia Case*, Springer Science+Business Media B. V, 2009, p. 56.

"多哈发展议程"。[1]多哈第四届部长级会议的第 19 部分包括 TRIPS 委员会对遗传资源和传统知识的讨论。提议要求对第 27.3（b）条进行修订以引入来源披露、事先知情同意和利益分享的证据以证明来源。[2]多哈发展议程实际上包括了对遗传资源和传统问题的讨论，但就此问题的谈判被 TRIPS 和公共健康之间的争论给覆盖了。[3]原因在于，与 WTO 第四届部长级会议最终达成了《TRIPS 与公共健康多哈宣言》不同，TRIPS 与 CBD 之间关系的谈判并未达成一致意见。WTO 第四届部长级会议最终达成了《TRIPS 与公共健康多哈宣言》，就 TRIPS 协定和公共健康领域的相关问题进行了澄清。[4]参考在 2001 年 WTO 外交大会上美国表示支持多哈发展议程中就遗传资源和传统知识的谈判，同意 TRIPS 委员会对"TRIPS 与 CBD 之间的关系"进行审查。在 2004 年向 TRIPS 委员会提交的书面报告中，美国重申了其对 CBD 目标的支持，重申成员方在一些政策目标上享有共识。这些共识包括："（1）确保经过事先知情同意的对遗传资源和传统知识的获取；（2）对遗传资源和传统知识的应用进行公平公正的利益分享；（3）防止问题专利的产生。美国支持这些目标并且持续地鼓励对传统知识和土著与当地群体的应用进行利益分享。"[5]美国指出，在其国内已经通过美国国家公园建立了遗传资源获取的管理体系。但是美国同时坚持认为合同能够有效地保证在提供国的遗传资源持有人和申请专利的研究人员之间的合理的利益分享。[6]因此，2003 年 9 月在坎昆举行的第五届部长级会议上没有达成特别的结果。

---

〔1〕 See the second paragraph of the Doha Declaration.

〔2〕 WTO Doc., IP/C/W/368.

〔3〕 The Relationship between the TRIPS Agreement and the Convention on Biological Diversity and the Protection of Traditional Knowledge, submitted by Bolivia, Brazil, Cuba, the Dominican Republic, Ecuador, India, Peru, Thailand, and Venezuela, IP/C/W/403（June 24, 2003）, www. wto. org/english/tratop_ e/TRIPS_ e/art27_ 3b_ e. htm pargragh 1. EC and Member States: Review of Article 27.3（b）of the TRIPS Agreement, and the Relationship Between the TRIPS Agreement and the CBD and the Protection of Traditional Konwledge and Folklore: "A Concept Paper" Communication from the European Communities and Their Member States, IP/C/W383 paragragh 49-58（Octorber 17, 2002）, www. docsoline. wto. org/DDFDocuments/t/ip/c/w383. doc.

〔4〕 冯洁菡："药品专利强制许可:《多哈健康宣言》之后的发展"，载《武汉大学学报（哲学社会科学版）》2008 年第 5 期。

〔5〕 IP/C/W/434, paragraph 5.

〔6〕 Access to Genetic Resources Regime of the United States National Parks, "Communication from the United States", IP/C/W393（January 28, 2003）, www. docsonline. wto. org/PDFDocuments/t/IP/C/w393. doc., 2015 年 3 月 20 日访问。

　　在 TRIPS 委员会中，就 TRIPS 与 CBD 之间的关系发表提案的国家主要为观点相似的超级生物多样性大国集团以及非洲国家。[1] 2005 年，玻利维亚、巴西、哥伦比亚、古巴、印度、巴基斯坦向 TRIPS 理事会提交了一份关于 TRIPS 和 CBD 之间关系的报告。这份报告总结了三种类型的披露义务：（1）在专利申请时披露发明中使用的遗传资源和相关传统知识的起源国；（2）披露事先知情同意的证据；（3）披露利益分享协议的证据。[2] 对上述条件的满足可以作为获取专利权的条件。报告还指出披露义务的目标在于提升专利授权的质量并加强法律稳定性。与披露义务相比，授权后对问题专利提出异议花费的成本更高，也更费时。因此，披露义务应作为决定生物技术发明的可专利性的一个重要因素。除此之外，来源披露还通过帮助建立数据库来"向专利审查员和公众提供现有技术信息"。南非提议在 TRIPS 第 29 条增加第 3款："成员国应当要求专利申请者披露任何使用的或者包括在发明中的遗传资源和传统知识的国家或地区起源，并且提供确实的证据证明获取方遵守了起源国的获取法规。"[3] 欧盟就专利申请中生物材料的地理起源的信息披露问题在 TRIPS 委员会中进行了讨论并表示赞同，[4] 但是坚持认为披露义务不能成为实际上的或者是法律上的附加形式或实质上的可专利性标准，即披露义务不能妨碍专利获得授权，也不能在专利获得授权后影响专利的合法性。

　　事实上，CBD 的目标并非与知识产权保护无法调和，CBD 代表了不同部门和相关利益谈判下的折中产物，这通过 CBD 的三个主要目标表现出来：（1）对生物多样性的保存提供激励；（2）对促进生物多样性持续发展的政策和法律工具表示支持；（3）保证生物资源的获取和从利用中引发的公平利益分享的工具及机制的实施。为了保证上述目标的实现，CBD 依赖于这样一个

---

　　〔1〕　观点相似的超级生物多样性大国是指那些面积不到地球面积 10%但生物多样性却超过 70%的国家，大部分在热带地区，包括玻利维亚、巴西、古巴、多米尼加共和国、厄瓜多尔、印度、秘鲁、泰国和委内瑞拉。作为生物多样性的热点地区，观点相似的超级生物多样性大国集团在 2002 年成立。

　　〔2〕　Council for Trade-Related Aspects of Intellectual Property Rights, Communication from Bolivia, Brazil, Colombia, Cuba, India and Pakistan: The Relationship Between the TRIPS Agreement and the Convention on Biological Diversity (CBD) and the Protection of Traditional Knowledge, IP/C/W/459 (Nov. 18, 2005).

　　〔3〕　IP/C/W/404, 707.

　　〔4〕　EC and Member States: Review of Article 27. 3 (b) of the TRIPS Agreement, and the Relationship Between the TRIPS Agreement and the CBD and the Protection of Traditional Konwledge and Folklore: "A Concept Paper" Communication from the European Communities and Their Member States, IP/C/W383 paragragh 56 (Octorber 17, 2002), www. docsoline. wto. org/DDFDocuments/t/ip/c/w383. doc.

经济理论的假设，即生物多样性及相关传统知识的保护依赖于其经济价值的认可及利用。[1] 这表明在协调经济和政治力量的对立过程中，CBD 在国际环境法领域创制了一个先例，不但强调生物资源以及相关传统知识和专门技能应当得到尊重，并且间接承认对生物资源及传统知识的利用对生物多样性保护的重要意义。三种形式的财产权在 CBD 中得到承认：（1）CBD 第 3 条规定了国家对遗传资源的主权，与其他国际论坛如联合国粮食及农业组织（FAO）、世界自然保护联盟（IUCN）试图将生物多样性和生物资源作为"人类共同财产"相比，CBD 所持的立场明显不同；（2）CBD 将遗传资源重归国家主权的控制范围之内，国家对其主权领域内的遗传资源获取的允许，通过"事先知情同意"的方式进行实施；（3）CBD 第 8 条第 j 款认可传统部族及当地社区对其传统知识及实践的权利，CBD 最具创新的地方在于提出了一种新的财产权形式，使得持有和生物多样性相关的传统知识持有人获益。因此，建立法律框架的目的并不在于终结生物勘探活动或限制传统知识的利用，而是以更公平的方式重新分配利益。借由传统知识与产业发展密切相关的事实，知识产权规则与传统知识获取利用规则之间的关系被拉近了。如果以利益分享作为最终目的，CBD 和 TRIPS 的矛盾并非无法调和，相反两者之间的关系应当是相互支持的：知识产权制度帮助实现甚至扩大传统知识的经济价值，但在知识产权产生过程中，不得违反传统知识的获取使用规则，最终由提供方与适用方按照合理的比例共享知识产权所得之收益。

以上分析表明，CBD 与 TRIPS 之间的矛盾可以通过专利法为传统知识提供防御性保护进行调和，但是如何利用专利法为传统知识提供防御性保护在国际论坛中也处于争论不休的状态。TRIPS 的制定源于 12 个私人企业在全球范围内建立统一的知识产权保护标准的努力与斗争。对于大多数发展中国家来说，初期知识产权国内法的构建基本是国际法移植的产物，并不由本国的社会变革或需求所引发。近来，知识产权国际保护发展的趋势表现为旧有的规则不断被要求进行修订，原因在于：一方面，知识产权保护全球化、一体化的呼声越来越高；另一方面，知识产权国际保护规则不断受到其他国际准则的挑战。从政治哲学的角度进行评估，这种趋势反映了围绕无形财产权的

---

　　[1]　Boisvert V, Vivien F D, "The convention on biological diversity: A conventionalist approach", *Ecological Economics*, vol. 53, no. 4, 2005, p. 464.

权利范围及边界划定的新一轮"圈地运动"已经展开。在晚近时代知识产权国际规则的制定中，TRIPS 规则在逐渐实施过程中引发的社会问题逐渐凸显，对未能把握 TRIPS 缔结初期知识产权国际规则制定话语权的国家来说，应当抓住旧有规则受到挑战的机会，以便通过修正或重塑知识产权制度的合理性基础，将对本国的利益诉求整合入待修订的国际规则中。在国际公约修订的新一轮浪潮中，发展中国家将传统知识的保护问题作为谈判博弈的筹码，国际政治环境的改变也影响了专利法为传统知识提供防御性保护的范畴。除了在 WTO 框架下进行讨论，发展中国家开始寻求在 WIPO 组织管理的多项国际专利条约框架内引入新的披露义务，以改善专利体系与遗传资源和传统知识使用获取之间的关系。

《生物多样性公约》及其伞形框架下的《波恩准则》《名古屋议定书》一道构建了遗传资源及传统知识的获取与使用准则。CBD 提出了遗传资源保护的国家主权、事先知情同意及利益分享三大原则，并要求对与遗传资源相关的传统知识、实践及创新给予保护。旨在促使"便利遗传资源获取、公共合理分享利益的原则"的《波恩准则》实际上是"明晰了缔约国与相关利益者、遗传资源提供方与使用方的关系及权利和义务"。[1] 在 CBD 签署的基础上，《名古屋议定书》对生物遗传资源获取的"事先知情同意"和"共同商定条件"下产生的利益分享进行了规定，这对建立生物遗传资源及传统知识获取与利益分享的国际制度，迈出了关键的一步。[2] 作为软法的《波恩准则》及《名古屋议定书》对 CBD 中提出的事先知情同意原则及利益分享原则进行解释，促使遗传资源和传统知识获取使用国际规范的形成。但是在 CBD 框架下提出的国家主权原则、事先知情同意原则目前只适用于遗传资源，是否适用于传统知识还有待进一步的论证。虽然上述国际公约对国内法律实践的影响并不是强制的，但是在国际层面形成的遗传资源和传统知识获取使用规则能为国内法律实践提供指导。

当遗传资源及传统知识保护问题上升至国际层面讨论后，发展中国家要求将 WTO 作为在国际层面推动遗传资源及传统知识保护问题发展的论坛之

---

〔1〕 薛达元："遗传资源获取与惠益分享：背景，进展与挑战"，载《生物多样性》2007 年第 5 期。
〔2〕 汤跃："《名古屋议定书》框架下的生物资源保护"，载《贵州师范大学学报（社会科学版）》2011 年第 6 期。

一，因此 TRIPS 理事会也将 TRIPS 与 CBD 之间的协调问题提上了议程。[1]除此之外，有关传统知识和知识产权保护的协调问题还在 WIPO 框架下推进。WIPO 专门设立了"保护遗传资源传统知识和民间文学艺术的政府间组织"，并主导起草了有关保护传统知识和民间文学艺术条约。[2]

对传统知识进行防御性保护的要求植根于促进社会、经济和生态发展的目标中。对传统知识的理解不断周旋于公共物品、财产、技术交易筹码等范畴之间。这使得国际经济关系的公平与平衡遭到质疑。对上述问题的关切，引发我们去评估哪些政策或者法律工具最适宜被用来促进传统知识开放、公平、合法、可持续地使用，知识产权应当认可传统知识的社会价值并且将其整合到国内以及国际的贸易体系中，同时尊重并保存当地资质和文化价值。[3]

三、WIPO 内 IGC

WIPO 大会在 2000 年建立了传统知识、遗传资源和民间文学艺术政府间管理委员会（Intergovernmental Committee on Intellectual Property and Genetic Resources, Traditional Knowledge and Folklore, IGC）。IGC 建立的目的是加强遗传资源的获取与分享管理，探讨传统知识与遗传资源的相关性，推进对民间文学艺术表达的保护。[4]就知识产权与遗传资源及传统知识的关系，IGC 认为"应当防止有关不适当地在传统知识和相关遗传资源上授予知识产权，如果专利申请中的发明包括了传统知识和相关遗传资源，应当对其来源和起源的国家进行披露，并提供证据证明遵守了资源来源国对于事先知情同意、利益分享的规定"。[5]IGC 目前已经取得的工作进展包括：制定了一系列知识

---

〔1〕 按照 TRIPS 第 71 条，TRIPS 理事会可根据"有理由修改或修正本协定的任何新的发展情况"进行审议，并在理事会协商一致的基础上，依据《WTO 协定》第 10 条第 6 款的规定，将修正 TRIPS 的提案提交部长级会议，部长级会议在规定的期限内经协商一致作出有关将拟议的修正提交各成员接受的决定。参见古祖雪："TRIPS 框架下保护传统知识的制度建构"，载《法学研究》2010 年第 1 期。

〔2〕 事实上，早在多哈回合启动前，即 2000 年 8 月，WIPO 就已批准设立专门的知识产权与遗传资源、传统知识和民间文学艺术政府间委员会"，着手传统知识保护国际体制的研究。至 2009 年 8 月，该委员会已举行 14 次会议，形成了《传统知识的保护：政策目标和核心原则（草案）》等一系列工作成果和文件。参见古祖雪："TRIPS 框架下保护传统知识的制度建构"，载《法学研究》2010 年第 1 期。

〔3〕 Cottier T, Panizzon M, "Legal perspectives on traditional knowledge: The case for intellectual property protection", *Journal of International Economic Law*, vol. 7, no. 2 (2004), p. 372.

〔4〕 WO/GA/26/6 at. 4, and WO/GA/26/10, at 23.

〔5〕 WIPO Document TKGRF/IC/7/9.

产权示范条款和指导原则，开展签订获取与利益分享（Access and Benefit Sharing，ABS）协议的实证研究，建立 ABS 协议中的术语的数据库，起草 ABS 协议中知识产权方面的双边同意条款的指导草稿。在 2003 年 7 月 IGC 的讨论中，南非代表团要求 IGC 向 WIPO 大会建议对出台一个强制性的国际条约进行协商。[1] 事实上，IGC 对问题的考虑虽然具有国际视角，但其进行的工作并不是专属的，对其他国际论坛开展的工作包括新的国际条约的可能发展并不带有偏见。[2] 因此，巴西和印度等国认为 IGC 并不应当接受出台强制性国际条约的请求，这种请求应当被直接呈递到 WIPO 大会，再通过 WIPO 其他机构比如专利法常设委员会、《专利合作条约》改革工作组进行讨论。

目前，在国际论坛中已经围绕遗传资源及传统知识保护缔结了多个国际公约。其中最重要的国际公约为《生物多样性公约》。在 CBD 签署的基础上，《波恩准则》《名古屋议定书》的签署对生物遗传资源及相关传统知识的获取及适用的"事先知情同意"和"共同商定条件"下产生的利益分享拟定了更加详细的框架。[3] PIC 和 BS 原则在 CBD 框架下确立后，可能与知识产权制度之间产生冲突。原因在于：CBD 对传统知识的获取和利用进行了限制，PIC 和 BS 原则要求传统知识的获取和使用遵循一定规则，知识产权则为传统知识的使用和创新提供法律上的保护及奖励。在大多数情况下，如果传统知识的提供方和使用方是不同的主体，使用方对传统知识进行开发应用时，势必要受到 PIC 和 BS 规范的限制，传统知识提供方与知识产权所有人的矛盾也由此产生，在国际层面上就反映为 CBD 与 TRIPS 的冲突。目前国际社会的成员大多是 TRIPS 及 CBD 的成员方，在进行国内法修订时不能不考虑国际公约的限制。在讨论是否应当在专利法中引入传统知识披露义务时，必须考虑 CBD 框架下习惯性规范的形成对国内法造成的影响以及知识产权国际公约对国内修法的限制。

---

〔1〕　当 IGC 不同意提出这项建议时，这个建议在 2003 年 8 月被间接提交到了秘书大会。在大会上，南非代表团继续推动在议程中包括强制国际条约的制定，但是其也承认一些另外的基础工作应当被 IGC 展开。

〔2〕　WIPO Document WO/GA/30/8.

〔3〕　虽然 CBD 第六次缔约方大会于 2002 年通过了《波恩准则》，随后 2007 年于日本名古屋签署《名古屋议定书》对生物遗传资源及相关传统知识的获取"事先知情同意"和"共同商定条件"下产生的利益分享进行进一步的规定，旨在指导利益分享原则的操作和实施，但是《波恩准则》及《名古屋议定书》都不是强制性的国际规范。汤跃："《名古屋议定书》框架下的生物遗传资源保护"，载《贵州师范大学学报（社会科学版）》2011 年第 6 期。

四、作为国际习惯的 PIC 和 BS

CBD 的缔结标志着事先知情同意和利益分享原则在国际层面的正式确立。与 TRIPS 相比，CBD 所使用的语言是概括性的，CBD 框架下的国际规则也不具有统一的具有强制力的执行机构，因此 CBD 确立的事先知情同意和利益分享原则是否已经成为普遍意义上的习惯性规范，能否对缔约方及非缔约方都产生强制约束力还存在争议。要判断 PIC 和 BS 原则是否在国际层面增设了一种普遍性的义务，并对国家行为产生约束，需要从国际法角度就 PIC 和 BS 原则是否已经成为习惯性规范进行判断。

自 1945 年《国际法院规约》第 38 条将国际习惯纳入国际法渊源的名单，规定"国际习惯，作为通例之证明而经接受为法律者"之后，国际法学界对于习惯国际法形成的要件问题就没有停止过争论，但传统观点还是认为它由两个要件构成：国家实践（物质因素）和法律确信（心理要素）。[1]

强调国家实践的观点认为国际习惯法的形成要求作为组成国际社会的成员国在一定时期和地域范围内对某一特定行为的重复，即习惯性规范只有在一定时期内国家统一和重复的实践中才能形成。近代，通过国家的广泛参与或在国际组织的外交会议上达成合意，可以更快地形成国际准则。观察到这种现象，"速成习惯法"理论认为："（1）习惯国际法只要求一个构成要素即各国的法律确信……（3）一般习惯国际法的本质就是各国法律确信的综合……（6）所以，一个新的法律确信可能没有理由不会在一夜之间在各国长大，使一项新的习惯国际法规则……迅速产生。"[2] 因此，国家实践可能仅仅被作为法律确信的一种表达，如果通过国际外交会议，国际准则普遍过程已经被清楚地鉴别和划定的情况下，这意味着组成国际社会的国家重复表达的法律确信在多边协商中就已经给定的准则的协商可以被看作国际习惯。关于习惯法形成的理论在国际法领域内的论述还有很多，国家实践和法律确信都可以作为评价规则是否形成的标准，只是客观主义论者更加强调国家实践的

---

〔1〕 姜世波："习惯法形成中的法律确信要素——以习惯国际法为例"，载谢晖、陈金钊主编：《民间法》（第 8 卷），山东人民出版社 2009 年版，第 1~18 页。

〔2〕 Cheng, United Nations Resolutions on Outer Space："'Instant' International Customary Law?", IN-DIAN J. INT'L L., Vol. 5, 1965, p. 23, 38, in International Law: Teaching dnd Practice, Cheng ed. 1982, p. 37, 转引自姜世波："习惯法形成中的法律确信要素——以习惯国际法为例"，载谢晖、陈金钊主编：《民间法》（第 8 卷），山东人民出版社 2009 年版，第 1~18 页。

影响，唯意论者则着重对法律确信在习惯法中的作用进行分析。[1]

对 PIC 和 BS 原则是否成为国际习惯性规范，还需要从国家实践和法律确信的形成两个方面来衡量，并结合司法实践以及法律原则的审查来进行最终判断。[2]借助以上国际法视域内的理论背景，对 CBD 和《波恩准则》中 PIC 和 BS 观念的形成进行分析，PIC 和 BS 作为习惯性规范存在的理由包括以下几点：（1）CBD 的原则成为普遍性准则，目前的成员方已经达到了 188 个：CBD 成为国际公约中具有普适性或者准普适性特征的国际公约之一；[3]（2）遵守 PIC 和 BS 义务的重要性在多个国际论坛中重复被讨论（如 WIPO，WTO，FAO），暗示了上诉原则作为一种法律确信的必要；（3）《波恩准则》及《名古屋议定书》的缔结和签署表明 PIC 和 BS 原则为 CBD 成员方创设了两项义务，而成员方愿意在 CBD 框架下通过具体的措施来监控对这些义务的遵守；（4）将这些观点整合入国内的获取及利益分享管理模式中暗示了一种重复性的事实，这是通过国家实践表达的对法律确信的认可。

罗马法谚有云，对法律的解释是一种对法律的建立。尽管《波恩准则》的法律性质是软法，是不具有约束力的，[4]但法律的工具性质会影响条款本身的实施和规范价值，如果条约不具有效力，那么不管根据其性质是否被划分为"硬法"，也会被降级为非强制性准则。[5]另外，国际规范中存在某些

---

〔1〕 Cheng, United Nations Resolutions on Outer Space："'Instant' International Customary Law?", IN-DIAN J. INT'L L., Vol. 5, 1965, p. 23, 38, in International Law: Teaching dnd Practice, Cheng ed. 1982, p. 37, 转引自姜世波："习惯法形成中的法律确信要素——以习惯国际法为例"，载谢晖、陈金钊主编：《民间法》（第 8 卷），山东人民出版社 2009 年版，第 1~18 页。

〔2〕 B. Carter, P. Trimble, C. Bradley, *International Law*, New York: Aspen Publishers, 2003, p. 122.

〔3〕 Weil P, "Toward Relative Normativity", *International Court of Justice Reports 32*, February 5, 1970, pp. 435~436.

〔4〕 国内学者将软法定义为：软法是 20 世纪 70 年代末西方国际法学者提出的概念，一般指名义上无法律约束力的不以传统条约或习惯为表现形式而是以宣言、决议、指导方针、示范法、技术标准等形式存在的文件。王太平、熊琦："论知识产权国际立法的后 TRIPS 发展"，载《环球法律评论》2009 年第 5 期。国外学者对软法的定义为：软法指的是不具有强制性的法律工具。从这个意义上来说，软法有许多种不同的形式和派别，包括宪章、宣言、行为准则、议定书、非正式的君子协定、事实上的协定。软法还包括没有完全被实施强制执行的公约，适用范围还不够广的不足以成为习惯的实践，以及在国际论坛的多边协商体系下的非强制性的决议和建议。C. Chinkin, The Challenge of Soft Law, "Development and Change in International Law", *International and Comparative Law Quarterly*, vol. 38, no. 4 (1939), p. 851.

〔5〕 Handl G F, Reisman W M, Simma B, et al, "A hard look at soft law", *The American Society of International Law*, 1988, p. 381.

暗示了行为期待性或者是"善意的义务"的交易形式制度。对于这种制度来说，虽然通过软法中达成的共识不能构成硬法中的强制性规定，但如果交易规则在义务方面规定得足够清楚，实际上是要求在法律的执行上具有强制性的效力。《波恩准则》建立了"缔约方间的合意"，其对 CBD 的解释考虑了初始缔约方的普遍意愿，这种过程合理地体现了国际习惯法的基本原则。如果说 CBD 第 15 条的用语过于模糊而不清楚是否为国际社会提出了 PIC 和 BS 义务，那么旨在促使"便利遗传资源获取、公共合理分享利益的原则"的《波恩准则》实际上是"明晰了缔约国与相关利益者、遗传资源提供方与使用方的关系及权利和义务"。[1]

目前世界范围内，大多数国家已经成为 CBD 的缔约方，但是作为遗传资源以及相关传统知识最大使用国以及授予专利量最多的国家——美国仍旧拒绝签署 CBD。《维也纳条约法公约》第 34 条规定"条约非经第三国同意，不为该国创设义务或权利"。如果美国持续地在国际层面表达对 PIC 和 BS 原则的反对，那么也将对 PIC 和 BS 形成普遍的习惯性规范造成负面影响。唯意论者认为国家持续的反对会妨碍习惯性规范在形成过程中的效力。[2] 只有构成持续反对的这种身份，那么站在习惯性规范的对立面上，才具有合法性。[3] 在 CBD 框架下，为了判断美国是否受到 PIC 和 BS 习惯性规范的约束，需要判断美国是否针对这些规范性标准持续地表达了反对意见。

从国际法院的司法实践来看，法律确信的证据主要通过两种形式获得：一是通过参考诸如抗议、国家立法、政策的表达或者默许，乃至国内法院判决等这样的客观因素来加以确定；二是通过各国缔结的条约、联合国大会的决议和其他国际文件来加以证明。在极端的唯意论者看来，有些情况下默示意味着持续反对的瓦解，持续反对如果要在国际法中得到承认，要求国家采取积极措施以清楚地表明其反对意见。"默许相当于通过一方可解释为同意的

---

〔1〕 薛达元："遗传资源获取与惠益分享：背景，进展与挑战"，载《生物多样性》2007 年第 5 期。

〔2〕 T. Stein, "The Approach of the Different Drummer: The Principle of the Persistent Objector in International Law", *Harvard Law Journal*, 26（1985），p. 463.

〔3〕 持续的反对这一观念的存在是具有争议的。国际法中关于持续反对的理论的合法性也引起了一些争论，这个理论是与习惯性规范的理论一起产生的。

单边行为中形成的不言而喻的认识。"〔1〕换句话说，如果美国并没有就 PIC 和 BS 的存在表达持续的反对意见，那么美国就必须接受其作为一种规范性准则的限制效力。持续反对的法律确信是否存在还可通过美国在 PIC 和 BS 习惯性规范形成的时间内所作出的单边行为进行解释。

在 CBD 缔结的过程中，美国参与了 CBD 的谈判，并于 1993 年 6 月 4 日在公约上签字。在 2001 年 WTO 外交大会上，美国支持《TRIPS 与公共健康多哈宣言》，同意 TRIPS 委员会对"TRIPS 与 CBD 之间的关系"进行审查。在 2004 年向 TRIPS 委员会提交的书面报告中，美国重申了其对 CBD 目标的支持，表示"近来在 TRIPS 委员会进行的讨论显示成员方在下列政策目标上享有共识，包括：（1）确保在 PIC 的条件下获取遗传资源；（2）对遗传资源和传统知识的应用进行公平公正的利益分享；（3）防止不正确的问题专利的产生"。〔2〕除此之外，在美国签署的一些双边协议中也明确表明了美国支持保护遗传资源和对传统知识、土著和当地群体的实践的应用进行利益分享的目标。如果要穷举美国所有的单边行为来证明其对 PIC 和 BS 习惯性规范存在法律确信是不可能的。〔3〕但是上述分析能够表明，美国在其单边行为中没有明确表示对习惯性规范的持续反对意见。尽管美国至今仍拒绝加入 CBD，其也没有直接表示出愿意接受 CBD 原则束缚的法律确信，且在其国内司法实践中也表现出对 PIC 和 BS 规范的消极对待；但是如果希望不被这种逐渐形成的习惯性规范束缚，美国必须及时、清楚、持续地提出使人信服的理由对这项准则表示反对。但正好相反，美国的单边行为表明了其清楚地了解 PIC 和 BS 习惯性规范的形成过程，但是并没有正式或官方声明 CBD 目标/原则不是制约性的，这种参与谈判的单边行为加上对 CBD 原则的默许表明美国愿意接受这些原则的束缚。如果将美国对于 CBD 基本准则的态度和其对于将这些准则引入专利体系的立场放在一起比较，

---

〔1〕　对默许的概念必须给予特别的注意，它应当遵循善意和公平的原则。Case Concerning Delimitation of the Maritime Boundary in the Gulf of Marine Area（Canada v. United States of America），October 12 1984, International Court of Justice Reports.

〔2〕　IP/C/W/434, paragraph 5.

〔3〕　单边行为可以是正式的或非正式的。正式的行动由明确表述国家立场和意图的单边法律行为构成；非正式的行动主要表现为指示性单边行为和默许行为。单边行为包括国家在国际会议上提出的支持或反对理由，对成为某一国际公约成员方的保留或宣誓，拒绝通知书，外交斡旋，谈判中的任何进展，国内法，国内行政和司法判决，政府成员的声明和国家意图的表述，政府部门法律顾问代表的行为和声明，双边条约，公开出版物和正式陈述。

可以发现美国强烈反对的是将CBD原则引入专利体系中的做法，而不是PIC和BS规范。既然美国并没有明确对CBD的目标或义务表明反对意见，那么其则是通过默许的方式表达了其在遵守PIC和BS义务上的法律确信。这也表明了即使美国作为生物技术大国并非CBD的缔约方，CBD中确立的PIC和BS原则也成为一种习惯性规范，成为国际社会应当普遍遵守的义务。

根据国际法的基本准则，新的习惯法可以在更短的时间内发生效力，它是依据法律确信的主观性因素与重复性事实的客观因素的叠加。[1]国际习惯法可以被视为"国家持续一定时期的范围较广的重复（国家实践）"；行为必须在没有义务的情况下；行为必须被一定数量的国家实行并不能被一定数量的国家拒绝接受。既然世界范围内大多数国家已经成为CBD的缔约国，并且为明确PIC及BS原则进行了持续的讨论，那么CBD的订立为国家讨论协商并寻找共同点提供了一个平台，使得习惯性规范借由国际社会合意而产生；《波恩准则》及《名古屋议定书》作为软法阐明和详细说明了CBD中准则的内容，使其在知识产权实践领域的适用更为详细和清楚，并使得CBD的PIC和BS成为新的习惯性规范。习惯性规范具有以下两方面的价值：（1）代表了成员方合意达成的对CBD条款可信性的解释；（2）通过软法的形式指导了随后的国家实践。从普遍的和持续的国家实践发展而来的习惯性规范可以成为法律义务的渊源。[2]虽然PIC和BS原则不足以作为传统知识保护的规则，但是可以为国家实践中对专利法进行修改以实现CBD第16条所提到的"知识产权，特别是专利应当支持CBD而不是与其相抵触"的目标提供合理性基础。[3]

---

〔1〕 对海牙国际法院判决的分析和关于《海牙国际法院条例》第38.1条第（b）款的历史解释显示了法律确信的要素和重复事实的要素之间的差别是很细微的，前者甚至可以包括后者。习惯性规范的形成过程和观察其存在的过程之间存在一定的区别，重复事实的主观要素源于法官对于所有支持习惯性规范存在的证据的鉴别；国家实践显然是其中的一种。鉴于两种要素的理论和鉴别准则的过程是相关的，法律确信对于过程的形成可能已经足够。国家参与在国际外交会议上的诸多行为反映了其愿意接受某种准则束缚的意愿，可被诠释为一种国家实践。

〔2〕 S. Rosenne, "Pracitce and Methods of International Law", London: Ocean Publications, 1984, p. 55.

〔3〕 《生物多样性公约》第16条规定："每一缔约国认识到技术包括生物技术，且缔约国之间技术的取得和转让均为实现本公约目标必不可少的要求，因此承诺遵照本条规定向其他缔约国提供和/或便利取得并向其转让有关生物多样性保护和持续利用的技术或利用遗传资源而不对环境造成重大损害的技术……此种技术属于专利和其他知识产权的范围时，这种取得和转让所根据的条件应承认且符合知识产权的充分有效保护……缔约国认识到专利和其他知识产权可能影响到本公约的实施，因而在这方面遵照国家立法和国际法进行合作，以确保此种权利有助于而不违反本公约的目标。"

就 CBD 与 TRIPS 之间的关系，一些极端的观点认为，国家对于生物多样性的主权是强制性规范，对遗传资源的国家主权的强制性原则落入保护环境的强制性规范中。[1]这意味着，在 CBD 与 TRIPS 存在冲突的情况下，国家主权原则作为强制性规范的位阶是在 TRIPS 条款之上。[2]这种观点过于极端，容易引发争议。如果对 CBD 试图解决的问题进行分析，很明显其试图规制的领域中有部分和知识产权的规制范围是重合的。CBD 致力于为生物多样性的保存和可持续发展创造一种激励机制，以解决当前的框架下由生物资源过度开发并造成生物多样性减损带来的经济失败问题，这就需要将生物多样性与市场结合起来。其中传统知识不仅与生物多样性和可持续发展紧密相关，而且能够成为技术产业利用的对象，具有重要的经济价值。这种假设在理论上和实践中都是成立的，对遗传资源和相关传统知识的利益分享因此被认为是主要的关切。知识产权被认为是一种可能的工具来促进 CBD 目标的达成并确保生物多样性的可持续发展，以及公平公正的利益分享的实现。可以说在 CBD 的伞状结构下，虽然在国际层面上不同国际规则间的位阶并不清晰，知识产权与传统知识保护之间的关系被拉近且具体化了。

但是 PIC 和 BS 原则作为国际习惯性规范所能产生的法律效果也不应被过分渲染。在国内层面上 PIC 或 BS 规制的主要对象是私人部门，如果它们申请专利保护的技术是基于遗传资源或传统知识的滥用作出的，需要厘清国家是否应当遵守尽职调查的义务[3]来防止私人部门对 CBD 习惯性规范的违反。虽然 CBD 中有关于要求知识产权的获取不得以违反 CBD 原则作为前提条件的规定，但是从实质上来说，CBD 为国际环境公约并非知识产权公约。[4]因此，CBD 原则是不能援引作为判决知识产权案件的法律依据的，这也是为什

〔1〕　S. R. Chowdhury, "Permanent Sovereignty over Natural Resources", in K. Hossain and S. R. Chowdhury (ed.), *Permanent Sovereignty over Natural Resources in International Law*, London：Frances Pinter Pub. , 1984, ix.

〔2〕　根据《维也纳条约法公约》第 53 条的规定，条约在缔结时与一般国际法强制规律抵触者无效。因为强制规范是被作为一个整体的国际社会普遍接受的标准，不应当允许对其进行损减，对其进行的修改只能通过具有同样特征的一般国家法的后续规范来进行。

〔3〕　尽职调查的概念为在人权国际保护的语境下提出的（最低保护标准），其也可以用于分析国家在国际条约或习惯性规范下的行为。

〔4〕　CBD 成员方大会多次决议表明，承认 CBD 中与知识产权相关的条款与国际知识产权公约之间应当相互支持，这也说明了 CBD 中不包含知识产权条款。

么遗传资源及相关传统知识的提供国不遗余力地在知识产权国际论坛中要求对知识产权国际公约进行修改以帮助实现 CBD 目标的重要原因。对此有些观点认为，如果提供国已经采取法律步骤在其法律体系内建立了必要的程序，那么使用者应当提供事先知情同意或利益分享的证据，如果资源提供国还不具备这些条件，那么它将无力去控制申请者获得遗传资源，除非获取者自愿要求缔约国的事先同意。[1] 在 PIC 和 BS 已成为国际社会应当普遍遵守的习惯性规范的前提下，不管是对 CBD 成员方还是非成员方来说，其都有普遍约束力。但是 CBD 框架下的习惯性规范的确立引发了什么样的国家责任或者说国家在习惯性规范下应承担哪些相应的义务，这种国际义务又将如何影响国内的立法和司法实践尚不明确，特别是 PIC 和 BS 原则对知识产权制度的修订并非强制性的，目前除了欧盟法院以外，尚没有其他国际法院对国家是否具有修订专利法的义务进行说明。

在 CBD 框架下，成为习惯性规范的 PIC 和 BS 为国际社会附加了遵守 PIC 和 BS 的强制性义务，那么这种义务是否包括对国内法进行修订，在专利法中引入披露或证明义务，以防止知识产权法与习惯性规范之间的冲突呢？对 CBD 框架下的国家责任，尤其是国家是否负有修改专利法的义务，唯一的国际司法解释是由欧盟法院在对《欧洲议会与欧洲联盟理事会关于生物技术发明的法律保护指令》（以下简称《生物技术指令》）和 CBD 是否协调一致进行判断时作出的。在对《生物技术指令》进行协商的过程中，就是否需要引入新的披露义务以在专利申请中控制并防止遗传资源及相关传统知识的滥用进行了讨论。在谈判中某些政府和非政府组织试图引入的条款为，当生物技术与发展中国家的遗传资源相关时，必须在专利申请中充分公开国家对于专利生物材料的同意。[2] 谈判的结果只是在《生物技术指令》序言第 27 条中模糊地提到了 PIC 义务。[3] 有观点认为，指令并没有将披露国家起源的义务规

〔1〕 Frank Hendrickx, Veit Koester, Christian Prip, "The Convention on Biological Diversity – Access to Genetic Resources: A Legal Analysis", *Environmental Law and Policy*, 1993, p. 2501, 转引自秦天宝："论遗传资源获取与惠益分享中的事先知情同意制度"，载《现代法学》2008 年第 3 期。

〔2〕 S. Sterckx, "Some Ethically Problematic Aspects of the Proposal for a Direcitve on the Legal Protection of Biotechnological Inventions", *European Intellectual Property Review*, 20 (1998), p. 123.

〔3〕《生物技术指令》序言第 27 条规定，鉴于如果一项发明是基于植物或动物的生物材料或者是对这些材料的使用，在适当的情况下，专利申请应包含，如果知道时，这些材料的地理来源的信息；并鉴于这些不应影响专利申请的处理或授予的专利权利的有效性。

定为强制性的，这种做法和 CBD 第 16 条第 5 款不符合，使得《生物技术指令》和 CBD 无法协调一致。[1]但是欧盟法院的判决推翻了这项指控，其认为：指令的规定并不构成对 CBD 义务的违反，目前缺乏足够的证据证明，对生物技术的专利保护会导致发展中国家监管遗传资源和使用其传统知识的能力减弱，或者会影响国家的农业及在保存生物多样性上所做的努力。再者，CBD 的目标在于促进遗传资源及相关传统知识的利益分享和技术转移，CBD 中并没有相应的条款要求为生物技术专利附加新的披露义务，以考虑遗传资源起源国的利益。《生物技术指令》并不希望在国际合作背景下阻碍 CBD 目标的实现，但欧盟成员方只需在《生物技术指令》第 1 款第 2 项的要求下承担相应的义务或就其认为与 CBD 协调的方式对这一条进行适用。[2]

欧盟法院作出以上判决的主要原因在于其认为专利法存在固有的限制。法院认为，关于指令和 CBD 关系存在不协调的观点忽略了指令和 CBD 具有不同的目标和适用范围。CBD 从性质上来说为框架性协议。CBD 在第 1 款中阐明了其目标，然后对缔约方采取相应措施提出了一系列建议，并在大部分情况采取"尽可能的和合适的"这样宽泛的用语。而《生物技术指令》则要求欧盟成员方保证其国内法为指令中定义的生物技术提供专利保护，相比之下指令为成员方设置了明确的义务。也就是说，专利法不是为了解决滥用问题而设的，也不必在专利申请中监管遗传资源及相关传统知识的来源。《生物技术指令》的调整对象仅限于工业产权，而且没有也不会影响发展中国家控制其遗传资源及传统知识或采取规制滥用措施的能力。因此，CBD 为国家设定的义务并不包括要求国内专利法的改变以引入新的披露义务。

欧盟法院的判决引发了学界就国家义务和责任及国内专利法修改的不同意见：有学者对欧盟法院所持的专利法不需要避免对于未经授权而使用遗传资源的生物技术授予专利的立场进行了批评。欧盟法院通过传统方式对专利法的目标和功能进行解读，并将其与专利授权之前的实践问题比如生物技术对于遗传材料的使用分离开来，才得出指令的规定没有引发与 CBD 冲突的结论。[3]CBD 第 15 条第 7 款和第 16 条第 5 款为国家行为设立了一个基本的义

---

〔1〕　Kingdom of the Netherlands v. European Parliament, Case C-377/98.

〔2〕　Kingdom of the Netherlands v. European Parliament, Case C-377/98.

〔3〕　A. J. Wells, "Patenting Life Forms: A Ecological Perspective", *European Intellectual Property Review*, 3（1994）, p.111.

务，需要从国内法层面上保证知识产权不和 CBD 的目标相冲突，在 CBD 义务的规定和其实施之间缺失的环节就是国内法中专利申请程序中的透明度措施。有些学者则认为 CBD 的强制性义务是施加在国际社会这个整体上的，而不属于单个缔约方应当承担的责任。[1] CBD 第 16 条第 6 款规定的"国家需要就此方面进行合作"是对整个国际社会而不是单个的国家而言的。因此，《生物技术指令》缺少关于 PIC 和 BS 的实质性条款并不构成对 CBD 第 15 条第 7 款和第 16 条第 5 款中设定的义务的违反。

值得指出的是，欧盟法院的判决并不是在暗示 CBD 与《生物技术指令》之间达成了协调一致，而是表明在判决作出时欧盟的知识产权立法还不能保证上述目标的实现，欧盟成员方不具有在国内专利法中移入披露义务的强制义务。欧盟法院的判决是在《波恩准则》出台前作出的，《波恩准则》就国家采取措施实施 PIC 和 BS 原则给出了清楚的指导意见，其中包括邀请缔约方在专利体系中植入来源证明。上述分析表明，虽然在 CBD 框架下明确了成员方实施事先知情同意原则和利益分享原则的义务，但是传统知识使用和获取习惯性规范的形成并不代表必须通过对专利法进行修改的方式实施事先知情同意原则和利益分享原则。因此，越来越多的国家主动进行专利法的修改，这些国家的立法经验也将对国际规范的形成产生决定性影响。当前知识产权国际保护的框架已经借由 TRIPS 形成，TRIPS 虽为国内法的移植设置了一定的空间，但是对国内法进行修改时仍需考虑 TRIPS 的限制。

第二节　知情同意与利益分享的国内法模式

一、知情同意与利益分享立法的域外经验

自 1992 年 CBD 缔结以来，在 CBD 框架下确立的国际准则和知识产权之间的争议就在不间断地持续展开。其中为在专利法中引入新的披露义务而做

---

[1]　M. Girsberger, "Transparency Measures under Patent Law regarding Genetic Resources and Traditional Knowledge-Disclosure of Source and Evidence of Prior Informed Consent and Benefit-Sharing", *The Journal of World Intellectual Property*, vol. 7, no. 4 (2004), pp. 465~67.

的准备可追溯到 1993 年的文献中。[1] 随后在 1994 年召开的第二次缔约方大会和 1996 年召开的第三次缔约方大会上，已经提出引入新的披露义务的建议，以促进物种的保存和传统知识实践的保护。[2] 在 1999 年 CBD 举行的第四次缔约方大会的决议草案中，埃塞俄比亚成为第一个在 CBD 框架下建议审查其与 TRIPS 之间关系的代表团。[3] 自从这个问题被提出之后，围绕 CBD 和 TRIPS 之间关系的争论就一直持续。终于，第六次缔约方大会提出，为协调 TRIPS 与 CBD 之间的关系，需要引入新的披露义务：（1）如果专利申请是基于遗传资源作出的或者在技术发展过程中利用了遗传资源，邀请和鼓励成员方及政府对披露申请中遗传资源的起源国需进行披露，以便追踪对事先知情同意和获取资源的共同商定条件的遵守；[4]（2）当相关传统知识、土著及传统部族为保存和可持续发展所作出的实践和创新被使用或成为知识产权的申请对象时，邀请成员方及政府鼓励对这些影响生物多样性实践的传统知识起源披露。此次会议还邀请 WIPO 开展遗传资源和传统知识披露义务的技术研究，并将报告的研究成果提交第七次缔约方大会，以探索 WIPO 管理下的国际专利条约中引入披露义务的协调性。[5] 在请求中，CBD 邀请 WIPO "审查是否正确对待了获取遗传资源以及知识产权申请中的披露义务，以保证这项工作支持而不是与 CBD 的目标背道而驰，其中包括：a）拟披露义务的示范条款的选项；b）知识产权申请程序中披露义务触发的实践性模式；c）申请人激励措施的选择；d）确定 WIPO 管理国际条约中的披露义务运作的影响；e）商议原产地/来源/合法出处的国际证书引发的知识产权问题，并且经常性地将其工作报告提供给 CBD，特别是涉及上述问题的行动或步骤，以便 CBD 就国

〔1〕 CBD Document UNEP/CBD/SBSTTA/2/7，引用自 1996 年 CBD 秘书处 "科学、技术和工艺咨询附属机构" 准备的报告。

〔2〕 CBD Document UNEP/CBD/COP/3/22, par. 51（b）.

〔3〕 埃塞俄比亚向 CBD 秘书处提出如下建议：应当要求 WTO/TRIPS 委员会考虑 CBD 成员方的关切，在作出有关 TRIPS 协议的决定或采取相关措施之前，这些决定或措施可能影响生物多样性、传统知识、本地或土著居民的创新和实践。

〔4〕 Conference of the Parties to the Convetion on Biological Diversity, 6th mtg., The Hague, Apr. 7-9, 2002, Role of Intellectual Property Rights in the Implementation of Access and Benefit-sharing Arrangement, 1, Decision VI/24/C, UNEP/CBD/COP/6/20, available at http://www.cbd.int/decisions/? m=cop-06&d=24.

〔5〕 WPO Document WO/GA/31/8 at 2. Also See UNEP/CBD/COP/7/INF/17.

际公约是否互相支持向 WIPO 提供额外的信息"。[1]

在 1996 年一系列非正式和正式的文件中，印度向 CTE 建议调查 TRIPS 和 CBD 之间的协调性：（1）为了促进两国际条约间的协调一致，可以对 TRIPS 第 29 条进行修订，要求专利申请者在专利申请的过程中披露遗传资源的起源国；[2]（2）要求专利申请者获得起源国官方机构以及遗传资料持有人的事先知情同意，比如持有人可能会要求申请者签署物质转移协议（material transfer agreement），当发明是基于土著或传统知识作出时，还需要签署知识转移协议。这是披露义务第一次在 WTO 内被提出，随后围绕这项提案的讨论更加频繁地在 WTO 内部展开，讨论的机构也借助"多哈回合"谈判的启动转入了 TRIPS 委员会。

2005 年修订的《印度专利法》要求专利申请者披露遗传材料获取的来源或者其地理起源。这种要求是说明书中的技术细节的一部分。[3]本次修订还增加了两项无效事由：（1）说明书不完整或错误地提交了申请中使用的生物材料的来源或地理起源，任何利害关系人或中央政府之上诉委员会，或者高等法院对侵犯专利权抗辩之人，都可提出无效；[4]（2）完整的说明书要求权利保护的发明预期和在印度境内或境外的口头或其他当地或土著社区的知识相关。此外，此次修订增加了不可作为发明的客体（也不能授予专利）：任何活体的生物或自然界中存在的非生物物质；作为整体的植物和动物或除了微生物外，包括种子、品种、物种和植物及动物生产和繁殖的必要生物步骤；事实上是传统知识或者传统成分的已知性质的聚合或复制。

印度除了对专利法进行修改增加披露义务，还颁布了《印度生物多样性法案》，对强制要求遵守 PIC 的七种遗传资源或传统知识的创新使用进行了详

---

[1] WIPO Document WIPO/IP/GR/05/01 at 3, avalaible at www.wipo.int/edocs/mdocs/tk/en/.../wipo_ip_gr_05_01.doc.

[2] WTO Document WTO/CTE/M/11, the report of the CTE to the Singapore Ministerial Conference, and India's submission to the CTE in WTO Document in WT/CTE/W/65.

[3] Patent Amendment 2005 Idib., s.10 (4) (d) (D).第 10 (4) (d) (ii) (D) 条 (2005)：完整的说明书应该公开发明中使用的生物材料来源地和来源。

[4] 《印度专利法》第 64 (1) (p) 条规定："依本法相关规定，任何利害关系人，或中央政府之上诉委员会，或者高等法院对侵犯专利权抗辩之人，都可依以下理由主张专利无效：……完整的说明书未能公开或错误记载发明中使用的生物材料之地理来源或来源。"梁志文："TRIPS 协议第 29 条与遗传资源来源披露义务"，载《世界贸易组织动态与研究》2012 年第 1 期。

细规定。这七种使用包括：（1）任何方式对资源的制造和/或复制；（2）基于资源的传统产品的发展；（3）使用了本地知识以及基于本地创新发展的产品；（4）供销售的；（5）市场化；（6）出口；（7）进口。[1]

2002 年《印度生物多样性法案》限制外国人未获得 PIC 对印度的遗传资源和传统知识的获取。[2] 为了对生物资源和相关知识进行管理，法案不管是在国家层面还是地方层面都设立了生物多样性管理局。当发明是依据从印度获取的生物资源作出的，在提出知识产权申请之前，申请者必须获得管理局的同意。管理局的权限和工作还包括征收利益分享费用，收取许可使用费，以及决定权利商业化利用之外的利益分享的条件。[3] 法案对知识产权体系施加的审查包括：生物多样性当局可将垄断权授予多方共同持有；授予其对印度境外的知识产权进行审查之权力；建立利益共享方案以考虑传统知识所有者的权利。在建立的利益共享方案之下，可将发明者和当局作为知识产权的共同所有人，或者是实际的贡献方。利益分享的形式包括经济的和其他分享形式，比如技术转移。经济形式的利益将支付给生物多样性基金，再由其分配给利益享有人或者作为生物多样性资金进行管理使用。在共同所有的情形下，潜在的利益持有方并不自动获取利益或者被分配权利。因此，本地的权利人并不具有和专利申请者或专利权人同等的权利，也不能以同样的方式对当局捍卫自己的权利。因为在涉及当地和传统知识的时候，只要求中央政府"努力尊重和保护"这些知识。

《哥斯达黎加第 7788 号生物多样性法律》[4]规定专利局在批准与生物多

---

　　[1]　Model Biodiversity Related Community Intellectual Rights Act, § 3, cl. 12 (a) (1994) (India), available at http://www. grain. org/brllregion-asia-brl-en. cfm (last visited June 1, 2003).

　　[2]　Gopalakrishnan N S, "TRIPs and protection of traditional knowledge of genetic resources: New challenges to the patents system", *European Intellectual Property Review*, vol. 27, no. 1 (2005), p. 11.

　　[3]　《印度生物多样性法案》第 6 条规定：（1）无论以何名义，是否在印度境内，依赖于在印度获得的生物资源信息或研究成果所获得的发明，如果未能在其申请之前获得国家生物多样性当局之同意，任何人不能申请任何知识产权；如果是申请专利，在专利申请由有关专利审理当局受理之后授权之前，应获得国家生物多样性当局之许可；国家生物多样性当局在收到申请之日起的 90 天内应予以处理完毕。（2）国家生物多样性当局依本条审查并予以同意时，可决定利益分享的费用，或许可使用费，或固定费用与许可使用费，或对这些权利商业化利用之外的经济利益予以分享等条件。（3）本条将不适用于申请依国会制定的植物多样性保护法律下的任何权利。（4）依上述第 3 款所指的法律而授予的权利，相关当局应将授权文件签注复制一份交给国家生物多样性当局。梁志文："TRIPS 协议第 29 条与遗传资源来源披露义务"，载《世界贸易组织动态与研究》2012 年第 1 期。

　　[4]　Biodiversity Law of Costa Rica (Law No. 7, 788) (1998).

样性成分有关的创新的知识产权保护之前必须向生物多样性管理委员会的技术办公室进行咨询，并要求知识产权申请提供起源证明和事先知情同意证据。[1]该特别法还规定如果不能提供以上提到的各种情况下必要的信息，将会导致不能申请或撤消专利。[2]2002 年《埃及知识产权保护法》第 13 条规定，如果发明涉及生物、植物或动物产品，或传统医药、农业、公约或手工业知识，文化或环境遗传，发明人应以合法方式指明来源。[3]2001 年 8 月 23 日出台的《巴西关于 ABS 第 2.186-16 号的临时措施》规定了遗传资源和相关传统知识的获取和保护，利益分享以及为保存和使用的技术转移。其第 16 条规定，当具有后续商业使用获取本地的基因遗产中的成分样品和相关传统知识时，只有在签订了基因遗产的使用和利益分享合同后，前景技术才能获得授权。《巴西关于 ABS 第 2.186-16 号的临时措施》第 31 条规定，[4]如果其获得的方法或产品使用了基因遗产中的样品，有关当局进行的知识产权授权应遵守本临时措施的规定，申请人应具体指明基因材料及其相关的传统知识。[5]

2009 年《瑞士专利法》第 49a 条规定，涉及遗传资源或传统知识的发明之专利申请必须公开其来源信息：（1）如果发明直接依赖于遗传资源，（应公开）发明人或申请人所获得的遗传资源；如果发明人或申请人不知道，则应作出相应声明；（2）如果发明直接依赖于传统知识，（应公开）发明人或申请人所获取的原住民或与遗传资源有关的当地社团的传统知识；如果发明人

---

〔1〕《哥斯达黎加第 7788 号生物多样性法律》第 80 款（责成的事先咨询）规定："国家种子办公室和知识与工业产权的登记单位，在批准对与生物多样性成分有关的创新的知识或工业产权保护之前，必须与（生物多样性管理）委员会的技术办公室进行磋商，它们必须一致出具该办公室发放的原产地证明书和事先知情同意的证明书。来自技术办公室的正当反对意见可以阻止某项专利的注册或某项创新的专利保护。"梁志文："TRIPS 协议第 29 条与遗传资源来源披露义务"，载《世界贸易组织动态与研究》2012 年第 1 期。

〔2〕 梁志文："TRIPS 协议第 29 条与遗传资源来源披露义务"，载《世界贸易组织动态与研究》2012 年第 1 期。

〔3〕 梁志文："TRIPS 协议第 29 条与遗传资源来源披露义务"，载《世界贸易组织动态与研究》2012 年第 1 期。

〔4〕 UNCTAD-ICTSD ed., *Resource Book on TRIPS and Development*, Cambridge University Press, 2005, p. 455, 转引自梁志文："TRIPS 协议第 29 条与遗传资源来源披露义务"，载《世界贸易组织动态与研究》2012 年第 1 期。

〔5〕 梁志文："TRIPS 协议第 29 条与遗传资源来源披露义务"，载《世界贸易组织动态与研究》2012 年第 1 期。

或申请人不知道，则应作出相应声明。[1]

《安第斯共同体第 486 号决议》规定了披露义务，以此保证专利的授权遵守国际的、安第斯共同体的以及国内的 ABS 立法。[2] 该决议第 26 条要求申请者提供获取合同证明 PIC 的存在，披露义务适用于各成员方的"生物和遗传资源，非裔美国人或当地社区的传统知识"。[3] 未能提供使用遗传资源或传统知识的证明将导致专利无效。[4]

在安第斯共同体的国家中，秘鲁是最早在专利申请中要求披露起源和生物材料的合法出处的国家之一。[5] 作为安第斯共同体成员方，秘鲁签署了《安第斯共同体第 486 号决议》。《秘鲁法 27811 号》（这项法律引入的目的是对从遗传资源产生的土著居民的集体知识提供保护框架）规定，当申请是基于集体知识作出的，申请者应当有义务提供许可合同（许可合同必须在秘鲁知识产权局备案）作为考虑授权时的在先要求，除非集体知识处于公有领域。未能履行这项义务将导致申请被驳回或授权被取消。这项法律除了保证这种使用是获得了事先知情同意的，还致力于促进对土著知识的利益进行公平公正的分享。这项法案中还有详细的关于要求对使用进行利益分享的条款，并就许可费的数量和用途给予明确的规定。[6] 其旨在避免若发明是在土著知识的基础上完成的，申请时未考虑到审查发明的创造性。比如，秘鲁成立了三个注册点作为实施机制以保证土著居民对集体知识的保护以及他们基于集体知识的权利。这些注册点保证将信息提交给知识产权机关，即国家保护竞争和保护知识产权研究所（The National Institute for the Defense of Competition and the Protection of Intellectual Property，INDECOPI）。《罗马尼亚专利法 64/1991 实施规则》第 14 条第（1）（c）点规定：当现有技术中包含传统知识时，申

---

〔1〕 梁志文："TRIPS 协议第 29 条与遗传资源来源披露义务"，载《世界贸易组织动态与研究》2012 年第 1 期。

〔2〕 Andean Community，Decision 486（2000），Article 3.

〔3〕 Andean Community，Decision 486（2000），Article 26.

〔4〕 Andean Community，Decision 486（2000），Article 75.

〔5〕 Government of Peru，Supreme Decree 008 - 96 - ITINCI（Implementing the Third Complementary Measure of Andean Community，Decision 391）.

〔6〕 在土著知识的获取方面，该法案规定在以商业为目的或工业应用的情况下提出申请时，应签署许可协议条款，以确保集体知识的持有人获得应有的报酬和保证由使用产生的利益的公平分配。须拨出一个百分比不得少于 10 的商品营销的基础上税前的总销售额用于发展集体知识，成立土著居民发展基金。

请者应当在说明书中对包括起源在内的信息清楚地进行说明。

由此可见，为规制专利申请人对遗传资源和传统知识的不当使用，立法者可以在专门保护制度或专利法中为专利申请人施加来源披露的义务或者将知情同意及利益分享作为影响专利授权的条件。这种做法将传统知识获取和利用的合法性作为专利授权的前置条件以保证专利制度发挥规制不当使用的功能。我国《专利法》第26条第5款规定了遗传资源的来源披露义务却并未涉及传统知识。

二、中医药传统知识知情同意与利益分享的立法模式

构建中医药传统知识知情同意与利益分享制度对防御性保护法治目标的实现具有重要价值。与遗传资源的强管制模式进行对比，可以凸显知情同意与利益分享在规范中医药传统知识获取与利用方面的价值。

遗传资源也曾经存在管理上的漏洞导致宝贵资源大量流失境外的现象。过去30多年来，发达国家的生物技术公司大量落户中国，以独资、合资和研究协作的方式，在中国注册成百上千个，对中国数以万计的生物物种资源进行化学成分筛选，并利用其开发医药产品、化妆品、保健食品以及用于培育作物和畜禽优良品种。

从各自业已形成的法律框架来看，在遗传资源领域已经形成了以《生物安全法》为基础，《环境保护法》《种子法》《畜牧法》《进出境动植物检疫法》《人类遗传资源管理条例》《野生植物保护条例》自上而下，较为完备的包括法律、行政法规、部门规章、保护条例及其他一些规范性文件在内的法律体系。由此可见，遗传资源保护沿着公法保护为主，通过行政管理调整利用行为的思路演进。遗传资源的管理可以通过控制其有形生物材料来实现，为遗传资源的利用设置严密周详的前提条件既不缺乏现实上的可能性，也具有法理层面的应当性。

在《生物多样性公约》明确遗传资源国家主权原则的前提下，遗传资源的保护在国际论坛中已经广泛地与国家利益、国家安全、生物多样性保护等政治主张挂钩，逐渐成为全球性的道义标准。通过国内法建立一个强有力的遗传资源监管、获取和利用框架有国际习惯准则作为法源，并不缺乏道德上的正当性支持。

生物遗传资源利用引发的风险与安全问题具有紧迫性和现实必要性。自

基因技术引领的第三次工业革命以来，生物遗传资源在技术研发中的重要性日渐凸显。遗传资源上所携带的遗传信息，不但是破解生命奥秘的密码，更是人类干预和调整生命形态的工具。生物遗传资源在基因技术和生物技术的整个产业链条中的定位和价值非常清晰，上下游技术和产品的发展都需要依赖生物遗传资源。譬如在生物制药行业，就需要搜集致病基因作为研究的起始材料，通过靶向定位的方式寻找靶点以开发新型药物。在大数据时代，来自特定地域、特定年龄阶段、特定性别、特定民族的遗传资源样本都可能通过数据集合形成大数据信息。实践表明，在利益驱动与诱惑面前，社会伦理、道德甚或法律底线都显得极其脆弱，人性极易被突破。[1]

人类在享受技术高速发展带来的红利的同时，也应当警惕地认识到生物遗传资源利用导致的生物安全问题在人类探索求知的过程中以利益为诱因正成倍增加。由此观之，生物遗传资源利用规则的制定不仅涉及权益配置、产业发展的现实考量，还需要从国家治理的角度，全局性地规制遗传资源的获取与使用，以维护国家安全和保障人民的生命健康。有鉴于此，境外主体对生物遗传资源的利用就不能仅仅遵循意思自治原则，对其中的一般民事关系进行调整，对其利用我国生物遗传资源的行为也不能仅仅给予"生物海盗"的道德谴责，对高风险成本的利用行为，必须通过公法的调整重新配置权益并施以严格的监管和管理框架。[2]

遗传资源获取和利用规范的建立遵循公法保护为主的思路，施以严格的行政规制和有效的行政管理机制来保证其实施。相对来说，在立法、行政规制与行业自律三层规范体系中，行政规制的独特作用表现为灵活性与直接干预。譬如，《人类遗传资源管理条例》第三章对利用和对外提供人类遗传资源的行为进行直接干预。虽然秉持着促进创新、提升研发水平的考虑，国家鼓励生物技术领域国际合作，并未对遗传资源的利用和对外提供作出禁止性规定；但是为了规范相关行为，《人类遗传资源管理条例》第21条至第28条还

---

〔1〕　魏健馨、熊文钊："人类遗传资源的公法保护"，载《法学论坛》2020年第6期。
〔2〕　根据《生物安全法》第36条的规定，国家对生物技术研究、开发活动实行分类管理。根据对公众健康、工业农业、生态环境等造成危害的风险程度，将生物技术研究、开发活动分为高风险、中风险、低风险三类。对于从事高中风险生物技术研发活动的主体，该法第38条将其限定为在我国境内依法成立并依法取得批准或者备案的法人组织。对从事中高风险的研发活动，还要进行风险防控和风险预警。

是对遗传资源的利用和对外提供设定了严格的限制条件与资格准入，并在多个环节明确政府的监管责任。其第 24 条第 2 款明确了利用我国人类遗传资源开展国际合作科学研究后产生科技成果的权利归属，规定产生成果的专利权与专利申请权应当归合作双方共有。在《专利法》受到技术中立原则的限制，难以为特定场景下的权利分配模式提供量身定制的特殊规则时，通过行政规制的方法来控制和调整特定民事主体的遗传资源利用行为无疑是更加行之有效的。

上述分析表明，采取公法手段规范生物遗传资源的获取和利用行为在价值选择和路径选择上都具有合理性、有效性。在《生物安全法》框架之下所建立的必然是为生物遗传资源获取和利用主体提供明确行动指南的行动规范。并且对于这一系列的行为规范而言，其体系性也非常完备。譬如，《生物安全法》第 60 条第 3 款是关于外来物种使用的规定，这一法律条文规定，任何单位和个人未经批准，不得擅自引进、释放或者丢弃外来物种。且为了保证该项法律规范的实施效果，该法第 60 条第 1 款规定，外来入侵物种名录和管理办法由国务院农业农村主管部门会同国务院其他有关部门制定。这款规定能够作为辅助性法律规范保障禁止性法律规范的实施。第 81 条规定了违反该法第 60 条第 3 款的行政责任。上述三项法律条文结合在一起，就形成了符合逻辑和法律规范构成要素的关于外来物种使用的完整法律规范。再比如，根据《生物安全法》第 56 条第 1 款第 1 项的规定，采集我国重要遗传家系、特定地区人类遗传资源，应当经国务院科学技术主管部门批准。第 54 条第 2 款作为辅助性规定，表明国务院科学技术主管部门对重要遗传家系、特定地区人类资源进行调查，并要求进行申报登记。在申报登记信息范围内的遗传资源即是第 56 条第 1 款第 1 项规定规制的对象。第 79 条和第 80 条则规定违反行为规范的法律后果。

总体而言，《生物安全法》着重要保护的是国家在生物安全方面的公共利益，调整的是国家在预防和监管生物安全风险方面与公民之间形成的法律关系。可以说，《生物安全法》的出台和实施为国家、政府依法监管、依法治理、依法干预生物遗传资源的获取和利用提供了合理的理由和执法的依据，同时也为行为主体提供了明确的行动框架。生物技术活动中的创新与风险是并存的，在守住安全底线，以国家和人民利益为根本前提之下把握鼓励创新与吸引投资促进生物技术发展的尺度并非易事。但从生物遗传资源利用的法律体系建构来看，无论是立法还是采取行政管制的手段都明显倾向于为遗传资源的获取和利用行为划定清晰的边界，并以登记、审批等行政监管作为有效手段保证使用主体对行为规范的遵守。

而中医药传统知识保护的立法目标与生物遗传资源并不尽然一致，两者涉及的法律关系亦有本质的区别。《生物安全法》的首要立法目的是维护国家安全，防范和应对生物风险，保障人民生命健康，保护生物资源和生态环境。维护安全与防范风险在《生物安全法》所确立的价值序列中居于首要位置，安全利益是生物安全方面的最高利益和根本利益。一旦生物遗传资源的获取和利用行为触及国家安全的底线，可能引发生物安全风险，对此最为有效的方法就是通过公法为其设置严格的前提条件，以达到迅速规范市场行为的目的。鉴于《生物安全法》调整的生物安全利益是一种国家利益，已经超越了私人主体的具体利益和特殊利益，选择公法的手段实现生物遗传资源获取和利用的有序性、公平性是必要的。《中医药法》在进行立法目的表述时，则明显采取了一种较为平和的语言。《中医药法》是一部综合性立法，其根本目的在于继承和弘扬中医药，保障和促进中医药事业发展。为了实现中医药传统知识守正创新的目标，其保护思路的设计不能仅仅考虑制度运行的效率，保护手段也不宜以政府干预和调控为主。对中医药传统知识的获取和利用而言，为了让中医药传统知识作为市场要素融入创新与贸易环节，重点需要调整各私人主体之间的利益关系，只要能够协调好中医药传统知识持有人与持有人之外的私人主体之间的权利义务关系，就能够保证其利用的公平合理。因此，《中医药传统知识保护条例（草案）》明确了中医药传统知识保护的两项任务：一是加强保护，二是规范获取和利用行为。中医药传统知识获取与使用的规范是通过明确持有人的权利和为获取和使用的行动方设立行为模式予以建立的。根据《中医药法》第43条的规定，获取、利用中医药传统知识持有人持有的中医药传统知识需要遵循知情同意和惠益分享的基本原则。《中医药传统知识保护条例（草案）》在第三章对持有人的权利及保护给予了进一步明确。

第三节　构建知情同意与利益分享制度的难题

一、构建知情同意原则制度的难题

如前所述，可以说"生物海盗"现象激发了传统知识提供方要求控制传统知识使用的诉求，PIC 作为一种原则为问题的解决提出了一种理想化的框架。但是 PIC 本身能否得到实施还取决于具体的法律措施。也就是说，可以从道德和公平的观念上谴责"生物海盗"行为，从政治的层面也可以争论，公司负有对传统知识的使用进行补偿的道德义务。但是这并不表明在缺乏具体法律规则的情形下，这种行为可以被定义为违反 PIC 的行为。为使 PIC 原则作为进行科研及商业开发活动的指导的努力此后并不多见，需要厘清的法律问题至少包括：(1) 谁是实施 PIC 的合法主体；(2) 什么样的情况下获取和使用中医药传统知识需要 PIC；(3) 实践中仍有可能产生问题。

在 CBD 和 WIPO 等国际论坛中确立的普遍准则是，给予事先知情同意许可的一方应当是传统知识的持有人。在对"传统知识"进行定义时，WIPO 也未将传统知识的权利主体仅限于传统部族或传统社群，而是使用了"传统知识持有人"的概念。[1]

实证研究进一步证明，PIC 要求实施的可行性可能受到持有人碎片化的影响。理论上认为，传统知识在大多数情况下属于集体共有。在传统知识当中，除允许开放性使用（即传统部族允许公知公用且无准用控制）的传统知识以外，作为一种财产，它们应理解成多数情况下由传统部族共同所有的一种集体财产。[2]但现实中也有将传统知识的持有人归为个人的做法。比如，将传统知识塑造成文化并传播的印度"蜜蜂组织"的搜集数据表明，要求个人所有权的"草根创新"数量达到了一万个。[3]还有些学者认为，WIPO 的相关措词在于暗示传统知识并非只能由传统部族或传统社群创造、保存或使用，

---

〔1〕 李杨："耦合与超越：传统知识保护的知识产权困境解读"，载《大连理工大学学报（社会科学版）》2009 年第 3 期。

〔2〕 李杨："耦合与超越：传统知识保护的知识产权困境解读"，载《大连理工大学学报（社会科学版）》2009 年第 3 期。

〔3〕 Anil K. Gupta, "Making Indian Agriculture More Knowledge Intensive and Competitive: The Case of Intellectual Property Rights", 54 INDIAN J. OF AGRIC. ECON. , 1999, p. 342.

对于非本土居民而言，只要其创造的知识属于传统知识范畴，一样可以作为传统知识持有人而被纳入传统知识的保护主体范围内。[1] 理论研究表明，传统知识持有人可能是多元化的。

在秘鲁开展的生物多样性集团国际合作项目旨在收集并研究具有研究或商业价值的土著居民使用的药用植物。这一项目自 1994 年到 2000 年开展，由生物多样性国际合作组织（International Cooperative Biodiversity，ICBG）下的美国政府机构进行赞助，包括美国国立卫生研究院、美国国家科学基金会和美国农业部。ICBG 的目标在于支持 CBD 原则并且促进生物多样性的工业使用。在秘鲁进行的项目的收益方包括作为科研机构的密西西比大学，美国的一家医药公司 G. D. Searle & Co. 以及被称为 Aguaruna 的亚马逊土著居民。这些居民共有 180 个社区，大多数属于单独和共同形成的 13 个相邻民族。这一项目实施中面临的最大问题是，哪些组织有权利代表整个土著居民，其授予的事先知情同意是否具有合法性基础。在项目的进展过程中，由于某些组织未能参与实质性的协商，传统知识的使用方面临"生物海盗"的指责。项目的开展产生的经济利益被分为三部分：一部分分配给了传统知识提供方，一部分被土著居民联盟用于自身的建设和发展，一部分流向各个分支的部族，作为土著学生的奖学金，在实验过程中引导科研方寻找医用植物的知识提供者。

这一案例的最积极方面在于项目的开创性：（1）促成了土著居民和医药公司的直接协商；（2）传统知识的使用许可协议发挥的作用也是先例性的，并且暗示了传统知识的所有权的存在。土著居民一方的代表律师认为："传统知识许可是合同法中具有创新性的一步，第一次帮助土著居民实现对其传统知识的完全控制。"而项目消极的一面在于，PIC 要求在实践中的可行性并不令人满意。作为负面影响的要素包括：土著居民代表的碎片化，代表的资质令人质疑，导致产生的利益是有限的并加速了商业合作关系的终结。这一实例表明在不同的社会和文化背景下对 PIC 的概念进行转化的可行性并不一定能够得到保证，特别是当传统知识管理结构中存在代表混乱的现象时更是如此。

除此之外，对于 PIC 而言，其适用对象的问题必须进行认真探讨：有些

---

〔1〕　李杨："耦合与超越：传统知识保护的知识产权困境解读"，载《大连理工大学学报（社会科学版）》2009 年第 3 期。

学者认为，PIC 要求不应当适用于那些已经处于公有领域的传统知识。[1] 秘鲁还在立法中指明，PIC 的要求并不适用于处于公有领域的集体知识。但是某些学者则认为，在传统部族内，部族长老的"永恒"职权不会仅因为传统知识被人为搁置于所谓的公有领域就放弃或消失，尽管多年来大量的传统知识在无授权的前提下被不当披露与传播。[2] 传统知识可能在之前的使用中被特定的人群所掌握，但是如果传统知识通过科学文献公开，这就意味着传统知识已经脱离了任何一方的控制，进入自由流通的状态。传统知识的公开是不可逆的，一旦公开成为事实就不能返回原先的状态。但是传统知识一旦被公开就意味着进入公有领域吗？公有领域作为私权的对立面，适用这一原则只能表明传统知识不应受到私权控制，那么是否影响到使用方获取事先知情同意的合理性基础呢？如果传统知识被公开，土著居民或传统部族控制传统知识的积极权利可能受到阻碍，但是如果传统知识可以被特定地归属于某一单独的集体、部落或地区，其并不丧失给予事先知情同意的合理性基础。比如，在蝴蝶亚仙人掌的案件中，即使传统知识已经公开，提供方依然认为，使用方需要承担获取 PIC 的责任。[3] 南非关于传统环境知识保护的示范法律规定，公有领域原则只能要求限制性地使用传统知识，只有在某些前提下，获取传统知识才不需要事先知情同意。[4] 根据人种生态学家和土著权利倡导者的说法，土著居民的贡献有些时候是精神层面上的。[5] 如果土著居民的信仰和实践具有一定的指引作用，那么创造者（Authorship）可以被追溯到前人类

---

〔1〕 Downes，David R，"How intellectual property could be a tool to protect traditional knowledge"，Colum. J. Envtl. L.，vol. 25，2000，p. 253.

〔2〕 Dutfield G.，*Protecting Traditional Knowledge：Pathways to the Future*，Geneva：ICTSD，2006，at 22，转引自李杨："耦合与超越：传统知识保护的知识产权困境解读"，载《大连理工大学学报（社会科学版）》2009 年第 3 期。

〔3〕 Graham Dutfield，"Protecting the Rights of Indigenous Peoples：Can Prior Informed Consent Help？"，in R. Wynberg et al.（eds.，），*Indigenous Peoples，Consent and Benefit Sharing：Lessons from the San-Hoodia Case*，Springer Science+Business Media B. V.，2009，at 65.

〔4〕 UNU-IAS Report，"The Role of Registers and Databases in the Protection of Traditional Knowledge，A Comparative Analysis，United Nations University UNU-IAS"，*Institute of Advanced Studies*，2004 January，at 35.

〔5〕 Darrell Addison Posey，"Indigenous Peoples and Traditional Resource Rights：A Basis for Equitable Relationships？"，5（June 28，1995）（unpublished manuscript，on file with author），p. 17，in Graham Dutfied，"Trips-related Aspects of Knowledge"，CASE W. RES. J. INT'l L.，vol. 33（2001），p. 249.

创造者的祖先，创造者的概念就被起源者（initiation）所代替了。[1]

　　社区土著和当地社区从人权及文化权的角度出发提出观点，认为土著居民对传统知识享有的权利应当具有和国家主权的同等资格。[2]因此从人权的角度而言，如果不面对更宽泛的传统部族的社会和政治权利是不可能设计有效的 PIC 实施方式的。为了对 PIC 的实施进行指导，CBD 工作小组指出，传统知识的持有方应当"具有与其他参与的成员方平等的地位"。[3]这种对平等待遇的要求表明在 PIC 原则下，传统知识的持有方具有参与"协商"或"合作"的权利。同时也可以进一步通过其他准则的设定增强传统部族和当地社群进行谈判和参与的力量。比如，将 PIC 的实施设计为"社群控制研究或许可"的参与模式，规定"传统知识的所有者应当就他们的土地、森林、海上和内陆的水资源的租用安排上获得一种安全感，并相信公共目的的使用是与其文化和生态价值协调一致的"。[4]政府与传统部族之间在传统知识使用问题上的关系不应是对立的，当传统部族在谈判中没有足够的能力或不足以代表自身利益时，政府需要决定其在土著居民一方以及私人部门签署获取协议中所扮演的角色，很可能需要再建立代表监管机构，促进协商，增强社区能力，监管和实施 PIC 上发挥关键作用。政府可能扮演的角色包括作为协议的强制方，以及作为合同的积极执行方。[5]

　　目前，真正有效的 PIC 实施机制并没有完全建立，悬而未决的问题包括：（1）在 PIC 的要求下如何构建传统知识具体的赋权机制，厘清这一问题旨在明确实施 PIC 的主体；（2）在 PIC 的要求下如何构建传统知识使用和获取实

［1］　Blakeney Michael, "The protection of traditional knowledge under intellectual property law", European Intellectual Property Review, vol. 22, no. 6 (2000), pp. 251~252.

［2］　Anaya, S. James, and Robert A. Williams Jr., "Protection of Indigenous Peoples' Rights over Lands and Natural Resources under the Inter-American Human Rights System", The Harv. Hum. Rts. J., vol. 14 (2001), p. 33.

［3］　UNEP/CBD, "Elaboration of Key Terms of Article 8 (j) and Related Provisions in Articles 10 (c), and 17. 2 and 18. 4", http://www. biodiv. org/indig/tkbd-4e. htm.

［4］　Ramani, Rekha, "Market Realities v. Indigenous Equities", Brook. J. Int'l L., vol. 26, no. 3 (2000), p. 1147.

［5］　Intergovernmental Committee on Intellectual Propertyand Genetic Resources, Traditional Knowledge and Folklore. WIPO, Operational Principles for IntellectualProperty Clauses of Contractual Agreements Concerning Access to Genetic Resources and Benefit-Sharing, 2nd Sess., Geneva, U. N. Doc. WIPO/GRTKF/IC/2/3, Sept. 10, 2001.

体及程序方面的规则，包括 PIC 的适用范围、适用对象等；（3）在 PIC 的要求下如何构建共同合作的发展模式，在这一模式中包括政府机构、私人部门和传统部族在内的多方参与主体的责任和义务应当如何得到合理的分配。

以上分析表明，在极具多样性和差异性的文化背景与政治体系中，实施 PIC 的要求非常具有挑战性。由于 PIC 的法律框架并未完善，PIC 的要求在实施主体碎片化、实施主体之间存在冲突的情况下难以保证其可行性，甚至还会妨碍最初目的的实现。但即使法律在操作层面的规范仍在探索之中，也不应当否定使用方在使用传统知识时应当承担的道德责任，土著居民有权期待传统知识的使用方在使用其知识之前寻求他们的同意。PIC 要求在平衡作为使用方的私人部门、政府、研究机构和作为提供方的土著居民之间的关系上还是处于中心位置的，需要考虑在实践中将 PIC 付诸实施的途径。[1] PIC 表明在对方就传统知识进行活动之前需要对活动的信息进行完全的披露，以寻求传统知识持有人的同意，披露的信息包括活动的具体程序、潜在的风险以及可以预见的效果等。[2] 在未给予事先知情同意许可之前，持有方有阻止活动继续进行的权利，即使活动已经在进行过程中。

二、构建利益分配制度的难题

有些观点认为，利益分享原则被引入专利法中可以帮助克服传统知识持有人缺乏谈判地位的问题。要求提供利益分享协议的证明还能够引导事前的协商。有些学者则指出，在创新积累的情境下事前的协议更可取，这个阶段还没有产生沉没研究成本并且事前协议能够保证研究在增加共同获利的情况下开展。[3]

从增强传统知识持有人谈判地位的角度而言，事前进行利益分享的协商

---

〔1〕 Graham Dutfield, Graham Dutfield, "Protecting the Rights of Indigenous Peoples: Can Prior Informed Consent Help?", in R. Wynberg et al. (eds. ,), *Indigenous Peoples, Consent and Benefit Sharing: Lessons from the San-Hoodia Case*, Springer Science+Business Media B. V. , 2009, p. 55.

〔2〕 披露的信息应当包括：活动的目的；赞助商以及实际开展活动一方的身份，如果两者不同的话，应当分开来表明；接受同意的一方的成本和不利影响；活动的可能替代方案；活动过程中的可能影响同意方合作的同意意愿的发现；被获取的知识或材料的目的地，其所有权状态，一旦传统知识离开传统部族，当地居民的权利；赞助商和行动者对活动或获取的知识及资源的商业兴趣；如果当地部族拒绝允许这项活动，其可能的法律选择。

〔3〕 Scotchmer, Suzanne, "Standing on the shoulders of giants: cumulative research and the patent law", *The Journal of Economic Perspectives*, vol. 5, no. 1 (1991), p. 35.

比事后协商更能体现持有人的需求。当然，如果事前的交易能够自发进行，那么或有可能降低创新的成本。但是在专利法中强制引入利益分享要求既缺乏明确的法律前提，又缺乏诱发交易自动产生的现实土壤。那么，在自由的法律环境下，私人交易的双方能否自发地通过私人协商完成公平公正的利益分享呢？发达国家所提出的，通过合同的途径来解决传统知识交易的提议是否可行？尽管已有成功的实例表明私人议价的可行性，但是不管是在理论中还是大多数实践情形下，订立合同的方式无法解决冲突，也难以消除交易上的障碍。根据科斯理论，在权利被清楚界定并且交易成本低的情况下有效的资源配置会发生。在理想的模型之下，提供方和使用方在谈判能力、竞争和技巧的掌握上能达到市场对称的状态，并导致公平互利的合意达成。但是生物勘探活动中很难适用科斯定律下的协商模型。部分原因在于传统知识的产权结构并不明确，部分原因在于信息的不对称性和法律技能的缺乏。TRIPS框架下的知识产权制度虽在不断变革，但基本是成熟和稳定的，而传统知识的权利保护模式、权利性质等基础问题都还处于争论不休的阶段，传统知识一方权利缺乏明确的界定成为交易达成的主要障碍。除此之外，在一些典型的案例中，双方不平衡的谈判力量和信息的不对称是谈判交易的主要障碍。[1]当私人部门提出专利申请但并没有获得传统部族的同意也没有提供相应的经济上的补偿时，双方之间冲突的产生会增加彼此的不信任感。科斯定律适用前提条件无法满足，再加上外部因素的影响如谈判双方目标的不确定及背景的不同，都会导致较高的交易成本从而影响私人议价。

在传统知识的交易过程中，市场机制的失灵可以作为支持对利益重新进行分配的另外一个理由。科斯定律指出，在拥有完整信息的市场中不存在交易成本时，资源的有效配置将会发生，不管初始的配置如何或者是否存在政府的干预，资源的有效分配都会发生。科斯定律也从一个侧面表明，权利的初始分配及交易成本会影响资源的有效使用。[2]在信息充足、资源流动不会产生较高成本的情况下，市场机制会自发促成交易的进行，具有潜在投资价值的传统知识将被交易给那些希望利用其进行研发投入的公司。但是在传统

〔1〕 Dutfield, Graham, *Intellectual property, biogenetic resources and traditional knowledge*, Routledge, 2010, p. 8.

〔2〕 Cooter, Robert, and Thomas Ulen, *Law and economics*, Glenview, IL: Scott, Foresman, 1988, p. 95.

知识的交易市场中，信息是极度不对称的，由于研发新药的成功性不易被预测，传统知识的价值并不容易作出事前的判断。在传统知识的权属状态不明的情况下，其很容易被作为公共物品进行无偿使用，而不是在通过市场机制决定其价值后，自发地促使交易进行。这种情况合理的解决方式是，在取得收益后，通过外部的调控机制对传统知识产生的利益进行重新分配。由此可见，并非不存在对传统知识的利益进行重新分配的必要性，而是应当探讨通过何种方式对利益进行重新分配才能达到预想的效果，并保证制度的效率及可行性。

责任规则的优点在于，这种机制避免利用知识产权诱导交易进行并进行权利分配引发的负面效应，比如阻碍、减慢甚至抑制后续创新。这种规则很可能甚至会诱导私人协商的进行。合理设计的法律规则意图在于移除私人谈判的障碍，并且由辅助的责任规则作为支持，适用在协议未能达成的情形下或者协议不具有公平和公正性的情形下，以诱发私人谈判的进行并避免不合理的协议。[1] 一旦传统知识在经济上的价值受到认可和尊重，可以预测利益分享将对传统知识的保存、创造和公开产生有益的效果。利益分享协议的签订凸显了传统知识和遗传资源的经济价值并且强化了其具有的财产属性，最终也可以帮助增强存在于传统知识的积极权利。从文化的角度而言，利益共享为传统知识的创新和可持续使用提供了经济上的支持，间接保证了传统知识的文化价值得以延续。

当然，对于传统知识持有人而言，责任机制只能对传统知识使用的经济利益进行重新分配，无法帮助实现传统知识持有人对传统知识的其他合法利益。比如，通过责任机制无法赋予传统知识提供方给予事先知情同意的权利或者参与传统知识开发的知情权，因此传统知识持有人在交易中仍有可能处于不利地位。

传统知识持有人与药品生产企业的矛盾。在陈某娣等与柏桐堂（福建）生物药业有限公司、福建太平洋制药有限公司其他科技成果权纠纷案[2]中，最高人民法院指出，"桔香祛暑和胃茶"药品技术的内涵，不仅仅包含药物配

---

[1] Reichman, Jerome H, "Of green tulips and legal kudzu: Repackaging rights in subpatentable innovation", Vand. L. Rev., vol. 53 (2000), p. 1743.

[2] 最高人民法院民事裁定书［2018］最高法民申 4957 号。

方智力成果，还包括对该药品安全性、有效性和质量可控性有关的临床研究和生产该药品相对应的药品生产技术并无不当。原审法院根据本案的具体事实并结合现行药品审批制度认定方某超和福建省安溪制药厂为涉案"桔香祛暑和胃茶"的药品配方和药品生产技术均提供了技术支持，均享有科技成果权的认定并无不当。我国实行药品审批制度，对药品研发生产流通使用全过程实施严格的监督管理。药品批准文号是药品监督管理部门对特定生产企业按法定标准、生产工艺和生产条件对某一药品的法律认可凭证。2001 年《药品管理法》第 31 条规定：生产新药或者已有国家标准的药品的，须经国务院药品监督管理部门批准，并发给药品批准文号；……药品生产企业在取得药品批准文号后，方可生产该药品。2002 年《药品注册管理办法（试行）》第 6 条规定，药品注册申请人，是指提出药品注册申请，承担相应法律责任，并在该申请获得批准后持有药品批准证明文件的机构。境内申请人应当是在中国境内合法登记的法人机构。根据上述规定，批准文号的持有人只能是在中国境内合法登记的法人机构。实践中，即使中医药传统知识持有人对药品的研发作出了必要的贡献，或者药品的研发实际上是基于持有人所持有的配方所开发的，根据药品审批监管的法律规定，其也不具有申请药品注册的主体资格，只能将药品配方和生产技术转让给药品生产企业。

　　本案值得深思之处在于，技术成果权纠纷反映出中医药传统知识持有人与使用人的交易地位失衡，持有人对现行法律制度对其技术贡献的认可程度及所获取的收益并不满意。一旦中医药传统知识进入技术交易领域，就需要在创新过程中接受现代化技术的改造，最终朝着药品生产标准的方向发展。也就是说，在当前的法律框架下，传统知识的市场价值必须通过转化为专利技术和药品技术来实现。在技术转化的过程中，传统知识持有人实际上丧失了对传统知识的完整控制。同时相对于专利技术与药品技术的投资主体，中医药传统知识持有人又处于交易的不利地位。因此，为了协调中医药传统知识提供方和使用方的利益，实现中医药传统知识使用的实质公平，还需要通过知情同意及利益分享原则落实中医药传统知识持有人对技术成果的收益权。

第四节 知情同意与利益分享制度的完善

一、中医药传统知识知情同意制度的完善

根据《中医药传统知识保护条例（草案）》对知情同意权的制度设计，中医药传统知识持有人有权知悉他人获取、利用其所持有的中医药传统知识的真实信息，并有权对使用和收益情况进行监督。获取、利用中医药传统知识，应当事先取得中医药传统知识持有人的同意。知情同意的内容包括但不限于下列信息：获取、利用人以及其他共同参与人的基本情况；利用中医药传统知识的方式、用途、范围和期限等；利用中医药传统知识活动的预期结果和影响；利用中医药传统知识活动产生的各种利益以及分享方案。《中医药传统知识保护条例（草案）》在制度设计中，将公有领域的中医药传统知识也界定为需要取得知情同意的对象。根据该草案第 29 条的规定，国务院中医药主管部门指定专门机构持有的中医药传统知识，指定机构应当加强传承使用，防止不当占有利用、歪曲篡改等，依法行使持有人权利。

通过专门制度规定知情同意权的立法目的有二：一是解决双方信息不对称的问题；二是使得知情同意成为获取、利用中医药传统知识的合法依据。赋予持有人以知情同意权不仅仅是为了改变持有人在交易过程中基于信息壁垒、技术壁垒而处于的弱势地位，还旨在建立持有人与获取、利用方的信赖机制。

在不存在知情同意权的情况下，持有人和传统知识潜在的获取、利用方都承担了较高的风险成本，持有人会面临传统知识被不当利用、丧失可能收益的风险，故而需要采取更加严格的手段防止传统知识被他人知悉和获取。而获取、利用方将会面临潜在的来自持有人的异议，遭受法律诉讼的风险大大增加。在双方都面临高风险带来的成本时，交易可能会无法形成。规定知情同意权的目的在于破解市场失灵的困境，通过知情同意权的设计，将交易双方重新拉入信任的场景之中，重建一种信赖交易机制。

从知情同意权的规范内容来看，这里的同意是中医药传统知识持有人针对获取、利用传统知识的行为方式所作出的。如前所述，之所以赋予持有人知情同意权，根本上是为了解决双方信息不对称的问题，并不是为了促使持

有人与获取、利用方就设立、变更、终止民事法律关系达成合意。所以，这里的同意从法律性质上看并不具备意思表示的要素，并非一种法律行为。

从知情同意规范的逻辑结构上来看，其具有明确的构成要件和法律后果。一般情况下，持有人有权知悉并监督其持有的传统知识的真实利用情况。在例外的情况下，考虑到公共利益，对于特定的非商业目的的使用以及对专门机构持有的中医药传统知识获取、利用不受知情同意权的限制。

从同意的强度来看，这里的同意不包括默示的同意，也就是不存在将持有人的默示推定为同意的情形。因为规定知情同意权的目的本来就是要解决中医药传统知识获取、利用中存在的"信息孤岛"问题，如果将持有人的默示推定为同意，则传统知识的获取、利用又会形成公地悲剧，在没有法律干预的状态下，中医药传统知识保护的立法目的难免会落空。

《中医药传统知识保护条例（草案）》对知情同意的规定还存在未竟之处，未来可以从以下方面完善制度设计。首先，应当明确知情同意遵循的基本原则。除了《中医药传统知识保护条例（草案）》规定的公平公正、诚实信用原则，对中医药传统知识不当使用的规制还应遵循以下原则：一是法定原则；二是适当原则。法定原则指的是，对中医药传统知识不当使用的规制应当基于专门条款的明确规定。在专门制度之外适用其他法律工具规制不当使用时则必须受到既有规则立法目标的限制，不能超越其基本的制度功能规制不当使用。禁止不当使用条款的第 1 款属于一般性规定，将不当利用的构成要件界定为未经知情同意。第 2 款则单独列举了不当利用的典型行为，即未经持有人同意，将中医药传统知识的专属表达注册为商标或申请外观设计的行为。

知情同意是意思自治原则在中医传统知识保护领域的直接体现，持有人通过知情同意权实现了对传统知识的占有和支配。由此表明知情同意权亦具有人权属性，体现了人权领域"自决权"的本质。除知情同意权外，根据《中医药传统知识保护条例（草案）》的规定，中医药传统知识持有人还享有利益分享权以及精神性权利。但是，利益分享权是对持有人取得财产性收益的事后补偿，利益分享权的实现也要依赖中医药传统知识的利用、转让和实施。在侵权行为的定性和行政处罚中，不能因为使用方违反利益分享就将其认定为情节严重或加重对其的处罚。

对中医药传统知识的规制还应秉持适当原则。具体做法除了设置知情同意的豁免机制和违反知情同意的阻却事由，还可以通过促进"手段—目标"相匹配保证规制不当使用的谦抑性。立法者显然也已经意识到了这一问题。从《中医药传统知识保护条例（草案）》的规定来看，被纳入规范框架的中医药传统知识应当满足以下三项前提：一是"基于中华民族长期实践积累"；二是"世代传承发展"；三是"具有现实或者潜在价值"。这里的价值不仅包括经济上的科学研究、开发利用价值，还包括文化层面上的历史价值、可持续发展价值、传承发展价值。在此基础之上，《中医药传统知识保护条例（草案）》对中医药传统知识的保护拟采取分级分类的做法。譬如，对处于公有领域的中医药传统知识而言，尽管其也属于规制不当使用法律规范所调整的对象，但是立法者在规制公有领域的传统知识时，采取的用语是"防止"而非"禁止"。对处于公有领域已经传播的中医药传统知识而言，持有人原则上应当无差别地给予知情同意的许可，以促进传统知识的利用和二次创新。此时，对于不当使用的规制以预防为目的，而非一种惩戒手段。而对于被收入保护名录的传统知识来说，持有人在给予使用许可时应当秉持更加审慎的态度，对被许可方的资格，是否承担知情同意的义务进行更加严格的审查。在使用方违反知情同意时，可以结合其是否存在主观故意以及是否采取了必要手段承担知情同意义务等，界定其行为的不当程度。

立法者为中医药传统知识的使用提供规范框架旨在促进传统知识的应用，促进其作为创新源头发挥禀赋效应，增强其在产业链条中的应用价值。为实现这一目标，需要为使用和利用塑造公平有序的交易环境并提供明确的行动指南。对不当使用行为进行规制一方面可以确保持有人的知情同意权得到实现，另一方面可以调和持有人与其他权利人的冲突。但是在规制不当使用的过程中，要尽量保证法律适用在规范框架下遵循一定的客观标准，避免不适当地扩大不当使用的禁止范围，以保证持有人和使用方的利益平衡。立法者应妥善处理知情同意原则与其他合法性基础背后的深层利益冲突，以达到平衡各方利益的立法目的，在尊重持有人意思自治的前提之下，兼顾对正义、平等、安全与效率等价值目标的平衡。

二、中医药传统知识利益分享制度的完善

中医药传统知识利益分享的完善可以在知识产权制度与专门制度的框架内展开。知识产权制度下的中医药传统知识利益分享以实现分配正义为价值

取向。目前知识产权制度被认为与传统知识保护存在冲突的原因有二：一是知识产权制度在筛选创新的过程中将源头性的知识忽略在外，仅仅保护有改进的创新。在此评价标准之下，为了促进改进型创新的产生，还需要保证公有领域的规模，将传统知识置于公有领域之中将不能使其获得与知识产权客体同样重要的市场要素地位。二是知识产权制度是否适合为传统知识提供保护。如果现行的产权制度能够实现对传统知识公平、有效的保护，则立法者就无需对当前的权利、义务模式进行调整，实现财富、风险、责任在传统知识提供方和使用方之间的重新配置。

传统观念认为，产权机制和重新分配是两种不同的资源配置方式。财产权的核心意味着对离散财产的个人控制，而分配正义要求对社会中的资源进行公平分配，分配要求重新改变经济资源的流向。财产权的逻辑意味着完全的个人控制，通常政府不能干涉个人财产的自由，财产权划定了政府不能进行干预私人财产的边界。重新分配则意味着所有的资源为集体所有，应当在政府的调控下进行公平的分配。在罗尔斯的正义论框架下，需要证明产权在合意中处于"原初状态"中。原初状态的观念旨在建立一种公平的程序，其目的在于以纯粹程序正义作为理论基础。[1]

原初状态是一种假定的情形，是给定社会中共同成员在合意下建立的社会基本结构。原初状态的审议在无知的情形下发生，没有成员知道他们能在社会中得到什么样的工作、技术、社会地位或其他社会要素。起始位置可以被类比为洛克·霍布斯理论中的"自然状况"，这是存在于有组织的政府和市民社会之前的一种假设状态"。[2]在分配正义的理论框架下，知识产权处于"原初状态"中，成为正义论第一优先原则下基本自由中的"个人权利"。[3]

洛克和康德试图对个人财产权的第三方效果进行解释。当财产权对他人的活动产生严重影响时，洛克和康德的理论都认为权利普遍原则应当限制财产权，这是朝分配正义的方向所迈出的重要一步。然而与分配正义的现代理论相比，这只是非常谦虚的一步。洛克和康德将个人占用作为他们理论的主题，表明他们承认第三方利益以个人财产权的边界的形式存在。但是在当代

---

〔1〕　［美］约翰·罗尔斯：《正义论》，何怀宏、何包钢、廖申白译，中国社会科学出版社2001年版，第131页。

〔2〕　Merges Robert. P, *Justifying intellectual property*, Harvard University Press, 2011, p.217.

〔3〕　何怀宏：《公平的正义：解读罗尔斯〈正义论〉》，山东人民出版社2002年版，第120页。

哲学思辨中，特别是在罗尔斯的学说中，分配正义讨论的起点并不是财产权体系中的公平而是社会和经济背景下财产本身的公平。罗尔斯正义论中的关键问题在于讨论私有财产的存在是否以及在何种程度上促进了社会成员中资源的公平分配。在正义论的学说框架下，与知识产权相关的问题是知识产权在社会中是否促进了对财富的公平分配。知识产权只有在这一理论层面上被合理化之后才能回到洛克和康德所谈论的主题——在财产权体系中对公平的处理。

如果知识产权本身的存在不能被合理化，就没有必要讨论财产构成的具体细节。只有证明知识产权在公平的社会中存在立足之地，才能继续讨论公平如何被包含在特定的财产权利结构中，即分配正义如何通过具体机制在知识产权法中得以实现，这些机制在操作层面上描述了社会公平是如何限制、改变并影响个人财产权。也就是说，罗尔斯的出发点是在平等主义下的公平理念下论述财产权的合理性，而洛克及康德则是以财产权的合理存在为起点对集体公平进行合理性的论证。[1]

知识产权制度的构建是否合理不可能依靠单一的价值标准进行衡量，要看是否蕴含着对多种价值目标的追求，并在其指引下达到内在的平衡。对公平正义的追求与对效率的追求一道共同引导知识产权制度的构建。因此，专利法能在什么程度上为传统知识提供防御性保护，取决于对公平分配和效率的共同指引。以专利法为传统知识提供的防御性保护为例，证明知识产权制度包含对公平正义的考量，通过平均分配以达到公平正义之目标的价值观内含于知识产权制度的机制和结构中。

在知识请求方面将个人与社会对立起来引发的哲学争论是无穷无尽的。如果脱离极端观念下对问题的理解，将个人和社会在创造性工作上的投入放在一起讨论，基本的逻辑起点是：知识产权可以作为杠杆来调节财产的分配方向。[2] 这种方法将财产权合理性和分配正义的经典问题捆绑在一起，建立一种社会影响投入、社会请求产出的投入产出模型。根据这种逻辑思想的指导，当社会影响创造性成果的生产时，社会请求应当作为产出成果中不可缺

---

〔1〕 何怀宏：《公平的正义：解读罗尔斯〈正义论〉》，山东人民出版社 2002 年版，第 120 页。

〔2〕 Louis Kaplow, Steven Shavell, *Fairness Versus Welfare*, Cambridge, MA：Harvard Univ. Press, 2002, p. 174.

少的部分，成为享有创造性成果分配请求权的"社会量子"。这表明分配正义是内生于财产法的，而不是外在的价值。

面对知识产权制度忽视传统知识提供方利益的指责，在尝试推动知识产权与传统知识保护的目标协调发展时，采取极端的方式将某种利益置于优位序列的做法无益推动问题的解决。无论在政策层面上的争论有多么激进或具有多么鲜明的立场，在对立法进行完善时，必须考虑其可行性以及实施效果。知识产权制度中内含的分配正义表明知识产权的防御性保护在实现政策目标方面能发挥的作用是积极的，并可能成为调和矛盾的主要法律手段。在发明依赖传统知识完成的情形下，如果传统知识对最终产物的产生具有贡献，那么传统知识的提供者应当针对创造性成果享有"请求权"，这种"请求权"可以通过具体的法律规则得以实现。

分配正义理论认为分配正义倾向于容忍财产权，如果以资源的公平分配为目标的话，对个人财产的控制通常意味着要将资源重新配置。而维护财产权的观点认为，社会要求通过集体主义侵入了私人财产权的领域之内，因此并不希望对资源进行重新分配。现代知识产权理论以公平分配的理论为出发点，试图在公平正义的双重原则下捍卫知识产权的合法性，但实则以平衡作为目标促成知识产权与公平分配的对话。知识产权产生之前，授权过程以及授权后的三个阶段中，都可以通过分配机制达到平衡，重塑机会的平等性。对传统知识的防御性保护来说，在前两个阶段可以通过知识产权规则保证，属于公有领域的传统知识不会进入财产权的保护范围，第三个阶段可以通过知识产权制度外的政策调整知识产权所得利益，以促进传统知识提供方和知识产权所有人之间的利益平衡。

对知识产权赋予的法律权利给予适度的调整，来矫正完全的不平衡是合理的。问题在于应当怎样进行调整，这样做时是否需要遵循一定的规则，需要采用怎样的理论来指导实践使得这种调整不会超出合理的边界。传统知识的知识产权防御性保护并非不存在困境，实践中利用专利制度为传统知识提供防御性保护的难题在于，如何保证法律措施的可行性和法律实施绩效。政策层面的争论可以以不同的哲学思想或道德规范为起点。功利主义的倡导者沉溺于成本与效率的分析，坚持防御性保护要求的重新分配规则会增加产业成本，并影响创新的积极性；坚定的产权论者则可以辩称，私权神圣不可侵犯，要求尽量减少重新分配对私权的干预；正义论的卫道士则争论，在分配不均的情况下，应当对资源配置进行重新调整。在传统知识保护与知识产权冲突的背景下，持有人认为获取和使用传统知识必须遵守相应的规则；知识产权所有人则要求保证专利权的稳定性，以及激励机制的有效实施。在双方处于针锋相对的立场时，一味谴责知识产权造成传统知识"滥用"或否定传统知识与知识产权之间的联系都无益于当下问题的解决。政治视野下的争论由于不植根于任何特定的规范框架中，并不能为实践中产生的困境提供指导。只有借助既能反映价值导向又不脱离实际的"中层原则"重新开辟对话的空间并指导法律制度的构建。中层原则并不是知识产权法的深层合理性基础，而只是独立于知识产权保护合理性的基本操作性原则。

分配正义的考量体现在知识产权的构造中，并通过具体的规则在法律制度中加以体现。在知识产权法中，存在着借助其贡献的比例来裁量创造者的财产权保护范围的规则的"比例原则"（proportion principle）。其核心含义为，财产权的范围应当与潜在于权利中的贡献的维度相称，财产权应当合理地和那些对社会有用的和有价值的东西联系在一起。未经调节的财产权的市场价值如果偏离了其潜在的社会效用，需要进行制度性回应。比例原则清楚地表达了这样一条评价标准，当一个创造者要求的权利和其实际的贡献的比例极不相称时，法律需要寻求一种方式来阻止对这种不符合比例的权利的奖励。

比例原则也是对那些解释财产权合理性的基础理论的进一步阐释。洛克对初始使用合理性的分析体现了比例原则，即初始使用者能够合理请求的范围依赖于劳动和财产请求权之间的基本对称关系。从康德的观点来分析，财产规则的公正性体现在限制或阻止使用者提出和其应得的部分不相称的请求，给社会造成过重的负担。比例原则为权利的获取、实施和其他相关操作规则的设计提供了理论上的解释。

知识产权制度以创造性成果为基础构建了保护机制中的核心/外围模型。个人贡献或创造性劳动应得的贡献作为私人财产权的核心；另外一部分起源于社会的因素和贡献，可以被称为"外围"的部分，这部分的存在表明社会可以通过重新分配的政策，就部分创造性成果提出要求。每项创造性成果中都存在不属于个人努力和意愿的成分，外围可以被概念化为社会因素主导的产物。它代表了社会站在创造者的对立面对部分成果享有的合法请求权。核心代表创造性应得之奖赏，外围则代表了成果重新分配客体的固有价值。简单地说，核心部分在规范的情况下不应被侵扰，而外围则是社会可以进行公平竞赛的范围。核心/外围模型将罗尔斯理论中高度抽象的理论应用到知识产权中，在这个模型之下，对公平和平衡的追求遍及知识产权制度，并且在这种理念或原则的指导下通过具体的法律规则构建法律的基本结构。[1]

知识产权制度下的中医药传统知识利益分享以信息公开为基本保障。利益分配机制的形成源于利益的充分识别。从利益主体的识别来看，中医药传统知识持有人作为利益主体的诉求不以取得知识产权为单一目标，还包括认可其所提供的传统知识在创新中的源头作用。为了建立最终成果与中医药传统知识的联系，中医药传统知识的利用方应对传统知识的利用目的、利用方式以及最终成果的形式进行充分说明，同时还要对中医药传统知识进行规范的利用。

鉴于中医药专利充分公开的判断正在朝着符合中医药创新规律的方向发展，在专利制度下强化中医药传统知识的信息公开并构建信息交换机制具有可行性。随着专利文献的累积，中医药传统知识相关信息的公开程度得到提高，中医药传统知识与最终成果之间的联系将通过成文的方式予以记载并作为确认利益分享的主要依据。

而专门制度下的中医药传统知识利益分享则以实现矫正正义为价值目标。矫正正义指的是正义被违反时获得救济的机会。进一步来说，矫正正义是指当人们的财产、荣誉和权利受到侵害时，政府将按照公平原则，要求侵害人对受害人进行补偿，从而让正义得到恢复。根据《中医药传统知识保护条例（草案）》的制度设计，中医药传统知识持有人享有利益分享权。利益分享应当遵循公平、公正、诚实信用、共同商议的原则。利益分享的内容一般包括：基于中医药传统知识开发和研究而获得的权益；商业性使用中医药传统知识所获得的利益；其他可预期的利益。

从《中医药传统知识保护条例（草案）》的规定来看，中医药传统知识利益分配的模式在于健全市场机制以进行资源分配。利益分配中矫正正义的实现以知情同意权的确立为前提。在知情同意权赋予持有人对其持有的中医

---

[1] 关于财产权的个体和集体方面性质的论述，财产法中公共利益和私人利益之间的关系以及反映财产所有者权利责任的法律规则的论述有大量的文献。Carol M. Rose, "Canons of Property Talk, or, Blackstone's Anxiety", 108 Yale L. J., 601, 603~606; Amnon Lehavi, "The Property Puzzle," 96 Geo. L. J., 1987, 2000~2012（2008）; Gregory S. Alexander, "The Social-Obligation Norm in American Property Law", 94 Cornell L. Rev., 745（2009）.

药传统知识进行控制的权利后，扭转了持有人与利用人的谈判地位，从而保证两者处于同一竞争序列，再以市场自由竞争的环境约束中医药传统知识的利用。在此前提之下，兼采立法机制和合同机制来构建利益分配制度。立法机制是利益分配制度的核心，《中医药传统知识保护条例（草案）》对利益分享的基本原则和利益分享的基本内容进行了规定，但是没有确定利益分配的最低限度。同时，《中医药传统知识保护条例（草案）》亦确立了利益分享的合同机制，规定利益分享应遵循共同商议的原则。共同商议原则体现了持有人和利用方的意思自治，增加了利益分配的灵活性。

本章小结

遗传资源及传统知识的知情同意及利益分享原则最早是在国际背景下提出的。《生物多样性公约》及《名古屋议定书》等国际环境公约确立了事先知情同意及利益分享的基本内涵及要求，拟定了遗传资源及传统知识获取及使用的基本法律框架，为国内法落实上述原则提供了法律依据。但是国际公约对各成员方采取法律措施实施事先知情同意及利益分享原则并未附加强制性的义务，遗传资源及传统知识保护与知识产权保护的协调在世界知识产权组织内部持续推动，但并未出现实质性进展。当前，以印度、巴西为代表的发展中国家以及以欧盟、瑞士为代表的发达国家与地区在事先知情同意与利益分享原则的落实上做出有益尝试，尝试在专利法或专门立法中引入披露义务的路径以重塑遗传资源及传统知识的获取与使用规则。对传统知识而言，落实知情同意与利益分享的客观难题在于，源头性的传统知识在与现代科学的结合中，改变了原本的表现形式，导致传统知识在最终产物中的技术贡献难以确定。再者，传统知识的起源/来源由于知识线索的分叉难以追踪，存在传统知识分散化、碎片化的现实问题。知情同意与利益分享原则为传统知识提供防御性保护时的作用机制略有差异，知情同意以获取和使用的事前同意作为前提，而利益分享原则的本质是通过责任机制建立事后的补偿。但是两者的意义并非在于阻碍传统知识的使用，而是以知情同意和利益分享为前提，建立传统知识获取和使用的合理框架。传统知识具有公共物品属性，且传统知识持有人与使用人处于交易的不平等地位，借助市场机制形成的交易通常不利于传统知识持有人利益的维护。目前在我国的司法实践中已经出现了技术成果转让过程中因中医药传统知识的引用发生的技术成果所有权纠纷。因此，必须借助政府的力量，通过法律执行机构的强制力保障两者在交易过程中的利益平衡。但是，政府在交易过程中应当处于监管的地位，不应过度干预交易的自由，否则会造成行政管理的外部成本过高。

对我国而言，从中医药传统知识防御性保护的角度出发，为了落实传统知识的知情同意及利益分享原则，需要从以下三个方面推动工作的进展：首先，以传承及公开方式作为标准，对中医药传统知识做类型化处理，从调整对象上设置实施知情同意原则及利益分享的前提。适用知情同意及利益分享原则的中医药传统知识应当是流传已久、持续传承、尚未公开、具有一定应用价值的传统知识。其次，持续推动中医药传统知识的溯源及整理工作，在条件成熟的情况下，可以考虑在专利法中加入传统知识来源公开的义务。对利用/依赖传统知识完成的发明创造施以更加严格的公开要求。最后，应当通过专门立法的方式明确中医药传统知识获取及使用的监督管理机关，并协调行政管理与知识产权保护之间的关系。总之，知情同意及利益分享原则的落实需要多项法律措施的协调配合，以《中医药传统知识保护条例》的制定作为契机，可为中医药传统知识的知情同意及利益分享的实施提供可行路径。

第五章

中医药传统知识防御性保护
法治目标的实现

从既有的保护规则来看，当前我国对中医药传统知识的保护以防御性保护目标为主。前文从制度构建的层面上论证了规范中医药传统知识不当利用的逻辑框架，从制度运用的视角辨析如何利用专利制度维护我国中医药产业的竞争优势，在创新驱动发展的战略中实现中医药传统知识的防御性保护。对上述两个问题的阐述均是在回应如何对中医药传统知识进行防御性保护的问题，以阐明防御性保护。除各项法律制度协同一致、公平有效地发挥防御性保护功能外，还可以通过多元化的手段，包括数字化技术运用、加强行政保护、推动国际谈判等方式促进中医药传统知识防御性保护目标的实现。

第一节　数字技术推动中医药传统知识的防御性保护

一、中医药传统知识数字化现状

数字化的概念是在 1990 年提出的，指的是通过二进制代码表示的物理项目或活动将物理世界映射、迁移到数字世界的活动。在计算机技术和数字技术飞速发展的今天，数字化改变了信息储存方式、信息交易的商业模式，并为数字经济的发展不断赋能。生活中典型数字化技术的应用场景分为以下三类：第一类是将人与人的交互场景从物理世界迁移到数字世界，比如电脑游戏；第二类是将业务场景迁移到数字世界，比如说网上购物就是将商场的购物场景迁移到网络世界中；第三类是将物理信息映射到数字世界。中医药领域的数字化活动基本属于第三类应用场景。

在中医药数字化领域，建立数据库和数字图书馆是最为常见的数字化方式。《世界知识产权组织数据库知识产权条约草案》第 2 条规定，数据库是经过系统或者有序的编排，并可通过电子或其他手段单独加以访问的独立的作品、数据或者其他材料的集合。对此我国学者也有类似的定义，指出"数据库（databases），更准确地说，应当称之为信息集合体（collection of information），是指有序排列的作品、数据或其他材料组成的，并且能以电子或非电子方式单独访问的集合体"。

数字图书馆与数据库的功能相仿，都是对于数据进行电子化处理并进行分类的方式。不同之处在于，数字图书馆中的数据一般来自有书面记载的文献。有学者认为，从狭义上来说，数字图书馆是利用现代先进的数字技术，将图书馆所收藏的文本（书籍、杂志及出版物）、图像、影像、影视、声像等资料组织规范性加工，并以数字的形式储存管理，实施知识增值，以数据库的方式供读者检索和阅读，并通过广域网高速连接，供用户随时查询、使用，一个超大规模的，可以跨库检索的海量数字化信息资源库。[1]传统知识数字图书馆中收录的传统知识主要来源于文献、公报、专利文件以及其他出版物。

"我国的中药数据库建设是从19世纪80年代开始缓慢发展起来的，经过20多年的发展，已取得初步的成果。到目前为止，我国已有近百个规模不同的中药数据库完成建设并投入使用，初步实现了中药信息数字化。"[2]按照数字化对象的不同，中药数据库可以分为以下几类：（1）中药文献型数据库。其中最典型的是中药古籍数据库。（2）中药成果类数据库。包括中药专利类数据库、中药方剂数据库等。（3）中药信息类数据库。譬如在国产中药数据库中收录了2009年至2014年国家中药品种信息。包括药品的批准文号、药品名称等。

数字化对中医药传统知识的传承、发展、创新具有十分重要的价值和现实意义。结合数据库的类型和应用方向分析，数据库的建设有以下作用：一是有助于可能存在流失风险的重要信息的搜集和存储。现实中，无论是以中药古籍为载体或是通过"口传身授"的方式流传的非成文传统知识，都可能面对时间流逝导致的信息流失风险。建立数据库的目的主要是将重要的信息收集、整理起来，通过电子化的方式实现对中医药传统知识关键信息的永久存储。譬如自2011年来，我国开始全国中药资源普查工作。在工作过程中，

---

〔1〕　杨莹："数字化图书馆的概念界定与要素分析"，载《现代情报》2007年第11期。
〔2〕　万仁甫、徐伟亚："中药数据库的现状及发展趋势探讨"，载《中国药房》2006年第10期。

我们已经建设了中药资源普查信息管理系统，后续的工作将进一步加强中药材种质资源库的建设和与中药资源相关的传统知识的调查、挖掘与保护。二是有助于打破中医药传统知识与现代科学知识的"信息壁垒"，以促进中医药传统知识与西方现代医学知识的对接，实现中药的现代化、国际化。譬如，中药方剂数据库提供有关中药的各方面信息，包括疾病、方剂、草药或天然物质、生物活性成分和靶点。这些数据库成为中医药与现代生物医学之间的桥梁，在中药药理学研究中发挥了重要作用。有学者提出构建"一带一路"国家抗感染传统药物信息数据库的设想，在"一带一路"国家的范围，搜集相关的药用植物文献资料选取代表性药物，通过网络药理学方法解析其作用机制，以形成"一带一路"国家抗感染传统药物筛选的研究范例，为外来药物的研发提供借鉴。[1]三是对我国中医药传统知识进行系统整合，厘清其知识谱系，以促进中医药传统知识的学习、理解、应用与研究。譬如，知网为各级各类中医药量身打造《中医药知识资源总库》以满足中医药在医、教、研、管中对相关知识的需求。

综上所述，我国在20世纪90年代就已经开启了中医药传统知识数字化的改革，经由数据库和数字图书馆的建设，可以说目前我国的中医药传统知识数字化工作已经初具规模。随着建立中医药传统知识数据库的目标被写入《知识产权强国建设纲要（2021-2035年）》《"十四五"中医药发展规划》，中医药传统知识数字化将进入加速发展阶段。在省、市、县各级地方政府主导下，各地主管机关正在加快推进地方中医药传统知识的数据库建设。在计算机时代、大数据时代，数字革命必定会推动中医药传统知识保护场景从物理空间到数字空间的转型。

然而，这种转型以数据库和数字图书馆的建设为基础，但基础建设工作不足以保证中医药传统知识保护的数字化转型，还需要从治理理念、组织结构上进行创新，才能保证数字化工作服务于中医药传统知识"传承创新"的战略目标。今后，中医药传统知识数字化规制主要集中在以下三个方面：

首先，需要在各类别之下整合当前的数据库资源。中医药传统知识数据库建设中存在重复建设、多而不精的问题。譬如，中医药传统知识数据库的

---

〔1〕 张方博等："'一带一路'国家抗感染传统药物数据库构建"，载《中国现代中药》2022年第2期。

建设机构包括公共主体和私人主体，建设的层级从国家级到地方级都有所分布，除国家中医药管理局、国家图书馆建设有中药古籍数据库之外，各中医药大学大多都建立了相应的数据库。如果不能厘清这些跨区域、跨部门、跨业务的数据共享模式，对相关名称、相关用法进行统一化的处理，则中医药传统知识数字化中的"信息孤岛"问题仍然无法解决。下一阶段，中医药传统知识数字化的重点可以朝着构建共享平台的方向发展。2018年，"一带一路"国家传统草药品种本底整理及数据库建设项目作为国家基础资源调查专项立项。项目对"一带一路"沿线65个国家传统医药资料信息收集、整理，通过对中医药体系、阿育吠陀医药体系、阿拉伯-伊斯兰尤纳尼医药体系的联合实地调研，解析东方三大传统医药体系，共建"一带一路"传统医药体系传统草药品种数据库和国际共享平台，形成"一带一路"传统医药体系国际医药产业合作机制。

其次，必须要明确中医药传统知识数字化的治理理念。治理理念决定了数据库应用的方向、服务的对象和数据共享的模式等支撑数据库运行的机制要素。在应用方向上，数据库不但可以用于信息的搜集、整理，使中医药传统知识中的关键信息通过数字化的方式呈现出来，更重要的目标在于挖掘隐性知识，形成学科知识链，从而推动中医药传统知识的标准化、现代化。服务的对象可以是普通的读者、医药领域的专业人士、当地社区的传统知识持有人，也可以是专利行政管理工作人员。而应用方向、服务对象的不同决定数据共享模式的选择也可以是多元化的，可以采取保密、公开、半公开等模式。

最后，中医药传统知识数字化应当朝向新的场景模式进行发展。由于中医药传统知识数据库所要处理的信息是专业的中医药理论和医学知识，设计者进行数字化处理时，主要考虑的还是中医药传统知识的特殊性、严谨性和完整性，而非用户的实际需求。目前传统知识数字化的活动还处在数字化的第一个阶段，即信息记录分析阶段，主要还是以物理世界的信息为主，数字化主要是为了记录物理世界产生的关键信息，尚未进化到数字化的用户交互和数字化重塑的阶段。

当前的数据库在运行过程中尚未形成与用户之间的交互关系，主要还是以用户对所求信息进行检索，信息从数据库向用户单向流动的模式为主。交互式的方式可以让用户参与到数据库和平台的构建中，并且以用户需求作为中心，构建数据的治理模型。有些数据库通过向特定的用户提供服务实现更加有效的应用与互动。比如，我国的中药专利数据库和印度的传统医药知识数字图书馆，正是考虑专利检索的需求，借助国际专利分类体系，对医药传统知识进行了深度加工和处理，保证其成为现有技术检索中的信息来源。还有些数据库通过数据开放存取的方式促进信息的双向流动。譬如，天津天士力制药集团股份有限公司建设的一款非商业性的数据库是向公众免费开放的，通过提供高质量中医药结构化数据资源，用户可以借助数据信息进行中药机理研究、药物重新定位和临床应用，所得成果又会进一步丰富数据库中的知识谱系。在国家层面上，中医药非物质文化遗产网建设的全球首个中医药非物质文化遗产数据库正式上线运行并向公众免费开放，其中的数据根基将为政府决策提供全面的数据支持，为科学传播中医药文化，推动中医药国际交流提供信息平台。

二、作为现有技术的中医药传统知识

中医药传统知识数据库也可以帮助实现防御性保护的价值目标，其防御性保护的机理可以表述如下：首先，可以将提高中医药专利质量和审查效率作为数据库应用的主要方向，为此必须保证收录其中的中医药传统知识处于公开的状态。问题专利的产生一度被认为是对传统知识的滥用。所谓的问题专利，是指由于审查中的漏洞或现有技术检索的局限导致不符合专利授权条件的发明创造被"错误地"授予专利。中医药传统知识曾经就面临无法作为现有技术检索的尴尬境地，主要原因在于公开时间不确定，传统知识作为现有技术的可及性低，且中医药传统知识的符号表达与专利检索的分类系统无法对应。

数据库的应用可以促进中医药专利审查的现有技术检索，提高中医药专利质量。数据库对收录其中的中医药传统知识进行数字化处理及深度加工，使得审查人员能够接触并理解传统知识，提高传统知识作为现有技术检索的可操作性。由此建立起传统知识与专利体系之间的联系，跨越了长期以来存在于现代科技与传统知识之间的难以逾越的鸿沟，加深了人类对两种知识体系的理解。

在传统知识保护研究的整体范畴中，关于传统知识数字化的见解并未统一。传统知识数字化的目的在于将分散的，难以接触理解的传统知识进行集中分类，并通过电子媒介的方式进行储存，借助数字化技术加以控制，可以说在极大程度上改变了传统知识固有的保存及传播方式。在传统知识长期通过口传身授的方式进行流传，外界难以接触理解的情况下，大规模的传统知识数字化必然引发信息集中公开损害传统知识持有人利益的质疑。可见，从逻辑上辨明传统知识数字化与传统知识公开之间的联系与差异，应当作为支撑传统知识数字化的合理性基础及理论前提。

在国际层面上，传统知识数字化的提议频繁地出现在国际论坛的讨论框架内。[1]在自由贸易协定的知识产权保护章节中，也可见与传统知识数字化有关的提议。在欧盟与秘鲁及哥伦比亚签署的自由贸易协定中，欧盟将生物多样性和传统知识看作知识产权章节中的重要问题，坚持知识产权体系应与遗传资源及传统知识的保护目标相互支持，并提出具体的措施，希望促进两者之间的协调，包括交换与遗传资源及传统知识相关的专利信息，对专利审查员进行培训，承认传统知识数据库的重要意义和支持对相关国内立法的遵守。但是这些建议大都将传统知识数字化的方式表达为传统知识数据库的构建，导致针对传统知识数据库应用的讨论过于宽泛。有鉴于此，笔者认为应当对传统知识数字化的方式，即数据库与数字图书馆的应用略作说明并从防御性保护的视角出发，厘清传统知识数字化引发的争议。

反对观点认为，数字化会导致传统知识的公开，由于缺乏积极权利的保护，公开虽然能够防止第三方就传统知识取得专利，起到防御性保护的作用，但是公开使得传统知识进入公有领域，与传统知识持有人的积极权利保护产生冲突。实际上，现有技术中的公开与传统知识被置于公有领域，两者之间意义不同。首先，公有领域的概念对作为传统知识持有人的原住民或当地社区而言，并不存在。他们无法理解为什么某些传统知识处于所谓的公有领域之中，而相对的另外一些则受到产权保护。实践中发生的传统文化资源纠纷案件对知识产权法上的公有领域理论提出了挑战，将知识产权法中的公有领

---

〔1〕 WIPO认为，建立知识产权数字图书馆的初衷是提高专利局搜寻和交换信息的能力，知识产权数字图书馆系统的实施能够最大程度地整合数据的获取及搜集。WIPO信息技术常设委员会（SCIT）在第四次全体大会提出，建立传统知识数字图书馆并将其作为WIPO知识产权数字图书馆的一部分。尽管SCIT暂时决定不将传统知识纳入这一项目中，但是委员会也承诺在WIPO所采取的总体方法中考虑用传统知识信息的交换来解决传统知识的问题。在CBD框架下，CBD缔约方大会对建立传统知识数据库来增强防御保护的提议作出回应，在第五次缔约方大会上通过了"完善传统知识的创新，土著及当地社区和生物多样性相关的实践登记的登记体系"的决议。

域理论直接套用到传统文化资源纠纷中，并不能厘清其中的权利义务关系。[1]其次，公开传统知识也不等于将其置于公有领域。既然公有领域是与财产权保护相对的概念，处于公有领域中的技术和知识不应当受到产权的保护及限制。而专利法所指的现有技术是在申请日以前能够为公众获得的技术，着重强调公众对技术的获取及其中实质性内容的理解。作为现有技术的在先申请及在先获得授权的专利都不在公有领域的范畴内。对传统知识而言，满足现有技术的公开要求，也不意味着就此进入了公有领域，可以被第三方自由地使用。因此，公开并不代表传统知识持有人的积极利益会遭受损害，防御性保护以及积极保护是从两个不同的维度解决传统知识的传播与使用问题。

如前所述，传统知识的数字化并不必然导致传统知识的公开，如果数字化的目的仅仅在于促进防御性保护，那么作为数字化对象的传统知识应当满足现有技术判断标准，这就要求传统知识已经处于公开的状态，而并非数字化导致传统知识的公开。当然，从防御性保护的视角出发看待传统知识数字化的应用问题，并不能解决传统知识被集中公开而引发的利益分配失衡。传统知识的防御性保护与积极保护不同，对于传统知识持有人而言，防御性保护并非赋权性的保护模式。防御性保护的功能仅仅在于，防止第三方利用知识产权制度垄断传统知识的传播和利用。因此，从防御性保护的视角出发看待传统知识数字化的应用问题，并不能解决传统知识被集中公开而引发的利益分配问题。其目的仅在于将传统知识从分散公开的状态转为集中公开，将原来仅有少数人可以接触理解的传统知识与当代知识分类体系予以对应。阐明传统知识数字化与公开的关系，传统知识数字化在专利防御性保护机制中的应用，是消除对传统知识数字化所产生的误解的关键。当前立法者与实践者面对的关键问题仍然在于，如何利用现有经验，建立起传统知识数字化的基本原则，保证防御性保护目的得以实现。

传统知识数字化可以应用在传统知识防御性保护领域，数字化的方式如何协助实现专利防御性保护功能的工具性，需要结合专利法的防御性保护机制加以说明。一般而言，专利法借助审查及授权中的程序及实质性要求为传统知识提供防御性保护。通过专利审查可以将不符合专利授权实质性要件的

〔1〕 胡曼："传统文化产权视野下的公有领域刍议"，载《广西师范学院学报（哲学社会科学版）》2017年第5期。

中医药传统知识排除在专利保护的门槛之外，从而防止中医药传统知识被纳入专利权的垄断范围。其中，中医药传统知识为现有技术检索范围涵盖，是传统知识影响专利申请和授权的必要前提。

现有技术是申请日或优先权日之前为公众所知的技术或知识。已经存在的发明或者落入公有领域的技术不能作为专利权保护的对象，如果重复对同一技术进行授权或者将本该落入公有领域的信息从公有领域剔除，这种做法与专利法鼓励技术进步、增加社会福利的立法目的背道而驰。新颖性和创造性的审查就是通过现有技术的比对，从而保证申请达到专利授权的实质性要件。可以说，发明的新颖性、创造性指的就是发明相对于现有技术所具有的新颖性、创造性。

就现有技术的判断标准而言，TRIPS 避开现有技术的概念，仅仅在第 27条第 1 款中规定发明获得专利保护需要满足的实质性要求（创造性、新颖性和实用性）。用于协调的专利申请工作的《专利合作条约实施细则》虽然在第33.1 条第（a）款中给出了现有技术的定义[1]，但是根据《专利合作条约》（PCT）第 27 条第（5）款的规定，该条约和规则关于现有技术的定义的任何规定是专门为国际程序使用的，不构成对申请的形式和内容的要求。因而，各缔约国在确定国际申请中请求保护的发明的专利性时，可以自由适用其本国法关于现有技术及其他专利性条件的标准。由此可见，在现有技术的判断标准上，国际公约赋予国内法较大的弹性，因此导致了现有技术判断标准的地域性差异。

在比较法的视野下，现有技术判断存在公开方式的地域限制，导致学理中出现"绝对新颖性标准"与"相对新颖性标准"的区分。在 1979 年美国专利法框架下，只有以出版物方式的公开才不受地域限制，世界范围内其他方式的公开技术不构成现有技术。《美国发明法案》颁布后取消了现有技术的地域性限制，采用"绝对新颖性标准"。就目前专利实体法发展的国际趋势来看，选择"绝对新颖性标准"的立法体例乃是大势所趋。因此，公开的地域限制已基本消除，申请日之前世界范围内为公众所知的公开技术都构成现有技术。

影响现有技术判断的基本要素包括：公开的时间、方式、地域以及程度。

---

〔1〕《专利合作条约实施细则》第 33.1 条第（a）款规定："有关的现有技术应包括世界上任何地方公众可以通过书面公开（包括绘图和其他图解）得到、并能有助于确定要求保护的发明是否是新的和是否具有创造性（即是否是显而易见的）的一切事物，条件是公众可以得到的事实发生在国际申请日之前。"

判断现有技术的时间一般以申请日作为起点，将申请日之前公开的技术看作现有技术。[1]公开方式主要包括专利公开、出版公开、使用公开、销售公开以及其他为公众所知的公开[2]，公开的程度应以"公众所知"为标准。

不论是以口头方式流传还是以书面方式流传，传统知识的公开程度都应当达到为公众所知的程度。所谓"为公众所知"，不是指有关技术内容已经为公众中的所有人实际得知，而是指有关技术内容已经处于向公众公开的状态。首先，公开程度需要使得不限数量的人能够获得这种知识或信息，只有特定数目的人群可以获得知识或信息的情形达不到公开的标准。"公众能够获得"要求客观上具有获取的可能性，虽然公开的标准并不要求公众知晓这种信息或知识的存在，但是需要证明这种信息在申请日之前任何给定的时间都可以被不特定的人群获取。其次，现有技术的公开只要求技术的内容处于公众想得知就能够得知的状态，而不管出版物的地理位置、语言或者通过什么方式获得，也不管出版物的年代有多久远；出版物的出版发行量多少、是否有人阅读过、申请人是否知道也是无关紧要的。一般说来，有关技术内容如果在申请之日前已经公开发行，就可以判断其能够为公众获得；如果通过其他方式公开，只要达到判断标准中所要求的公开程度，也构成现有技术。所以，不论是采取口头还是书面的方式流传的传统知识，满足公开要求的关键在于，传统知识必须处于"能够为公众获得"的状态。如果传统知识长期以来只在传统部族内部代代相传，或者在"守护者"的"守护"下以保密的方式进行流传，那么从严格意义上讲这些传统知识并不为外界所知，很难满足现有技术判断对于公开的要求。

能够被看作现有技术的传统知识应当存在明确的公开日期，且能够判断公开日期在申请日之前。就专利新颖性或/和创造性提出异议的一方，应当提

---

[1]《美国发明法案》颁布以前，判断现有技术的时间起点是发明日而非申请日。参见修改前的《美国专利法》："……（e）他人美国专利或早期公开的美国专利申请的申请日是在专利申请人完成发明之前，或他人以英文早期公开且指定美国进行国际申请的国际申请日在专利申请人完成发明之前。……（g）在申请人完成发明之前，该项发明已由他人在美国、WTO 成员国、NAFTA（北美自由贸易区）成员国完成，而且此人并未放弃、压制或隐瞒该项发明。"

[2]《欧洲专利公约》第 54（2）条将现有技术定义为，在欧洲专利申请以前，以书面或者口头描述的方法，依使用或者其他任何方式，可为公众所得知的一切东西（信息）。我国 2002 年《专利法实施细则》第 30 条规定，申请日（有优先权的，指优先权日）前在国内外出版物上公开发表、在国内公开使用或者以其他方式为公众所知的技术，即现有技术。

出明确的证据证明传统知识的公开先于专利申请日，而不论传统知识的公开方式。有些观点认为，相较于以文献或出版物的形式进行的公开，口头公开作为证据的效力更弱，如果缺乏书面证据证明传统知识的公开，司法实践在判断传统知识能否作为现有技术时将采取更加严格的标准。口头证据确实缺少可信度，特别是当行为和程序已经过去一段时间，EPO 自然应当要求关于对公众在先披露的关于内容和场景的准确信息。[1] 实际上，传统知识通过口头或书面的方式进行传播，并不影响传统知识作为现有技术的判断。例如，EPO 在 2005 年判决，与楝树相关的专利无效，使其成为欧洲第一例因传统知识的存在导致发明专利无效的案件。本案中，EPO 明确指出传统知识构成使专利无效的现有技术，并因此影响新颖性和创造性。但是在 2007 年判决的蝴蝶亚仙人掌案中，EPO 并没有延续楝树案的判断，而是驳回了传统知识持有人对专利新颖性和创造性的挑战。原因在于，楝树案中相关的传统知识是在专利申请之前被公开的，在进行新颖性和创造性的审查中，才能被纳入现有技术的范围；与蝴蝶亚仙人掌有关的传统知识则是在申请日之后公开的，不构成现有技术，传统知识是否作为现有技术的判断，与其传播方式无关。在楝树案中，EPO 异议部门给出的意见是在先使用的证明是足够的，因此专利缺乏新颖性，这一决议得到了上诉委员会的肯定。在蝴蝶亚仙人掌案中，上诉委员会指出："本委员会意识到相关传统知识起源于卡拉哈里沙漠的土著居民，并且具有大量的成文证据证明传统知识。这些证据是通过互联网的形式公开的，但这并不是影响判决的关键，问题在于大部分证据是在专利申请提出之后公开的，且不存在具有说服力的证据证明传统知识在申请日之前确实存在。因此本委员会将不会考虑在申请日之后公开的与传统知识相关的文件。"[2] 一种用于治疗头皮瘙痒，促进毛发再生的含有松叶提取物、竹叶提取物和梅果实提取物的生发剂在我国申请专利时遭到拒绝，理由是我国传统医药文献记载中的传统知识已经公布了松叶和竹叶用于生发，梅果实用于治疗头痒、头疮的方法。[3] 该审查员同时注意到"由于缺乏对相关文献的了解"，

---

〔1〕　Dolder Fritz, "Traditional Knowledge and patenting: The Experience of the Neemfungicide and the Hoodia Cases", *Biotechnology Law Report*, vol. 6, no. 6 (2007), p. 587.

〔2〕　上述论据根据 2013 年 10 月 28 日下午对 EPO 采访的内容整理而成，相关内容仅代表个人观点，并不代表 EPO 的官方观点。将上述观点用作学术用途，已经得到相关受访人的认可。

〔3〕　张冬：《中药国际化的专利法研究》，知识产权出版社 2012 年版，第 234 页。

美国和欧盟先后对该项申请授予了专利权。[1]

公开的地域限制主要是针对采取"相对新颖性标准"的立法例而言。在这种体例下，只有出版公开的方式是世界范围内的，其他公开方式需要受到公开的地域限制，在国外范围内口头流传的传统知识不能被纳入现有技术的范畴。鉴于当前采取"绝对新颖性标准"的立法例占绝对多数，在世界范围内，基本不存在传统知识作为现有技术的地域限制。

现有制度框架下影响传统知识作为现有技术的关键要素在于：公开程度及公开时间。首先，达不到公开程度的传统知识通常处于"看守人"的保护状态之下或者一直在传统部族内流传。这类传统知识不仅仅在客观上不能被视作影响专利有效性的现有技术，从保护传统知识的角度而言，其也不宜被作为现有技术看待。其次，传统知识公开的日期是影响其能否作为现有技术的决定因素，而传统知识的地理位置，何种语言描述以及公开的方式则不宜作为现有技术的判断要素，否则会导致法律适用方面的错误。

对不同性质的技术或知识而言，专利法应当适用统一的现有技术判断标准。但是传统知识毕竟不同于一般的技术或知识，这就妨碍了专利法发挥其防御性保护功能。例如，以口头方式流传的传统知识，在实践中往往难以确定其公开日期，导致无法被认定为现有技术；除此之外，传统知识通常难以接触、理解，客观上导致专利审查员无法对其进行现有技术检索。为了破解上述难题，需要对传统知识数字化在防御性保护机制中的应用进行说明。

三、现有技术检索中的中医药传统知识

为了判断申请是否达到专利授权的实质性条件，需要对现有技术进行全面有效的检索，并借助检索结果与申请的对比作为审查依据。根据我国《专利审查指南》的规定，每一件发明专利申请在被授予专利权前都应当进行检索，检索的结果应当记载在检索报告中。[2]如果申请是通过 PCT 途径提出

---

[1] 田晓玲："论中国传统知识的保护——以传统医药为例"，载《西南民族大学学报（人文社会版）》2008 年第 11 期，转引自唐晓帆、郭建军："传统医药的著作权和数据库保护"，载《知识产权》2005 年第 3 期。

[2] 《专利审查指南》明确指出，检索是发明专利申请实质审查程序中的一个关键步骤，其目的在于找出与申请的主题密切相关或者相关的现有技术中的对比文件，或者找出抵触申请文件和防止重复授权的文件，以确定申请的主题是否具备《专利法》第 22 条第 2 款和第 3 款规定的新颖性和创造性，或者是否符合《专利法》第 9 条第 1 款的规定。

的，则需要通过作为国际搜索机构的国家局来完成检索。[1]国家局应当就申请能否获得授权进行国际初步审查并出具高质量但是并非强制性的国际检索报告，以提升授权的确切程度。可以说，检索结果的全面性、准确性就是做好专利审查的基础。通过现有技术检索，将构成现有技术的传统知识筛选出来，与专利申请进行比对，正是检索的具体要求之一，是专利审查在传统知识防御性保护领域内的具体实践。

为了保证现有技术检索对传统知识的覆盖，在 PCT 途径下，和传统知识有关的 13 种文献已经纳入 PCT 最低文献标准所列出的非专利文献名单中。[2]根据 PCT 的规定，作为国际检索单位的国家局在对通过 PCT 途径提出的申请进行检索时，检索的范围必须覆盖 PCT 检索要求的最低文献标准。[3]因此，专利审查者能够更方便地检索到专利申请书中与此相关的传统知识出版物，传统知识持有人的法律地位也不会受到不利影响。[4]如果在专利申请之时未能全面检索，不当授予专利后固然可以依赖无效程序对权利进行挑战，但是启动无效程序的成本较高，会给传统知识提供方造成巨大的负担。从保护传统知识的角度出发，专利审查是一种事前的防御性机制，可以防止不符合授权要件的传统知识被不当地授予专利。如果能在授权之前将与传统知识有关的专利申请"扼杀在襁褓之中"，与专利无效程序相比，将大大节省传统知识利益相关方所花费的法律成本。

---

〔1〕　目前有资格进行国际搜索的国家局包括澳大利亚、奥地利、中国、日本、韩国、俄罗斯、瑞典、美国和日本。机构、人力资源和经济资源等因素决定了这些国家局进行深度全面的专利搜索的能力。

〔2〕　PCT 最低搜索标准中和传统知识有关的期刊（13 种）：Acta Pharmaceutica. ISSN：1330–0075 (e) and 0001–6667 (p)；Economic Botany. ISSN：1932–4790 (e) and 1932–4774 (p)；Fitoterapia. ISSN：1389–9341 (e) and 0367–326X (p)；Indian Journal of Traditional Knowledge. ISSN：0972–5938 (p)；Jouranl of Chinese Medicine. ISSN：0143–8042 (p) 等。

〔3〕　当前最低文献检索的名录是 1999 年 12 月 6 日至 10 日在信息技术常务委员会的第四次全体会议上通过的，并于 2000 年 1 月正式生效。最低成文的文献检索包括：法国 1919 年后批准的专利文件；德国自 1920 年批准的专利文件；日本国际检索机构而非日本专利局批准的具有英文摘要的专利文件；俄罗斯国际检索机构而非俄罗斯专利局批准的具有英文摘要的专利文件；瑞士批准的除意大利撰写的专利文件；英国、美国、非洲知识产权组织、欧洲专利局和欧亚专利局批准的专利文件。还包括公开的 PCT 国际申请文件以及不同来源的 135 种期刊。如果国际检索机构能够提供更多的文献，在设备允许的情况下也需要对其进行检索。Chapter VII, Volume I of the PCT Applications Guide.

〔4〕　世界知识产权组织：《知识产权与传统文化表现形式/民间文学艺术》（系列丛书第 2 辑），1994 年。

与专利文献或一般的出版物等相比，尽管口头的中医药传统知识也有可能构成现有技术，但是作为检索对象的现有技术必须具备有形载体。《专利审查指南》规定的检索范围包括专利文献以及非专利文献，口头流传的传统知识无法纳入检索范围；另外，依赖于特定的环境、氏族及传统，即使传统知识存在于文献记载中，也可能因为语言问题引发接触、理解的困难。比如，《东巴经》中记载了大量的医学内容，除了180多种丸剂，同时还记录了针灸和按摩的治病原理，对兽药的使用和农作物病虫害的防治也有记载。但是，东巴文是一种属于记事和表意文字中间发展阶段的原始象形文字符号系统，是当今世界上仅存的且仍被使用的古老文字符号。显然以东巴文记载的传统知识无法作为现有技术检索的对象。

据 WIPO 统计，超过 100 个国家的专利局（包括地区知识产权局以及 PCT 的国家局）需要依赖《国际专利分类表》（IPC）进行现有技术搜索。IPC 是依照 WIPO 组织多边管理条约《国际专利分类斯特拉斯堡协定》创立的，其将技术或创新类的专利分别归入部、级和子集（A—H 八个大类，70 000 个子集）中以便于现有技术的审查。[1] 作为专利技术信息定位的主要工具，IPC 中与传统知识相关的专利分类仅有药用植物国际专利一类。以往与药用植物有关的国际专利分类只有一类，即 AK61K35/78，现已发展到 5000 个子类。[2] 此后，国际专利分类专门联盟（IPC 联盟）的专家委员会开始探讨修改 IPC 的可行性，目的就是在国际专利分类体系中增加与传统知识有关的类别。[3] 目前，与传统知识相关的国际专利类别已经大大增加，扩展至藻类、苔藓、真菌或植物及其衍生物等领域。[4] 尽管 IPC 中与传统知识相关的类别有所增加，但是传统知识本身无法纳入 IPC 的分类体系中，如果不能建立传统知识与 IPC 之间的联系，仍然无法在专利审查中对传统知识进行检索。由此可见，

---

〔1〕 WIPO, "Preface to the International Patent Classification", http://www.wipo.int/classifications/ipc/en/general/preface.html.

〔2〕 世界知识产权组织：《知识产权与传统文化表现形式/民间文学艺术》（系列丛书第2辑），1994年。

〔3〕 IPC 联盟在第十三次会议上，同意制定一个特别任务来研究传统知识数字图书馆中的传统知识资源分类（Traditional Knowledge Resources Classification, TKRC）并评估传统知识在信息方面和国际专利分类之间的联系。WIPO/GRTKF/IGC/3/5.

〔4〕 IPC 联盟于 2003 年作出决议，决定扩展和传统知识有关的药用植物的分类，2013 年最新的版本增加一个新组 A61K36、200 个小组，A61K 36 中含有来自藻类、苔藓、真菌或植物及其衍生物。

在实践中口头流传的传统知识、以传统知识部族本地语言记载的传统知识以及无法与 IPC 建立联系的传统知识都难以作为现有技术进行检索。由此可见，解决专利法应对传统知识防御性保护困境的关键不在于制度本身，而在于实践中存在接触、理解传统知识的困难，导致满足现有技术构成要件的传统知识也无法作为审查检索的对象，妨碍专利法防御性保护功能的发挥。

印度建设传统知识数字图书馆（Traditional Knowledge Digital Library, TK-DL）的动机源于印度的传统知识与遗传资源在美国和欧洲被申请为专利，而一旦专利获得授权，通过挑战专利有效性的方式来防止传统知识的滥用需要付出包括时间与金钱在内的高昂成本。印度建设传统知识数字图书馆的成功经验表明，传统知识数字化帮助专利制度实现防御性保护功能的具体机制如下：（1）解决传统知识难以接触与理解的问题；（2）解决传统知识难以检索的问题。印度具有丰富的传统医药知识，这些知识起源于具有多样性的印度传统医药学，包括韦达养生学、顺势疗法、物理疗法、希达医学体系，以及瑜伽修行。尽管一部分传统知识通过口头的方式进行传承，大部分传统知识在经典文献中以不同的本地语言记载。印度政府从现存的已公开的印度传统医学文献中，筛选并核对传统知识信息。这些以本地语言记载在经典文献中的传统知识虽然是公开的，但是编纂的年代已经相当久远，再加上语言的障碍与知识体系之间的鸿沟，变得难以接触，更谈不上作为专利审查中的现有技术。印度政府通过建立数字图书馆的方式，完成了对书面记载的传统医药知识的数字化汇编。[1] TKDL 可为现有技术检索提供超过 200 万的药物配方，并将阅读语言从本土的阿拉伯语、印地语、梵语、泰米尔语和乌尔都语翻译为德语、英语、日语、西班牙语和法语。[2]

除此之外，为方便专利审查人员在进行现有技术检索时，将数字图书馆中的传统知识纳入检索范围，项目中的分类专家依照 IPC 结构设计了一个现代的传统知识分类体系。内容由印度传统医药知识构成，同样设计为包括韦达养生学、尤纳尼医学、希达医学和瑜伽医学的四类，并将其称为传统知识资

---

〔1〕 在 TKDL 的过程中，相关机构通过合理的人员配置，完成传统知识的数字化汇编，并翻译成英、德、法、日、西五国语言。在对传统知识进行翻译转化的工作中，科学家、技术专家、医药专家并不是简单地进行音译，而是将印度医药古方中的传统知识转化为对应的现代用语。比如，Kumari 被译为库拉索芦荟，Masurika（梵语中对这种病的称呼）转化为天花。

〔2〕 V. K. Gupta, Protecting India's Traditional Knowledge, 121（E）WIPO MAG. 5（2011）.

源分类表（Traditional Knowledge Resource Classification，TKRC），借助 TKRC 的编码将具有传统医药作用的植物与 IPC 下分类的药用植物联系在一起。[1]作为一个创新型的结构分类系统，TKRC 通过对传统知识进行整理、分类，大大增强了其作为现有技术检索的可行性。印度政府还成立了专门的"获取政策部门间委员会"，以控制、审查 TKDL 的获取及使用并防止数据库中传统知识的滥用。该委员会的工作人员会主动对相关专利申请进行检索，并主动向专利局提供数字图书馆中的传统知识作为参考文献。在这种控制下，TKDL 主要用作现有技术检索的来源，并且使用受到不公开义务的限制。可见，传统知识被收入数字图书馆中，使得公开日期得以明确。在 TKDL 投入运行的早期，这种做法似乎取得了一定的成效。根据 TKDL 公布的数据，自 TKDL 投入使用以来，超过 200 家外国制药公司的专利申请给予 TKDL 提供的现有技术被搁置、撤销或要求进行修改，约有 1200 起悬而未决的案件。[2]

近年来，由于 TKDL 的运行受到政府公共资金的资助，如果 TKDL 提供的防御性保护传统知识并不具有重要的经济价值，巨额的公共资金投入也就不再具有合理性。目前，由于缺少必要的资金和人力支持，委员会已经不再承担主动寻找可能侵犯医药传统知识的国外专利的义务。[3]

显然，TKDL 的建设和使用旨在通过信息收集、整理、集中处理的方式，提高传统知识在专利审查中作为现有技术检索的可行性与效率。除此之外，尽管传统知识数据库的运行方可以主动检索国外专利来对抗潜在的传统知识滥用，但是 TKDL 在运营过程中的经验表明，这种方式要求高额的运行成本，在缺少足够财政支持和经济回报的情况下并非可以长期坚持的做法。

四、我国中医药传统知识数字化的应用现状

除了传统知识数字图书馆的成功经验外，我国在传统知识数字化的应用

---

〔1〕 比如说，Nigella sativa 这种植物的 TKRC 编码是 A01A-1/1326，Nigella sativa 这种植物为 Ranunculaceae 属，Ranunculaceae 属在 IPC 中的分类为 A61K 36/71。通过这种方式，TKRC 编码的 A01A-1/326 就和 IPC 中的 A61K 36/71 联系在一起，通过任何一种编码都可以对 Nigella sativa 这种植物进行检索。将 TKRC 和 IPC 连接在一起的建议在 2004 年 10 月举行的 IPC 联盟专家委员会第 35 届特殊会议上被采纳。

〔2〕 V. K. Gupta, Protecting India's Traditional Knowledge, 121（E）WIPO MAG. 5 (2011).

〔3〕 Koshy, Ancient Knowledge Hub Faces Grim Future, HINDU（Mar. 24, 2017），https://www.thehindu.com/todays-paper/ancient-knowledge-hub-faces-greyfuture/articlel7625761.ece［https://perma.cc/T47X-LD361/2022/06/15］.

层面也有所突破。国家知识产权局主导构建的中国药物专利数据检索系统就是为了方便专利审查对中医药领域的专利文献进行检索。中国药物专利数据检索系统在物理上分两个组成部分：中药专利数字图书馆（题录数字图书馆、方剂数字图书馆、中药材辞典数字图书馆）、西药专利数字图书馆（题录数字图书馆、西药辞典数字图书馆、确定化学结构数字图书馆）。[1]借助数据检索系统中的中药专利数字图书馆（Traditional Chinese Medicine patent databases，TCM），可以实现对中药专利文献的检索。中药专利数据库是目前国内唯一深度加工标引的专业专利数据库，其加工内容包括：专利发明主题标引、医疗应用标引、范畴分类、文摘重新撰写、化学物质信息标引、中药方剂信息标引，并同时建成了中药材名称数据库和化学物质登记文档数据库等两个辅助数据库系统。我国构建的中药专利数据库已经收录了1985年至今全部公开的医药发明专利文献共计近18万条数据，与专利公报已经接近同步，其中包括化学药物近11万条数据，中药已经突破7万条数据。记录内容涉及所有具有治疗、预防、保健、诊断作用的药物化合物、药物组合物及其制备方法、使用方法的专利文献。中药的制备依赖中药基础理论展开，中药传统知识应当属于中药基础理论的组成部分，因此中药专利文献中所表达的信息也包含中药传统知识的相关内容。在审查实践中，数字图书馆作为专利文献及非专利文献的载体，利用数字图书馆等于借助技术手段帮助审查员完成对资料的检索。TCM可以帮助提高中药专利文献的检索效率，扩大检索范围，保证以专利文献形式表达的传统知识在检索中不被遗漏，实现防御性保护功能。国家知识产权局专利检索咨询中心的工作人员也曾经通过化学领域的检索案例，来说明中药专利数据库在检索中是如何提高检索效率，扩大检索范围的。[2]

该数字图书馆提取包含31个专利IPC分类号的全部专利文献，逐篇进行遴选，进行药物主题、疗效、化学物质信息标引，并提供药物范畴分类以及补充IPC分类。具体而言，可以通过以下检索途径对中药专利文献进行检索：借助题录信息库能够检索专利的题录信息、药物范畴、药物主题、药物疗效；

---

〔1〕　其中，中药专利数据库和西药专利数据库都提供药物专利发明主题信息的检索和显示，并借助中药材辞典、西药辞典和确定化学结构数据库作为该数据检索系统的辅助检索文档，来完成中药与西药名称和结构检索的对应。

〔2〕　要然、王冠瑶、董林水："浅析传统知识数据库及其应用"，载《中国发明与专利》2013年第6期。

借助中药方剂数字图书馆检索相关的中药方剂组成，检索主题中含有特定中药材组合的检索结果。比如，一种中药制成的预防感冒增加免疫力的保健口服液的中药方剂信息共有 4 种，全部可以通过检索显示出来。输入"白芍 and 白术 and 板蓝根"，可检索出 214 条药物专利的信息。借助中药材辞典数字图书馆，检索主题中含有特定中药材的专利，可以提供题目/文摘/关键词/方剂中含有此味药的检索结果。譬如，在中药词典检索中属于常见的一味重要药材"柴胡"，中药辞典中可显示出对应的 33 种药用植物的中文证明、中文导名、拉丁名、英文名、拼音和拉丁矿物名。从中药辞典检索中还可以进行转库检索，即重要方剂数据库检索和中药专利题录数据库检索。实务中，TCM 在检索中药专利文献方面发挥着重要作用，目前，TCM 已经成为 EPO 审查实践中使用频率最高的数字图书馆之一。

在中药保护领域，也有观点认为："我国现使用的数字图书馆还存在一些不足：因为没有完善的传统医药信息系统，大量中国的一些古老的药方和中医药品种，诊疗方法等都未被记载，但由于没有可供检索的工具，而很难将其真正落实到审查中。"[1]而现有技术覆盖不够全面，成为中药专利审查存在的瓶颈，现有中药专利存在的瓶颈问题，既抑制科技进步、违反专利制度宗旨，又妨碍我国对中药传统知识的正常使用，损害公共利益。[2]可见，在中药领域我国对传统知识信息的收录整理工作并不完善，导致无法对中药的新颖性及创造性进行正确评价。现有技术覆盖范围不够全面已经产生了影响中药专利质量的效果，妨碍中药传统知识正常使用。不仅仅是对中药传统知识，对于其他种类的传统知识而言，同样需要借助数字图书馆完成深度加工整理，才能使其成为与专利相关的重要信息。TKDL 建成之后，任务小组就随机收集了 762 份美国专利。这些专利主要是在 IPC 体系下 A61K35/78 类别中授权的，和药用植物具有直接的关系。对搜索结果的统计表明，在 762 份专利中，374 份（49%）专利依赖于传统知识，对这些专利来说，传统知识是相关的现有技术。[3]在中药领域，如果将中药专利文献看作中药领域的大数

〔1〕 周怡瑶："中印传统医药的知识产权保护比较研究"，载《电子知识产权》2013 年第 10 期。

〔2〕 郭斯伦、马韶青："中药专利审查制度现状分析与完善"，载《亚太传统医药》2014 年第 20 期。

〔3〕 WIPO/IPC/CE/31/6［EB/OL］，［2014-12-18］. http://www.wipo.org/classifications/en/ipc/ipc ce/31.

据，对其进行分类整理可以提炼出隐藏在专利数据背后的隐形信息。对中药发明专利的主要领域进行统计分析，可以了解我国中药技术分布的现状，为我国中药企业的产品生产提供参考；对检索到的中药发明专利按照发明专利权利归属进行分类统计，可以反映我国中药发明专利的产业化水平；将我国中药专利类型与外国申请的中药专利类型进行比较，可以判断我国中药专利发明的技术水平。可见，对海量信息的处理，离不开数字化技术的支撑与帮助。

目前我国传统知识的经济价值并未获得全面的挖掘，具有重要经济价值的传统知识还处于封闭的状态中，且尚不清楚哪些传统知识能够被看作现有技术，哪些传统知识具有再创新的价值。如果不利用数字化技术对其分类整理，一是专利审查员很难在审查实践中对其进行现有技术的检索，无法借助专利审查实现传统知识防御性保护功能，使得传统知识与专利制度之间的联系变得愈加模糊；二是无法对传统知识所具有的经济价值进行正确评估，也无法消除传统知识与专利信息之间的隔阂。只有保证传统知识在审查过程中得到充分的检索，再对专利审查过程中传统知识的利用方式、利用效率等情况进行分析，才能建立传统知识与专利信息之间的联系，消除"信息孤岛"的产生。由此看出，尽管传统知识数字化可以保证传统知识防御性保护制度功能的实现，并建立其与专利信息之间的联系，使得相关产业在创新过程中能够充分评估相关背景技术与知识，为深层挖掘传统知识的经济价值提供必要支持。

数字化本身并不能为中医药传统知识提供保护，而是作为一种技术手段促进制度功能的实现。当下，以防御性保护为目的对传统知识进行数字化处理时需要秉承以下原则：（1）对数字化的传统知识进行筛选，保证其已经处于公开状态。结合我国实际情况，当务之急是对民间流传的、已有文献记载的传统知识进行归纳整理，并将其以电子化的形式储存在数字图书馆中以备专利审查之用。[1]（2）合理限制数字化的传统知识的使用范围及方式。在通过数字化技术对传统知识进行深度加工整理后，不建议像中药专利数字图书馆一样将其置于完全开放使用的状态，为了防止"盗用"传统知识的行为，可以通过合同方式限定数据库或数字图书馆的使用范围及目的；（3）数字化传统

---

[1]　柴玉、高亮："中医药传统知识不能'无偿坐享'"，载《中国中医药报》2014 年 5 月 21 日。

知识的同时，建立传统知识与专利分类表之间的连接机制，方便专利审查检索。

不论是提升专利审查质量促进创新的传统目标，还是保证专利法实现传统防御性保护功能的新要求，都可以在现有制度框架下，借助程序法在专利审查方面的规定得以保证实施。在实务中，由于难以接触、理解传统知识，导致现有技术检索无法覆盖传统知识，影响专利制度防御性保护功能的发挥。使传统知识真正成为现有技术搜索的对象，正是破除传统知识防御性保护困境的解决之道。现有技术检索作为专利法在程序方面的重要规定，发挥着控制专利质量的作用。在专利法为传统知识提供防御性保护的机制中，现有技术检索也充当了事前防御措施的角色。数字化使得传统知识公开日期得以明确，并帮助审查人员更加有效地获取传统知识。

综上所述，数据库收录的中医药传统知识必须达到为公众所知悉的公开程度，才能保证其作为现有技术进行检索。公开的中医药传统知识可以是固态的，也可以是中医药传统知识持有人主动捐献、明确表示公开的。有些学者认为，在特定的情况下，只要持有人没有明确表示反对公开或者是与利用方签订了传统知识的获取使用合同，也可以认为满足了公开的要求，因为现有技术的公开只要求不特定的多数人知悉，并不要求向所有人公开。[1]在我国的地方实践中，地方政府在主导建立数据库的时候，并不会要求中医药传统持有人必须公开其持有的传统知识。

目前，已经有一些国家以促进现有技术检索、提高专利审查质量为目的构建了传统医药知识数据库，比如韩国的传统知识门户（KTKP）和印度的传统知识数字图书馆（TKDL）。当然，两者的开放程度并不相同，"KTKP 是一个完全开放的数据库，任何人都可以进行访问，开放性是其独特之处"；[2]而TKDL 则是半开放的，截至 2021 年，TKDL 签署了 13 份许可协议许可该数据库的使用。由此可见，只要数据库中收录的传统知识符合现有技术的构成要件，数据库是采取开放存取的方式还是半开放的方式都不会影响其发挥提高中医药专利审查质量的作用。

---

〔1〕 Hilty R , PHD Batista, Carls S, *Traditional Knowledge, Databases and Prior Art-Options for an Effective Defensive Use of TK Against Undue Patent Granting*, Social Science Electronic Publishing. 2021.

〔2〕 Margo A. Bagley, "The Fallacy of Defensive Protection for Traditional Knowledge", 58 Washburn L. J. , 323 (2019).

实际上，数据库向谁开放，如何开放的管理问题应当结合中医药传统知识持有人的意愿，由中医药主管部门或数据库的管理者来决定。根据《中医药传统知识保护条例（草案）》第 14 条第 1 款的规定，中医药传统知识保护数据库向公众开放的信息只有中医药传统知识的名称、持有人、摘要等。具体内容信息根据持有人意愿和传播状态，由国务院中医药主管部门决定是否公开。

综上所述，中医药传统知识的数字化转型拓宽了其应用场景，促使其治理模式产生根本变革。在数据库和数字平台的推动下，中医药传统知识持有人、行政机关及其协同机构、利用方被赋予了新的媒介身份，使得三者之间的关系产生改变。专利局可以作为数据库的使用方，在其行政职能范围内积极主动地实现对中医药传统知识的防御性保护。中医药主管部门可以作为数据库的管理者，将数据库作为保密管理的工具，代替持有人防止第三方对传统知识的盗用，实现防御性保护的目标。我们甚至可以将具有特殊意义和独特文化价值的中医药传统知识收录在数据库中，从精神层面上防止第三方对其进行不当利用。总而言之，数字化的方式导致中医药传统知识的应用场景更加丰富，应用方式更为多元化。在技术革命之下，信息壁垒打破之后，管理者的角色发生了转变，持有人和利用者也更加乐意参与到数字化的应用场景中，这些因素都导致中医药传统知识的利用变得更加灵活，也有助于实现防御性保护目标。

五、数字技术促进知情同意及利益分享机制的建设

信息交换机制是对"clearing house mechanism"一词的翻译，《生物多样性公约》的中文译本将其翻译为"交换所机制"，[1]学界多将其译为信息交换机制。[2]"clearing house"一词为金融用语，意为"票据交换所"；"clearing house mechanism"一词指的是支票和账单在储蓄信贷银行间的周转以保证现金的净余额的一种机制。如今这一概念所具有的含义得到了扩展，指

---

〔1〕《生物多样性公约》第 18 条第 3 款规定："缔约国会议应在第一次会议上确定如何设立交换所机制以促进并便利科技合作。"

〔2〕 刘燕等："中国生物安全信息交换机制的设计和建设"，载《生态与农村环境学报》2010 年第 4 期。

的是在提供者和使用者之间进行物品、服务、信息交换的机制。[1]因此，"clearing house mechanism"实际上代表的是一种交换机制，交换的内容是什么以及交换的规则应当如何设置主要取决于交换机制所要解决的实际问题。[2]在缺乏信息的情况下，无法反映出要解决的实际问题；不清楚要解决的实际问题，信息交换机制的建立又缺乏目的性的指引。因此，信息交换机制的建立有时需要进行摸着石头过河的尝试，否则是否构建信息交换机制以及如何构建信息交换机制的争论和对"先有鸡还是先有蛋"的追问一样，会陷入无法获得标准答案的往复循环。

比如，基于网络商业点对点的模式建立的技术交换机制提供和发明相关的技术信息。接触和获取这些和技术相关的信息之后，有兴趣的使用者可以和技术提供方进行许可协商。技术交换机制的运作成本较低，但是这种机制是否成功取决于技术持有方能否提供足够的信息。技术交换机制并不保证技术的成功转移，而只是在其中发挥牵线搭桥的作用。使用方仍然需要和技术提供方进行一对一的协商以决定技术的使用，并在相互信任和理解的基础上进行交易。因此，这种机制并不一定会降低双方谈判的成本，但是却为双方订立更加符合自己意愿的合同创造了机会，并将那些没有意愿协商的对象排除在外。

交换机制可以为信息的接触和获取提供便利，比如搜索引擎实际上就是一种信息交换机制，全球生物多样性信息设施（Global Biodiversity Information Facility, GBIF）是一种生物多样性信息交换机制。除了促进信息的获取，信息交换机制还可以降低搜索的成本。总体而言，信息交换机制提供的是交换信息（技术）的服务，信息交换机制相对而言更容易建立但是需要持久的维持和不断的更新。以促进信息使用为目的建立的交换机制还可以构建信息的使用规则，比如将信息的使用规则设置为开源的、收取许可费或进行标准许可的方式。

---

〔1〕 Esther Van Zimmeren, "Clearinghouse mechanisms in genetic diagnostics", in Geertrui Van Overwalle（eds.）, *Gene Patents and Collaborative Licensing Models-Patent Pools*, *Clearinghouses*, *Open Source Models and Liability Regimes*, Cambridge Univerisity Press, 2009, p. 63.

〔2〕 Esther Van Zimmeren, "Clearinghouse mechanisms in genetic diagnostics", in Geertrui Van Overwalle（eds.）, *Gene Patents and Collaborative Licensing Models-Patent Pools*, *Clearinghouses*, *Open Source Models and Liability Regimes*, Cambridge Univerisity Press, 2009, p. 63.

　　建立信息交换机制可以帮助对知识进行更加有效的管理，通过将分散的知识和数据储存起来再提供给不同的使用方的方式促进其对于信息的获取，收集和分享数据的能力是建立信息交换机制的基础。信息交换机制的建立并不意味着集中控制或管理体系的形成，而是以协调作为主要目的。通过对信息和信息的获取方式进行管理，并设置分享信息的方式，可以增强权威机构和部门之间的合作。

　　在国家层面上，政府可以建立信息交换机制或者其他类型"信息存储器"将知识和信息提供给不同的国内使用者，这样知识的管理就可以被整合进国家的政策体制中。比如，我国作为 CBD 的成员国，就成立了由国务院下属的原环境保护部领导的 CBD 实施国家委员会，环境保护部门就是信息交换机制中的国家联络点。有观点指出，为了建立更加理想的生物多样性数据和信息交换的合作机制，加强和改进部门与地区之间对信息交换的交流，有必要建立一个全国生物多样性数据和信息共享中心，由国家生物多样性信息管理委员会组成，下属部门可以包括国家生物多样性信息中心、环境保护分支部门、基本数据分支中心和森林中心等。[1]

　　在国际层面上，可以通过建立信息交换机制的方式促进国家与国家之间信息的流动和共享，加强跨境项目的合作。CBD 缔结之初，提出建立信息交换机制来保证 CBD 目标的实现。信息交换机制对 CBD 目标的实现具有重要作用，并促进生物多样性方面信息的获取和交换、可持续使用以及更加公平的利益分享。[2]将全球化的信息交换机制作为国内信息交换的平台是生物多样性信息共享史上的一个里程碑式的理念，这一信息交换机制将 CBD 成员方作为国家联络点，在国家之间进行生物多样性信息的共享与交换。[3]具体而言，在国内层面，各成员方构建生物多样性信息的网络平台，借助互联网终端用户的范围并不限于国内的用户，信息的接触扩大到国际的范围。借助建立网络平台的国家联络点，全球生物多样性信息的共享网络就可以形成。

---

〔1〕　Haigen Xu, Dehui Wang, Xuefeng Sun, *Biodiverisity Clearing-House Mechanism in China: present status and future needs, Biodiversity andConservation*, Netherlands: Kluwer Academic Publishers, 2000, p. 371

〔2〕　Francesco Mauro, Preston D. Hardison, "Traditional Knowledge of Indigenous and Local Communities: International Debate and Policy Initiatives, Ecological Applications", *Ecological Society of America*, vol. 10, no. 5 (2000), p. 1266.

〔3〕　Pasi Laihonen, Risto Kalliola, Jukka Salom, "The Biodiversity Information Clearing-house Mechanism (CHM) as a Global Effort", *Environmental Science & Policy*, 7 (2004), pp. 99~108.

上述分析表明，信息交换机制旨在通过对信息、知识、技术的管理和控制来解决实践中存在的问题。专利法在为传统知识提供防御性保护时，常常遇到的实践问题在于：传统知识难以获取，公开时间和公开程度难以判断，这将影响专利授权的实质性条件发挥防御性保护的功能；除此之外，如果传统知识的来源难以判断，要求专利申请者在申请专利时披露传统知识的来源也难以发挥有效的作用。构建传统知识数据库是建立传统知识信息交换机制最为常见的一种形式，区块链技术的应用可以构建信息交换机制并帮助中医药传统知识防御性保护目标的实现。

区块链技术诞生于比特币开源社区，此后区块链领域几乎所有重要的技术革新和突破也均诞生于建立在开放、自由、共享的理念之上的各开源社区与开源项目。[1]区块链是比特币的底层技术，是一个去中心化的分布式账本系统。区块链与人工智能、大数据并称金融科技的三大巨头。哈希算法是区块链中保证交易信息不被篡改的单项密码机制。哈希算法接收一段明文之后，以一种不可逆的方式将其转化为一段长度较短、位数固定的散列数据。它有两个特点：（1）加密过程不可逆，意味着我们无法通过输出的散列数据推到原文的明文是什么；（2）输入的明文与输出的散列数据一一对应，任何一个输入信息的变化，都必将导致最终输出的散列数据的变化。在区块链中，通常使用 SHA-256（安全散列算法）进行区块加密，这种算法输入的长度为256 位，输出的是一段长度为 32 字节的随机散列数据。区块链通过哈希算法对一个交易区块中的交易信息进行加密，并把信息压缩成由一串数字和字母组成的散列字符串。区块链的哈希值能够唯一而准确地标识一个区块，区块链中任意一个节点通过简单的哈希计算都可以获得这个区块的哈希值，计算出的哈希值没有变化意味着区块链中的信息没有被篡改。

在区块链中，使用公钥和私钥来标识身份。我们假设区块链中有两个人，分别为 A 和 B，A 想向 B 证明自己是真实的 A，那么 A 只需要使用私钥对文件进行签名并发送给 B，B 使用 A 的公钥对文件进行签名验证，如果验证成功，那么就证明这个文件一定是 A 用私钥加密过的。由于 A 的私钥只有 A 才能持有，那么，就可以验证 A 确实是 A。在区块链系统中，公钥和私钥还可以保证分布式网络点对点信息传递的安全。在区块链信息传递中，信息传递

---

〔1〕 吴广平："区块链技术的专利保护策略"，载《中国知识产权报》2017 年 8 月 9 日。

双方的公钥和私钥的加密与解密往往是不成对出现的。信息发送者可以用私钥对信息进行签名，使用信息接收方的公钥对信息加密。信息接收方可以用信息发送者的公钥验证信息发送者的身份，使用私钥对加密信息解密。区块链中的时间戳从区块生成的一刻起就存在于区块之中，它对应的是每一次交易记录的认证，证明交易记录的真实性。时间戳是直接写在区块链中的，而区块链中已经生成的区块不可篡改，因为一旦篡改，生成的哈希值就会变化，从而变成一个无效的数据。每一个时间戳会将前一个时间戳也纳入其随机的哈希值中，这一过程不断重复，依次相连，最后会生成一个完整的链条。

公有链是指全世界任何人都可以读取，任何人都可以在其中发送交易信息且交易能够获得有效确认、任何人都能够参与共识过程的区块链——共识过程决定哪个区块可以被添加到区块链中，也能让参与者明确当前的状态。公有链通常被认为是完全去中心化的。而私有链是指其写入权限仅在一个组织手中的区块链。概括来说，公有链对所有人开放，任何人都可以参与；私有链只对单独或个人开放。区块链的分布式结构以及基于数学算法的低成本信任机制，为金融领域相关问题的解决和优化提供了一种新的思路和路径。目前经济社会的信任环境较弱，信用成本较高，而区块链技术提供了一套成本较低的信任解决方案，对促进信任经济的发展具有重要的意义。

从区块链技术的基本特点可以看出，区块链无需中心化的干预或参与，只要让网络扮演信用中介的角色，就能有效地实现点对点交易。经过无数次的记账，区块链就形成了一个可信赖、超容量的公共账簿，它具有以下特征：去中心化、去信任、集体维护、可靠的数据库。系统中所有的节点之间无需信任也可以进行交易，因为数据库和整个系统的运作是透明的，在系统的规则和时间范围内，节点之间无法欺骗彼此。系统中每个节点都拥有最新的完整数据库拷贝，修改单个节点的数据库是无效的，因为系统会自动比较，认为出现次数最多的相同记录是真的。

目前区块链技术已经广泛应用于银行、跨境支付、供应链、证券、保险、能源等领域。目前，既有研究成果对区块链在知识产权保护中的应用主要集中在版权领域内。原因在于，由于互联网的发展，版权侵权的问题越发严重，而且举证较为困难，维权成本较高，区块链技术的出现可以缓解版权侵权的问题。有学者指出，作品权利人可以把作品信息、版权交易信息、维权信息等均记录在区块链上，方便信息的追踪和查询。由此来更好地保障权利人的权益。[1]除此之外，区块链技术还可广泛应用于版权许可、盗版信息追踪、版权金融交易等领域。

在中医药传统知识知情同意及利益分享的机制构建中，一直不理想的是其实施效果。如果没有强制性的手段或措施保证知情同意及利益分享作为获取、使用中医药传统知识的前提，知情同意及利益分享将只能成为宣示性的原则，而不能切实有效地成为保障持有人利益的工具。且专利制度只能在有限的范围内，对有限的中医药传统知识提供防御性保护，此时我们需要通过利用技术手段加强对中医药传统知识的管理与利用，以促进知情同意及利益分享机制的实现。

利用区块链技术提供中医药传统知识来源证明，通过智能合约规范中医药传统知识的使用与追溯。我们可以大胆地设想，目前随着互联网、物联网、物流业务和信息化产业的发展，使得基于区块链等技术方法开展道地药材认证、进行道地药材生产信息全程可追溯、知识产权保护、评价和保障体系建设等成为可能。[2]除追溯道地药材的生产信息外，区块链技术还可以广泛应用于中医药传统知识防御性保护领域。上传至区块链中的中医药传统知识在药品研发及其他领域的商业应用中是可以追溯源头、不可修改的。在所有涉及中医药传统知识使用和交易的环节，区块链都可以从头到尾记录下来，从而实现全过程追溯，而且整个过程是不可逆且不可篡改的。同时中医药传统知识的来源也产生了更强的公示效力。从中药的创新模式和路径可知，在处于上游的中医药传统知识转变为下游的中医药产品的过程中，中医药传统知识的使用线索不断被模糊，中医药传统知识对最终产品的贡献难以估量。专利制度保护的是对发明构思作出的实质性贡献，如果中医药传统知识只是创新的源头，其技术价值在专利的发明创造中很难得以体现。但是区块链技术可以将从传统知识出发开始到发明构思完成的全过程记录下来，从而将整个完整的创新过程中的每一环节纳入交易的考量之中。

利用区块链技术增强中医药传统知识交易的透明度，在交易主体之间快速建立信任关系。中医药传统知识利益分享机制实现的困境部分来源于传统

---

〔1〕 马治国、刘慧："区块链技术视角下的数字版权治理体系构建"，载《科技与法律》2018年第2期。

〔2〕 张小波等："基于区块链的道地药材高质量发展和认证系统建设探讨"，载《中国中药杂志》2020年第12期。

知识持有人保守的观念和较强的防御心理。区块链技术的去中心化特点可以使人们快速建立信任关系，每一次交易的记录都可以记载在分布式账本数据库中，记录公开透明可查询且不可篡改。区块链上的交易可以点对点完成，直接将收益分享给指定的人和机构，有效地减少中医药传统知识交易过程中的成本。中医药传统知识利用所得就可以更加合理地分配给当地社区内的成员，破除中医药传统知识主体群体性造成的利益分配难题。

利用区块链技术整合中医药传统知识的监管资源，实现中医药传统知识监管一体化。目前对中医药传统知识的监管存在多个行政部门的参与，包括国家知识产权局、中医药管理局、药品监督管理局等在不同环节存在多头监管的情形。提高这些部门之间信息流通的透明度和效率将破解中医药传统知识防御性保护面临的难题。例如，在专利法中增加强制性的来源披露义务、知情同意及利益分享的要求，其困难之处在于中医药传统知识的来源信息、持有人信息是专利行政机关无法获取的，如果为专利法附加过于严苛的公开披露要求，将大大增加专利审查的负担，降低专利审查的效率。再者，如果专利行政机关无法获取专利技术转化为药品上市之后的相关信息，也无法实现在专利法内部由专利行政机关来监管专利权人与传统知识持有人之间的利益分配。区块链技术的引入可以将中医药传统知识利用中上游和下游的产品信息都保存在专属的节点之上，从而重构中医药传统知识的监管逻辑，改变其单向监管、多头监管的理念，形成更加具有包容性、针对性的监管体系，以实现效率和正义之间的平衡。

当然，区块链技术在中医药传统知识保护中的应用还停留在设想和理念的阶段，没有真正地付诸实践。从理想到现实还有很长的路要走，但是我们可以期待在技术飞速发展的今天，商业上的构想很快能借助软件技术、数据库、人工智能的发展得以实现，在不久的将来，区块链技术将成功地为中医药传统知识保驾护航。

制度逻辑限制了制度创新以及可能的决策空间，治理的制度逻辑指的是一个国家的运行过程、解决问题的能力与方式以及应对危机的抉择。中央与地方政府之间的关系，国家与社会的关系都是建立在这一系列社会制度设施之上的。[1]这些稳定的制度安排塑造了解决问题的途径和方式，诱导了微观

---

[1] 周雪光："中国国家治理的制度逻辑——一个组织学研究"，载《读书》2017年第2期。

行为，从而在很大程度上决定了国家治理的轨迹、抉择和后果。我们把这一制度安排所导致的因果联系称为国家治理的制度逻辑。技术起辅助作用，本质上不断完善的治理制度和治理体系提升国家治理能力。治理体系是三角的治理体系，不能仅仅着眼于制度的改善，制度是静态的，需要通过人的实践不断地进行完善。

第二节　行政保护推动中医药传统知识的防御性保护

一、中医药传统知识保护的行政职责

中医药传统知识获取与使用主要涉及民事法律关系的调整，因此从司法层面强化对不当利用行为的规范必定能推动获取与使用的公平有序化发展。除了司法保护，从行政层面规范不当利用行为也有助于解决获取与使用过程中产生的纠纷。在新时代的行政保护思路之下，当中医药传统知识遭遇不当利用行为之际，行政授权不仅仅是对权利受到侵害的救济手段，也可以在中医药传统知识传承、获取、利用等环节提供侵权预警、管理服务、促进交易等全方位的保护与服务。从《"十四五"中医药发展规划》来看，中医药传统知识的保护已经被上升至国家战略的层面。中医药传统知识所涉及的利益不仅仅是私人利益，更代表了一种民族利益和国家利益。在这种背景之下，行政权力全面参与到中医药传统知识传承与传播的过程中，充分发挥政府职能预防和打击不当利用行为，对中医药传统知识的利益分配进行合理的引导和促进，更加合理地体现"守门人"职责，是符合我国的基本政策导向与行政保护的基本定位的。

在中医药传统知识保护领域，根据《中医药法》和《中医药传统知识保护条例（草案）》的规定，由以下组织行使法定的公共行政权力，承担履行中医药传统知识保护的行政职责。除了传统的行政机关履行保护职责之外，其他带有强烈政治属性的机关也能够履行行政保护职责。[1]例如，中医药工作联席会议虽然不是纯粹意义上的行政部门，但是其职责涉及行政保护，可以被视为行政保护主体。根据各地方的《中医药保护条例》，县级以上地方人

---

〔1〕　戚建刚："论我国知识产权行政保护模式之变革"，载《武汉大学学报（哲学社会科学版）》2020年第2期。

民政府应当建立中医药工作联席会议制度，督促本级人民政府有关部门履行中医药管理职责，采取措施为中医药事业的发展提供条件和保障。

此外，还有其他组织能与中医药传统知识保护行政机关进行配合，在其行政职责的范围内实现规范不当利用的政策目标。在特定情况下，中医药传统知识的利用是伴随着对天然药材的使用完成的，天然药材不但是遗传信息的生物载体，在使用过程中往往也伴随着对传统知识的利用。因此，对中医药传统知识的管制亦可以通过对遗传资源的管制来实现。首先，在遗传资源的信息公开方面，在国家知识产权局进行专利审查的过程中，可以根据《专利法》对信息披露的要求，要求行政相对方即专利申请人披露遗传资源的来源。如果借助遗传资源的来源能够链接传统知识的相关信息，有利于从信息披露的视角发现潜在的传统知识不当利用行为。同理，在遗传资源利用的对外许可方面，根据《生物安全法》第 59 条的规定，国务院科学技术主管部门有权保障中方单位及其研究人员对我国人类遗传资源和生物资源实施惠益分享权。如果生物遗传资源的信息载体是中药材或具有药用价值的动植物，则极有可能通过遗传资源与中医药传统知识的信息共享机制，在监管生物遗传资源利用的过程中，实现对传统知识不当利用的协同监管。由此可见，如果未来在中医药传统知识保护领域，能够仿照《生物安全法》的思路，通过立法建立中医药传统知识信息共享制度，成立信息协调机制组织，建立统一的中医药传统知识信息平台，将中医药传统知识的获取利用数据等信息进行汇交，在各行政机关之间实现信息共享，则赋予遗传资源保护行政机关监管与遗传资源相关的中医药传统知识的行政监管职责，也是切实可行的。具体而言，中医药传统知识的信息管理机制包括以下三项：

第一，阐明传统知识来源披露的范畴。传统知识是指在发明创造过程中，申请者获取并使用的书面或口头形式的基于传统产生的知识或信息的描述，以及其他一切在工业领域由智力活动产生的基于传统的创新和创造。其中一部分传统知识和遗传资源有关，并且发明对传统知识的使用与对遗传资源的使用密不可分。但是对传统知识进行来源披露并不仅仅限于与遗传资源相关的传统知识，传统知识的来源披露与遗传资源的来源披露之间也不存在必然的因果关系。因此，传统知识的来源披露可以与遗传资源的来源披露进行分别规定。此外，对来源进行说明可以通过提供获取传统知识的时间、地点、方式、提供者等信息的方式加以表达。起源可指创造传统知识的源头，对起源进行说明的可依据书面文献对传统知识记载或传统知识持有人提供的信息为准。

第二，对披露内容的具体要求进行规定。如果在发明创造活动中利用了传统知识，申请人应当在请求书中予以说明。在发明创造过程中利用传统知识指的是，不管使用传统知识的最终目的是什么，也不管传统知识对最终发明作出了多大程度的贡献，只要在发明过程中发明者获取和使用了传统知识，申请者都应当对传统知识的来源进行说明。对来源的说明可以通过提供来源证明的相关证据如传统知识提供方和使用方签署的获取使用协议的方式。在不存在传统知识提供方的情形下，可以填写传统知识来源披露登记表。对传统知识来源的披露应当清楚、完整、真实。在申请者知晓传统知识的起源的情况下，鼓励对传统知识的起源进行说明。国际申请涉及的发明创造在其发明过程中利用了传统知识，申请人应当在进入声明中予以说明，并填写传统知识来源披露登记表或提交证明传统知识来源的证据。不符合规定的，专利申请应当被驳回。

第三，专利行政机关与中医药传统知识保护行政主管部门之间的协调。中医药传统知识防御性保护中的知情同意及利益分享机制的实现需要强制力的保障。从专利法的内部结构和价值目标来看，当前不适宜在专利法内附加传统知识利用方面的强制性规则，因为专利制度的运行除了需要考虑基本的分配正义，还必须依赖专利行政机关充当"守门人"的角色，完成对技术方案的专利审查。在没有代表组织或特定机构与专利行政机关配合的前提下，将传统知识获取和利用的强制性规则作为影响专利授权的要件将严重影响中医药领域技术创新的专利审查效率，并不符合中医药事业发展的战略规划。为了促使专利制度更加有效地发挥中医药传统知识防御性保护功能，通过专门制度设立中医药传统知识获取及使用的监管部门具有重要作用。通过行使行政管理职能，行政部门可以对中医药传统知识交易行为进行宏观调控、把控中医药传统知识的使用去向。当然，行政监管更多地发挥监督性的作用，一旦超出强制力的范围，可能导致政府在平衡利益中的权力寻租。公法的调整并不能创设新的权利类型，也不能取代传统知识持有人的文化自决权，因此其发挥的作用并不具有强制性，而是应当从引导的角度，降低中医药传统知识交易中的外部成本，增强中医药传统知识持有人在交易中的话语权。

二、中医药传统知识保护的行政方式

中医药传统知识行政保护的方式包括传统的以管理为特征的行政审核，

也有新时代下以服务为特征的多元保护方式，包括行政扶持、行政信息公开、行政协调。

《中医药传统知识保护条例（草案）》第10条和第11条规定，省级以上人民政府中医药主管部门对本行政区域公开的、广泛传播的中医药传统知识具有调查登记和初审的行政职责。国务院中医药主管部门对经过初审的中医药传统知识进行审核并认定中医药传统知识持有人。第10条和第11条既规定了认定持有人的程序，也赋予了具体行政机关对持有人进行行政审核的管理职能。基于上述规定，国务院中医药主管部门和省级以上人民政府中医药主管部门是行使行政权力的一方，处于管理者的地位，而行政相对人则是中医传统知识持有人，处于被管理的地位。通过行政审核的方式对持有人的资格进行合法性和真实性的审查和认可，其价值在于通过政府的行政权力与公信力为持有人的认定进行背书。而只有依据《中医药传统知识保护条例（草案）》中的实质性要求和程序要求对持有人进行合法、合理的认定，才能明确持有人的主体资格。中医药传统知识不当利用的构成要件之一在于明确持有人的主体资格，规范不当利用的法律条款。

在行政扶持方面，《中医药传统知识保护条例（草案）》第17条规定了重点保护的内容，根据该条的规定，国家对列入保护名录的中医药传统知识予以重点扶持，为其传承使用提供场地、经费等保障支持，并优先支持其成果转化和推广应用。通过上述法律措施旨在鼓励和帮助中医药传统知识持有人传承、使用和转化其持有的中医药传统知识。

但是，《中医药传统知识保护条例（草案）》并未赋予行政管理部门管理不当使用纠纷的职权。实际上，对关涉国家利益以及公共利益的严重不当使用行为，行政机关应有管理介入的职权。此外，是否损害中医药传统知识的财产和文化价值涉及专业的判断，建议在行政管理机关内部组建专门的专家委员会，由中医药领域的技术和法律专家组成，从而提升行政机关管理不当使用纠纷的权威性。

公共行政主体依据知识产权方面的法律或者政策出台一系列旨在支持、鼓励和帮助知识产权行政相对人实施知识产权创造、运用、转化的政策与措施。从治理的角度出发，将中医药传统知识纳入规范框架之中，其目的是通过专门的监管机构如中医药主管部门、知识产权主管部门管理中医药传统知识的信息市场，以防止市场失灵。实践表明，在传统知识的获取与利用领域，基于知识产权制度所带来的负外部性成本，在缺乏监管的情况下，作为信息的传统知识的生产和交易将不会自发形成。而将满足特定条件的中医药传统知识纳入特定的监管框架并不意味着传统知识的获取与使用必然选择严格管制的方式进行管理。根据金字塔监管模型，[1]在模型的最下端占据最主要的地位的仍是以私人治理为主导的协商型监管模式，依次向上则逐步通过强制性的法律规范与严格执法加强监管的力度。

第三节　国际谈判推动中医药传统知识的防御性保护

一、国际法对中医药传统知识保护的影响

建立公平、合理、有序的传统知识国际保护框架的诉求是发展中国家为应对第三次全球化进程中愈演愈烈的"文化殖民"和"生物海盗"现象而提出的。显然，基于国际社会追求民主、平衡、持续发展的内在需求，基于传统知识在人类文化与经济生活中的重要价值，基于传统知识保护对维护人类共同利益的重要作用，传统知识保护是一个全球性的问题。当前传统知识国际治理格局在国际关系的多个论坛中展开，传统知识的多边治理模式的构建主要集中在国际环境法领域、国际知识产权保护领域以及国际人权领域。除了多边体制，传统知识国际保护的谈判工作还在国家与国家之间的双边或区域谈判中不断推进。

在当前全球治理的进程中，国际形势空前复杂，单边主义、贸易保护主义、民粹主义的抬头动摇了业已建立的稳定国际秩序，增加了国际局势的复杂性与缔结国际保护统一规则的难度。传统知识国际保护统一规则的建立是一个悬而未决的议题，在谈判的过程中，虽然围绕传统知识保护明确了事先知情同意、利益分享、尊重人权、可持续发展等基本保护原则，但是在价值取向上，国际社会始终徘徊在维护传统知识完整性、传承性和神圣性与促进传统知识作为生产要素自由流动的抉择之间，从最为根本的保护理念上无法达成共识。多元化的国际主张反映在国内法的制定上，使得传统知识国际化治理仍然呈现碎片化的趋势，各国所采取的做法不尽相同，能够提取公分母

---

〔1〕 Drahos P，"Intellectual Property and Pharmaceutical Markets: A Nodal Governance Approach"，77 *Temple law review*，2004.

的难度不断增加。

有些观点认为在专利法中引入新的披露义务很可能会引发与 TRIPS 的冲突，TRIPS 中与引入新的披露义务相关的内容包括第 27 条第 1 款和第 29 条的规定，如果将这些条款结合在一起进行分析，新的披露制度不能作为影响可专利性的附加条件，否则会引发和 TRIPS 的不协调。[1] 有学者将强制性披露义务可能引发与 TRIPS 冲突的法律观点总结如下：TRIPS 第 27 条第 1 款[2] 对专利的实质性要件进行了穷举，包括新颖性、创造性和实用性，并禁止对某一领域的技术附加歧视性的限制。[3] 针对成员方将不遵守披露义务的法律后果与专利的有效性联系在一起或将不遵守披露义务作为专利无效的一个理由，TRIPS 在第 27 条第 1 款外增加了一条可专利性的要件，新的披露义务无疑构成了对那些利用了遗传资源和传统知识披露的生物技术的歧视性限制。除了第 27 条第 1 款，TRIPS 第 29 条是关于披露的要求，要求申请者以足够清楚和完整的方式披露技术的特征以保证本领域技术人员对发明的再现。新的披露义务的反对者认为，这一条没有提到所谓的披露遗传资源和传统知识的义务，因此未遵守新的披露义务，不构成对 TRIPS 框架下披露义务的违反，不会影响专利的有效性。

支持新的披露义务的观点则认为，有充足的理由认为披露义务与 TRIPS 是协调一致的。[4] 首先，根据 Canada v. EU. 案中 WTO 小组对"禁止歧视某一领域的技术"的解释，尽管对某一技术领域的歧视是不允许的，但是为了解决特定问题为某一领域的技术设置合理的例外不构成对这一领域技术的歧

---

〔1〕　Matters concering Intellectual Property and Genetic Resources, Traditional Knowledge and Folkfore-an Overview WIPO/GRTKF/IC/1/3, (April 30~May 3, 2001).

〔2〕　TRIPS 第 27 条"可获专利的发明"第 1 款规定"在符合本条下述第 2 款至第 3 款的前提下，一切技术领域中的任何发明，无论产品发明或方法发明，只要其新颖、含创造性并可付诸工业应用，本条所指的'创造性'及'可付诸工业应用'，与某些成员使用的'非显而易见性''实用性'系同义语。均应有可能获得专利。在符合第 65 条第 4 款、第 70 条第 8 款及本条第 3 款的前提下，获得专利及享有专利权，不得因发明地点不同、技术领域不同及产品之系进口或系本地制造之不同而给予歧视"。

〔3〕　N. De Carvalho, "Requiring Disclosure of the Origin of Genetic Resources and Prior Informed Consent in Patent Applications Without Infringing the TRIPS Agreement: the Problem and the Solution", *Washington University Journal of Law and Policy*, 2 (2000), pp. 371~401.

〔4〕　G. Dutfield, "Sharing the Benefits of Biodiversity-Is there a Role for the Patent System?", *World Journal of Intellectual Property*, vol. 5, no. 6 (2002), pp. 899~931.

视，只要设置的规则是出于善意的。虽然这项判决不是针对生物技术专利本身，WTO 小组的决定也不代表对 TRIPS 的官方解释，但至少可以从一个方面佐证，设置新的披露义务的目的并不是给利用遗传资源和传统知识的生物技术施加不合理的限制。

其次，对 TRIPS 第 1 条、第 7 条和第 8 条给予了 WTO 成员方在其国内法体系中通过适当的方式适用 TRIPS 条款的自由。其中第 8 条表明，TRIPS 允许成员方采取适当的措施来限制知识产权的滥用；第 30 条所授权利之例外也规定了"成员可对所授的专有权规定有限的例外，只要在顾及第三方合法利益的前提下，该例外并未与专利的正常利用不合理地起冲突，也并未不合理地损害专利所有人的合法利益"。如果将披露看作一种保证专利权不被滥用的手段，在保证专利权人的利益不被损害的前提下，可以为专利权的获取和行使增加合理的限制。

最后，在专利法中引入强制性的新的披露义务也并非必须通过修改 TRIPS 第 27 条的规定，增加对可专利性要件的规定才能实现。因为并不是只有对第 27 条第 1 款规定下的可专利性的违反才能引发专利无效的后果，TRIPS 第 32 条对无效理由的规定也不是穷举式的。在专利法体系中，对形式要求和专利法其他条款的违反也会导致专利无效的后果，而这些无效的理由并非都在 TRIPS 中进行了规定，比如国家实践中诱发专利无效的理由还包括：（1）专利权被授予不具有申请资格的主体；（2）技术属于不可专利的客体范围；（3）发明者未能充分公开技术的信息以保证本领域技术人员的实施。[1]

因此，TRIPS 并不是僵化地限制了引入新的披露义务的一切可能性，只是要求新的披露义务通过合理的方式进行实施，显然以 TRIPS 没有规定为由证明新的披露义务与 TRIPS 有冲突是无法自圆其说的。TRIPS 第 62 条第 1 款规定："成员可要求把符合合理程序及符合合理形式，作为获得或维持本协议第二部分第 2 节至第 6 节中所指的知识产权的条件。这类程序及形式应与本协议的规定一致。"TRIPS 第 41 条第 2 款规定："知识产权的执法程序应公平合理。它们不得过于复杂或花费过高、或包含不合理的时效或无保障的拖

---

[1] D. Vivas, "Requiring the Disclosure of Genetic Resources and Traditional Knowledge: The Current Debate and Possible Legal Alternative", in C. Bellman, G. Dutfield, and R. Melendez-Ortiz (eds.), *Trading in Knowledge*, London: Earthscan, 2003, p. 202.

延。"应当将第 62 条第 1 款和第 41 条第 2 款结合在一起进行解读，如果要将披露义务作为影响专利有效性的要件之一，以对传统知识进行防御性保护，在这种政策目标下对专利获取条件给予的限制必须是合理的，应当通过合理的形式及程序进行，并保证披露义务的执行不会造成不合理的失效或无保证的拖延。可见，在 TRIPS 框架下，在国内专利法中移植新的披露义务时，必须考虑立法规定是否合理，是否会对专利体系造成过重的负担。目前只有很少的国内实践表明新的披露义务被成功地引入专利法体系内。

上述分析表明，虽然在 CBD 框架下明确了成员方实施事先知情同意原则和利益分享原则的义务，但是传统知识使用和获取习惯性规范的形成并不代表必须通过对专利法进行修改的方式实施事先知情同意原则和利益分享原则。如果 CBD 成员方结合本国利益和实际情况，认为有必要对专利法进行修改以引入与传统知识相关的披露义务，还需要考虑所加入的知识产权国际公约对国内立法修订的影响。对 TRIPS 框架下，国内法引入新的披露义务的可能性路径进行分析表明 TRIPS 并不限制通过"合理公平"的形式对专利获取条件给予限制，因此为专利申请者附加与传统知识有关的披露义务并非不具有可行性，只是需要对披露的内容和披露引发的法律效果进行谨慎的分析，以保证其不会增加专利体系的不确定性或给专利授权程序带来不必要的延迟。再结合前文对新的披露义务在专利法中实施所造成的影响，建议我国在专利法中引入和传统知识相关的新的披露义务时，可以参照在专利法中引入遗传资源披露义务的做法，不宜将新的披露义务作为专利授权的要件之一，也不宜将其作为专利无效的理由，而只需在程序法中作出规定。考虑到我国目前并没有出台关于传统知识保护的特别立法，法律上并没有对事先知情同意原则和利益分享原则进行明确清楚的定义，因此不宜利用专利法中引入新的披露义务保证以上原则的实施，披露义务的内容应当仅限于要求专利权人披露获取传统知识的来源，在申请人知晓传统知识的起源的情况下，可以披露传统知识的起源。

至于是否需要增加国际申请对传统知识的来源进行披露的规定，笔者认为是有必要的。因为目前很大一部分专利申请是通过 PCT 途径进行的，如果不在国际申请中规定传统知识的来源披露，申请者则可以通过 PCT 途径申请的方式绕开这一披露义务。在对遗传资源的披露义务进行规定时，我国《专利法》要求，国际申请涉及的发明创造的完成依赖于遗传资源的，申请人应当在进入声明中予以说明，并填写遗传资源来源披露登记表，并规定了不遵守规定的法律后果是导致申请的驳回。那么在 PCT 框架下，在国内法中增加国际申请对传统知识来源进行披露的规定是否会违背本国承担的 PCT 缔约义务呢？

根据 PCT 第 27 条第（1）款的规定，任何缔约国的本国法不得就国际申请的形式或内容提出与本条约和细则的规定不同的或其他额外的要求。《专利合作条约实施细则》第 51 条之二对 PCT 第 27 条所允许的某些国家要求进行了说明。其中第 1 项是关于某些允许的国家要求的情况，第 2 项是关于可以不要求文件或证据的某些情况。对传统知识的来源进行披露的文件并不属于第 1 项规定的情况，也不属于第 2 项规定的情况。且 PCT 第 27 条第（8）款规定，该条约和细则中，没有一项规定的意图可以解释为限制任何缔约国为维护其国家安全而采用其认为必要的措施，或者为保护该国一般经济利益而限制其居民或国民提出国际申请的权利的自由。因此，对于 PCT 的缔约国而言，PCT 并非闭合了本国法在程序上要求提供 PCT 中并未提到的文件或证据的可行性。根据瑞士的提议，国际社会在 WIPO 框架下讨论修订 PCT 以明确加入遗传资源及传统知识披露义务。

和传统知识的防御性保护相关的议题还在国际论坛中通过多边谈判的方式逐步向前推进。在新一轮的国际法修订的浪潮中，遗传资源和传统知识的谈判会推动国际法的修订。其中要求加强专利审查，防止授予基于传统知识的不正当专利的授予，以及如何在专利法中引入披露义务都属于专利法对传统知识进行防御性保护的范畴。建议我国持续在 WTO，WIPO，CBD 的国际论坛中对传统知识保护与专利法之间的关系进行讨论，特别是针对瑞士提出的在 PCT 中加入传统知识来源披露的建议。

除了在多边论坛中进行协调，借助双边协议对传统知识的防御性保护进行谈判，将其纳入自由贸易协定框架下可以弥补多边谈判之不足并可能对本国的专利法修改及专利司法实践造成影响。如果能够正确认识自由贸易协定的工具属性，再结合国内在遗传资源及传统知识保护方面已经取得的进展，可以保证签署的自由贸易协定和传统知识保护条款体现本国利益，促进专利法对传统知识的防御性保护。

二、双边谈判推进中医药传统知识防御性保护的可行性与建议

近来，发展中国家逐渐意识到签署自由贸易协定（Free Trade Agreement，FTA）在重塑新一轮知识产权国际规则中所发挥的重要作用，开始将与自身

利益密切相关的遗传资源及传统知识保护引入谈判议题中，并通过谈判推动遗传资源及传统知识的保护向更靠近 CBD 的目标迈进。以成员方之间的双边谈判结果为基础签署的 FTA，虽要求遵守《关税与贸易总协定》第 19 条的规定，但毕竟多数是根据成员方之间的贸易互补之需要而签订的协议，所以较容易协调成员方的立场。[1]

利用 FTA 推动遗传资源和传统知识保护的合理性和优势体现在以下两个方面：一方面，FTA 作为多边体制下的一种特殊形式，是 WTO 多边贸易体制中最惠国待遇原则的一种例外，根据这一例外，在一国给予另一国知识产权保护方面的优惠并不自动多边化，而是只适用于 FTA 的缔约方。如果缔约方在利用知识产权制度规制遗传资源和传统知识的滥用上不存在异议，可以在适当的范围内忽略国内法的差异，就法律适用方面给予一定程度的优惠。由于这种优惠属于 TRIPS 第 4 条规定的最惠国待遇原则的例外，[2]并不自动被提供给非缔约方的 WTO 成员方，因此可以在一定程度上突破司法管辖的地域限制；另一方面，通过独立立法的方式对传统知识进行保护的内容并未包含在 TRIPS 协议中，也不适用于最惠国待遇原则。协议双方可以利用独立立法限制经济贸易领域中对遗传资源及传统知识的商业化利用，达到保护遗传资源及传统知识的目的。当然，发展中国家在 FTA 中对遗传资源及传统知识的保护进行谈判时仍需承担风险，双边贸易谈判可能限制重塑知识产权规则的弹性，因此，应当警惕其给国内法律实践造成的影响。[3]

后 TRIPS 时代知识产权国际保护谈判方式趋于多样化，这种多样化反映了知识产权国际保护一直处于动态变化的过程中，而且发展的方式并非单向流动，而是形成一个由双边到区域再到多边的循环过程。[4]在国际谈判的方式选择上，不管是国际论坛下进行的多边谈判，还是以互利共赢为目的建立

---

〔1〕　任虎：“传统知识国际保护的过去、现在和未来”，载《华东理工大学学报（社会科学版）》2013 年第 4 期。

〔2〕　徐大泰：“《TRIPS 协议》中最惠国待遇的法律解析”，载《湖北第二师范学院学报》2011年第 10 期。

〔3〕　David Vivas-Eugui、María Julia Oliva，"Biodiversity Related Intellectual Property Provisions in Free Trade Agreements"，September 2010，International Centre for Trade and Sustainable Development (IC-TSD)，Issue paper no. 4.

〔4〕　Peter Drahos，*Expanding Intellectual Property's Empire*：*the Role of FTAs*，Australian National University E-Press，2003.

的双边体制，都可以成为维护甚至扩大国家利益的工具。FTA 的签署能否推动遗传资源及传统知识保护的进展，并不取决于谈判双方政治经济实力的差异，而是取决于谈判双方对于 FTA 工具属性以及其中具体条款的法律效果的认识。发达国家与发展中国家在对话的过程中，通常被认为分属南北两个阵营，就发达国家与发展中国家签署的 FTA 中的遗传资源及传统知识保护条款进行分析，可以在比较的视野下，辨明 FTA 谈判对遗传资源及传统知识保护所产生的实际影响。

（一）FTA 框架下传统知识保护谈判的现状

对 FTA 框架下的遗传资源及传统知识保护条款进行分析表明，双边谈判使得问题朝着比多边谈判更进一步的方向发展。有些 FTA 的缔约双方可以被看作典型的遗传资源及传统知识的使用方和提供方，因此选取这样的 FTA 作为研究对象对其中具体的条款进行解析以佐证上述观点。此外，为了解决如何利用 FTA 对遗传资源及传统知识保护进行谈判的问题，应当厘清不同国家或地区对遗传资源及传统知识保护所持的态度，以便在今后的谈判中促进合意的缔结；分析具体的条款对国内法适用产生的影响，有助于阐明 FTA 条款如何加强双方责任及义务，为 FTA 中遗传资源及传统知识保护的谈判提供理论依据。

1. 美国—秘鲁 FTA 中遗传资源及传统知识保护条款

作为国际社会上为数不多的还未签署 CBD 的国家之一，美国在国际论坛中对待生物多样性保护问题的态度一向十分敏感，但是近来美国签署的已经发生效力的 FTA 中和遗传资源及传统知识相关的条款，表明美国在生物多样性上的立场发生了可能的转变。以美国与秘鲁签署的 FTA[1]为例，其中双方就以下问题取得谈判的实质性进展：（1）在获取当局控制下的遗传资源之前需获取当局的在先同意；（2）对传统知识和遗传资源的使用产生的利益进行公平的分享；（3）促进专利质量审查以保证专利授权的实质性条件得到满足。谈判中，美国坚持遗传资源及传统知识使用产生的利益分享问

---

〔1〕 2006 年 4 月 12 日，美国和秘鲁签署了 FTA，又称之为《美国—秘鲁贸易促进协定》（PT-PA）。其中第 16 章是"知识产权"，第 18 章是"环境"，与遗传资源及传统知识保护相关的条款包含在第 18 章的第 18.11 条"生物多样性"中。除此之外，该协定在文本的最后单独设立了一部分内容，作为"就生物多样性和传统知识所达成的理解"。表 1 的分析除了第 1 条是第 18 章第 18.11 条下的内容外，所余条款的分析建立在"就生物多样性和传统知识所达成的理解"这部分内容的基础上。《美国—秘鲁贸易促进协定》原文文本下载网址：http://www.ustr.gov/trade-agreements/free-trade-agreements/peru-tpa/final-text，2013 年 12 月 5 日访问。

题应当通过合同方式来解决，这一结果并未反映出秘鲁在多边体制下所持的意见。[1]但也有观点认为，目前国内立法并没有明确规定除合同方式外解决利益分享问题的法律措施。[2]

2. 欧盟—哥伦比亚、秘鲁 FTA[3] 中遗传资源及传统知识保护条款

欧盟是协调生物多样性和知识产权保护议题的关键参与者，相较于美国，其在协调生物多样性和传统知识保护方面所持的态度更加开放。虽然在区域及国内层面上并没有与获取与利益分享相关的立法，但是欧盟与哥伦比亚、秘鲁签署的 FTA 承认双方共同商定条件包含知识产权产生的利益分享。签署的 FTA 还同意为国内法中遗传资源及相关传统知识的获取使用规定提供法律适用的空间，这就意味着，在欧盟司法实践中，缔约方的相关权益人可以援引本国国内法的相关规定。除此之外，双方还就协调生物多样性与知识产权保护提出了具体的法律措施：（1）双方承认专利申请中对遗传资源和相关传统知识增强来源披露的有效性，这将增进遗传资源和相关传统知识使用的透明度；（2）交换与遗传资源及传统知识相关的信息，以进行现有技术判断并提高专利审查的质量。

3. 欧洲自由贸易联盟（European Free Trade Association，EFTA）[4]——哥伦比亚、秘鲁 FTA 中遗传资源及传统知识保护条款

作为 EFTA 主要成员的挪威和瑞士，都在协调知识产权和生物多样性保护

〔1〕 在 TRIPS 委员会开始有关 CBD 与 TRIPS 间关系的讨论时，一些国家提出对 TRIPS 进行实质性修改，并将与传统知识相关的条款囊括进 FTA 中，秘鲁就是其中之一。See Communication from India. IP/C/W/195, 12 July 2000. Also see "The Relationship between the TRIPS Agreement and the Convention on Biological Diversity and the protection of Traditional knowledge", submission by Brazil on behalf of the delegations of Brazil, China, Cuba, Dominican Republic, Ecuador, India, Pakistan, Thailand, Venezuela, Zambia and Zimbabwe, IP/C/W/356, 24 June 2002.
〔2〕 Manuel Ruiz, "The not-so-bad US-Peru side letter on biodiversity", January-February 2006, International Centre for Trade and Sustainable Development (ICTSD), Year 10, Number 1.
〔3〕 欧盟及秘鲁与哥伦比亚为达成 FTA 所进行的协商于 2009 年 2 月开始并于 2010 年 3 月结束，协定的文本在 2010 年 5 月签署，并于 2011 年产生效力。其中"生物多样性和传统知识保护"被放置在第七部分"知识产权"中，作为单独的第 2 章和第 3 章"与知识产权相关的条款"独立分开。表二中的分析是建立在第 2 章第 201 条下的相关条款整理基础之上的，原文文本下载网址：http://trade.ec.europa.eu/doclib/press/index.cfm?id=691，2015 年 12 月 5 日访问。
〔4〕 欧洲自由贸易联盟是欧洲一个促进贸易的组织，于 1960 年 5 月 3 日成立。时至今日，只余下挪威、冰岛、瑞士及列支敦士登仍然在联盟之中，其中只有挪威和瑞士是创会国，所有成员方都加入了欧洲经济区。关于欧洲自由贸易联盟的介绍，载 http://zh.wikipedia.org/wiki/，2015 年 12 月 6 日访问。

的关系上采取了具体立法措施。相比于美国和欧盟，EFTA 与哥伦比亚签署的 FTA[1]中遗传资源及传统知识保护条款所取得最具突破性的进展表现为以下方面：（1）双方将采取政策、法律和行政措施来促进对遗传资源获取条款的遵守，违反遗传资源及传统知识获取、创新和实践规定的法律后果由国内法规定，FTA 中的条款为国内法适用提供法律基础；（2）要求国内专利法引入遗传资源的起源/来源披露义务，违反披露义务的后果可根据国内法规定接受行政、民事或刑事处罚；（3）要求获取和使用遗传资源及传统知识遵守事先知情同意的国内规定。相比于起源/来源的披露，遵守事先知情同意的要求可保证遗传资源及传统知识提供方的决策权及知情权，比披露起源/来源的要求更进一步。

（二）双边贸易条款对国内法的影响

1. 条款对立场转变的促进

美国、欧盟及 EFTA 在双边贸易谈判中所持的立场基本反映了其在多边论坛下所持的立场，但通过 FTA 的签署，遗传资源及传统知识保护与知识产权的协调都取得了相应的进展。首先，缔约方认同 TRIPS 与 CBD 应朝着相互支持的目标发展；其次，遗传资源及传统知识对文化、经济的贡献得到认可；最后，缔约方将努力提高专利审查质量，以此作为协调遗传资源及传统知识和知识产权关系的重要方式之一。具体而言，FTA 的签署推动了美国及欧盟这样的遗传资源及传统知识使用方对遗传资源及传统知识保护立场的转变：（1）美国与秘鲁签订的 FTA 中遗传资源及传统知识保护条款虽然并没有为双方设定明确的义务，涉及遗传资源及传统知识保护的相关条款被排除在知识产权保护章节之外，难以断言美国在 FTA 中作出的单边承诺为发展中国家提供了一个平衡的交换条件。本次双边谈判下取得的进展表现为，美国在 FTA 中承认了传统知识与生物多样性的重要性并赞同 CBD 中提出的遗传资源获取和利益分享目标。（2）欧盟签署的 FTA 推动了遗传资源及传统知识和知识产权保护的进一步协调。欧盟将生物多样性和传统知识看作知识产权章节中的重要问题，坚持知识产权体系应与遗传资源及传统知识的保护目标相互支持，并提出具体的措施希望促进两者之间的协调，包括交换和遗传资源及传统知

---

[1] EFTA 与哥伦比亚的 FTA 首次在第 6 章知识产权中将第 5 节称之为"和生物多样性相关的措施"，其下有 9 个具体的条款，对相关条款的分析建立在第 5 节"和生物多样性相关的措施"的基础之上。原文文本下载网址：http://www. seco. admin. ch/dokumentation/publikation/00008/04654/index. html? lang＝en，2015 年 12 月 6 日访问。

识相关的专利信息；对专利审查员的培训；承认传统知识数据库的重要意义；支持对相关国内立法的遵守。

2. 条款对法律实践的影响

FTA 的签署对遗传资源及传统知识的使用方和提供方都产生了影响。从使用方的角度而言，为协调传统知识及遗传资源与知识产权保护的关系，FTA的签署要求国内实践提高对遗传资源及传统知识相关的专利审查质量。FTA的签署还要求使用方加强与遗传资源及传统知识相关的信息共享，厘清政治视野下经常引用的"生物海盗""滥用"等概念的含义，完善国内法对遗传资源及传统知识获取、使用规则的制定，建立相关的管理机构以促进遗传资源及传统知识的使用和交换。FTA 谈判的不足之处主要表现为就如何协调遗传资源及传统知识保护与知识产权，尤其是如何规定披露要求和利益分享的法律后果上仍然存在分歧：（1）对于遗传资源及传统知识的起源或来源披露要求，美国签署的 FTA 并没有涉及这一问题；欧盟的 FTA 采取一般性的用语承认其有效性，但是并没有完全明确其适用的法律效果；在 EFTA 签署的 FTA中，遗传资源披露义务在专利法中的适用得到承认，但未遵守披露要求的法律效果不通过专利法实施；只有瑞士和我国签署的 FTA 明确规定了披露要求在专利申请中引发的法律后果。（2）对于如何实施事先知情同意和利益分享原则，只有 EFTA 签署的 FTA 规定双方应当遵守事先知情同意的要求，这意味着在EFTA 成员方的司法体系中，专利申请者如果使用了缔约方的遗传资源及传统知识，会受到事先知情同意要求的限制；欧盟签署的 FTA 认可对基于遗传资源和相关传统知识的知识产权进行利益分享，但是并没有规定未遵守相关要求造成的法律后果。事先知情同意原则及利益分享原则作为 CBD 所确立的重要目标虽然在 FTA 中得到重申，但是缔约方就上述原则的法律效果如何实施仍然很难达成共识。如果将 CBD 和 TRIPS 的协调作为谈判的目标之一，可以将努力的方向放在通过具体法律措施实施上述原则方面。

（三）FTA 框架下拓展中医药传统知识保护的空间和建议

目前我国已签署的自由贸易协定已达 19 个，正在谈判的自由贸易协定有12 个，正在研究的自贸区有 8 个。[1] 下表展示了我国已经签订的 FTA 中与

---

[1]　中华人民共和国商务部中国自由贸易区服务网网址：http://fta.mofcom.gov.cn/，2020 年 6月 23 日访问。

传统知识保护有关的条款。在我国已签署的自由贸易协定中，一般都包含知识产权章节，遗传资源和传统知识保护条款均出现在知识产权章节。我国与智利签署的 FTA 除外，其中并无知识产权专门章节，知识产权在第 13 章合作章节中的第 111 条有所体现，但无有关遗传资源与传统知识保护的协议条款。我国与冰岛、新加坡、巴基斯坦没有专门的知识产权章节，不排除通过磋商进一步升级自由贸易协定的可能性。

中国签订的自由贸易协定中与遗传资源和传统知识保护有关条款

	与遗传资源和传统知识保护有关条款
中华人民共和国政府和格鲁吉亚政府自由贸易协定	第十一章　知识产权 第十六条　遗传资源、传统知识和民间文艺 （一）缔约双方可以根据各自国际义务和国内法律，采取适当措施保护遗传资源、传统知识和民间文艺。 （二）缔约双方同意根据多边协定和各自国内法律未来的发展，探索进一步讨论遗传资源、传统知识和民间文艺的相关问题的可能性。
中华人民共和国政府和大韩民国政府自由贸易协定	第十五章　知识产权 第五节　遗传资源、传统知识和民间文艺 第 15.17 条　遗传资源、传统知识和民间文艺 一、缔约双方认识到遗传资源、传统知识和民间文艺对科学、文化和经济发展做出的贡献。 二、缔约双方承认并且重申于 1992 年 6 月 5 日通过的《生物多样性公约》（本条中以下称为"公约"）中确立的原则，尊重《生物多样性公约关于获取遗传资源和公平公正分享其利用所产生惠益的名古屋议定书》的要求，特别是有关事先知情同意和公平、公正分享惠益的要求。就遗传资源和传统知识，缔约双方鼓励为促进 TRIPS 协定和公约之间互相支持的关系做出努力。 三、根据各缔约方的国际权利与义务以及国内法律，缔约双方可采取或者保持促进生物多样性保存以及公平分享利用遗传资源和传统知识所产生的惠益的措施。 四、根据未来多边协议或各自国内法的进展，缔约双方同意进一步讨论遗传资源事宜。 五、认识到专利和其它知识产权可能对公约的实施产生影响，缔约双方将根据国内法和国际法在此领域开展合作，以确保此类权利对公约目标起到支持而非阻碍作用。

	与遗传资源和传统知识保护有关条款
中华人民共和国政府和秘鲁共和国政府自由贸易协定	第十一章　知识产权 第一百四十五条　遗传资源、传统知识和民间文艺 一、缔约双方认识到遗传资源、传统知识和民间文艺对科学、文化和经济发展做出的贡献。 二、关于遗传资源、传统知识和民间文艺保护，缔约双方承认并且重申1992年6月5日通过的《生物多样性公约》确立的原则和规定，并鼓励建立TRIPS协定与《生物多样性公约》之间相互支持关系的努力。 三、各缔约方可以根据其国际义务和国内立法，采取适当的措施保护遗传资源、传统知识和民间文艺。 四、根据将来各自国内立法的进展情况，缔约双方同意就专利申请中履行披露遗传资源的起源或者来源，和/或事先知情同意的义务，展开进一步讨论。
中华人民共和国政府和澳大利亚政府自由贸易协定	第十一章　知识产权 第十七条　遗传资源、传统知识和民间文艺 一、双方可以根据其国际义务和国内法律，采取适当措施保护遗传资源、传统知识和民间文艺。 二、双方同意根据多边协定和各自国内法律未来的发展，进一步讨论遗传资源、传统知识和民间文艺的相关问题。
中华人民共和国政府和瑞士联邦自由贸易协定	第十一章　知识产权保护 第11.9条　遗传资源和传统知识 一、缔约双方认识到遗传资源和传统知识对科学、文化和经济发展的贡献。 二、缔约双方承认并重申于1992年6月5日通过的《生物多样性公约》中确立的原则，就遗传资源和传统知识而言，鼓励为促进TRIPS协定和《生物多样性公约》之间互相支持的关系做出努力。 三、根据每一缔约方的国际权利与义务以及国内法律，缔约双方可采取或者维持促进生物多样性保存，以及公平地分享遗传资源和传统知识的使用所带来的利益的措施。 四、当发明直接以发明人或者专利申请人获取的遗传资源或者传统知识为基础时，缔约双方可要求专利申请人根据国内法律、法规指明上述遗传资源的来源，如国内法律有所规定，专利申请人还应指明上述传统知识的来源。 五、如果专利申请不满足第四款的要求，缔约双方可设定申请者纠正缺陷的期限。如果缺陷没有依照本款在规定的期限内得以纠正，缔约双方可驳回该申请或视为该申请被撤回。 六、如果在授予专利后发现申请没有披露来源或蓄意提交了虚假信息或违反了其他相关法律法规，缔约双方可规定适当的法律后果。

续表

	与遗传资源和传统知识保护有关条款
中华人民共和国政府和哥斯达黎加共和国政府自由贸易协定	第十章　知识产权 第一百一十一条　遗传资源、传统知识和民间文艺 一、双方认识到遗传资源、传统知识和民间文艺对科学、文化和经济发展做出的贡献。 二、关于遗传资源、传统知识和民间文艺保护，双方承认并且重申1992 年 6 月 5 日通过的《生物多样性公约》确立的原则和规定，并鼓励建立 TRIPS 协定与《生物多样性公约》之间相互支持关系的努力。 三、在符合《生物多样性公约》规定的前提下，各方可以根据其国际义务和国内法律，采取或者继续采取措施促进保持生物多样性，公平分享利用与保持生物多样性及持久使用其组成部分有关的传统知识、创新和实践中产生的惠益。 四、根据将来各自国内法律进展情况和国际谈判成果，双方同意就在专利申请中披露遗传资源的起源或者来源，和/或履行事先知情同意义务，对违反国内有关法律法规获取或者利用遗传资源并包括或者依赖该资源完成的发明创造授予专利权等问题，展开进一步讨论。
中华人民共和国政府和新西兰政府自由贸易协定	第十二章　知识产权 第一百六十五条　遗传资源、传统知识及民间传说 各方可根据其国际义务，采取适当的措施保护遗传资源、传统知识和民间传说。

学界之前的观点认为，当多边场所无实质进展的情况下，我国还应加强与发展中国家在遗传资源保护方面的区域合作，开辟新的谈判场所，强化共同立场以减少不明智的妥协与让步。[1] 就我国最近签署的 FTA 来看，即使缔约方为发达国家或地区，仍能够通过 FTA 的签署推动遗传资源及传统知识保护的发展，关键在于针对不同的缔约方，所持的立场应当进行相应的调整。FTA 谈判为求同存异提供了一个机会。求同即是说，应当在 FTA 谈判中，将双方对该问题所持的相同立场总结出来，并在协定中加以体现；存异即是说，应当在谈判中比较双方国内立法选择上存在的不同，然后就这方面寻求共同合作的空间，并将此作为双方谈判的关键内容。在 FTA 的谈判过程中，还需要了解谈判方在多边论坛中所持立场及其国内法的具体规定，以在谈判过程中

---

〔1〕 古祖雪、揭捷：" 'TRIPS-plus'协定：特征、影响与我国的对策"，载《求索》2008 年第 8 期。

正确掌握谈判的尺度和空间并提出合理的建议。以我国与秘鲁签署的 FTA 为例，其文本中第 145 条是有关"遗传资源、传统知识和民间文艺"的规定。该条第 3 款和第 4 款虽然明确了将"采取适当的措施"，并就"来源披露"和"事先知情同意"等具体措施的引入展开"进一步讨论"，但是并没有对何种措施是适当的以及如何引入这种措施进行具体的描述。[1]我国与哥斯达黎加签署的 FTA 对有关"遗传资源、传统知识和民间文艺"的条款也具有类似的特征。[2]在 FTA 框架下，是否应当进一步强调专利制度在规制遗传资源和传统知识的滥用方面发挥的重要作用呢？

CBD 成员方在协调遗传资源及传统知识保护与知识产权之间的关系时，就政策层面存在差异，这种差异可以通过国内立法的不同规定体现出来。比如，秘鲁属于安第斯共同体成员方，应当适用《安第斯共同体第 486 条决议》的规定。该规定指出专利申请本身并不需要包含任何指明遗传资源或传统知识来源的说明，但是，必须随专利申请同时提交一份证明遗传资源或传统知识的使用已获得授权的独立文件。[3]我国《专利法》在第三次修改时，也规定对违反法律、行政法规的规定获取或者利用遗传资源，并依赖该遗传资源完成的发明创造，不授予专利权。[4]但是新增的遗传资源披露义务则规定，依赖遗传资源完成的发明创造，申请人应当在专利申请文件中说明该遗传资源的直接来源和原始来源；申请人无法说明原始来源的，应当陈述理由。[5]

我国引入遗传资源和传统知识来源披露义务并规定，违反法律法规获取的遗传资源会导致专利无效的法律后果，目的是"建立专利制度与遗传资源

[1]《中华人民共和国政府和秘鲁共和国政府自由贸易协定》第 145 条第 1 款和第 2 款规定"缔约双方认识到遗传资源、传统知识和民间文艺对科学、文化和经济发展做出的贡献。关于遗传资源、传统知识和民间文艺保护，缔约双方承认并且重申 1992 年 6 月 5 日通过的《生物多样性公约》确立的原则和规定，并鼓励建立 TRIPS 协定与《生物多样性公约》之间相互支持关系的努力"。双方还一致同意，在与国际和国内立法协调一致的基础上，各缔约方可以根据其国际义务和国内立法，采取适当的措施保护遗传资源、传统知识和民间文艺。同时还拟定了国家发展的后续目标"根据将来各自国内立法的进展情况，缔约双方同意就专利申请中履行披露遗传资源的起源或者来源，和/或事先知情同意的义务，展开进一步讨论"。

[2] 参见中国自由贸易区服务网：http://fta.mofcom.gov.cn/gesidalijia/gesidalijia_xieyi.shtml，2014 年 1 月 5 日访问。

[3] 李昭："遗传资源和传统知识来源披露问题全球制度纵览"，载《中国发明与专利》2008 年第 11 期。

[4]《专利法》（2008 年）第 5 条。

[5]《专利法》（2008 年）第 26 条。

保护制度之间的衔接”，“有助于相关行政管理部门对我国遗传资源进行保护和管理”。[1]我国在与他方签署 FTA 时，如果规定，违反提供国的法律法规获取遗传资源或传统知识的行为都会导致专利无效的后果，就能加强知识产权法为遗传资源及传统知识提供的防御性保护。但是由于谈判双方的国内法在遗传资源来源披露方面的不同规定，此前的谈判就这一点并未达成共识。

我国在《专利法》第三次修改时，虽然加入了遗传资源的披露义务，但没有规定传统知识来源披露的要求。但是已经签署的 FTA 为传统知识来源披露的适用提供了法律依据。我国与瑞士的自由贸易区谈判于 2011 年展开，2013 年 7 月 6 日双方正式签署《中华人民共和国政府和瑞士联邦政府自由贸易协定》。中国与瑞士签署的 FTA[2]共包括 16 章，其中第 11 章为知识产权保护的内容，第 11.9 条规定了遗传资源和传统知识，共涉及六个条款。瑞士在遗传资源和传统知识保护问题上持积极的态度，曾在 WIPO 论坛下提出对 PCT 进行修改来满足披露的要求。[3] FTA 重申了 CBD 与 TRIPS 协定之间相互支持的政策目标，以及 CBD 下的利益分享原则。此外，缔约双方强化了专利法中来源披露义务的规定：（1）允许缔约方在专利法司法实践中以违反披露义务为由驳回专利申请，但是要给予专利申请者在规定期限内纠正错误的机会；（2）为缔约方扩大披露义务的适用对象提供法律基础，缔约方可按规定要求对传统知识来源进行披露。《瑞士专利法》在 2009 年修改后，要求专利申请人指明传统知识来源。[4]由于我国与瑞士签署的 FTA 为国内司法实践

---

〔1〕 张清奎等：“遗传资源及其来源披露制度研究”，载国家知识产权局条法司编：《专利法研究 2007》，知识产权出版社 2008 年版。

〔2〕 关于中国与瑞士自由贸易区谈判的信息，原文文本下载网址：http://fta. mofcom. gov. cn/ ruishi/ruishi_ xieyi. shtml，2014 年 1 月 5 日访问。

〔3〕 在 2003 年 5 月的 PCT 改革工作组第四次会议上，瑞士引入了这项提议，这些提议在 2003 年 11 月第五次工作会议上被再度讨论。See WTO PCT, Article 27.3（b）, The Relationship Between the TRIPS Agreement and the Convention on Biological Diversity, and the Protection of Traditional Knowledge, Communication from Swizerland, IP/C/W/400/Rev. 1, paragraghs 92~96, June 18, 2003. 原始文件下载网址：www. docsonline. wto. org/PDFDocuments/t/IP/C/W40ORI. doc，2014 年 1 月 23 日访问。

〔4〕《瑞士专利法》第 49a 条（2009 年）规定：“涉及遗传资源或传统知识的发明之专利申请必须公开其来源信息：a）如果发明直接依赖于遗传资源，（应公开）发明人或申请人所获得的遗传资源；如果发明人或申请人不知道，则应作出相应声明；b）如果发明直接依赖于传统知识，（应公开）发明人或申请人所获取的原住民或与遗传资源有关的当地社团的传统知识；如果发明人或申请人不知道，则应作出相应声明。”参见梁志文：“TRIPS 协议第 29 条与遗传资源来源披露义务”，载《世界贸易组织动态与研究》2012 年第 1 期。

适用传统知识来源披露义务提供了法律基础，因此我国专利申请人应当警惕这一变化，如果发明创造与传统知识相关或依赖传统知识完成，应当在专利申请中对来源进行披露，以防申请被拒。除瑞士外，我国与韩国签订的 FTA 也特别提到"认识到专利和其它知识产权可能对公约的实施产生影响，缔约双方将根据国内法和国际法在此领域开展合作，以确保此类权利对公约目标起到支持而非阻碍作用"。需要特别指出的是，在我国与澳大利亚签署的 FTA 中有关于两国就加强中医服务、传统中医及辅助医药贸易的合作达成的谅解，以换文的形式出现。两国经过服务贸易及技术性贸易壁垒的磋商后，将"就中医服务相关的政策、法规和举措进行信息交流和讨论，以便寻求进一步合作的机会"。

我国历史悠久，传统知识来源丰富，在专利法中引入传统知识披露义务符合我国国情需要，在 FTA 框架下引入传统知识来源披露义务，可为我国专利法的完善提供法律基础。鉴于传统知识在国际论坛的讨论中曾经引发激烈的争论，目前看来 WIPO 一直在不遗余力地推进传统知识保护问题，但显然在多边论坛中寻求国际保护规则的变迁容易引起政治层面的激烈对抗，因此变革之路还任重道远。从双边体制下已经签署的遗传资源与传统知识保护条款来看，基本都反映出谈判双方借助法律机制实现防御性保护的诉求。我国可以借助双边谈判的机会，以 FTA 的签订为基础，特别重视与"一带一路"上的沿线国家寻求中医药传统知识保护方面的共识。以双边谈判为契机，以防御性保护作为保护措施的指导性目标，可以使得谈判双方在建立具体的传统知识保护措施方面取得实质性进展。传统知识保护条款在国际层面的加强可以为中医药传统知识保护的国际化打下坚实基础，并对国内法的变革产生积极的促进作用。

本章小结

中医药传统知识保护是"促进我国中医药事业长足发展，维护人民生命健康安全"宏伟愿景的重要组成部分。中医药传统知识的保护既要守正又要创新，既不能以产业化作为唯一的评价指标，又要积极主动地推进中药现代化的进程。从市场竞争的角度来看，中医药传统知识处于创新路径的上游，传统知识持有人的保护观念较为保守，传统知识保护与使用的具体规则尚未制定，行政监管的成本偏高，实践中存在的这些现实问题都会导致中医药传统知识在市场化的过程中，存在被"不当利用"和"不当使用"的可能性。在防御性保护的目标之下，中医药传统知识以禁止"不当利用"和"不当使用"作为实现目标的思路，实际上弱化了中医药传统知识保护与产权保护、行政管理之间存在的紧张关系。中医药传统知识防御性保护的思路在知识产权制度激励创新、实现分配正义的理论框架下能够实现逻辑自洽，可以协调知识产权制度与行政管理之间的冲突。

在知识产权制度的框架下，实现中医药传统知识防御性保护的具体含义为：防止处于公有领域的中医药传统知识获得授权；防止已经被固化于知识产权制度中的中医药传统知识被重复授权。与之相比，行政保护的目的通常是实现重大的国家利益与公共利益，两者在中医药传统知识防御性保护的目标上通常不会发生冲突。即使发生冲突，只要不妨碍知识产权制度实现防御性保护功能，可优先实现行政保护的目的。鉴于中医药传统知识领域的创新成果并不是只有知识产权的表现形式，知识产权制度为中医药传统知识提供的防御性保护范围是有限的，我们需要以更加开阔的视野和更宽阔的格局来处理中医药传统知识的不当使用和不当利用问题。

为了完善中医药传统知识防御性保护制度，需要在战略规划中明确防御性保护的目标，整合现有的法律措施，并基于这一目的的实现协调知识产权制度与行政保护之间的关系，推动中医药传统知识的传承与创新。具体而言，中医药传统知识防御性保护框架的完善需要借助知识产权制度保护本领域的创新成果；需要借助专门保护制度构建知情同意及利益分享机制；最后为推动中医药产业的国际化发展，为中医药传统知识国际保护铺平道路，需要在双边谈判中持续推进中医药传统知识保护条款的协商，以对国内法施加良性影响。

中医药传统知识防御性保护的完善可以从以下四个层面展开：首先，应当梳理中医药传统知识防御性保护的基本政策目标，厘清中医药传统知识保护的战略定位，在防御性保护的目标之下，整合现有资源协调法律法规之间的冲突。其次，知识产权制度对保护中医药传统知识内的创新成果具有重要作用，中医药传统知识的数字化能增强知识产权防御性保护功能并提高其效率。但是知识产权制度也只能以禁止授权的方式防止传统知识的不当使用和不当利用，对最终不宜获得知识产权为目的的传统知识使用方式，知识产权制度就无法发挥防御性功能。因此，中医药传统知识防御性保护的完善仍然需要通过建立专门保护制度，落实知情同意原则与利益分享机制。区块链技术的引入能够消除知情同意与利益分享实践中的困境，增强中医药传统知识交易的透明度和信任感，降低成本，从完善配套措施的层面上引证建设专门保护制度的可行性并提供技术支持。最后，中医药传统知识的防御性保护还需着眼于国际层面，双边谈判下的传统知识保护条款对谈判双方均产生拘束力，协议签订后也会对加强国内法中的传统知识保护产生促进作用。通过国际层面对话与合作加深中医药传统知识保护方面的共识，能够为中医药传统知识走出国门过程中的防御性保护发挥积极有效的作用。

Conclusion

结　语

　　中医药传统知识的保护始终要坚持传承与创新并重的理念。借助现代化的科技，传统的精华不断在创新的力量中焕发生机；以传统的医药规律和历史经验作为指导又不断为中药领域的技术创新指明方向。中医药传统知识防御性保护制度应当在发展中医药事业，造福人民群众生命健康的宏伟蓝图中发挥积极作用。为了促进中医药传统知识防御性保护目标的实现，政策制定者一方面应该尊重现行法律制度基本的原则和法律逻辑，借助实践中累积的经验，创设符合中医药产业发展的保护规则；另一方面需要及时关注国外法域中的制度变革方向与趋势，并在国际视野下充分考量中医药产业在全球药品产业链中的定位，准确定位中医药传统知识在经济、政治、文化发展中扮演的角色。现阶段中医药传统知识保护应以中医药战略作为指导，以维护国家利益、民族利益、产业利益作为进步的方向，秉持着不激进、反对立的态度，积极地探索建设中医药传统知识防御性保护制度的可行路径。技术的变革和理论的进步将促使中医药传统知识的获取与使用争论摆脱在激烈的政治矛盾走向理性对话的阶段。总而言之，现阶段我国可将防御性保护作为构建中医药传统知识保护制度的主要目标。以传承和利用方式的差异作为中医药传统知识类型化的主要依据，在既有法律框架下制定符合法律逻辑又兼顾产业特色的保护标准，统筹实施中医药传统知识保护与管理的各项措施，为将来专门立法的制定提供必要的政策及理论支持。

　　中医药传统知识是中华民族的科学瑰宝，是中华民族传统医药文化的重要载体。以习近平同志为核心的党中央高度重视中医药工作，中医药传统知识保护作为中医药事业发展的重要组成部分已经上升至国家战略的高度。《知识产权强国建设纲要（2021-2035年）》《中医药发展战略规划纲要（2016-2030年）》等纲领性文件都明确指出要构建中医药传统知识的专门保护制度。除此之外，中医药传统知识保护的法律适用还可以从知识产权保护制度、中药品种保护条例、药品评审管理规定及地方性法规中寻找依据。目前，我国中医药传统知识保护的法治进程正在前瞻性战略指导意见下有条不紊地向前推进。知识产权运用水平的提升和专门保护制度的构建体现了市场为导向的基本思想，是中医药传统知识法治化与现代化的主旋律。国家中医药管理局对中医药传统知识保护的统一管理，行政部门之间的协同一致以及在数字技术领域的投资反映了国家治理水平的提高。

从理念上来说，防御性保护的法治模式侧重于抵御潜在的风险和已经存在的危险。中医药传统知识是我国的原创优势资源，兼具文化属性与价值属性。为有效发挥中医药传统知识的禀赋效应，立法者在进行制度构建时，应充分考虑不当利用给中医药传统知识保护带来的威胁，通过合理制定获取与使用规则时，降低甚至避免获取和使用中的风险。从机制上而言，防御性保护的法治工具是自身应对外部冲突和危险的所有手段的总和。如果将中医药传统知识的传承发展创新视为自成一体的系统，则外部的威胁主要来自于：（1）自然资源的减少和退化导致中医药传统知识变得更加脆弱；（2）市场经济和资本注入给中医药传统知识发展带来的机遇和压力。在全球化的视野下，中医药传统知识发展和保护面临的威胁和风险既可能来自于国内，也可能来自于国外。国内的风险主要是由专门保护制度的缺失造成的，这种风险随着中医药传统知识法律保护制度的完善正在逐渐消解。而来自国外的风险则表现为：（1）涉外研究开发活动中可能存在不当利用行为；（2）国际竞争对国内市场冲击导致的经济安全。对前者的防范可以通过加强监管的方式，对后者的解决则需要提高知识产权质量，强化知识产权的管理。

本书的未竟之处在于：（1）实证调研仍然有待加强。我国地大物博，对于偏远地区的中医药传统知识保护现状只能依赖二手资料的方式展开研究；在研究过程中，对少数民族医药传统知识保护方面的研究也因为语言和地域上的限制，未能获得直接的一手资料。（2）比较研究的资料运用不足。本书分析防御性保护的政策目标、制度功能、价值判断以及中医药传统知识防御性保护蕴含的自然辩证原理，确保防御性保护的运行与制度设计始终在统一的理论框架中进行，主要应用在理论的梳理以及对制度构建的把握中。考察美国、欧盟专利法律改革与实践积累的经验，借鉴于中医药传统知识防御性保护领域；比较分析印度、巴西等发展中国家建立的传统知识专门保护制度，吸取其中的有益思路。比较研究的方法主要应用在课题的论证环节，为法律适用及立法改革提供可比较借鉴的素材及论据。一些比较有参考价值的德文和法文的参考文献由于翻译成本较高，没有细致研读，或者利用了传来资料即翻译版本。从对域外案例的利用情况来看，对域外案例的历史脉络梳理不到位，案例的利用方式和论证水平还需提升。（3）本书对中医药传统知识专门制度的建设还停留在构想阶段，对其如何发挥防御性功能的梳理仍不够全面。希望随着实践经验的累积和理论的不断完善，能深化拓展本领域研究。

参考文献

（每一部分以发表年份排序，同一年份的按作者姓名首字母排序）

一、中文文献

（一）著作

[1] ［美］罗伯特·P. 莫杰思：《知识产权正当性解释》，金海军、史兆欢、寇海侠译，商务印书馆 2019 年版。

[2] 崔国斌：《专利法：原理与案例》，北京大学出版社 2012 年版。

[3] 罗东川主编：《专利法重点问题专题研究》，法律出版社 2015 年版。

[4] ［美］罗杰·谢科特、约翰·托马斯：《专利法原理》（第 2 版），余仲儒组织翻译，知识产权出版社 2016 年版。

[5] ［英］理查德·哈康、［德］约亨·帕根贝格编：《简明欧洲专利法》，何怀文、刘国伟译，商务印书馆 2015 年版。

[6] 赵晓鹏：《德国联邦最高法院典型判例研究（专利法篇）》，法律出版社 2019 年版。

[7] 闫文军：《专利权的保护范围》（第 2 版），法律出版社 2018 年版。

[8] 国家知识产权局专利复审委员会编著：《以案说法——专利复审、无效典型案例指引》，知识产权出版社 2018 年版。

[9] 北京市高级人民法院知识产权审判庭编：《北京市高级人民法院〈专利侵权判定指南（2017）〉理解与适用》，知识产权出版社 2020 年版。

[10] 黄薇主编：《中华人民共和国中医药法解读》，中国法制出版社 2017 年版。

[11] 温明、何英：《专利内生价值的评定：以中药专利组合为例》，江苏大学出版社 2018 年版。

[12] 田杰、王艳平主编：《宁夏中医药传统知识调查保护名录》，阳光出版社 2017 年版。

[13] 李冀、连建伟主编：《方剂学》（新世纪第 4 版），中国中医药出版社 2016 年版。

[14] 梁贵柏：《新药的故事》，译林出版社 2019 年版。

[15] 袁红梅、王海南、杨舒杰：《专利视域下的中药创新》，上海科学技术出版社 2019

年版。

[16] 石必胜:《专利权有效性司法判断》,知识产权出版社 2016 年版。

[17] 张鹏:《专利授权确权制度——原理与实务》,知识产权出版社 2012 年版。

[18] 尹新天:《中国专利法详解》,知识产权出版社 2011 年版。

[19] 《中国中医药年鉴》(行政卷)编委会编:《中国中医药年鉴(2014 行政卷)》,中国中医药出版社 2014 年版。

[20] 曹新明:《促进我国知识产权产业化制度研究》,知识产权出版社 2012 年版。

[21] 丁丽瑛:《传统知识保护的权利设计与制度构建——以知识产权为中心》,法律出版社 2009 年版。

[22] 杜瑞芳:《传统医药的知识产权保护》,人民法院出版社 2004 年版。

[23] 冯洁菡:《公共健康危机与 WTO 知识产权制度的改革》,武汉大学出版社 2005 年版。

[24] 胡波:《专利法的伦理基础》,华中科技大学出版社 2011 年版。

[25] 金海军:《知识产权私权论》,中国人民大学出版社 2004 年版。

[26] 梁慧星:《法学学位论文写作方法》,法律出版社 2006 年版。

[27] 李顺德:《WTO 的 TRIPS 协议解析》,知识产权出版社 2006 年版。

[28] 李明德等:《欧盟知识产权法》,法律出版社 2010 年版。

[29] 李明德:《美国知识产权法》(第 2 版),法律出版社 2014 年版。

[30] 刘银良:《生物技术的知识产权保护》,知识产权出版社 2009 年版。

[31] 那力、何志鹏、王彦志编著:《WTO 与公共健康》,清华大学出版社 2005 年版。

[32] 石必胜:《专利创造性判断研究》,知识产权出版社 2012 年版。

[33] 宋敏:《农业知识产权》,中国农业出版社 2010 年版。

[34] 王震:《基因专利研究》,知识产权出版社 2008 年版。

[35] 魏衍亮:《生物技术的专利保护研究》,知识产权出版社 2004 年版。

[36] 吴汉东、郭寿康:《知识产权制度国际化问题研究》,北京大学出版社 2010 年版。

[37] 吴汉东、胡开忠等:《走向知识经济时代的知识产权法》,法律出版社 2002 年版。

[38] 吴汉东等:《知识产权总论》(第 3 版),中国人民大学出版社 2013 年版。

[39] 严永和:《论传统知识的知识产权保护》,法律出版社 2006 年版。

[40] 肖致远:《知识产权权利属性研究——一个政策维度的分析》,北京大学出版社 2009 年版。

[41] 熊琦:《著作权激励机制的法律构造》,中国人民大学出版社 2011 年版。

[42] 徐棣枫:《专利权的扩张与限制》,知识产权出版社 2007 年版。

[43] 薛红:《十字路口的国际知识产权法》,法律出版社 2012 年版。

[44] 张冬:《中药国际化的专利法研究》,知识产权出版社 2012 年版。

[45] 张新锋:《专利权的财产权属性——技术私权化路径研究》,华中科技大学出版社

2011 年版。

[46] 张晓都：《专利民事诉讼法律问题与审判实践》，法律出版社 2014 年版。

[47] ［澳］彼得·达沃豪斯、约翰·布雷斯韦特：《信息封建主义》，刘雪涛译，知识产权出版社 2005 年版。

[48] ［澳］彼得·德霍斯：《知识财产法哲学》，周林译，商务印书馆 2008 年版。

[49] ［美］威廉·M. 兰德斯、理查德·A. 波斯纳：《知识产权法的经济结构》，金海军译，北京大学出版社 2005 年版。

[50] ［德］莱万斯基编著：《原住民遗产与知识产权：遗传资源、传统知识和民间文学艺术》，廖冰冰、刘硕、卢璐翻译，中国民主法制出版社 2011 年版。

（二）期刊

[51] 周长玲："论专利法生态化的必要性"，载《中国政法大学学报》2011 年第 4 期。

[52] 杨霜雪等："浅谈专利审查实践中对'隐含公开'的认识"，载《中国发明与专利》2018 年第 S1 期。

[53] 曲艺等："基于中医传承辅助平台挖掘中药复方专利中治疗抑郁的用药规律"，载《世界科学技术–中医药现代化》2019 年第 8 期。

[54] 赵帅眉、宋江秀："防治新冠肺炎中药复方的知识产权保护探析"，载《中国发明与专利》2020 年第 3 期。

[55] 曹丽荣："我国基因专利保护范围界定的思考"，载《河北法学》2010 年第 12 期。

[56] 黄武双、丁兴峰："论中药复方知识产权的保护"，载《知识产权法研究》2006 年第 1 期。

[57] 李轩："基因序列专利保护范围的界定——瑞士专利法修正案对中国的启示"，载《知识产权》2006 年第 6 期。

[58] 郑永峰："国内外中医药发明专利申请综述"，载《中国医药学报》1990 年第 3 期。

[59] 黄玉烨："人类基因提供者利益分享的法律思考"，载《法商研究》2002 年第 6 期。

[60] 吴汉东："知识产权的私权与人权属性——以《知识产权协议》与《世界人权公约》为对象"，载《法学研究》2003 年第 3 期。

[61] 曹新明："知识产权法哲学理论反思——以重构知识产权制度为视角"，载《法制与社会发展》2004 年第 6 期。

[62] 冯晓青、刘淑华："试论知识产权的私权属性及其公权化趋向"，载《中国法学》2004 年第 1 期。

[63] 黄玉烨："知识产权利益衡量论——兼论后 TRIPs 时代知识产权国际保护的新发展"，载《法商研究》2004 年第 5 期。

[64] 朱雪忠："传统知识的法律保护初探"，载《华中师范大学学报（人文社会科学版）》2004 年第 3 期。

[65] 李明德："TRIPS 协议与《生物多样性公约》、传统知识和民间文学的关系"，载《贵州师范大学学报（社会科学版）》2005 年第 1 期。

[66] 彭学龙、赵小东："政府资助研发成果商业化运用的制度激励——美国《拜杜法案》对我国的启示"，载《电子知识产权》2005 年第 7 期。

[67] 吴汉东："后 TRIPs 时代知识产权制度的变革与中国的应对方略"，载《法商研究》2005 年第 5 期。

[68] 吴汉东："知识产权国际保护制度的变革与发展"，载《法学研究》2005 年第 3 期。

[69] 徐家力："传统知识的利用与知识产权的保护"，载《中国法学》2005 年第 6 期。

[70] 张小勇："遗传资源的获取和惠益分享与知识产权"，载《环球法律评论》2005 年第 6 期。

[71] 古祖雪："论传统知识的可知识产权性"，载《厦门大学学报（哲学社会科学版）》2006 年第 2 期。

[72] 黄武双："构建传统医药知识利益保护新制度的建议"，载《法学》2006 年第 3 期。

[73] 吕宪栋、徐磊："基因专利保护法律问题探悉"，载《现代商业》2007 年第 24 期。

[74] 冯洁菡："药品专利强制许可：《多哈健康宣言》之后的发展"，载《武汉大学学报（哲学社会科学版）》2008 年第 5 期。

[75] 李杨、周江："耦合与超越：传统知识防御保护机制探析"，载《电子知识产权》2008 年第 10 期。

[76] 田晓玲："论中国传统知识的保护——以传统医药为例"，载《西南民族大学学报（人文社科版）》2008 年第 11 期。

[77] 李杨："耦合与超越：传统知识保护的知识产权困境解读"，载《大连理工大学学报（社会科学版）》2009 年第 3 期。

[78] 王太平、熊琦："论知识产权国际立法的后 TRIPS 发展"，载《环球法律评论》2009 年第 5 期。

[79] 薛达元、郭泺："论传统知识的概念与保护"，载《生物多样性》2009 年第 2 期。

[80] 赵晓宇："基因治疗相关专利的现状及趋势分析"，载《中国新药杂志》2009 年第 15 期。

[81] 李晓蕾："关于医疗用途专利新颖性的研究——对默克公司专利无效案的思考"，载《知识产权》2010 年第 1 期。

[82] 曹新明："现有技术抗辩研究"，载《法商研究》2010 年第 6 期。

[83] 古祖雪："TRIPS 框架下保护传统知识的制度建构"，载《法学研究》2010 年第 1 期。

[84] 严永和："'遗传资源利益分享权'的法律性质诠释"，载《知识产权》2010 年第 5 期。

[85] 汤跃："《名古屋议定书》框架下的生物遗传资源保护"，载《贵州师范大学学报

（社会科学版）》2011 年第 6 期。

[86] 朱雪忠、漆苏："美国专利改革法案内容及其影响评析"，载《知识产权》2011 年第
9 期。

[87] 罗霞："论《专利法》第 26 条第 4 款在权利要求存在撰写错误时的正确适用"，载
《法律适用》2012 年第 9 期。

[88] 吕茂平："从说明书公开不充分谈中药专利申请撰写中应注意的问题"，载《中国医
药指南》2012 年第 1 期。

[89] 曲燕、陈欢、宗绮："给药特征限定的医药用途发明专利性探讨"，载《知识产权》
2012 年第 10 期。

[90] 岳雪莲："中药提取物专利新颖性的判断"，载《中国中药杂志》2012 年第 16 期。

[91] 赵良等："浅谈如何合理地扩大中药专利申请的保护范围"，载《中国中药杂志》
2013 年第 3 期。

[92] 欧阳雪宇、武树辰："从 AbbottLabs. V. SandozInc. 案看方法限定产品权利要求的解
释"，载《中国发明与专利》2013 年第 7 期。

[93] 杨崇森、杨显滨："本土意境下中药复方专利的涅槃场域——以中医药学原理为研究
路径"，载《法学杂志》2013 年第 10 期。

[94] 王冬："给药对象特征对医药用途发明权利要求的影响——以百时美施贵宝公司与正
大天晴公司专利纠纷一案为例"，载《药学进展》2015 年第 8 期。

[95] 许钧钧："浅谈中药组合物专利创造性缺陷的答复"，载《中国发明与专利》2015 年
第 10 期。

[96] 喻小勇、田侃、臧运森："因迪纳（Indena）在华中药专利及其启示"，载《科技管
理研究》2015 年第 13 期。

[97] 刘锋、王健："'给药方式'对制药用途权利要求的限定作用分析"，载《中国新药
杂志》2016 年第 15 期。

[98] 程江雪、肖诗鹰、刘铜华："基于有效专利信息探索防治肝系病的中药提取物组合规
律的研究"，载《中国现代应用药学》2016 年第 8 期。

[99] 李慧、冯晓慧："中药专利质量的界定与提升"，载《中草药》2016 年第 16 期。

[100] 秦宇、董丽："我国中药专利申请现状分析及建议"，载《中国新药杂志》2016 年
第 8 期。

[101] 王芳菲、马彦东、傅晶："浅析中药提取物专利申请文件的撰写"，载《中国发明与
专利》2016 年第 5 期。

[102] 程诚、尹婷："基于专利布局分析的中药复方创新趋势研究"，载《中国发明与专
利》2017 年第 10 期。

[103] 李慧、宋晓亭："专利制度与中药品种保护制度的比较"，载《世界科学技术–中医

药现代化》2017 年第 2 期。

[104] 杨显滨："CBD 与 TRIPs 协议冲突视野下公知中药配方的知识产权保护"，载《政法论丛》2017 年第 1 期。

[105] 邓明峰、王华、胡卿："我国民族中医药传统知识专利保护研究"，载《贵州民族研究》2018 年第 12 期。

[106] 高艳炫等："中药国际化的专利策略辅助市场战略"，载《中国发明与专利》2018 年第 12 期。

[107] 薛红凡、朱玲艳："浅谈中药组合物专利在审查过程中创造性的认定"，载《科学技术创新》2018 年第 34 期。

[108] 闫文军："方法界定产品权利要求的保护范围——济南昌林气囊容器厂有限公司与乔昌林专利侵权纠纷案"，载《中国发明与专利》2018 年第 7 期。

[109] 张清奎："化学及药品专利审查中的热点问题回顾和展望——关于实验数据的要求及补救措施"，载《中国发明与专利》2018 年第 8 期。

[110] 郑希元、张英："中美两国药用辅料创造性评判的差异分析"，载《中国新药杂志》2018 年第 22 期。

[111] 胡金梅："浅谈中药个体化用药服务"，载《现代中医药》2019 年第 6 期。

[112] 戴玮、王继永："基于玉屏风散相关专利分析的经典名方中药复方制剂知识产权保护策略思考"，载《中国现代中药》2019 年第 7 期。

[113] 顾子皓："中医药专利保护的困境及对策——基于专利审查标准的思考"，载《重庆电子工程职业学院学报》2019 年第 3 期。

[114] 郭德海等："非小细胞肺癌相关国内外中药发明专利分析"，载《世界中医药》2019 年第 12 期。

[115] 何俗非、王邈："关于在'一带一路'沿线国家进行中药国际专利申请策略的思考"，载《中国现代中药》2019 年第 7 期。

[116] 黄大智、辛雪："基于药理实验数据探讨中药组合物发明的新颖性推定问题"，载《中国发明与专利》2019 年第 S2 期。

[117] 马旭等："关于医药用途发明新颖性审查的思考和建议"，载《中国发明与专利》2019 年第 8 期。

[118] 宋江秀、周红涛："试论中药组合物发明创造性的审查思路和方法"，载《专利代理》2019 年第 3 期。

[119] 童欣、江涵："中药单体制药用途的专利审查"，载《法制博览》2019 年第 19 期。

[120] 王月茹等："经典名方类中药制剂专利保护的思考"，载《中国现代中药》2019 年第 8 期。

[121] 姚峥嵘、王丹丹、王艳翚："专利视角下中药经典名方的保护现状与思考"，载《医

学争鸣》2019 年第 5 期。

[122] 赵帅眉等："浅谈我国经典名方的专利保护现状及思考"，载《中国中药杂志》2019
年第 18 期。

[123] 张韬略："美国《专利客体适格性审查指南》的最新修订及评述"，载《知识产权》
2020 年第 4 期。

[124] 张旋："如何理解药物多晶型专利实质审查中的推定新颖性和单一性"，载《广东化
工》2020 年第 8 期。

[125] 马治国："中医药传统知识传承保护立法问题研究"，载《人民论坛》2019 年第
31 期。

[126] 秦天宝、董晋瑜："趋利与避害：传统知识产业化的法律保障"，载《学术研究》
2020 年第 7 期。

[127] 王文敏："反不正当竞争法中的禁止盗用规则及其适用"，载《现代法学》2021 年
第 1 期。

[128] 赵英男："法律多元主义的概念困境：涵义、成因与理论影响"，载《环球法律评
论》2022 年第 4 期。

[129] 王历："非遗实践、传承者在非遗商业化活动中的权利和义务"，载《文化遗产》
2021 年第 5 期。

[130] 张博、刘亚军：""一带一路"倡议下中国双边 FTA 中传统知识保护的完整性问
题"，载《社会科学家》2021 年第 10 期。

[131] 石晶："人体基因科技风险规制路径的反思与完善——以宪法与部门法的协同规制
为视角"，载《法制与社会发展》2022 年第 2 期。

[132] 张军荣、刘利："传统知识跨国利用中惠益分享权的实现—以知识流动管制为视
角"，载《中南民族大学学报（人文社会科学版）》2022 年第 7 期。

（三）论文集中的析出文献

[133] 李顺德："对传统知识、民间文学艺术、生物多样性等知识产权保护问题的探讨"，
载郑成思主编：《知识产权文丛》（第 8 卷），中国方正出版社 2002 年版。

[134] 马彦冬等："浅析以机理表征的制药用途权利要求的审查与撰写"，载中华全国专利
代理人协会编：《2014 年中华全国专利代理人协会年会第五届知识产权论坛论文》
（第三部分），2014 年。

[135] 房云："从'金刚藤中药专利权无效案'浅谈药物制剂的创造性"，载中华全国专
利代理人协会编：《2015 年中华全国专利代理人协会年会第六届知识产权论坛论文
集》，知识产权出版社 2015 年版。

[136] 佚名："给药对象特征对医药用途发明权利要求的影响"，载中国药学会医药知识产
权研究专业委员会编：《中国药学会医药知识产权研究专业委员会 2015 年学术年会

暨知识产权与医药创新论坛会务资料》，2015年。

（四）学位论文

[137] 程江雪："中药提取物组合物的专利信息分析及专利保护研究"，北京中医药大学2016年博士学位论文。

[138] 陈志诚："传统知识法律保护"，中国政法大学2009年博士学位论文。

[139] 黎蔚："生物技术企业专利诉讼策略影响"，华中科技大学2007年博士学位论文。

[140] 吕炳斌："TRIPs协定下专利申请的披露要求研究"，复旦大学2011年博士学位论文。

（五）报纸文章

[141] 赵锴、苑伟康："推定方法在参数限定化学产品权利要求新颖性判断中的适用——评析'冷轧钢板及其制造方法、电池及其制造方法'发明专利无效案"，载《中国知识产权报》2016年11月16日。

[142] 史晶："给药特征限定的药物组合物权利要求保护范围的解读"，载《中国知识产权报》2015年8月26日。

二、外文文献

[143] Robert Patrick Merges & John Fitzgerald Duffy ed. , *Patent Law and Policy*: *Cases and Materials* 26 (4th) , 2007.

[144] Stuart C. Barnes , "Functionality in Claims at the Point of Novelty" , 37 J. Pat. Off. Soc'y , 905 (1955).

[145] Donald S. Chisum , "Sources of Prior Art in Patent Law" , 52 Wash. L. Rev. , 1 (1976).

[146] Donald S. Chisum , "Prior Invention and Patentability" , 63 J. Pat. Off. Soc'y , 397 (1981).

[147] Donald S. Chisum , Anticipation , "Enablement and Obviousness: An Eternal Golden Braid" , 15 AIPLA Q. J. , 57 (1987).

[148] Robert P. Merges & Richard R. Nelson , "On the Complex Economics of Patent Scope" , 90 Colum. L. Rev. , 839 (1990).

[149] ToshikoTakenaka , "The Substantial Identity Rule under the Japanese Novelty Standard" , 9 UCLA Pac. Basin L. J. , 220 (1991).

[150] Robert P. Merges , "Uncertainty and the Standard of Patentability" , 7 High Tech. L. J. , 1 (1992).

[151] Rebecca S. Eisenberg & Robert P. Merges , "Opinion Letter as to the Patentability of Certain Inventions Associated with the Identification of Partial DNA Sequences" , 23 AIPLA Q. J. , 1 (1995).

[152] Robert P. Merges & Glenn Harlan Reynolds , "The Proper Scope of the Copyright and

Patent Power", 37 Harv. J. on Legis. , 45 (2000).

[153] Dan L. Burk & Mark A. Lemley, "Is Patent Law Technology – Specific", 17 Berkeley Tech. L. J. , 1155 (2002).

[154] Dan L. Burk & Mark A. Lemley, "Biotechnology's Uncertainty Principle", 54 Case W. Res. L. Rev. , 691 (2004).

[155] Padmashree Gehl Sampath, "Intellectual Property Rights on Traditional Medicinal Knowledge: A Process–Oriented Perspective", 7 J. World Intell. Prop. , 711 (2004).

[156] Dan L. Burk & Mark A. Lemley, "Inherency", 47 Wm. & Mary L. Rev. , 371 (2005).

[157] Insoon Song, "Old Knowledge into New Patent Law: The Impact of United States Patent Law on Less–Developed Countries", 16 Ind. Int'l & Comp. L. Rev. , 261 (2005).

[158] Mark A. Lemley, "The Changing Meaning of Patent Claim Terms", 104 Mich. L. Rev. , 101 (2005).

[159] Heather A. Sapp, "Monopolizing Medicinal Methods: The Debate over Patent Rights for Indigenous Peoples", 25 Temp. J. Sci. Tech. &Envtl. L. , 191 (2006).

[160] Richard A. Castellano, "Patent Law for New Medical Uses of Known Compounds and Pfizer's Viagra Patent", 46 IDEA, 283 (2006).

[161] Katie Bates, "Penny for Your Thoughts: Private and Collective Contracting for Traditional Medicinal Knowledge Modeled on Bioprospecting Contracts in Costa Rica", 41 Ga. L. Rev. , 961 (2007).

[162] Janice M. Mueller & Donald S. Chisum, "Enabling Patent Law's Inherent Anticipation Doctrine", 45Hous. L. Rev. , 1101 (2008).

[163] Sean B. Seymore, "Heightened Enablement in the Unpredictable Arts", 56 UCLA L. Rev. , 127 (2008).

[164] JayErstling, "Using Patent to Protect Traditional Knowledge", 15 Tex. Wesleyan L. Rev. , 295 (2009).

[165] Jerry I. H. Hsiao, "Can Product–by–Process Patent Claims Provide Protection for Modernized Chinese Herbal Medicine", 12 J. WorldIntell. Prop. , 245 (2009).

[166] Edward C. Walterscheid, "Novelty & the Hotchkiss Standard", 20 Fed. Cir. B. J. , 219 (2010).

[167] Senai W. Andemariam, "Conceived in RIO, Born and Raised in Geneva, Frequenting Paris, Yet to Go around the World: The Regulation of Traditional Medicinal Knowledge", 2 Envtl. L. & Prac. Rev. , 81 (2012–2013).

[168] Senai W. Andemariam, "The Missed and Missing Benefits to Africa in the Absence of Harmonized International Regulation of Traditional Medicinal Knowledge", 6 Law & Dev. Rev. ,

29（2013）.

[169] Timothy R. Holbrook, "The Written Description Gap", 45 Loy. U. Chi. L. J., 345（2013）.

[170] E. P. Amechi, "Leveraging Traditional Knowledge on the Medicinal Uses of Plants within the Patent System: The Digitisation and Disclosure of Knowledge in South Africa", 18 Potchefstroom Elec. L. J., 3070（2015）.

[171] Jeanette M. Roorda, "Patents, Hidden Novelty, and Food Safety", 68 Fla. L. Rev., 657（2016）.

[172] Mark A. Lemley, "Ready for Patenting", 96 B. U. L. Rev., 1171（2016）.

[173] Sean A. Pager, "Traditional Knowledge Rights and Wrongs", 20 Va. J. L. & Tech., 82（2016）.

[174] EmekaPolycarpamechi, "Whose Knowledge Is It Anyway: Traditional Healers, Benefit-Sharing Agreements and the Communalism of Traditional Knowledge of the Medicinal Uses of Plants in South Africa", 134 S. African L. J., 847（2017）.

[175] William Fisher, "The Puzzle of Traditional Knowledge", 67 Duke L. J., 1511（2018）.

[176] Daniel Gervais, "The Patent Option", 20 N. C. J. L. & Tech., 357（2019）.

[177] GrahamDutfield & Uma Suthersanen, "Traditional Knowledge and Genetic Resources: Observing Legal Protection through the Lens of Historical Geography and Human Rights", 58 Washburn L. J., 399（2019）.

[178] Robert P. Merges, "Restitution, Property, and the Right of Publicity: A Tribute to Professor Wendy Gordon", 99 B. U. L. Rev., 2415（2019）.

[179] Christopher J. Buccafusco, "The Price of Novelty and the Novelty of Price", *2020 Jotwell: J. Things We Like*, 1（2020）.

[180] Mark A. Lemley, "Without Preamble", 100 B. U. L. Rev., 357（2020）.

[181] W. Nicholson Price II, "The Cost of Novelty", 120 Colum. L. Rev., 769（2020）.

[182] Anuradha R V, "In search of knowledge and resources: who sows? Who reaps?", *Review of European Community & International Environmental Law*, vol. 6, no. 3（1997）.

[183] Bagley M A, "Patently Unconstitutional: The Geographical Limitation on Prior Art in a Small World", Minn. L. Rev, vol. 87（2002）.

[184] Biber-Klemm, Susette, and Thomas Cottier, eds, *Rights to plant genetic resources and traditional knowledge: basic issues and perspectives*, CABI, 2006.

[185] Bodeker G, "Traditional Medical Knowledge, Intellectual Property Rights & (and) Benefit Sharing", Cardozo J. Int'l & Comp. L, vol. 11（2003）.

[186] Bratspies R M, "New Discovery Doctrine: Some Thoughts on Property Rights and Traditional Knowledge", The Am. Indian L. Rev., vol. 31（2006）.

[187] Burk D L, "Biotechnology and Patent Law: Fitting Innovation to the Proscrustean Bed", Rutgers Computer & Tech. LJ, vol. 17, no. 2 (1991).

[188] Burk D L, "Lemley M A, Inherency", Wm. & Mary L. Rev. , vol. 47, no. 5 (2005).

[189] Burk D L, Lemley M A, "Is patent law technology-specific", Berkeley Tech. LJ, vol. 17 (2002).

[190] ColstonCatherine, and Kirsty Middleton, *Modern intellectual property law*, Psychology Press, 2005.

[191] Conforto D, "Traditional and Modern-Day Biopiracy: Redifining the Biopiracy Debate", J. Envtl. L. & Litig, vol. (2004).

[192] Cooter R, Ulen T, *Law and economics*, Glenview, IL: Scott, Foresman, 1988.

[193] Correa C, "Managing the provision of knowledge: the design of intellectual property laws", in Kaul et al, *Providing Global Public Goods: Managing Globalization*, 2003.

[194] Dagne T, "The Protection of Traditional Knowledge in the Knowledge Economy: Cross-Cutting Challenges in International Intellectual Property Law", *International Community Law Review*, vol. 14, no. 2 (2012).

[195] Davis M D, "Patenting of Products of Nature", Rutgers Computer & Tech. LJ, vol. 21 (1995).

[196] Devinder Sharma, "Basmati Patent —RiceTec Upstages India", *Asia-Pacific Biotech News*, vol. 4, no. 22 (2000).

[197] Dhar B, Anuradha R V. Access, "Benefit-Sharing and Intellectual Property Rights", *The Journal of World Intellectual Property*, vol. 7, no. 5 (2004).

[198] Dolder Fritz, "Traditional Knowledge and patenting: The Experience of the Neemfungicide and the Hoodia Cases", *Biotechnology Law Report*, vol. 6, no. 6 (2007).

[199] Ducor P G, *Patenting the recombinant products of biotechnology*, Kluwer Law International, 1998.

[200] Dutfield G, "A Critical Analysis of the Debate on Traditional Knowledge", *European Intellectual Property Review*, vol. 33, no. 4 (2011).

[201] Dutfield G, *Intellectual property, biogenetic resources and traditional knowledge*, Routledge, 2010.

[202] Dutfield, "Legal and Economic Aspects of Traditional Knowledge", in Maskus, Keith Eugene, and Jerome H. Reichman (eds.), *International Public Goods and Transfer of Technology Under a Globalized Intellectual Property Regime*, Cambridge University Press, 2005.

[203] Fabricant D S, Farnsworth N R, "The value of plants used in traditional medicine for drug discovery", *Environmental health perspectives*, vol. 109 (2001).

[204] Farnsworth N R, Akerele O, Bingel A S, et al. , "Medicinal plants in therapy", *Bulletin of the world health organization*, vol. 63, no. 3 (1985).

[205] Fecteau L M, "Ayahuasca Patent Revocation: Raising Questions about Current US Patent Policy", The BC Third World LJ, vol. 21, no. 5 (2001).

[206] Gallini N, Scotchmer S, *Intellectual Property: when is it the best incentive system?*, *Innovation Policy and the Economy*, MIT Press, 2002.

[207] Gallini N, Scotchmer S, "Intellectual Property: when is it the best incentive system?", *Innovation Policy and the Economy*, vol. 2 (2002).

[208] Ghosh S, "Globalization, Patents, and Traditional Knowledge", Colum. J. Asian L, vol. 17 (2003).

[209] Gopalakrishnan N S, "TRIPs and protection of traditional knowledge of genetic resources: New challenges to the patents system", *European Intellectual Property Review*, vol. 27, no. 1 (2005).

[210] Ho C M, "Building a better mousetrap: patenting biotechnology in the European Community", Duke J. Comp. & Int'l L. , vol. 3 (1992).

[211] Huft M J, "Indigenous peoples and drug discovery research: a question of intellectual property rights", Nw. UL Rev, vol. 89 (1994).

[212] International Centre for Trade, *Sustainable Development*, *Resource Book on TRIPS and Development*, Cambridge University Press, 2005.

[213] JonathanCuri, *The Proptection of Biodiversity and Traditional Knowledge in International Law of Intellectual Property*, London: Cambridge University Press, 2010.

[214] Kitch E W, Nature and function of the patent system, *Journal of Law and Economics*, vol. 20, no. 1 (1977).

[215] LaFrance M, Lange D L, Myers G, *Intellectual Property Cases and Materials*, Thomson West, 2007.

[216] Lanjouw J O, "The Introduction of Pharmaceutical Product Patents in India: Heartless Exploitation of the Poor and Suffering?", *National Bureau of Economic Research*, 1998.

[217] Lionel, Bently, and Sherman Brad, *Intellectual property law*, London: Oxford University Press, 2001.

[218] M. Leistner, "Analysis of Different Areas of Indigenous Resources", in S. Von Lewinski (ed.), *Indigenous Heritage and Intellectual Property* , Kluwer, The Hague, 2004.

[219] Manuel Ruiz, "The International Debate on Traditional Knowledge as Prior Art In the Patent System: Issues and Options for Developing Countries, Trade-Related Agenda, Development AND Equity (T. R. A. D. E.) ", *Occasional Papers* 9, *South Centre*, October 2002.

[220] Merges R P, Nelson RR, "On the complex economics of patent scope", *Columbia Law Review*, *vol.* 90, no. 4 (1990).

[221] MichaelBalick, "Traditional Knowledge: Lessons from the Past, Lessons for the Future", in Charles McManis (eds.), *Biodiversity and the Law*, *Intellectual Property*, *biotechnology & traditional knowledge*, London: Earthscan, 2007.

[222] Morneault M A, Rademaker B F, "A Maze of Laws and Exceptions", *The Journal of World Intellectual Property*, vol. 4, no. 1 (2001).

[223] Moyer-Henry K, "Patenting Neem and Hoodia: Conflicting decisions issued by the opposition board of the European Patent Office", *Biotechnology Law Report*, vol. 27, no. 1 (2008).

[224] PeterDrahos, *Expanding Intellectual Property's Empire: the Role of FTAs*, Australian National University E-Press, 2003.

[225] Philip Schuler, "Biopiracy and Commercialization of EthnobotanicKnowledge", in Michael Finger and Philip Schuler (eds.), *Poor People's Knowledge*, *Promo Intellectual Property in developing countires*, Washington D. C: World Bank and Oxford University Press, 2004.

[226] Purdy J. Postcolonialism, "the Emperor's New Clothes?", *Social & Legal Studies*, vol. 5, no. 3 (1996).

[227] Rai A K, "Fostering cumulative innovation in the biopharmaceutical industry: the role of patents and antitrust", Berk. Tech. LJ, vol. 16, no. 2 (2001).

[228] ReVaeck, 947 F. 2d 488 (1991); Lemley M, Menell P, Merges R, *Intellectual Property in the New Technological Age*, New York: Aspen Law & Business, 2003.

[229] RobertM. Schulman, "A Review of Significant 2003 Federal Circuit Decisions Affecting Chemical, Pharmaceutical, and Biotech Inventions", *Journal of Proprietary Rights*, vol. 16, no. 3 (2004).

[230] Robin Feldman, *Rethinking Patent Law*, Havard University Press, 2012.

[231] SScotchmer S, "Standing on the shoulders of giants: cumulative research and the patent law", *The Journal of Economic Perspectives*, vol. 5, no1 (1991).

[232] Santamauro J, "Reducing the Rhetoric: Reconsidering the Relationship of the TRIPS Agreement, CBD and Proposed New Patent Disclosure Requirements Relating to Genetic Resources and Traditional Knowledge", *European Intellectual Property Review*, vol. 29, no. 3 (2007).

[233] Scotchmer S, *Innovation and incentives*, MIT press, 2004.

[234] Seville C, *EU intellectual property law and policy*, Edward Elgar Publishing, 2009.

[235] Shiva V, *Stolen harvest: The hijacking of the global food supply*, Zed Books, 2000.

［236］Suthersanen U, *Legal and Economic Considerations of Bioprospecting*, *Intellectual Property Aspects of Ethnobiology*, London: Sweet and Maxwell, 1999.

［237］T. Taubman, M. Leistner, "Analysis of Different Areas of Indigenous Resources", Von Lewinski, Silke (eds.), *Indigenous Heritage and Intellectual Property: Genetic Resources, Traditional Knowledge, and Folklore*, Kluwer Law International, 2008.

［238］Ten Kate, Kerry, Laird, Sarah, *The Commercial Use of Biodiversity: Access to Genetic Resources and Benefit Sharing*, London: Earthscan Publications Ltd, 1999.

［239］Tobin B, *certificates of origin: A role for IPR regimes in securing prior informed consent*, Nairobi: ACTS Press, 1997.

［240］UmaSuthersanen, "Legal and Economic Considerations of Bioprospecting", in Michael Blakeney (eds.), *Intellectual Property Aspects of Ethobiology*, London: Sweet & Maxwell, 1999.

［241］Wegner H C, "Chemical and Biotechnology Obviousness in a State of Flux", Biotechnology Law Report, vol. 26, no. 5 (2007).

［242］Yano L I, "Protection of the Ethnobiological Knowledge of Indigenous Peoples", UCLA L. Rev, vol. 41 (1993).

三、案例

［235］国家知识产权局专利复审委员会与北京亚东生物制药有限公司专利裁决纠纷再审案［2013］知行字第 77 号。

［236］曾某生与国家知识产权局专利复审委员会发明专利申请驳回复审行政纠纷案［2011］知行字第 54 号。

［237］厉某生、国家知识产权局专利行政管理（专利）二审行政判决书［2020］最高法知行终 73 号。

［238］原某星与国家知识产权局二审行政判决书［2019］京行终 487 号。

［239］绵阳市星光微生物研究所与国家知识产权局专利复审委员会二审行政判决书［2018］京行终 3927 号。

［240］羊某与国家知识产权局专利复审委员会二审行政判决书［2018］京行终 3907 号。

［241］崔某伟与安阳市翔宇医疗设备有限责任公司等二审行政判决书［2018］京行终 2748 号。

［242］桂林三金药业股份有限公司、辽宁福源药业有限公司与国家知识产权局专利复审委员会二审行政判决书［2017］京行终 2273 号。

［243］浙江维康药业有限公司与国家知识产权局专利复审委员会其他二审行政判决书［2015］高行（知）终字第 3375 号。

［244］ 江西海尔思药业有限公司与国家知识产权局专利复审委员会其他二审行政判决书［2014］高行（知）终字第 2943 号。

［245］ 郝某记与国家知识产权局专利复审委员会发明专利驳回复审行政纠纷上诉案［2012］高行终字第 117 号。

［246］ 西安千禾药业有限责任公司与国家知识产权局专利复审委员会发明专利无效行政纠纷上诉案［2011］高行终字第 1695 号。

［247］ 原天津天士力制药股份有限公司与东莞万成制药有限公司等侵犯专利权纠纷上诉案［2006］高民终字第 1221 号。

［248］ 莫某向与国家知识产权局专利复审委员会一审行政判决书［2017］京 73 行初 820 号。

［249］ 江苏誉远医药科技有限公司与国家知识产权局一审行政判决书［2017］京 73 行初 7777 号。

［250］ 李某与国家知识产权局专利复审委员会一审行政判决书［2015］京知行初字第 5813 号。

［251］ 辽宁福源药业有限公司与国家知识产权局专利复审委员会其他一案一审行政判决书［2016］京 73 行初 888 号。

［252］ 陕西东泰制药有限公司与国家知识产权局专利复审委员会其他一案一审行政判决书［2015］京知行初字第 4395 号。

［253］ Al-Site Corp. v. VSI Int'l, Inc., 174 F. 3d 1308, 1323-1324 (1999).

［254］ ATDCorp. v. Lydall Inc., 159 F. 3d 545 (Fed. Cir. 1998).

［255］ Brassica Protection Products LLCv. Sunrise Farms (In re Cruciferous Sprout Litig.), 301 F. 3d 1349 (Fed. Cir. 2002).

［256］ Dawson v. Follen, 7 F. Cas. 216 (C. C. D. Pa. 1808).

［257］ EnzoBiochem, Inc. v Calgene, Inc., 188 F. 3d 1362 (1999).

［258］ GlaxoInc. v. Novopharm Ltd., 52 F. 3d 1047 (Fed. Cir. 1991).

［259］ Helifix Ltd. v. Blok-Lok Ltd., 208 F. 3d 1347 (Fed. Cir. 2000).

［260］ KSR International Co. v Teleflex Inc., 127 S. Ct. 1727 (2007).

［261］ McGingley v Franklin Sports, Inc., 262 F. 3d 1339, 1351 (2001).

［262］ McGinley v. Franklin Sports, Inc., 45 F. Supp. 2d 1141 (D. Kan. 1999).

［263］ MEHL/Biophile Int'l Corp. v. Milgraum, 192 F. 3d 1365 (Fed. Cir. 1999).

［264］ Pfizerv. z Apotex 480 F. 3d 1348 (2007).

［265］ Seymour v Osborne, 78 U. S. 516, 517 (1870).

［266］ Telemac Cellular Corp. v. Topp Telecom Inc., 247 F. 3d 1328 (Fed. Cir. 2001).

中医药发明专利申请现状

一、1985 年至 2020 年我国中医药专利申请情况

1985 年至 2020 年我国中医药专利申请情况[1]

申请日年份（年）	申请数（件）	有效专利数（件）	有效专利占比（%）
1985~1995	84	2	2.38
1996~2008	1212	140	11.55
2009~2020	7332	1297	17.69
总计	8628	1439	16.68

附 1985 年至 2020 年中医药专利申请详情：[2]

1985 年：1

1986 年：0

1987 年：1

1988 年：7

1989 年：1

1990 年：0

---

〔1〕 本统计通过在国家知识产权局专利检索系统，以"中医药"为关键词进行检索所集数据整理作出。最后检索日期：2020 年 7 月 18 日。申请数检索网址：http://psssystem.cnipa.gov.cn/sipopub-licsearch/portal/uiIndex.shtml. 有效专利数检索网址：http://pss-system.cnipa.gov.cn/sipopublicsearch/portal/uiIndex.shtml.

〔2〕 说明：分号前为申请数，分号后为有效专利数。无有效专利的年份仅显示申请数，单位为件，下同。

1991 年：7

1992 年：14

1993 年：17；1

1994 年：16；1

1995 年：20

1996 年：22

1997 年：39

1998 年：31

1999 年：29

2000 年：59；2

2001 年：50；7

2002 年：57；10

2003 年：90；8

2004 年：89；18

2005 年：263；24

2006 年：99；17

2007 年：152；35

2008 年：232；19

2009 年：159；32

2010 年：184；61

2011 年：319；91

2012 年：395；186

2013 年：515；226

2014 年：1047；228

2015 年：1218；153

2016 年：1526；86

2017 年：792；71

2018 年：702；86

2019 年：402；77

2020 年：73

总计：8628；1439

二、1985 年至 2020 年我国中医药专利申请中的中药复方专利申请情况

（一）检索方法一

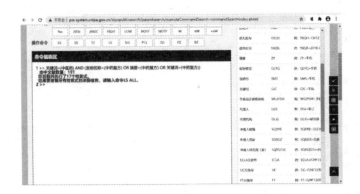

1985 年至 2020 年我国中医药专利申请中的中药复方专利申请情况 [1]

申请日年份（年）	申请情况			有效情况		
	中医药专利申请数（件）	中药复方专利申请数（件）	中药复方专利申请占比（%）	中医药专利有效数（件）	中药复方专利有效数（件）	中药复方专利有效数占比（%）
1985~1995	84	0	0	2	0	0
1996~2008	1212	36	2.97	140	6	4.29
2009~2020	7332	155	2.11	1297	56	4.31
总计	8628	191	2.21	1439	62	4.31

＊从两组占比数据对比来看，中药复方专利的有效率较申请率更高。

附 1985 年至 2020 年中医药专利申请中的中药复方专利申请及有效情况：

1985 年至 1995 年：0

---

〔1〕 本统计通过在国家知识产权局专利检索系统，先后以"关键词＝中医药""关键词＝中医药 AND（发明名称＝中药复方 OR 摘要＝中药复方 OR 关键词＝中药复方）"为条件进行检索所集数据整理作出。最后检索日期：2020 年 7 月 19 日。中医药专利申请数检索网址：http://psssystem.cnipa. gov. cn/sipopublicsearch/portal/uiIndex. shtml. 中医药有效专利数检索网址：http://pss-system. cnipa. gov. cn/sipopublicsearch/portal/uiIndex. shtml. 中药复方专利检索网址：http://pss-system. cnipa. gov. cn/si-popublicsearch/patentsearch/executeCommandSearch-commandSearchIndex. shtml.

1996 年至 2008 年：36；6

2009 年至 2020 年：155；56

总计：191；62

（二）检索方法二

1985 年至 2020 年我国中医药专利申请中的中药复方专利申请情况〔1〕

申请日年份（年）	申请情况			有效情况		
	中医药专利申请数（件）	中药复方专利申请数（件）	中药复方专利申请占比（％）	中医药专利有效数（件）	中药复方专利有效数（件）	中药复方专利有效数占比（％）
1985～1995	84	0	0	2	0	0
1996～2008	1212	79	6.52	140	18	12.86
2009～2020	7332	370	5.05	1297	128	9.87
总计	8628	449	5.20	1439	146	10.15

＊从两组占比数据对比来看，中药复方专利的有效率较申请率更高。

---

〔1〕　本统计通过在国家知识产权局专利检索系统，先后以"关键词＝中医药""关键词＝中医药 AND（发明名称＝中药复方 OR 摘要＝中药复方 OR 关键词＝中药复方 OR 权利要求＝中药复方 OR 说明书＝中药复方）"为条件进行检索所集数据整理作出。最后检索日期：2020 年 7 月 19 日。中医药专利申请数检索网址：http://pss-system.cnipa.gov.cn/sipopublicsearch/portal/uiIndex.shtml．中医药有效专利数检索网址：http://pss-system.cnipa.gov.cn/sipopublicsearch/portal/uiIndex.shtml．中药复方专利检索网址：http://psssystem.cnipa.gov.cn/sipopublicsearch/patentsearch/executeCommandSearch－command-SearchIndex.shtml．

附 1985 年至 2020 年中医药专利申请中的中药复方专利申请及有效情况：

1985 年至 1995 年：0；

1996 年至 2008 年：79；18

2009 年至 2020 年：370；128

总计：449；146

（三）1985 年至 2020 年我国中药发明专利中的中药复方发明专利申请及有效情况

1985 年至 2020 年我国中药发明专利中的中药复方发明专利申请及有效情况〔1〕

申请日年份（年）	申请情况			有效情况		
	中药发明专利申请数〔2〕（件）	中药复方发明专利申请数〔3〕（件）	中药复方发明专利申请数占比（%）	中药发明专利有效数〔4〕（件）	中药复方发明专利有效数〔5〕（件）	中药复方发明专利有效数占比（%）
1985~1995	33	2	6.06	0	0	0
1996~2008	758	316	41.69	77	40	51.95

〔1〕 本统计数据收集截至时间为 2020 年 7 月 19 日。

〔2〕 本组数据通过在国家知识产权局专利检索系统，先以"关键词 =（中医药）AND 关键词 =（中药）药为命令，后以"发明"为条件进行检索得出。最后检索日期：2020 年 7 月 19 日。http://psssystem.cnipa.gov.cn/sipopublicsearch/patentsearch/executeCommandSearch-commandSearchIndex.shtml.

〔3〕 本组数据通过在国家知识产权局专利检索系统，先以"关键词 =（中医药）AND 关键词 =（中药）AND（发明名称 =（复方 OR 组合物 OR 方剂）OR 摘要 =（复方 OR 组合物 OR 方剂）OR 关键词 =（复方 OR 组合物 OR 方剂）OR 说明书 =（复方 OR 组合物 OR 方剂）OR 权利要求 =（复方 OR 组合物 OR 方剂））R 为命令，后以"发明"为条件进行检索得出。最后检索日期：2020 年 7 月 19 日。http://psssystem.cnipa.gov.cn/sipopublicsearch/patentsearch/executeCommandSearch-commandSearchIndex.shtml.

〔4〕 本组数据通过在国家知识产权局专利检索系统，先以"关键词 =（中医药）AND 关键词 =（中药）药为命令，后以"发明"和"有效专利"为条件进行检索得出。最后检索日期：2020 年 7 月 19 日。http://psssystem.cnipa.gov.cn/sipopublicsearch/patentsearch/executeCommandSearch-commandSearchIndex.shtml.

〔5〕 本组数据通过在国家知识产权局专利检索系统，先以"关键词 =（中医药）AND 关键词 =（中药）AND（发明名称 =（复方 OR 组合物 OR 方剂）OR 摘要 =（复方 OR 组合物 OR 方剂）OR 关键词 =（复方 OR 组合物 OR 方剂）OR 说明书 =（复方 OR 组合物 OR 方剂）OR 权利要求 =（复方 OR 组合物 OR 方剂））R 为命令，后以"发明"和"有效专利"为条件进行检索得出。最后检索日期：2020 年 7 月 19 日。http://psssystem.cnipa.gov.cn/sipopublicsearch/patentsearch/executeCommandSearch-commandSearchIndex.shtml.

续表

申请日年份（年）	申请情况			有效情况		
	中药发明专利申请数（件）	中药复方发明专利申请数（件）	中药复方发明专利申请数占比（%）	中药发明专利有效数（件）	中药复方发明专利有效数（件）	中药复方发明专利有效数占比（%）
2009~2020	4760	2511	52. 75	801	580	72. 41
总计	5551	2829	50. 96	878	620	70. 62

三、1993 年至 2020 年我国中药 PCT 专利申请概况

1993 年至 2020 年我国中药 PCT 专利申请及有效情况〔1〕

申请日年份（年）	申请数（件）	有效专利数（件）	有效专利占比（%）
1993~1995	1	0	0
1996~2008	20	10	50
2009~2020	35	8	22. 86
总计	56	18	32. 14

---

〔1〕　本统计通过在国家知识产权局专利检索系统，先后以"关键词＝（中药）AND IPC 分类号＝（A61K）AND PCT 国际申请日＝（19930101：20200726）""发明名称＝（中药）OR 关键词＝（复方 OR 方剂）AND IPC 分类号＝（A61K）AND PCT 国际申请日期＝（19930101：20200726）进""发明名称＝（中药）AND PCT 国际申请日期＝（19930101：20200727）1"为命令，并逐一筛选符合条件的中药 PCT 专利文献加入分析库，进行列表日期分析、申请人有效专利数量分析整理作出。最后检索分析日期：2020 年 7 月 27 日。http：//pss－system. cnipa. gov. cn/sipopublicsearch/patentsearch/executeCommandSearch － commandSearchIndex. shtml. http：//psssystem. cnipa. gov. cn/sipopublicsearch/analysis/showAdvancedListinitDate. shtml？params＝991CFE73D4DF553253D44E119219BF31366856FF4B1522268A97D33F2EC10BE1E3775CD2E8DEA06671050A08CB3E8E3261379C202880DE9A778CB849F2768FBF3CC46BDA39AC3322B483255BC174DEEC4EDC1CA06A86B22E756920CAEE2F09D05C7841121CFC90A4B9646FD9514F805D25EE0710877A96F06AF38CA9418CAA2B8022D06D9568EBBF. http：//psssystem. cnipa. gov. cn/sipopublicsearch/analysis/proposetStatinitProposerAccreditNumber. shtml？params＝991CFE73D4DF553253D44E119219BF31366856FF4B152226BA4626EAA8AC88900772452B92488CA96DA7635A33337DAC9E1003B4ED23087465AF304498822E2A1DC0ECAFE9C2C1F0B1C60527C27795A9C16422BE390AA3F65B1A9B5D43BB1AC13CC3D01BC364AF2C9F842895EB59CA4F55AAF0A2B9F57D5AC3F2B866A3D20F2579D1ACD1EB625DCE9ED6CAD6537B5589.

1993 年至 2020 年我国中药 PCT 专利申请人类型及占比情况〔1〕

1. 国家知识产权局专利分析系统中申请人类型的统计

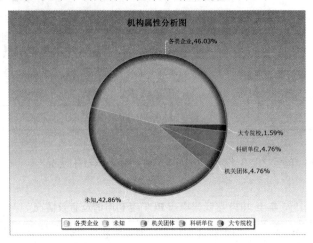

2. 人工逐一检查申请人类型的统计

申请人类型	数量（个）	占比（%）
企业	25	56.81
个人	11	25
高校	3	6.82
科研机构	2	4.55
医院	2	4.55

〔1〕 本统计通过在国家知识产权局专利检索系统，先后以"关键词＝（中药）AND IPC 分类号＝（A61K）AND PCT 国际申请日＝（19930101；20200726）""发明名称＝（中药）OR 关键词＝（复方 OR 方剂）AND IPC 分类号＝（A61K）AND PCT 国际申请日期＝（19930101；20200726）p""发明名称＝（中药）AND PCT 国际申请日期＝（19930101；20200727）p"为命令，并逐一筛选符合条件的中药 PCT 专利文献加入分析库，进行机构属性分析整理作出。最后检索分析日期：2020 年 7 月 27 日。http：//pss-system. cnipa. gov. cn/sipopublicsearch/patentsearch/executeCommandSearch-commandSearchIndex. shtml. http：//pss-system. cnipa. gov. cn/sipopublicsearch/analysis/cnSubject-initOrganization. shtml？params＝

991CFE73D4DF553253D44E119219BF31366856FF4B1522262D40ADBC2508F7BCE3775CD2E8DEA06641B4DB59FD11B7F491243CF894B79EB9476829F6C1177FB21DC0ECAFE9C2C1F0979A7FB516FE66C2C08C48B2094E2ECBC1683BD1CB90E29B507565BBBD5951450584D0EAA3DCA55445F13A653FD99940CFEF1192650B849B507565BBBD595145055F3BC83B9DF8EE.

续表

申请人类型	数量（个）	占比（%）
政府机构	1	2. 27
总计	44	100%

中医药传统知识保护及传承现状实证研究

一、我国民族医药的概况

当前民族医药的保护与传承存在重视程度不够、保护力度不足、传承和发展方向不明等多方面的问题，形势较为严峻。无论苗、彝医药还是蒙、藏医药，传承人均呈现以男性为主，极少女性甚至没有女性的特征。具体来看，目前除藏、维、蒙等民族医药取得了较为理想的成绩之外，其他的民族医药的保护与传承情况不容乐观，大多还处于较为滞后的状态，甚至处于濒危的状态。

（一）我国民族医药大体分为三个层次

民族医药的三层次

第一层次	理论体系相对完整，临床实践经验丰富，有大量的历史文献、专著，如藏、蒙、维、傣、彝、苗等六大民族医药。
第二层次	彝壮、朝、瑶、土家、侗、羌等有医药文献或专著，也有丰富的医疗经验和技术，但没有完整的理论体系的民族医药。
第三层次	没有完整的医药体系，只有零星的医疗技术或经验，言传口授，流于民间，没有文字记载的民族医药。

（二）比较典型的民族医药的传统知识及传承现状

1 . 四大民族医药传统知识及传承现状

四大民族医药（藏、蒙、维、傣）传统知识现状调查

方面 种类	藏医药	蒙医药	维医药	傣医药
生态环境	藏药主要集中在西藏自治区和青	位于我国北部边陲，温带大陆性气	新疆地处干旱地区，沙漠、	傣药在云南省西双版纳和德宏两

方面 种类	藏医药	蒙医药	维医药	傣医药
	海省。西藏自治区平均海拔40 000米以上。生态环境与生物种群的类型丰富。但出现恶化趋势，水土流失与土壤侵蚀。青海省地处"世界屋脊"青藏高原东北部。这里高山大川间河流密集，天然湿地面积达 313.45万公顷，野生动植物资源丰富。世代生活在雪域高原的藏族人民积累了治疗各种疾病的经验。	候。干旱少雨，降水集中在夏季，冬季寒冷而漫长。发展畜牧业和绿洲农业。蒙古草原上生长着丰富多样的药用植物，素有"东林西铁、南粮北牧、遍地矿藏"之美誉。蒙古族人民发明和使用了许多适合于当时蒙古社会、经济、文化、气候、地理条件的独特治疗方法并积累了丰富的经验。	戈壁面积大，绿洲受其包围、分割，山地是绿洲的生命线，是生物多样性保护的重要地带。植被稀疏，森林覆被率低，地表强烈积盐，生态环境脆弱。	地。云南又称"彩云之南"。气候基本属于亚热带和热带季风气候，多姿多彩的地理风貌和干湿分明的立体气候，极有利于动植物生长。素有"植物王国""动物王国"的美称。属于山地高原地形，交通阻隔，各地居民处于相对"封闭"的状态，久而久之发展为不同的民族。
传承方式	寺庙传承和民间私塾教育（传统方式）	举办蒙医学习班、进修班、研究班或带徒弟等形式培养蒙医药人才	师承教育（心口相传） 学校教育	"师带徒"的方式，国家级/省级/州级层面傣医药师带徒
经济价值	酒糟治疗外伤、用融酥油止血的治疗方法；完整及独特的治疗方法和临床疗效，在人类防病治病方面发挥着独具特色的作用。放血疗法、金针疗法、金烙疗法、熏蒸疗法、藏医按摩等藏医特色项目，其中放血	针刺术的使用、放血疗法、饮食疗法（蒙古族有谚语："百病之源未消化，百药之华白开水"）、骨伤科、脑震术、药物与方剂（广大蒙古地区长有丰富的药用植物，蒙古人因用这些药用植物来治疗疾病和骨折外伤，积累了不少的药物学知识。）	维医维药对在治疗地方病、急性疑难病证、预防肿瘤、心血管病、皮肤病、糖尿病、性病、鼠疫、癌症和肿瘤、皮肤病等方面都取得了显著的疗效。	傣医传统疗法颇具特色，其中"睡疗法"已被列入国家级非物质文化遗产名录。其主要用于治疗中风偏瘫症、风湿等疾病。"熏蒸疗法"也是傣医独特的治疗方式之一。熏蒸疗法对于风湿、骨关节病变有很好的疗效。

续表

方面\n种类	藏医药	蒙医药	维医药	傣医药
	疗法已纳入国家非物质文化遗产保护项目。全国藏药生产企业上百家，可生产藏药600余种，以保健品为主，年产值已过100亿元。			
典籍著作	《四部医典》《治毒坚固聚》《月王药诊》	《蒙医学简史》《蒙古秘史》《甘露四部》《蒙药正典》《方海》	《中华本草维吾尔医药卷》《阿维森纳医典》	《中国傣药志》《嘎比迪沙迪巴尼》《傣医药学史》
开发状况	丰富的藏医理论，形成了独具特色的藏医药学体系。不断总结完善临床经验，形成了藏医药学理论体系。现拥有西藏自治区藏医药研究院、西藏藏医学院藏医药研究所等20家左右。藏药生产迈向规范化轨道。	印、藏医学传入蒙古地区以后，丰富了蒙医的基础理论，推动了蒙医的发展。蒙医学校的建立、蒙医基础理论体系日臻完善。吸收了古印度医理论和藏医理论，形成了以三元学说、六基症学说、寒热学说为主要内容的理论体系。	总结出的一整套医学理论、病例学、药物学和医疗方法。但维药仍有很多待整理、考证的研究。南疆和田地区，维吾尔医药市场占有率在85%~90%，而到喀什地区，其市场占有率就不足20%。	傣医药拥有完整医学理论体系和独特的疗效。傣医药产业发展相对缓慢，产业和人才"双贫"现象日益突出。傣药企业规模小，研发、生产设备落后，缺资金、缺人才，傣医药未形成产业链；野生傣药材日益枯竭与傣药培育种植规模化尚未形成。
传承（创新）能力	随着国家对藏医药的特殊政策，藏医药教育逐步走向正规化，以正规学历教育和在职进修	调查显示，大部分蒙医药相关专业的毕业生临床技能差，理论知识不扎实，理论联系实际	院校传承：仅有和田维吾尔医专等极少数的学校开设维医药的相关专	西双版纳、德宏两地民间傣医及其传承人共30名。民间傣医数量逐年减少，超过半

方面 种类	藏医药	蒙医药	维医药	傣医药
	培训为主、民间师带徒为辅的格局形成，藏医药教育的层次规模扩展到中专、大专、本科、硕士、博士、博士后的教育等多元化格局。	的能力不强，蒙医药事业后备人才严重不足。经验丰富的专家以及青年蒙医学骨干交流不够频繁，导致传统蒙医学与现代医学没有紧密结合。	业，而且相关专业只招收维吾尔族学生，不招收外民族的学生。 西医学的兴盛，忽视甚至排挤自己的民族医学，有能力的维医日渐减少，新生代维医还未成长起来。 医学资料的传承：维医药的相关资料都是以维语、波斯语等民族语言记录和传承的，现代维医药教育的教程也是维语教程，相关的汉语教程少之又少。	数无传承人，老龄化趋势明显；医药学知识背景普遍薄弱，极少人同时精通傣汉双语；传承人以男性居多，绝大多数没有接受过医学高等教育。
利益分享	已跨越本地区的界线，向邻近国家和地区传播，并在国内外医学界享有很高的声誉。藏医药学术交流活动也日益活跃。2018年在北京召开了世界中联主办的"国际藏医药学术会"。	开展蒙医古籍的翻译和文献整理，下大气力把蒙医药做大做强，推动蒙医药走向全国、走向世界，更好地服务人民。蒙医是适应现代人的养生、保健、诊断、治疗、强生一体的医学。其基础理论现在已进一步被美、波兰等西方国家认同。	院校传承范围内，只招收维吾尔族学生，不招收外民族学生。在国家政策的支持下，培育大型中草药种植基地，扶持农户种植中药材，确保原材料的规模化生产。	他们的文化自成体系，有自己独特的语言文字，对于外界干扰具有一定的免疫力。

方面 种类	藏医药	蒙医药	维医药	傣医药
地方政府 重视程度	在国家和地方政府对藏医药的扶持政策下，建立健全各级藏医医疗机构，藏医药教育发展迅速。	内蒙古自治区相继出台《内蒙古自治区蒙医中医条例（2001年）》和《内蒙古自治区振兴蒙医药行动计划（2017—2025年）》，蒙医药事业发展拥有前所未有的大好时机，抓住机遇，相信蒙药事业前景更加广阔。	新疆各级政府大力扶持和促进民族医药事业的发展，自治区民族医药生产企业逐步崭露头角，并形成了一定的品牌效应和市场影响力。	云南省对药材的资源危机等问题的重视程度还不够，规模化地引种、栽培和种植傣药材产业尚未形成。傣医药医保政策不完善、制度不健全。政府重视程度不足。
当地普及度、认同度	藏医药在广大群众中深受欢迎和认可，具有疗效确切、价格低廉的特点，因此藏医药服务对象逐年增多。	目前蒙医药的需求主要集中在内蒙古、青海省等蒙古族聚集区。代表蒙医药发展的最大掣肘仍旧是需求受限。患者对于未知药品的信赖程度仍旧不够。	维医药在新疆内地，特别是南疆盆地的使用很广泛，也受到老百姓的信赖，而能打入内地市场的维医药却凤毛麟角。	以永兴傣族乡为例，根据访谈，大众普遍没有使用并且几乎不了解传统的傣医药治疗方法。卫生院里没有运用传统的傣医药治疗。

附：苗医药和阿勒泰哈萨克族医药传统知识与传承现状调查

2. 苗医药与阿勒泰哈萨克族医药传统知识及传承现状

苗医药和阿勒泰哈萨克族医药传统知识与传承现状调查

	苗医药	阿勒泰哈萨克族医药
生态环境	贵州岩溶地貌发育非常典型，高原山地居多，素有"八山一水一分田"之说，是全国唯一没有平原支撑的省份，属亚热带湿润季风气候，四季分明、雨量充沛、雨热同期。在贵州省，苗族多居住在山区，山高林密，在相对封闭的环境里自给自足千年。	阿勒泰地区地处欧亚大陆腹地，纬度偏高，远离海洋，属于温带大陆性气候，冬季长且温差大。野生动植物资源非常丰富，哈萨克族人以畜牧业为生。阿勒泰地区生态系统脆弱，对药用资源进行掠夺性和盲目的采挖，导致一些珍稀品种濒临灭绝，药物资源面临枯竭。

续表

	苗医药	阿勒泰哈萨克族医药
传承方式	祖传和师带徒模式，传承队伍以男性为主，传男不传女，传内不传外。	家族的口耳相传，言传身教
经济价值	苗药丰富，《神农本草经》里面用苗语记音的药物占 1/3 左右。在疾病预防、饮食养生、妇产科及外科手术（剖腹取胎、化水安胎"坐式分娩法"）、预防医学方面（开创了"武医结合"的新的医学模式）成效显著，苗家人非常注重武术强身，开创了一条"武医结合"的新的医学模式，对于增强身体素质、预防疾病起到了关键作用。 贵州省共有 70 多家苗药生产企业，其中产值过亿的有 45 家，产值过 10 亿的有 5 家。	哈萨克医治疗、护理高血压的方法；结合哈萨克族生活习俗总结哈萨克族传统医学的养生思想；民间哈医掌握了正骨、冻伤、推拿疗法、以毒攻毒疗法、放血疗法等疾病的特殊疗法；阿勒泰地区的瑞香属植物的传统应用和现代研究进展；哈萨克族传统饮品舒巴特的营养价值及医疗保健、美容等方面的价值。鲜明的医药资源特色，喜用阿勒泰柴胡、新疆赤芍、阿里红、瑞香、大芸、阿勒泰虫草、骆驼蓬、鹿草等阿勒泰地区常见药材。
典籍著作	《贵州民间方药集》《贵州草药》《贵州中草药验方选》	《论自然物的热、寒、湿、干性》《医学法规》《奇帕格尔巴彦》
开发状况	形成了独具民族特色的医药理论知识体系，但是学术专著编纂出版滞后，基础理论研究不热不深，至今没有实现现代教育手段。 在药材的生产方面，苗族也由过去的单纯采集野生植物向人工引种过渡。 在服药剂型方面，苗族也开始广泛借鉴中药的加工炮制方法，引进了膏、丹、丸、水、酒等剂型。 在用药方法方面，苗医为了适应临床各科的需要，相应地应用了捣泥外敷法、捣药取汁法、磨药汁法等方法。	目前理论研究十分稀少，从现有文献看，主要集中在哈萨克族医药知识产权保护研究和现状分析上，对历史渊源的讨论十分鲜见。
传承（创新）能力	苗族医药教育普及滞后，后继和传承创新人才稀缺，思想意识及行动滞后，传承创新发展的激励机制不健全。	传承人老龄化、高龄化明显，过于保守的保护意识以及掌握的医药知识呈零碎性状态，导致哈萨克族医药无法形成传承的良好局面，面临失传的危险。

	苗医药	阿勒泰哈萨克族医药
利益分享	传承人一般不愿将医药知识传给男性血亲以外的人导致家庭财产外流。	过于保守的保护意识
地方政府重视程度	贵州省成立了大量的民族医药研究所和医疗机构。如贵州中医研究所成立了民族医药研究室等。	有所重视，新疆维吾尔自治区目前有自治区哈萨克族医药研究所等哈萨克族医药研究专门机构。但远远不够，政府的政策支持力度不够，资金缺乏。
当地普及度	深受苗族群众的欢迎	当地居民对哈萨克族医药认同度不高，特别是青年学生的认同度偏低。病人对哈萨克族医药的认同度不高、采用哈萨克族医药的意愿不强。

3. 傣医及傣医传承人的基本情况

民间傣医基本情况简表

年龄/岁	性别		全职/兼职		行医方式		语言能力			文化程度			医学背景		交通便利	
	男	女	全职	兼职	在家/外出	医院/诊所	傣语	傣文	汉语	佛寺	师带徒	学校	有	无	是	否
65~85	7	1	2	6	7	1	8	7	0	5	7	0	0	8	0	8
45~65	10	0	4	6	5	1	10	9	0	1	10	1	1	9	1	9
45以下	2	0	2	0	0	2	1	1	1	1	2	2	2	0	1	1
合计	19	1	8	12	16	4	19	17	2	7	19	3	3	17	2	18

民间傣医传承人基本情况简表

年龄/岁	性别		全职/兼职		行医方式		语言能力			文化程度			医学背景		交通便利	
	男	女	全职	兼职	在家/外出	医院/诊所	傣语	傣文	汉语	佛寺	师带徒	学校	有	无	是	否
40以上	0	1	0	1	1	0	1	0	0	0	1	1	0	1	0	1
30~40	2	2	1	3	3	1	4	2	4	0	4	4	3	1	0	4
30以下	5	0	0	5	5	0	5	2	5	0	5	5	2	3	1	4
合计	7	3	1	9	9	1	10	4	9	0	10	10	5	5	1	9

反映的问题：高龄化现象普遍、性别比例严重失调、全职傣医所占比例小。

二、民族医药学文献发表的数量、趋势以及主要占比的民族

（一）民族医药学文献发表年代分布

时间（年）	文献数量（篇）	时间（年）	文献数量（篇）	时间（年）	文献数量（篇）
2014	1610	2004	432	1994	113
2013	1718	2003	490	1993	170
2012	1609	2002	601	1992	126
2011	1604	2001	496	1991	156
2010	1442	2000	433	1990	38
2009	1319	1999	421	1989	119
2008	1305	1998	366	1988	37
2007	1395	1997	396	1987	64
2006	950	1996	377	1986	28
2005	642	1995	311	1985	35

（二）不同民族的民族医药学文献发表数量分析

根据 1978 年至 2014 年中国生物医学文献数据库（CBM）收录的民族医药学文献，发文数量≥10 篇的民族共计 24 个，见下表。

类别	贡献量（篇）	类别	贡献量（篇）
蒙医药学	7620	畲族医药学	132
藏医药学	3905	哈萨克族医药学	74
维医药学	1552	黎族医药学	48
壮医药学	1269	满族医药学	29
苗医药学	724	佤族医药学	37
傣医药学	672	白族医药学	35
土家族医药学	329	羌族医药学	26
瑶族医药学	271	布依族医药学	18
侗族医药学	243	拉祜族医药学	18
朝鲜族医药学	247	仡佬族医药学	12
彝医药学	224	水族医药学	12
回医药学	223	纳西族医药学	10

从上表得出的数据和推论：

	文献量（篇）	反映出的问题
蒙医药	7620	研究属少数民族医药中较有规模的
藏医药	3905	与其人口数基本相符
维医药	1552	与其人口数基本相符
壮医药	1269	与其人口数基本相符
回医药	223	与其人口大族的地位不尽相符，自身发展不够充分
傣族、土家族、瑶族、侗族、朝鲜族、彝族、畲族等 7 个民族的民族医药	均有数百篇	属于人口规模较小的民族，形成如此研究规模殊为不易
哈萨克族、黎族、满族、佤族、白族、羌族、布依族、拉祜族、仡佬族、等 11 个少数民族的医药	仅有数十篇	处于刚刚起步、研究者不多的情况

（三）民族医药学文献高发文作者情况分析

作者姓名	研究领域	参与发文量[1]（篇）	第一作者发文量（篇）
哈木拉提·吾甫尔	维医药	172	20
巴根那	蒙医药	96	17
阿古拉[2]	蒙医药	95	34
张艺	藏医药	88	3
林艳芳	傣医药	82	17
斯琴[3]	蒙医药	78	30
斯拉甫·艾白	维医药	73	3
图雅[4]	蒙医药	69	33
田华咏	苗医药	62	42
杨梅	傣医药	60	11
郑进	傣医药	59	10
白音夫	蒙医药	56	6
杜江	苗医药	56	17

续表

作者姓名	研究领域	参与发文量[①]（篇）	第一作者发文量（篇）
林辰	壮医药	55	19
彭超忠	傣医药	53	40
那生桑	蒙医药	51	7
宋宏春	蒙医药	49	7
乌兰图雅[⑤]	蒙医药	49	20
布日额	蒙医药	48	25
乌日娜[⑥]	蒙医药	48	19

蒙医药、藏医药、维医药、傣医药、壮医药、苗医药，这几类民族医药文献发表数量排名均属前列，产生高发文作者与之相符，提示这几个领域已形成稳定和广泛的作者群。高发文数作者前 20 位中，涉及蒙医药作者 10 人，傣医药 4 人，维医药 2 人，苗医药 2 人，藏医药 1 人，壮医药 1 人。傣医药文献在数量上不占优势，却有 4 个高发文作者，提示该领域形成了较集中的核心作者。

三、我国民族医药企业与药材资源占比

全国民族医药企业占比

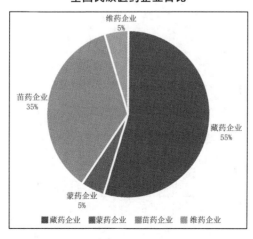

民族药材资源占比

其他
37%

55个少数民族药材
63%

■55 个少数民族药材   ■其他

四、道地药材的地理标志保护

我国道地药材地理标志保护情况

省、自治区、直辖市	质检总局地理标志产品（件）	工商总局地理标志商标（件）	农业农村部地理标志产品（件）	双重保护（件）	三重保护（件）	三部门地理标志总数（件）	全国地理标志数量排名
安徽	6	7	4	1	1	17	13
福建	9	12	7	6	0	28	7
甘肃	11	8	13	2	3	32	5
广东	9	3	0	2	0	12	16
广西	4	0	3	0	0	7	22
贵州	18	9	3	4	1	30	6
河北	2	3	2	1	0	7	22
河南	19	7	8	5	0	34	3
黑龙江	2	3	0	0	0	5	26
湖北	22	19	7	8	1	48	2

省、自治区、直辖市	质检总局地理标志产品（件）	工商总局地理标志商标（件）	农业农村部地理标志产品（件）	双重保护（件）	三重保护（件）	三部门地理标志总数（件）	全国地理标志数量排名
湖南	2	3	2	1	0	7	22
吉林	5	7	5	3	0	17	13
江苏	1	1	2	1	0	4	27
江西	6	1	4	1	0	11	17
辽宁	10	11	4	3	0	25	8
内蒙古	3	3	9	2	0	15	15
宁夏	1	3	4	2	0	8	19
青海	2	2	3	1	0	7	22
山东	5	18	10	4	1	33	4
山西	2	4	2	0	0	8	19
陕西	12	4	2	2	0	18	11
四川	30	13	9	7	1	52	1
西藏	2	5	1	1	0	8	19
新疆	1	4	6	2	0	11	17
云南	7	11	3	3	1	21	9
浙江	8	10	3	2	0	21	9
重庆	2	12	4	3	0	18	11
总计	201	183	120	67	9		

五、中医药传统知识在现实生活中的映射

省、自治区、直辖市	单验方类	传统诊疗技术类	传统制剂方法类	中药炮制技术类	养生方法	其他	总计
北京	73	23	6	1	0	9	163
上海	16	33	7	1	2	2	61

省、自治区、直辖市	单验方类	传统诊疗技术类	传统制剂方法类	中药炮制技术类	养生方法	其他	总计
重庆	111	30	6	1	5	5	158
湖南	45	25	4	2	1	2	79
吉林	153	26	4	3	0	0	186
内蒙古	69	34	2	2	2	4	113
陕西	72	37	12	2	4	0	127
新疆	36	18	1	0	0	0	55

全国部分省、自治区、直辖市中医药传统知识调查简况

现存中医典籍中方剂举例

序号	来源文献	成书年代	代表传统知识
1	《五十二病方》	战国	医方283个，用药242种
2	《黄帝内经》	东汉	载有生铁落饮、四乌鲗骨一藘茹丸、左角髪酒、兰草汤、半夏秫米汤等13首方剂
3	《伤寒杂病论》	东汉	包括《伤寒论》、《金匮要略》两部分。载方323首，被称为方书之祖。如麻黄汤、桂枝汤、白虎汤、四逆汤、五苓散、大承气汤、茵陈蒿汤等常用名方
4	《本草纲目》	明代	收录单方11 000多首
5	《普济方》	明代	我国历史上规模最大的方剂专著，载方达到61 739首

关于传统知识和遗传资源专利审查的采访

受访人：欧洲专利局化学和生物发明审查部部长 Mr. Enrico Luzzatto,

审查员 Mr. Martin Friederich

Interview on the patent examination evolving with traditional knowledge and genetic resources

Content：

1. The introduction of examining procedure within EPO

Any party can file an opposition against a granted patent. This party becomes party to the proceedings, which means that it receives all the communications from the EPO and the patent proprietor, can react thereto and is summoned to oral proceedings, if the opposition divisionorganises them. There is difference between a third party that files observations under Art. 115 EPC and the "opponent", i. e. the party that actually files an opposition. The difference is that this third party is not party to the proceedings, i. e. doesn't receive the correspondence from EPO and does not participate to the procedure. These third party observations can be filed at any stage provided that the opposition (or examination) procedure is opened. The third-party observations are evaluated by the competent EPO division and may be taken into consideration, depending on whether they are more relevant than the documents already available to the examining or opposition division.

TKDL is a very useful database that the EPO examiners use very often when searching patent application relating to natural products.

2. Will the origination of genetic resources be helpful information during prior art searching stage?

Generally, plant species are searched in all the databases according to the PCT minimum documentation. For endemic plantsi. e. plants occurring in a small region only, any additional information about the origin and/or local names of this plant given in the application can be especially helpful. In such a specific case the search can be extended to small regional databases or literature and books covering said region. If necessary, documents in other languages can be translated into one of the official languages of the EPO.

3. Will the oral evidence concerning traditional knowledge be taken into consideration in patent examining?

This question addresses what constitute as the legal concept of prior art. In practice, publication date is one of the most important indications for decision making. So if the traditional knowledge is included in the databases, there is usually clear publication date. Secondly, there should be some convincing evidence to prove that traditional knowledge is published before the filing date. In both scenarios, not provided with clear date of publication or disclosed after the filing date, the document will not be taken into consideration. So one of the most important reasons that revocation had not been approved in the Hoodia case is the documentations provided after the filing date could not been taken into consideration.

But sometimes it might be possible to have witnesses for the proceedings. But generally speaking, EPO adopts a strict approach when deciding what constitutes as prior art. And when deciding whether traditional knowledge could be considered as prior art or not, they won't be treated differently than other documentation.

The EPO has a strict approach when deciding what belongs to the prior art. For a document which is relevant for novelty and inventive step, it has to be clear, what has been disclosed when. Traditional knowledge is not treated differently. This is not a problem in all the cases where the traditional knowledge is documented in scientific papers or in a database, there is usually a clear publication date.

In cases, where a prior use is not documented in the literature, but if there is oral evidence, witnesses can be heard, for example in oral proceedings.

4. Are there any subsidiary criteria that will be used when considering inventive step in EPO's approach?

For novelty it has to be decided whether the relevant information has been published or has been available to the public before the filing date of the application.

To decide whether invention is inventive usually starts with selecting the closest prior art and to determine the differences between the prior art and the application. Then the problem to be solved is formulated. The examiner will then try to decide whether it is obvious for people in the same area to come up with the same solution to deal with the same problem within the same area. Secondary indications could include main commercial success, particular advantage, and unexpected effect. In the case that traditional knowledge will be taken into consideration, examiners will use traditional knowledge to restrict the claim one step by one step. In another word, the claim will be narrowed down considering the entire relevant prior art. Traditional knowledge is treated in the same way as other technical fields.

5. Other important information

To sum up which information is important for an examiner during the search stage:

a) Filing date and publication date

b) Exact scientific name of plants, synonyms

c) Publications in an official language of the EPO or translations thereof

TCM has provided more useful information than other databases. The TCM database is one example of a database very often used by EPO examiners, where Chinese patents relating to Chinese traditionalmedicineknowledge from India are summarised and has been made available in English and with a publication date. TKDL is another useful database where traditional knowledge from India has been made available in English and with a publication date. It would be very helpful to have more such traditional knowledge databases available for the search.

6. Note: questions prepared by interviewer

Q 1: Have EPO ever received an opposition from third party in China who challenged the patent based on traditional knowledge of China or other countries?

Q2: Will the oral evidence concerning traditional knowledge be taken into consideration in terms of examining? If it is not, is it because it is difficult for prior art searching?

Q3: To what extent that traditional knowledge can be considered as published ones in EPO's approach?

Q4: Is there any subsidiary criteria that will be used when considering inventive step in EPO's approach?

Q5: Comparing with product application, is traditional knowledge more likely to destroy novelty or inventiveness of method application?